Zu diesem Buch

J. Robert Oppenheimer, einer der Väter der Atombombe, wird einer pazifistisch-prokommunistischen Gesinnung verdächtigt und muß sich und seine Arbeit vor einem amerikanischen Untersuchungsausschuß rechtfertigen. In den Verhören, die Heinar Kipphardt auf der Grundlage von historischen Dokumenten schrieb, entsteht das Bild eines Wissenschaftlers, der die sozialen Folgen seiner Forschung bedenkt und dadurch in einen Konflikt mit dem Staat gerät. Bei seiner Uraufführung 1964 kam das Stück «formal und inhaltlich einem Fanal gleich» (Elisabeth Endres): bis heute hat es angesichts des drohenden atomaren Holocausts nichts von seiner Aktualität eingebüßt. – Im vorliegenden Band werden neben dem Bühnentext zahlreiche Materialien zur Entstehungs- und Wirkungsgeschichte des «Oppenheimer»-Stücks veröffentlicht, darunter unbekannte Briefe und Arbeitsnotate aus dem Nachlaß des Schriftstellers.

Heinar Kipphardt, geboren am 8. März 1922 in Heidersdorf (Schlesien), gestorben am 18. November 1982 in München, Dr. med., Fachrichtung Psychiatrie, übersiedelte 1949 von Krefeld nach Ost-Berlin, wurde Arzt an der Charité und später Chefdramaturg am Deutschen Theater. Seit 1961 lebte er in der Nähe von München. 1970/71 war er Chefdramaturg der Münchner Kammerspiele. Er wurde vor allem als Dramatiker bekannt. Sein Stück «In der Sache J. Robert Oppenheimer» gehört zu den Klassikern des modernen Theaters. Von Heinar Kipphardt erschienen als rororo-Taschenbücher außerdem: «Der Mann des Tages» (Nr. 4803), «Angelsbrucker Notizen» (Nr. 5605), «Bruder Eichmann» (Nr. 5716), «Traumprotokolle» (Nr. 5818), «März» (Nr. 5877), «Shakespeare dringend gesucht» (Nr. 12193), «Joel Brand» (Nr. 12194), «Schreibt die Wahrheit» (Nr. 12571) und «Ruckediguh. Blut ist im Schuh» (Nr. 12572).

Kipphardts gesammelte literarische Arbeiten erscheinen in einer Werkausgabe im Rowohlt Taschenbuch Verlag.

In der Reihe «rowohlts monographien» erschien als Band 364 eine Darstellung Heinar Kipphardts mit Selbstzeugnissen und Bilddokumenten von Adolf Stock, die eine ausführliche Bibliographie enthält.

Heinar Kipphardt

In der Sache
J. Robert Oppenheimer

Ein Stück
und seine Geschichte

Rowohlt

Gesammelte Werke in Einzelausgaben
Herausgegeben von Uwe Naumann
Unter Mitarbeit von Pia Kipphardt

22.–27. Tausend Juni 1990

Veröffentlicht im Rowohlt Taschenbuch Verlag GmbH,
Reinbek bei Hamburg, Oktober 1987
Copyright © für das Schauspiel
1964 by Suhrkamp Verlag, Frankfurt am Main
Die Aufführungsrechte liegen beim
Ute Nyssen & J. Bansemer Theaterverlag,
Merowingerstr. 21, 5000 Köln 1
Copyright © für den Materialienteil,
sofern nicht in den Quellenangaben anders vermerkt,
1987 by Rowohlt Taschenbuch Verlag GmbH,
Reinbek bei Hamburg
Umschlaggestaltung Klaus Detjen
(Foto: J. Robert Oppenheimer mit Albert Einstein
in Princeton)
Satz Garamond (Linotron 202)
Gesamtherstellung Clausen & Bosse, Leck
Printed in Germany
1080-ISBN 3 499 12111 5

Inhalt

In der Sache J. Robert Oppenheimer. Schauspiel 7

Nachbemerkung 110

Materialien

A. Zur Entstehung des Stückes

a) Aus Briefen (1958–64) 115

b) Aus Kipphardts Vorarbeiten 142
  Titel 142 / In der Sache I. Robert Oppenheimer. Ideenskizze zu einem Fernsehspiel 142 / Charakterisierung der Personen 146 / Über Verrat 148 / Erklärung Robb 151 / Erklärung Marks 152 / Erklärung Morgan 154 / Oppenheimers Schlußwort 155

c) Kipphardts Auseinandersetzung mit Oppenheimer. Briefe, Notizen, Artikel (1964–66) 159

d) Der Streit mit Jean Vilar 180
  Kipphardt über Vilar 180 / Henning Rischbieter: In der Sache Vilar 182

e) Die Widersprüche unserer Zeit. Ein Gespräch (1965) 185

B. Zum historischen Kontext

a) Heinar Kipphardt: In der Sache J. Robert Oppenheimer. Anklage und Auszeichnung des Vaters der Atombombe 194

b) Kleine Zeittafel zum Fall Oppenheimer 199

C. Das Tatsächliche in der Literatur. Zum sogenannten Dokumentarischen Drama

a) Arbeitsnotate Kipphardts 202
  Über Stil 202 / Die neue Dramaturgie 202

b) Die Draperie des Dokuments. Aus dem Briefwechsel
Heinar Kipphardt – Peter Hacks (1963–65)   204

c) Das Theater und die Wirklichkeit.
Ein Gespräch (1966)   220

D. Über wichtige Aufführungen

a) Die Uraufführungen in Berlin und München 1964   230
*Besetzungslisten 230 / Urs Jenny: In der Sache Oppenheimer.
Uraufführung von Heinar Kipphardts Stück in Berlin und
München 232*

b) Berliner Ensemble 1965   241
*Besetzungsliste 241 / Manfred Wekwerth: Notate. Zur Arbeit an der
Inszenierung des Berliner Ensembles 242*

c) Die amerikanische Erstaufführung in
Los Angeles 1968   253
*Aus Briefen (1964–69) 253 / Besetzungsliste 266 / Physik und
Metaphysik. Eine Szenen-Variante 267 / Kipphardts «Oppenheimer»
siegt in New York 269*

d) Neuinszenierungen in Hamburg 1977 und
München 1981   270
*Unordentliche Gedanken zu einer neuen Aufführung von
«Oppenheimer» (Herbst 1977) 270 / Besetzungsliste Schauspielhaus
Hamburg 272 / Zur Geschichte und Aktualität des Oppenheimer-
Stücks. Gespräche mit Heinar Kipphardt (1979 und 1981) 273 /
Besetzungsliste Residenztheater München 282 / Zu Dieter Giesings
Arbeit an meinem Stück Oppenheimer 283 / Auf dem Thron des
BKA 286 / Traumnotat 287*

E. Textvarianten

a) Die Anfänge des Ersten und des Zweiten Teils   292
b) Die Monologe   296
c) Das Gespräch Oppenheimer – Pash von 1943   301
d) Der Schluß des Schauspiels   302

Nachwort des Herausgebers   303

Anmerkungen   312

Bibliographie   314

In der Sache
J. Robert Oppenheimer

Schauspiel

PERSONEN

J. ROBERT OPPENHEIMER, Physiker

Der Sicherheitsausschuß:
GORDON GRAY, Vorsitzender
WARD V. EVANS, Ausschußmitglied
THOMAS A. MORGAN, Ausschußmitglied

Die Anwälte:
ROGER ROBB, Anwalt der Atomenergiekommission
C. A. ROLANDER, Mitarbeiter Robbs, Sicherheitsfachmann
LLOYD K. GARRISON, Anwalt Oppenheimers
HERBERT S. MARKS, Anwalt Oppenheimers

Die Zeugen:
BORIS T. PASH, Geheimdienstoffizier
JOHN LANSDALE, Anwalt, ehemals Geheimdienstoffizier
EDWARD TELLER, Physiker
HANS BETHE, Physiker
DAVID TRESSEL GRIGGS, Chefwissenschaftler der Air Force, Geophysiker
ISADORE ISAAC RABI, Physiker

Erster Teil

1. Szene

Ein elektronisch gesicherter Raum in der Atomenergiekommission in Washington. Er ist für die Zwecke des Verhörs eingerichtet. Batterien von Monitoren. Aufzeichnungsgeräte. Fernschreiber. Es ist der 12. April 1954.
Robb und Rolander kommen, breiten ihre Sachen aus, arbeiten. Gray, Morgan, Evans kommen dazu.

GRAY Sind wir zu früh? Man sagte uns, daß Dr. Oppenheimer da sei.
ROBB Im Hause. Die neuen Sicherheitsbestimmungen. Wir sind noch gerade mal durchgeschlüpft. Weil sie Mr. Rolander kannten, aber wahrscheinlich nicht Oppenheimer.
Es öffnet sich eine Tür, Oppenheimer, Garrison und Marks kommen.
GRAY Dr. Oppenheimer, es ist mir eine Freude und es bewegt mich, Sie hier begrüßen zu dürfen. Schön, daß Sie da sind.
OPPENHEIMER Das sind Mr. Garrison und Mr. Marks, meine Anwälte.
GRAY Wenn ich Ihnen Mr. Morgan und Dr. Evans vorstellen darf... Mr. Robb, Mr. Rolander...
OPPENHEIMER Ja. Ja. Ja. Bitte. Natürlich.
Es kommt zu keinem Händeschütteln oder nur zu gestörten Handlungen, die Gray ins Offizielle flüchten lassen.
GRAY Ich glaube, für das Protokoll, wir müssen das leider doch offiziell machen, ich fürchte, wenn Sie sich zurechtfinden, wie Sie sitzen wollen, wenn Ihnen das so recht ist –
Es werden die vorgesehenen Plätze eingenommen.
GRAY Der Ausschuß, der von der Atomenergiekommission der Vereinigten Staaten benannt wurde, um zu untersuchen, ob Dr. J. Robert Oppenheimer die Sicherheitsgarantie fernerhin erteilt werden kann, besteht aus den Mitgliedern Thomas A. Morgan, Ward V. Evans und mir, Gordon Gray, dem Vorsitzenden. – Die Anwälte der Atomenergiekommission sind Roger Robb und C. A. Rolander. –
Dr. Oppenheimer ist als Zeuge in eigener Sache anwesend. Seine

Anwälte sind Lloyd K. Garrison und Herbert S. Marks. Die Untersuchung ist kein Gerichtsverfahren. Sie soll der Öffentlichkeit gegenüber vollständig vertraulich behandelt werden.

MARKS Darf ich fragen, Herr Vorsitzender, ob jemand von Ihnen gestern abend das Interview mit Senator McCarthy gesehen hat?

GRAY Ich habe es nicht gesehen, Mr. Morgan?

MORGAN *blickt einen Moment von seinen Dokumenten auf:* McCarthy? Nein.

EVANS Ich habe es im Radio gehört. Ich war sehr verwundert. Ich dachte sofort an Oppenheimer.

MARKS Haben Sie das Interview gehört, Mr. Robb?

ROBB Nein. Senator McCarthy müßte ein Hellseher sein, wenn er auf unsere Untersuchung angespielt hat.

MARKS Ich habe einen Teil des Interviews mitgeschnitten, wenn Sie das interessiert?

Er legt eine Bildkassette in das dafür vorgesehene Fernsehgerät und die Anwesenden sehen das Fernsehinterview mit McCarthy.

MCCARTHY Wenn in unserer Regierung keine Kommunisten sitzen, warum verzögern wir dann die Wasserstoffbombe um 18 Monate, während unsere Abwehrdienste Tag für Tag melden, daß die Russen die H-Bombe fieberhaft vorantreiben? Jetzt ist sie da! Jetzt ist unser Monopol gebrochen! – Wenn ich heute abend Amerika sage, daß unsere Nation sehr wohl untergehen kann, dann wird sie wegen dieser Verzögerung von 18 Monaten untergehen. Und ich frage euch, wer ist daran schuld? Waren es loyale Amerikaner, oder waren es Verräter, die unsere Regierung absichtlich falsch beraten haben, die sich als Atomhelden feiern ließen und deren Verbrechen endlich untersucht gehören. –

MARKS Er wurde von Lewis Fulton jun. interviewt. Ich glaube, Sie haben diesen Herrn in einigen Prozessen vertreten, Mr. Robb.

GRAY Haben Sie seine Bemerkungen auf sich bezogen, Dr. Oppenheimer?

OPPENHEIMER Ich wurde von fünf oder sechs Leuten angerufen. Einstein sagte: Wenn ich noch einmal zu wählen hätte, dann würde ich Klempner oder Hausierer, um wenigstens ein bescheidenes Maß an Unabhängigkeit zu genießen.

MARKS Ich erwähne das Interview, weil es mich zweifeln läßt, daß unsere Geschichte vertraulich zu halten ist, Herr Vorsitzender.

GRAY Wir wollen es versuchen. – Ich möchte Sie pflichtgemäß fragen, Dr. Oppenheimer, ob Sie mit der Zusammensetzung des Ausschusses einverstanden sind.

OPPENHEIMER Ja. Mit einer allgemeinen Einschränkung.
GRAY Mit welcher?
OPPENHEIMER Da sich der Ausschuß mit den schwierigen Pflichten des Physikers in unserer Zeit beschäftigen wird, hätte ich es begrüßt, wenn seine Mitglieder Wissenschaftler gewesen wären. Ich glaube, nur Professor Evans hat eine wissenschaftliche Laufbahn.
EVANS Aber auch ich verstehe nichts von Kernphysik. Glücklicherweise. – Sie wissen vermutlich, daß wir uns das Geschäft hier nicht selber ausgesucht haben. Wir wurden ernannt. Ich hätte es mir nicht selber ausgesucht.
OPPENHEIMER Ich auch nicht, glaube ich.
MARKS Vielleicht kann das Protokoll den Beruf der Mitglieder verzeichnen. –
GRAY Bitte, Mr. Marks – Ward V. Evans –
EVANS Professor der Chemie in Chicago.
GRAY Thomas A. Morgan –
MORGAN Generaldirektor der Sperry Gyroscope Company, Atomausrüstung. Einer der Haie vom Great Business. *Er lacht.*
GRAY Gordon Gray, Zeitungsverleger, Radiostationen, ehemals Staatssekretär im Kriegsministerium.
MORGAN Die Einkommensverhältnisse werden nicht gewünscht?
MARKS Die werden Sie uns nicht geben wollen, Mr. Morgan. *Kleines Lachen.*
GRAY Ich möchte Sie fragen, ob Sie Ihre Aussagen unter Eid zu machen wünschen, Dr. Oppenheimer?
OPPENHEIMER Ja.
GRAY Sie sind nicht dazu verpflichtet.
OPPENHEIMER Ich weiß. *Er steht auf.*
GRAY Julius Robert Oppenheimer, wollen Sie schwören, daß Sie vor diesem Ausschuß die Wahrheit sagen wollen, die ganze Wahrheit und nichts als die Wahrheit, so wahr Ihnen Gott helfe?
OPPENHEIMER Ich schwöre es.
GRAY Das Verhör kann beginnen. – Ich darf Sie in den Zeugenstand bitten. – Mr. Robb.
Oppenheimer begibt sich in einen Drehstuhl, dem Ausschuß gegenüber. Er setzt sich, zündet seine Pfeife an.
ROBB Sie sind der Vater der Atombombe genannt worden, Doktor?
OPPENHEIMER In den Illustrierten. Ja.
ROBB Sie würden sich selber nicht so bezeichnen?

OPPENHEIMER Es ist kein sehr hübsches Kind, und es hat an die hundert Väter, wenn wir die Grundlagenforschung berücksichtigen. In einigen Ländern.
ROBB Aber das Baby kam schließlich in Los Alamos zur Welt, in den Laboratorien, die Sie gegründet haben und deren Direktor Sie von 1943 bis 1945 waren.
OPPENHEIMER Wir haben dieses Patentspielzeug gemacht, ja.
ROBB Das wollen Sie nicht bestreiten, Doktor. *Oppenheimer lacht.* Sie haben es in einer begeisternd kurzen Zeit gemacht, getestet und schließlich über Japan abgeworfen, nicht wahr?
OPPENHEIMER Nein.
ROBB Nicht?
OPPENHEIMER Der Abwurf der Atombombe auf Hiroshima, das war eine politische Entscheidung, nicht meine.
ROBB Aber Sie unterstützten den Abwurf der Atombombe auf Japan, oder nicht?
OPPENHEIMER Was meinen Sie mit «unterstützen»?
ROBB Sie halfen die Ziele aussuchen, nicht wahr?
OPPENHEIMER Ich tat meine Arbeit. Wir bekamen eine Liste mit den möglichen Zielen –
ROBB Welche?
OPPENHEIMER Hiroshima, Kokura, Nigata, Kyoto, – und wir wurden als Fachleute gefragt, welche Ziele sich für den Abwurf der Atombombe nach unseren Testerfahrungen am besten eignen würden.
ROBB Wer ist «wir», Doktor?
OPPENHEIMER Ein Rat von Atomphysikern, den der Kriegsminister dazu eingesetzt hatte.
ROBB Wer gehörte dazu?
OPPENHEIMER Fermi, Lawrence, Arthur H. Compton und ich.
ROBB Und Sie hatten die Ziele auszusuchen?
OPPENHEIMER Nein. Wir gaben die wissenschaftlichen Daten über die Eignung der Ziele.
ROBB Welche Eigenschaften hielten Sie für wünschenswert?
OPPENHEIMER Nach unseren Berechnungen sollte das Areal einen Durchmesser von zwei Meilen haben, mindestens, dicht bebaut sein, möglichst mit Holzgebäuden, des Luftdrucks und der nachfolgenden Brandwelle wegen. Die ausgewählten Ziele sollten ferner einen hohen militärisch-strategischen Wert besitzen und von früheren Bombardements unberührt sein.
ROBB Warum das, Doktor?

OPPENHEIMER Um die Wirkung einer einzelnen Atombombe exakt messen zu können.
EVANS Diese militärischen Erwägungen immerhin, ich meine, das war die Sache von Physikern damals?
OPPENHEIMER Ja. Weil nur wir diese Erfahrungen hatten.
EVANS Ich verstehe. Es ist ungewohnt für mich. Was haben Sie dabei empfunden?
OPPENHEIMER Ich habe mich das später gefragt. Ich weiß es nicht. Ich war sehr erleichtert, als der Kriegsminister die berühmte Tempelstadt Kyoto, die das größte und empfindlichste Ziel war, auf unsere Empfehlung hin von der Liste strich.
ROBB Aber dem Abwurf der Atombombe auf Hiroshima widersetzten Sie sich nicht?
OPPENHEIMER Wir gaben Argumente, die dagegen –
ROBB Ich frage Sie, Doktor, ob *Sie* sich widersetzten?
OPPENHEIMER Ich gab Argumente, die dagegen sprachen.
ROBB Gegen den Abwurf der Atombombe?
OPPENHEIMER Richtig. Aber ich verfocht sie nicht. Nicht nachdrücklich.
ROBB Sie meinen, nachdem Sie drei oder vier Jahre Tag und Nacht daran gearbeitet hatten, die Atombombe zu machen, argumentierten Sie, das Ding nicht zu gebrauchen?
OPPENHEIMER Nein. Als ich vom Kriegsminister gefragt wurde, gab ich ihm die Argumente, die dafür und die dagegen sprachen. Ich äußerte Befürchtungen.
ROBB Und bestimmten Sie nicht auch die Höhe, Doktor, in der die Atombombe zu zünden sei, um die größte Wirkung zu haben?
OPPENHEIMER Wir machten als Fachleute die Arbeit, die man von uns verlangte. Aber wir entschieden damit nicht, die Bombe tatsächlich zu werfen.
ROBB Sie wußten natürlich, daß der Abwurf der Atombombe auf das von Ihnen ausgesuchte Ziel Tausende von Zivilisten töten würde?
OPPENHEIMER Nicht so viele, wie sich herausstellte.
ROBB Wie viele wurden getötet?
OPPENHEIMER 70000.
ROBB Hatten Sie deshalb moralische Skrupel?
OPPENHEIMER Schreckliche.
ROBB Sie hatten schreckliche moralische Skrupel?
OPPENHEIMER Ich kenne niemanden, der nach dem Abwurf der Bombe nicht schreckliche moralische Skrupel gehabt hätte.

Robb Ist das nicht ein bißchen schizophren?

Oppenheimer Was? Moralische Skrupel zu haben?

Robb Das Ding zu machen, die Ziele auszusuchen, die Zündhöhe zu bestimmen und dann über den Folgen in moralische Skrupel zu fallen? Ist das nicht ein bißchen schizophren, Doktor?

Oppenheimer Ja. – Es ist die Art von Schizophrenie, in der wir Physiker seit einigen Jahren leben.

Robb Können Sie das erläutern?

Oppenheimer Man machte von den großen Entdeckungen der neueren Naturwissenschaften einen fürchterlichen Gebrauch. Die Kernenergie ist nicht die Atombombe.

Robb Sie meinen, man kann sie industriell auswerten und so?

Oppenheimer Sie kann Überfluß herstellen, erstmals. Ein Problem billiger Energie.

Robb Sie denken an Goldenes Zeitalter, Schlaraffenland und diese Geschichten?

Oppenheimer Ja, an Luxus. Zu unserem Unglück denkt man an einigermaßen gegenteilige Verwendungen.

Robb Wer ist «man», Doktor?

Oppenheimer Die Regierungen. Die Welt ist auf die neuen Entdeckungen nicht eingerichtet. Sie ist aus den Fugen.

Robb Und Sie sind ein bißchen gekommen, sie einzurenken, wie Hamlet sagt?

Oppenheimer Ich kann es nicht. Sie muß das selber tun.

Morgan Wollen Sie einem alten Praktiker sagen, Doktor Oppenheimer, daß Sie die Atombombe gebaut haben, um irgendein Schlaraffenland zu machen? Oder haben Sie die gebaut, um sie zu verwenden und um mit ihr den Krieg zu gewinnen?

Oppenheimer Wir haben sie gebaut, um zu verhindern, daß sie verwendet wird. Ursprünglich jedenfalls.

Morgan Sie haben zwei Milliarden Steuergelder verbraucht, um zu verhindern, daß sie verwendet wird?

Oppenheimer Um zu verhindern, daß sie von Hitler verwendet wird. Es stellte sich am Ende heraus, daß es ein deutsches Atombombenprojekt nicht gab. – Wir haben sie dann trotzdem verwendet. –

Rolander Ich bitte um Entschuldigung, Sir, wurden Sie in einer bestimmten Phase der Entwicklung nicht wirklich gefragt, ob die Bombe gegen Japan verwendet werden solle?

Oppenheimer Wir wurden nicht gefragt *ob*, sondern ausschließlich *wie* sie verwendet werden sollte, um die beste Wirkung zu haben.

ROLANDER Ist das ganz exakt, Sir?

OPPENHEIMER Was meinen Sie?

ROLANDER Legte Ihnen der Kriegsminister nicht eines Tages den sogenannten Franck-Report vor? Die Denkschrift der Physiker Szilard, Franck und anderer, die dem Abwurf der Bombe auf Japan dringend widersprach und eine Demonstration der Bombe vor einer internationalen Öffentlichkeit in einer Wüste empfahl?

OPPENHEIMER Wir bekamen das zu lesen. Richtig. Nicht offiziell, glaube ich.

ROBB Was sagten Sie dazu, Doktor?

OPPENHEIMER Daß wir nicht befähigt seien, diese Frage zu entscheiden, die Meinung zwischen uns sei geteilt, wir stellten die Argumente zusammen – dafür und dagegen.

ROBB Waren Sie dagegen?

OPPENHEIMER Lawrence war dagegen. Ich war unentschlossen, fürchte ich. Wir sagten, glaube ich, Sie haben unsere Expertise, daß die Explosion eines dieser Dinger als Knallfrosch über einer Wüste nicht sehr eindrucksvoll wäre, wahrscheinlich, daß die entscheidende Erwägung die Schonung von Menschenleben sein müßte.

ROBB Hieß das nicht im Effekt, Doktor, daß Sie gegen eine Demonstration der Waffe und für ihren Abwurf ohne Warnung waren?

OPPENHEIMER Das hieß es ganz eindeutig nicht. Nein. Wir waren Physiker, keine Militärs, keine Politiker. – Es war die Zeit der sehr blutigen Kämpfe auf Okinawa. Es war eine fürchterliche Entscheidung.

ROBB Haben Sie den offiziellen Bericht über die Wirkung der Bombe auf Hiroshima geschrieben?

OPPENHEIMER Nach den Daten von Alvarez, ja, der mitgeflogen war, die Wirkung zu messen.

EVANS Der Physiker Alvarez?

OPPENHEIMER Ja. Mit neuen Meßinstrumenten.

ROBB Schrieben Sie da nicht, daß der Abwurf eine gute und sehr erfolgreiche Sache gewesen sei?

OPPENHEIMER Er war technisch erfolgreich, ja.

ROBB Oh, technisch. – Sie sind sehr bescheiden, Doktor.

OPPENHEIMER Nein.

ROBB Nicht?

OPPENHEIMER Wir Wissenschaftler sind in diesen Jahren an den Rand der Vermessenheit geraten. Wir haben die Sünde kennengelernt.

ROBB Gut, Doktor. Von diesen Sünden wollen wir reden.

OPPENHEIMER Ich vermute, wir verstehen etwas Verschiedenes darunter.

ROBB Das wollen wir herausfinden, Doktor. –
Warum ich in dieser alten Hiroshima-Sache herumfische, ich möchte herausfinden, warum Sie sich damals in so konsequenter Weise auf Ihre Aufgaben beschränkten, hundertprozentig loyal würde ich sagen, und warum Sie sich später in der Wasserstoffbombenfrage ganz anders verhielten?

OPPENHEIMER Das ist nicht vergleichbar, glaube ich.

ROBB Nicht?

OPPENHEIMER Nein.

ROBB Hätten Sie den Abwurf einer Wasserstoffbombe auf Hiroshima befürwortet, Doktor?

OPPENHEIMER Das wäre ganz sinnlos gewesen.

ROBB Wieso?

OPPENHEIMER Das Ziel war zu klein. – Man hatte uns gesagt, daß die Bombe der einzige Weg sei, den Krieg schnell und erfolgreich zu beenden.

ROBB Sie müssen sich nicht verteidigen, Doktor. Nicht deshalb jedenfalls.

OPPENHEIMER Ich weiß.

ROBB Haben Sie die Anschuldigungen der Atomenergiekommission überrascht?

OPPENHEIMER Sie haben mich deprimiert.

ROBB Was hat Sie deprimiert, Doktor?

OPPENHEIMER Daß das Ende einer zwölfjährigen wissenschaftlichen Arbeit im Dienste der Vereinigten Staaten diese Anschuldigung ist. Sie behandelt in 23 Punkten meine Verbindungen zu Kommunisten oder kommunistenfreundlichen Leuten, die mehr als 12 Jahre zurückliegen. Der Brief enthält einen einzigen neuen Punkt. Einen wirklich überraschenden.

ROBB Welchen, Doktor?

OPPENHEIMER Daß ich mich dem Bau der Wasserstoffbombe aus moralischen und anderen Gründen stark widersetzt hätte, daß ich andere Wissenschaftler gegen die Wasserstoffbombe beeinflußt hätte, daß ich den Bau der Wasserstoffbombe dadurch erheblich verzögert hätte.

Robb Und diese Beschuldigung ist nach Ihrer Meinung nicht zutreffend, Doktor?

Oppenheimer Sie ist nicht wahr.

Robb Ist sie in keiner Hinsicht wahr?

Oppenheimer In keiner Hinsicht. – Seit unsere Befürchtungen hinsichtlich des Wasserstoffbombenmonopols eingetreten sind, seit sich die beiden Weltmächte gegenübersitzen wie Skorpione in einer Flasche, seitdem gibt es Leute, die Amerika einreden, daß dies die Schuld von Verrätern sei.

Robb Ich möchte mich zuerst mit Ihren Verbindungen beschäftigen, Doktor, und den Brief der Atomenergiekommission als Grundlage in das Protokoll nehmen.

Garrison Der Antwortbrief von Dr. Oppenheimer sollte dann ebenfalls in das Protokoll, Herr Vorsitzender.

Gray Einverstanden, Mr. Garrison. –

Garrison Ich möchte den weiteren Antrag stellen –

Gray Bitte, ja.

Garrison – daß diejenigen Beschuldigungen, die in früheren Sicherheitsverfahren geklärt werden konnten, denen sich Dr. Oppenheimer unterwarf, nicht Gegenstand dieses Verfahrens sein sollen.

Robb Einspruch.

Gray Würden Sie Ihren Einspruch begründen, Mr. Robb?

Robb Die Atomenergiekommission wünscht gewisse Beschuldigungen neuerlich untersucht, Herr Vorsitzender, weil sie sich auf Material stützt, das früheren Untersuchungen nicht verfügbar war.

Marks Darf ich fragen, Mr. Robb, welches neue Material Sie beispielsweise zum Punkt 3 des Briefes beizubringen wünschen?

Evans Welcher Punkt, Mr. Marks?

Marks Punkt 3, wo es heißt, daß Dr. Oppenheimer vor 16 Jahren, 1938, Ehrenmitglied im Vorstand des Konsumvereins der Westküste war. Welches neue Material gibt es da?

Robb Es gibt ziemlich neues Material über eine geschlossene kommunistische Zusammenkunft im Hause von Dr. Oppenheimer im Jahre 1941 –

Marks Ich frage nach Punkt 3 –

Robb – und einen ziemlich neuen Zeugen, der beschworen hat, was Dr. Oppenheimer bestreitet!

Marks Ist der Zeuge Paul Crouch?

Rolander Herr Vorsitzender, ich möchte Mr. Marks fragen, wieso er vermutet, daß es sich bei dem Zeugen um Paul Crouch handeln könnte.

MARKS Paul Crouch ist in der letzten Zeit ziemlich ausschweifend als Zeuge aufgetreten, Mr. Rolander. Kein Loyalitätsverfahren ohne Paul Crouch, sozusagen. Ich glaube, es ist sein Beruf.

ROLANDER Ich möchte Mr. Marks fragen, Herr Vorsitzender, ob er auf die eine oder andere Weise Kenntnisse aus geheimen FBI-Akten über Dr. Oppenheimer erhalten hat?

MARKS Nein – diese Kenntnisse haben nur Sie und Mr. Robb. Im Unterschied zu einem Strafprozeß.

EVANS Entschuldigung, es ist etwas verwirrend für mich, ich bin ziemlich ungeübt, wer ist dieser Paul Crouch, Mr. Rolander? Ich habe seinen Namen nie gehört.

ROLANDER Paul Crouch ist ein ehemaliger kommunistischer Funktionär, der sich von den Kommunisten abgewandt hat.

EVANS Und er kennt Dr. Oppenheimer?

MARKS Er kennt Dr. Oppenheimer und Malenkow, aber ich glaube, die beiden kennen ihn nicht.

EVANS Es hätte mich gewundert. *Kleines Lachen.*

MARKS Ich glaube, Sie haben meine Frage nach Punkt 3 noch nicht beantwortet, Mr. Robb.

ROBB Richtig, Mr. Marks, denn ich begründe meinen Einspruch, und die Gründe sind, daß es neues Material gibt, daß es neue Bestimmungen für die Erteilung der Sicherheitsgarantie gibt, und daß ich einen Zusammenhang zwischen Dr. Oppenheimers Verhalten in der Frage der Wasserstoffbombe und dessen früheren Verbindungen vermute. Ich möchte deshalb das Recht behalten, ihn und andere Zeugen darüber zu befragen. Auch in seinem Interesse.

GRAY – Der Einspruch von Mr. Robb ist angenommen.

Lichtwechsel.

1. ZWISCHENSZENE

Robb und Rolander sind in dem Raum zurückgeblieben, weil sie zu arbeiten haben, auf eine Vervielfältigung warten oder ein Telex aufgeben. Geblieben ist auch Evans, der ebenfalls auf etwas wartet, vielleicht nur auf Mantel und Hut. Er interessiert sich für Robb, weil er dessen Motive nicht versteht.

ROBB *zu Evans:* Sie werden mich vielleicht parteiisch finden, ich bin es nicht.

Evans beobachtet ihn interessiert, ohne sich zu einer Reaktion oder gar einer Antwort zu entschließen.
Als ich meine Arbeit begann, war Oppenheimer für mich das wissenschaftliche Idol Amerikas, die Atombombe, Oppy. Absurd, ihn zu verdächtigen.
Dann studierte ich seine Akten, vier Fuß hoch, die FBI zu dem Schluß gebracht hatten, daß Oppenheimer «wahrscheinlich ein getarnter Sowjet-Agent» sei, und die Präsident Eisenhower veranlaßten, wörtlich, «eine undurchlässige Mauer zwischen Oppenheimer und allen Regierungsgeheimnissen» sofort zu verfügen. Sie verwandelten das Idol für mich in ein Rätsel. Verdienste hin, Verdienste her, wir haben kürzlich 105 Beamte im Außenministerium wegen geringerer Verbindungen entfernen müssen. Wir haben den Typus des Verräters aus ethischen oder weltanschaulichen Motiven gerade auf dem Atomgebiet kennengelernt. Ich möchte das bei Oppenheimer ganz ausschließen, aber ich finde keinen Schlüssel zu seinem Verhalten in der Frage der Wasserstoffbombe. Es geht nicht so zusammen und nicht so.
EVANS Angst. Könnte es Angst gewesen sein vielleicht?
ROBB Was meinen Sie?
EVANS Angst.
ROBB Wovor?
EVANS Der Wasserstoffbombe. Es gibt Leute, nehmen Sie mich, die haben, vielleicht in Unkenntnis, die haben Angst davor.
ROBB Wunderbar. *Er lacht.* Was mir bei Oppenheimer klar wurde, Dr. Evans, wie unzulänglich die Methode der Beschränkung auf Tatsachen in unseren modernen Sicherheitsverfahren ist. Wie grobschlächtig und unwissenschaftlich wir uns verhalten. Um Tatsachen richtig zu deuten, müssen wir im Grunde doch die Gedanken, die Gefühle und die Motive kennen, die zu diesen Tatsachen geführt haben, das ganze Archiv des intimen Haushalts einer Person, das unsere Nachrichtenmittel heute ja liefern. Um zu einem sicheren Urteil über Oppenheimer zu kommen, müssen wir das zum Gegenstande unserer Untersuchung machen.
EVANS Die private Sphäre?
ROBB Wenn die Sicherheit der freien Welt davon abhängt, müssen wir zu unserem Unbehagen bis an ihre Grenzen gehen.
EVANS Manchmal vielleicht auch darüber?
ROBB Ich glaube, Dr. Evans, es gibt in der Chemie die quantitative und die qualitative Analyse. *Er lacht.*
Dunkel.

Es wird der folgende Text projiziert oder über Lautsprecher mitgeteilt:

EIN AUSSCHNITT AUS DEM VERHÖR DES 2. TAGES:
GUILTY THROUGH ASSOCIATION? SCHULDIG DURCH VERBINDUNGEN?

2. Szene

ROBB Waren Sie jemals Mitglied der Kommunistischen Partei, Doktor?
OPPENHEIMER Nein.
ROBB Ihre Frau?
OPPENHEIMER In ihrer ersten Ehe, ja, bis 1936 oder so.
ROBB Mit wem war sie verheiratet?
OPPENHEIMER Joe Dallet.
ROBB War das ein Kommunist?
OPPENHEIMER Er fiel im Spanischen Bürgerkrieg, ich habe ihn nicht gekannt, ja.
ROBB War Ihr Bruder Frank Mitglied?
OPPENHEIMER Bis 1941.
ROBB Dessen Frau Jackie?
OPPENHEIMER Ja.
ROBB Gab es eine Zeit, Doktor, da Sie selber gewissen kommunistischen Ideen recht nahestanden?
OPPENHEIMER Sicher. Ich habe das in meinem Antwortbrief beschrieben.
ROLANDER *setzt das Verhör fort:* Auf der Seite fünf Ihres Briefes gebrauchen Sie den Ausdruck Fellow-Traveller, ‹Mitreisender›. Was verstehen Sie darunter?
OPPENHEIMER Wenn jemand mit Teilen des kommunistischen Programms übereinstimmt und bereit ist, mit Kommunisten zusammenzuarbeiten, ohne der Partei anzugehören, dann würde ich ihn einen ‹Mitreisenden› nennen.
ROLANDER Waren Sie im Sinne Ihrer Definition ein Mitreisender, Sir?
OPPENHEIMER Ja.
ROLANDER Wann?
OPPENHEIMER Etwa von 1936 an. Nach 1939 bin ich viel weniger mitgereist und nach 1942 fast gar nicht mehr.

Rolander Nach 1942 würden Sie sich nicht mehr als einen Mitreisenden bezeichnen?
Oppenheimer Nein. Es blieben einige vage Sympathien.
Rolander Wie erklären Sie, daß Ihre Sympathien gerade 1942 stark zurückgingen?
Oppenheimer Sie waren schon während der Schauprozesse unter Stalin sehr zurückgegangen, und sie waren während des Paktes zwischen den Nazis und den Russen nahezu erloschen. Mir wurde übel, als ich hörte, daß die Sowjets den begabten deutschen Physiker Houterman mit hundert anderen verhafteten deutschen Kommunisten an die Gestapo ausgeliefert hatten.
Rolander Und lebten Ihre Sympathien nicht wieder auf, als Rußland unser Verbündeter wurde?
Oppenheimer Wir waren alle sehr erleichtert, glaube ich.
Rolander Aber als Ihnen im Jahre 1942 Los Alamos übertragen wurde, da waren Ihre Sympathien wiederum erloschen?
Oppenheimer Was meinen Sie?
Rolander Ich möchte Ihre Motive herausfinden, Sir.
Oppenheimer Motive für was?
Rolander Sie brachen eine Anzahl von Beziehungen zu kommunistischen Freunden ab, Sir.
Oppenheimer Weil ich die Atombombe zu machen hatte, ja! In einer Indianerwüste unter militärischen Sicherheitsbedingungen. Alle persönlichen Beziehungen wurden dadurch unterbrochen.
Robb Ich glaube nicht alle, Doktor. – War Ihre frühere Verlobte, Dr. Jean Tatlock, Mitglied der Kommunistischen Partei?
Oppenheimer Ja. Weniger aus politischen als aus romantischen Motiven. Sie war ein empfindsamer, an den Ungerechtigkeiten dieser Welt tief verzweifelter Mensch.
Robb Wie lange war sie Mitglied?
Oppenheimer Es war ein Hin und Her von Ein- und Austritten. Bis zu ihrem Ende, glaube ich.
Robb Wie endete sie, Doktor?
Oppenheimer *nach einer Pause:* Sie tötete sich. – Ich glaube, die Beamten vom FBI haben genau beschrieben, wieviel Tage vorher ich wie lange mit ihr in welchem Hotel war, ohne die Sicherheitsbehörden von dieser Zusammenkunft zu informieren.
Robb Das ist richtig, Doktor. Sie verbrachten die Nacht mit ihr, und –
Oppenheimer Was geht Sie das an? Was hat das mit meiner Loyalität zu tun?

ROBB *freundlich:* Hat es nichts mit Ihrer Loyalität zu tun, Doktor, wenn Sie als Verantwortlicher für das Atomwaffenprojekt in Los Alamos die Nacht mit einer Kommunistin im Hotel verbringen, ohne die Sicherheitsbehörden davon zu unterrichten?
OPPENHEIMER Die Kommunistin war meine frühere Verlobte, die in einer großen seelischen Krise war, und die mich zu sehen wünschte. Sie war wenige Tage später tot.
ROBB Worüber sprachen Sie mit ihr?
OPPENHEIMER – Das werde ich Ihnen nicht sagen.
ROBB Das wollen Sie mir nicht sagen?
OPPENHEIMER Nein. *Er steht von dem Stuhl auf, dem Zeugenstand, geht zum Sofa zurück. Er zündet sich eine Pfeife an.*
ROBB Ich stelle für das Protokoll fest, daß Dr. Oppenheimer den Zeugenstand verlassen hat.
GARRISON Herr Vorsitzender, ich erhebe Einspruch gegen diese Frage, die für die Untersuchung unerheblich ist und die private Sphäre von Dr. Oppenheimer verletzt. Die Begegnung mit Jean Tatlock ist in vorausgehenden Sicherheitsprüfungen geklärt worden.
GRAY Dem Einspruch wird stattgegeben. Ich bitte Dr. Oppenheimer wieder in den Zeugenstand.
Oppenheimer geht in den Zeugenstand zurück.
ROBB Die Frage war in keiner unfairen Absicht gestellt, Doktor.
Oppenheimer sieht ihn hochmütig an.
Lichtwechsel.

2. ZWISCHENSZENE

Evans, Morgan an einer Kaffeemaschine.

EVANS Ich hätte das hier nicht mitmachen sollen. Ich bringe sie mit meinen Vorstellungen von Wissenschaft nicht überein, diese Verhöre, wen gehen diese privaten Dinge etwas an, diese Demütigungen, was haben sie mit Physik zu tun? Ist ein gedemütigter Mann loyaler, ergebener? Nehmen Sie den Abwurf der Bombe, seine Einlassungen hier. Wird noch mehr Unterwerfung benötigt? Hat Los Alamos die Physik in eine militärische Disziplin verwandelt? Geht sie den anderen Wissenschaften nur voran? Ist der Totalitätsanspruch des Staates unabweisbar geworden? Ich beobachte zwei Entwicklungen jedenfalls. Die eine, daß wir die

Natur zunehmend beherrschen, unsern Stern, andere Sterne. Die andere, gleichzeitig, daß wir zunehmend beherrscht werden durch staatliche Apparate, die unser Verhalten zu normieren wünschen. Die Instrumente, die wir entwickeln, um unsere Augen in unbekannte Sonnensysteme zu schicken, arbeiten bald in unbekannten elektronischen Überwachungssystemen, die unsere Freundschaften, Gespräche, Gedanken zu Daten verarbeiten. Ob es die richtigen Freundschaften sind, die richtigen Gespräche, die richtigen Gedanken, die normativen. Wie kann aber ein neuer Gedanke ein normativer sein?

Morgan Ein, zwei Generationen weiter, und wir haben einen Typ von Wissenschaftler, der sich den wirtschaftlichen und staatlichen Erfordernissen angepaßt hat, der seine Funktion akzeptiert und auch seine Durchsichtigkeit. Es ist eine Frage der Gewohnheit, glaube ich. Vielleicht sind die großen einzelnen Ideen vorbei und die einzelnen Persönlichkeiten. Dafür kriegen Sie die Rechenmaschinen von Los Alamos dann für 19 Dollar 90 im Supermarkt.

Evans Wozu? Um Erdnüsse zu zählen? Oder Wanzen? Ich weiß nicht, ob ich mich an Durchsichtigkeit gewöhnen will, ob ich dann noch leben möchte? «Sprich nicht, schreib nicht, rühr dich nicht», heißt es schon heute an den Universitäten, wenn das so weitergeht, wie soll das weitergehen?
Dunkel.

Es wird der folgende Text projiziert oder über Lautsprecher mitgeteilt.

AUS DEM VERHÖR DES 3. TAGES:
SIND EHEMALIGE KOMMUNISTISCHE SYMPATHIEN MIT GEHEIMER KRIEGSARBEIT VEREINBAR?
ÜBER DIE VERLÄSSLICHKEIT VON BERUFSZEUGEN

3. Szene

Robb Dr. Oppenheimer, Sie haben uns gestern hier bestätigt, daß Ihre Beziehungen zu der kommunistischen Bewegung eine Zeitlang sehr intensiv waren.

Oppenheimer Eine kurze Zeit. Bis zum Ende des Spanischen Bürgerkrieges etwa. Vor 15 Jahren.

Robb Sie besuchten damals Versammlungen, Gewerkschaftsmeetings, Sie hatten kommunistische Freunde, Bekannte, Sie gehörten einer Reihe von kommunistenfreundlichen Organisationen an, Sie lasen kommunistische Literatur, Sie unterzeichneten Aufrufe, Sie gaben nicht unbeträchtliche Geldsummen, die durch kommunistische Kanäle gingen –

OPPENHEIMER Ich gab Geld für die Leute, die in Spanien gegen Franco und die Nazis kämpften. Wie Sie wissen, waren sie auf diese private Hilfe angewiesen.

ROBB Sie zahlten monatlich bis zu 300 Dollar für die Spanische Republik, die durch kommunistische Kanäle gingen?

OPPENHEIMER Wenn Sie mich deswegen um Geld gebeten hätten, dann hätte ich es Ihnen auch gegeben.

ROBB Aber Sie gaben es dem kommunistischen Funktionär Isaac Folkhoff, und Sie schreiben in Ihrem Antwortbrief zu Ihren damaligen Ansichten auf der Seite 6, Zitat: «In dieser Zeit stimmte ich mit der Idee der Kommunisten überein, daß eine Volksfront gegen die Ausbreitung des Faschismus in der Welt gebildet werden müsse.» Was heißt das?

OPPENHEIMER Das heißt, daß mich die Verhältnisse in Deutschland und Spanien tief beunruhigten, und daß ich sie nicht hier haben wollte.

ROBB Was beunruhigte Sie?

OPPENHEIMER Was mich beunruhigte, Mr. Robb? – Daß die Welt mit den Händen in den Hosentaschen zusah. Ich hatte Verwandte in Deutschland, Juden, denen ich helfen konnte, in dieses Land zu kommen, und sie erzählten mir, was damals dort geschah.

ROBB In Ordnung, Doktor, aber wußten Sie damals nicht, daß es die Taktik der Kommunisten war, mit dieser sogenannten Volksfront ihre eigene Herrschaft zu errichten?

OPPENHEIMER Möglich, daß sie das wollten, ich sah keine solche Gefahr. Ich sah, was sich von Deutschland, Italien und Japan über die Welt ausbreitete und daß niemand etwas tat. So kam es zu meinen Sympathien, zu den Aufrufen und Geldspenden. Auf diesen Aufrufen standen die besten Namen Amerikas. Es war eine andere Zeit.

ROBB Auf was ich hinaus will, Doktor: wenn Sie in dieser Zeit mit den Kommunisten so sehr übereinstimmten, warum sind Sie dann nicht Mitglied geworden?

OPPENHEIMER Weil ich nicht gerne die Gedanken anderer Leute denke. Es widerspricht meiner Vorstellung von Unabhängigkeit.

ROBB Haben Sie nie daran gedacht?

OPPENHEIMER Nein.

ROBB Ist Ihnen das von Ihren Freunden niemals nahegelegt worden?

OPPENHEIMER Nein.

ROBB Wie erklären Sie sich das?

OPPENHEIMER Sie werden mich gekannt haben.

ROLANDER Halten Sie es für eine denkbare Taktik der Kommunisten, Sir, daß sie bestimmte einflußreiche Leute aus der Partei herauslassen, weil sie ihnen sonst weniger nützen können?

OPPENHEIMER Das weiß ich nicht. Ich bin kein Experte.

ROLANDER Sie halten sich in Fragen des Kommunismus für nicht sehr erfahren, Sir?

OPPENHEIMER Nein. – In der Zeit, als ich mit der Kriegsarbeit begann, in Berkeley, waren meine Sympathien fast ganz erloschen.

ROBB Spricht es für ‹fast ganz erloschene Sympathien›, Doktor, wenn im Hause eines Mannes ein geschlossenes kommunistisches Meeting stattfindet?

OPPENHEIMER Wann soll das gewesen sein?

ROBB Ich sprach bisher nicht von Ihnen.

OPPENHEIMER Ich bin sicher, daß Sie von mir sprechen.

ROBB Wenn Sie sicher sind: Halten Sie es für möglich, daß um den 23. Juli 1941 herum in Ihrem Hause eine geschlossene Versammlung abgehalten wurde, auf der ein kommunistischer Funktionär die neue Linie der Partei darlegte?

OPPENHEIMER Nein.

ROLANDER Hatten Sie im Juli 1941 ein Haus, Kenilworth Court 10 in Berkeley, Kalifornien, gemietet, Sir?

OPPENHEIMER Ja.

ROLANDER Kennen Sie einen Mann namens Schneidermann?

OPPENHEIMER Ja.

ROLANDER Ist das ein kommunistischer Funktionär?

OPPENHEIMER Ja.

ROLANDER Woher kennen Sie ihn?

OPPENHEIMER Ich glaube, ich habe ihn bei Haakon Chevalier kennengelernt. Bei einer Zusammenkunft über Literaturfragen.

ROBB Verkehrte Haakon Chevalier damals in Ihrem Hause?

OPPENHEIMER Ja.

ROBB Verkehrte Ihr Schüler Josef Weinberg damals in Ihrem Hause?

OPPENHEIMER Ja.

ROBB Es wurde von zwei Zeugen berichtet, Doktor, und die Zeugen sind bereit, das zu beschwören, daß Sie am 23. Juli oder kurze Zeit danach in Berkeley, Kenilworth Court 10, an einer geschlossenen kommunistischen Versammlung teilgenommen haben, bei der Schneidermann die neue Linie darlegte, die von der Partei nach dem Kriegseintritt Rußlands eingenommen wurde. Nach den Zeugen waren unter anderen anwesend: Haakon Chevalier, Josef Weinberg, Dr. Oppenheimer und dessen Frau.

OPPENHEIMER Das ist nicht wahr.

ROLANDER Bewohnten Sie damals ein Landhaus im spanischen Stil, das bemalte Holzdecken hatte?

OPPENHEIMER Ja.

ROLANDER Gab es in Ihrer Wohnhalle einen großen Leuchter aus blauem venezianischen Glas?

OPPENHEIMER Ja.

ROLANDER Stand neben dem Kamin ein rotes Karussellpferd?

OPPENHEIMER Ja.

ROLANDER Das sind Details der Einrichtung, die von den Zeugen erinnert wurden. – Kann es nicht sein, daß Sie die Versammlung vergessen haben, Sir?

MARKS Darf ich Mr. Robb fragen, Herr Vorsitzender, wer die beiden Zeugen sind, die sich an Leuchter und Karussellpferde erinnern und eine derartige Versammlung beschwören wollen?

ROBB Die Zeugen sind Paul Crouch und dessen Frau.

EVANS Der gleiche Crouch, von dem hier die Rede war?

ROBB Ja, Dr. Evans.

MARKS Herr Vorsitzender, ich beantrage, daß die Zeugen hier erscheinen sollen, um ihre Aussage zu beschwören.

ROLANDER Das ist nicht möglich, leider.

GRAY Warum nicht?

ROLANDER Wir wollten die Zeugen von uns aus gern hier haben, Herr Vorsitzender, aber FBI hat die Zeugen für unsere Zwecke nicht freigegeben.

GRAY Das tut mir leid, Mr. Marks. Warum wollten Sie die Zeugen hier haben?

MARKS Ich hätte gerne nachgewiesen, daß die Zeugnisse falsch sind und daß es Interessenten für derartige Zeugnisse gibt.

ROLANDER Meinen Sie, daß FBI mit falschen Zeugnissen arbeitet, Sir?

MARKS Das habe ich nicht gesagt. Ich kenne die Interessenten nicht, ich hätte die Zeugen gerne darüber befragt. So weiß ich bloß, ihre Zeugnisse sind falsch.

Robb Ich nehme an, Sie werden uns das beweisen, Mr. Marks.
Garrison Wann soll die Zusammenkunft in Berkeley gewesen sein?
Robb Am 23. Juli 1941 oder kurz danach.
Garrison Was heißt das?
Robb Nicht vor dem 23. Juli und nicht nach dem 30.
Garrison Haben Sie Gelegenheit gehabt, sich das von den Zeugen bestätigen zu lassen, Mr. Robb?
Robb Ja, kürzlich.

Marks nimmt einen Packen fotokopierter Blätter aus einer Mappe und bringt sie zu Gray.

Marks Dann möchte ich dem Ausschuß hier den Nachweis übergeben, daß Dr. Oppenheimer und seine Frau in der Zeit vom 20. Juli bis 10. August nicht in Berkeley, sondern in Neu-Mexiko waren. Sie finden die Hotels, wo sie gewohnt haben, und Sie finden die Leute, mit denen sie zu tun hatten. – Ich habe Sie vor Paul Crouch gewarnt, Mr. Robb. Er ist sein Zeugengeld nicht wert.
Robb Ich sehe, Mr. Marks, daß es Ihrem Büro viel wert war, Dr. Oppenheimers Abwesenheit in der fraglichen Zeit zu belegen.
Marks Sicher.
Robb Ohne die Beschuldigung vorher zu kennen, nicht wahr?
Marks Wir machten das bei einigen längeren Reisen von Dr. Oppenheimer.
Robb Das leuchtet mir sehr ein.

Lichtwechsel.

3. Zwischenszene

Oppenheimer, Garrison und Marks. Marks zeigt Oppenheimer den Entwurf zu einem Telex, den dieser durchsieht und mit einem Kopfschütteln zurückgibt.

Marks Ich will die Verteidigung so nicht verantworten! Wir können nicht in den Ring gehen, wenn du uns die Hände auf den Rücken bindest.
Oppenheimer Wo binde ich dir die Hände?
Marks Indem du uns zu einer nur defensiven Verteidigung zwingst. Wir müssen in die Öffentlichkeit gehen! Gegen die Auflagen der Atomenergiekommission. Wir müssen von uns aus und jetzt die Wissenschaftler in Bewegung bringen.

OPPENHEIMER Ich möchte bei der Linie bleiben, die Sache von uns aus nicht ausweiten, die Vorwürfe hier zu entkräften und die Tatsachen richtigstellen, nur das. Um aus dem Ballon die Luft rauszulassen. Mir scheint das effektiv.

GARRISON Wenn es um Tatsachen ginge, wenn es um Argumente ginge. Es geht um Sie als ein politisches Exempel.

OPPENHEIMER Warum dann nicht McCarthy, sondern dieses Hearing?

MARKS Du bist der Bock, der übersprungen werden muß, die Unterwerfung der Wissenschaft unter die Militärs zu erzwingen, die Einschüchterung der Leute, die einen Ochsen einen Ochsen nennen, trotz McCarthy.

GARRISON Wenn der Chef von Los Alamos, wenn Oppie ein Verräter, ein verkappter Kommunist ist, dann kann man niemandem traun, dann muß hier endlich jeder überwacht und durchleuchtet werden.

OPPENHEIMER Wir dürfen uns die Gewichte nicht aufpacken lassen. Es geht um mich, ob mir die Sicherheitsgarantie erteilt werden kann, nichts sonst.

GARRISON Wenn es nur um Sie ginge, dann hätte es für die Atomenergiekommission den sehr einfachen Weg gegeben, Ihren Vertrag nicht zu erneuern, der in drei Monaten abläuft.

MARKS Der gleiche Lewis Strauss, der dieses Verfahren in Gang brachte, hat dir 1947 die Sicherheitsgarantie selbst erteilt, jetzt kabelt er als Vorsitzender der Atomenergiekommission deren Entzug an Air Force, Heer und Marine. Ein faires Verfahren? Wir kriegen das geheime Material von FBI nicht zu sehen, das dem Ausschuß unterbreitet wird. Du darfst deine eigenen Briefe und Berichte nicht einsehen, weil sie beschlagnahmt sind und als geheim erklärt wurden. Warum akzeptieren wir diesen Schlachtplatz hier?

OPPENHEIMER Ich akzeptiere ihn nicht, ich ertrage ihn.

GARRISON Das Hearing ist so geheim, daß ich täglich 20 Anrufe dazu habe. Die Sache hier ist gelaufen, wenn wir die Öffentlichkeit nicht mobilisieren können.

OPPENHEIMER Sie werden sich das überlegen. Es gibt keine neuen Tatsachen.

MARKS Dein Vertrauen in die Macht des Arguments macht dich zu einem schlechteren Zeugen als die Jungfrau von Orléans, die nicht lesen konnte.

OPPENHEIMER Es ist mein Stil. Die Verteidigung der Jungfrau wa-

ren Kirchenmänner, vom Heiligen Offizium bezahlt und hexengläubig. *Er stößt Marks scherzhaft an. Sie lachen etwas mühsam.*
Dunkel.

Textprojektion oder Lautsprecheransage:

AUS DEM VERHÖR DES 5. TAGES:
WO ENDET DIE LOYALITÄT EINEM BRUDER GEGENÜBER, WO GEGENÜBER DEM STAAT?
DARF EIN MENSCH SEINER ANSICHTEN WEGEN VERFOLGT WERDEN?

4. Szene

MORGAN Was mich interessiert, Dr. Oppenheimer, die praktische Seite. Nicht das Emblem auf einem Geldschein, sondern der Wert, nicht die Ansichten, sondern die Folgen.
 Sie hatten in Los Alamos die Wissenschaftler für das Projekt zusammenzubringen, nicht wahr?
OPPENHEIMER Ja, ich schlug Leute vor, die ich für fähig hielt. Die Entscheidung lag bei General Groves und Colonel Lansdale, dem Sicherheitschef.
MORGAN Kann nach Ihrer Meinung ein Kommunist an einem geheimen Kriegsprojekt arbeiten?
OPPENHEIMER Damals oder heute?
MORGAN Sagen wir heute.
OPPENHEIMER In der Regel nein.
MORGAN Damals?
OPPENHEIMER Eine Ausnahme wird mir damals möglich erschienen sein.
MORGAN Wieso?
OPPENHEIMER Damals war Rußland unser Verbündeter, heute unser wahrscheinlicher Kriegsgegner.
MORGAN Es ist also die Beziehung der Kommunistischen Partei zu Rußland, die die Arbeit eines Kommunisten an einem geheimen Kriegsprojekt unmöglich macht?
OPPENHEIMER Offensichtlich.
MORGAN Wann wurde das für Sie offensichtlich?
OPPENHEIMER 46, 47.
MORGAN Lassen Sie mich eine plumpe Frage stellen, Dr. Oppenhei-

mer: Wußten Sie im Jahre 1943 nicht, daß die Kommunistische Partei ein Spionageinstrument in diesem Lande war?
OPPENHEIMER Nein.
MORGAN Sie haben das auch nie vermutet, damals?
OPPENHEIMER Nein. Sie war eine legale Partei. Die Russen waren unsere gepriesenen Verbündeten, die Hitler bei Stalingrad gerade geschlagen hatten.
MORGAN Ich habe sie nie gepriesen, glaube ich.
OPPENHEIMER Sie haben mir aber auch nie einen Tip gegeben. Oder der Regierung.
MORGAN Woher wissen Sie das?
OPPENHEIMER Was die praktische Seite angeht, Mr. Morgan, es ist in Los Alamos niemand eingestellt worden, von dem man wußte, daß er Mitglied der Kommunistischen Partei war.
MORGAN Und haben Sie auch niemanden vorgeschlagen, Dr. Oppenheimer?
OPPENHEIMER Nein.
MORGAN Warum nicht?
OPPENHEIMER Wegen der geteilten Loyalität.
MORGAN Zwischen wem geteilt?
OPPENHEIMER Es schien mir unvereinbar, daß ein Mensch einerseits an den geheimen Kriegsprojekten einer Regierung arbeitet, die er andererseits nach dem Programm seiner Partei beseitigen soll.
MORGAN Ich verstehe.
ROBB Auf Los Alamos bezogen, Doktor, welche Gefahren sahen Sie bei einer solchen Mitarbeit?
OPPENHEIMER Die der Indiskretion.
ROBB Ist das ein anderes Wort für Spionage?
OPPENHEIMER Es ist weniger. Es schließt die Gefahr ein.
ROBB Sie hielten einen Kommunisten jedenfalls für ein zu großes Sicherheitsrisiko?
OPPENHEIMER Ein aktives Mitglied ja.
ROBB Und ehemalige Mitglieder? Wie verhielten Sie sich, wenn Sie einen Physiker vorzuschlagen hatten, der ehemals Mitglied der Kommunistischen Partei gewesen war?
OPPENHEIMER Wenn ich das wußte, und wenn ich ihn im Hinblick auf die geheime Kriegsarbeit für gefährlich hielt, dann machte ich meinen Vorschlag mit diesem Vorbehalt.
ROBB Wie prüften Sie, ob ein ehemaliges Mitglied noch gefährlich war?

OPPENHEIMER Ich gab meinen Eindruck. Es war sehr schwer, gute Leute zu kriegen. Wir arbeiteten unter äußerst harten, äußerst unangenehmen Bedingungen.
ROBB Sie haben meine Frage nicht beantwortet, Sir.
OPPENHEIMER Wiederholen Sie die Frage.
ROBB Welchen Test machten Sie damals, um beruhigt zu sein, daß ein ehemaliges Mitglied nicht mehr gefährlich war?
OPPENHEIMER Welchen Test? Bei wem? Bei meiner Frau?
ROBB Nehmen wir Ihren Bruder, der wie Sie Physiker ist. Beschreiben Sie uns den Test, den Sie angestellt haben, um ihm vertrauen zu können.
OPPENHEIMER Bei seinem Bruder stellt man keinen Test an. Ich wenigstens nicht. Ich kannte meinen Bruder.
ROBB Gut, woran erkannten Sie, daß Ihr Bruder nicht mehr gefährlich war?
OPPENHEIMER Ich hielt meinen Bruder nie für gefährlich. Die Gefahr, daß ein Mitglied der Kommunistischen Partei Spionage betreiben könnte, hieß für mich nie, daß jedes Mitglied tatsächlich Spionage betreiben würde.
ROBB Ich verstehe. Ihr Bruder war eine Ausnahme von der Regel, die Sie vorhin aufgestellt haben?
OPPENHEIMER Nein. Ich sagte nicht, daß jeder Kommunist ein Sicherheitsrisiko sein muß, daß es aber sinnvoll ist, diese Regel aufzustellen. Joliot Curie in Frankreich ist ein Gegenbeispiel. Er ist Kommunist, und er ist für das französische Atomwaffenprogramm verantwortlich.
ROBB Die Atomspione Klaus Fuchs, Nunn May und Pontecorvo sind andere Beispiele?
OPPENHEIMER Ja.
EVANS *wendet sich interessiert an Oppenheimer:* Entschuldigung, kannten Sie Klaus Fuchs?
OPPENHEIMER Nicht gut. Er kam erst mit den Engländern nach Los Alamos. Er gehörte zu der theoretischen Abteilung, die Hans Bethe leitete.
EVANS Was war das für ein Mensch?
OPPENHEIMER Ein stiller, ziemlich introvertierter deutscher Pastorensohn, der leidenschaftlich gern und sehr waghalsig Auto fuhr.
EVANS Ich habe seine Motive nie verstanden. Waren es normale Motive? Bekam er von den Russen Geld?
OPPENHEIMER Es scheint, er hatte einigermaßen vermessene ethische Motive –

EVANS Ethische Motive? Inwiefern?

OPPENHEIMER Er gab dem englischen Geheimdienst an, er habe es mit seinem Gewissen nicht vereinbaren können, die Atombombe in den Händen von nur einer Macht zu wissen, von der er fürchtete, sie könne die Bombe mißbrauchen. Er spielte sich ein bißchen in die Rolle des lieben Gottes, des Weltgewissens.

GRAY Sind Ihnen diese Gedanken irgendwie nachvollziehbar, Dr. Oppenheimer?

OPPENHEIMER Nein. Nicht auf diese Weise.

EVANS Glauben Sie, daß die Russen ihre Atombombe wesentlich den Informationen von Fuchs und May oder anderen verdanken?

OPPENHEIMER Wesentlich nicht. Sie erfuhren, daß wir daran arbeiten. Bestimmte Details zu unserer Plutonium-Bombe. Soweit ich die Ermittlungen unserer Geheimdienste kenne, gingen die Russen andere Wege. Sie stellten Fuchs Fragen, die er nach unseren Forschungen nicht beantworten konnte.

ROBB Darf ich fortfahren, Herr Vorsitzender?

GRAY Bitte.

ROBB Wann wurde Ihr Bruder Mitglied der Kommunistischen Partei?

OPPENHEIMER 1936 oder 1937.

ROBB Und wann ist er wieder ausgetreten?

OPPENHEIMER Ich glaube, im Herbst 1941.

ROBB Das war die Zeit, als er von Stanford nach Berkeley an das Strahlungslaboratorium ging, nicht wahr?

OPPENHEIMER Ja. Lawrence holte ihn zu nicht geheimen Arbeiten.

ROBB Kurz danach war er aber in Berkeley an geheimen Kriegsprojekten beteiligt?

OPPENHEIMER Nach einem Jahr etwa.

ROBB Nach Pearl Harbor?

OPPENHEIMER Möglich.

ROBB Teilten Sie den Sicherheitsbehörden daraufhin mit, daß Ihr Bruder Parteimitglied gewesen ist?

OPPENHEIMER Es hat mich niemand danach gefragt.

ROBB Es hat Sie niemand gefragt. – Teilten Sie das Lawrence oder sonst jemand mit?

OPPENHEIMER Ich sagte Lawrence, daß die Schwierigkeiten meines Bruders in Stanford von dessen linken Verbindungen herrührten.

ROBB Das war nicht ganz meine Frage, Doktor. Teilten Sie Lawrence oder sonst jemand mit, daß Ihr Bruder Frank Mitglied der Kommunistischen Partei gewesen ist?

OPPENHEIMER Nein.
ROBB Warum nicht?
OPPENHEIMER Ich glaube, ich bin nicht verpflichtet, die Karriere meines Bruders zu zerstören, wenn ich volles Vertrauen zu ihm habe.
ROBB Woraus schlossen Sie, daß Ihr Bruder nicht mehr Mitglied war?
OPPENHEIMER Er hat es mir gesagt.
ROBB Und das genügte Ihnen?
OPPENHEIMER Ja.
ROBB Wissen Sie, daß Ihr Bruder damals und auch später offiziell bestritten hat, daß er jemals Mitglied war?
OPPENHEIMER Ich weiß, daß er das im Jahre 1947 bestritten hat.
ROBB Warum hat er das nach Ihrer Meinung bestritten?
OPPENHEIMER Vermutlich wollte er weiter als Physiker arbeiten und nicht als Farmer, wie er das seit dieser Zeit tun muß.
ROBB Billigen Sie sein Verhalten, Doktor?
OPPENHEIMER Ich billige es nicht, ich verstehe es. Ich mißbillige, daß ein Mensch wegen seiner gegenwärtigen oder vergangenen Ansichten vernichtet wird. Das mißbillige ich.
ROBB Wir sprechen von der Arbeit an geheimen Kriegsprojekten und von den möglicherweise unbequemen Maßnahmen, die wir treffen müssen, unsere Freiheit zu schützen, Doktor.
OPPENHEIMER Ich weiß. Es gibt Leute, die bereit sind, die Freiheit zu schützen, bis nichts mehr von ihr übrig ist.
ROBB Kann man im Falle Ihres Bruder sagen, Sir, daß die natürliche Loyalität, die Sie ihm entgegenbrachten, die Loyalität unseren Sicherheitsbehörden gegenüber überwog?
OPPENHEIMER Ich habe dargelegt, daß es einen solchen Loyalitätskonflikt nicht gab.
ROBB Obwohl Sie nach Ihrem eigenen Zeugnis der Ansicht waren, daß es für die Sicherheitsbehörden wichtig sein kann, zu wissen, ob jemand Mitglied der Kommunistischen Partei war, verschwiegen Sie das im Falle Ihres Bruders, oder nicht?
OPPENHEIMER Ich verschwieg es nicht ausdrücklich, ich wurde nicht gefragt.
ROBB Und Sie sagten es nicht von sich aus?
OPPENHEIMER Nein.
ROBB Das wollte ich wissen, Doktor.
Lichtwechsel.

4. ZWISCHENSZENE

Rolander allein an einem Diktiergerät. Er hat Kopfhörer auf und hört ein Band ab.

ROLANDERS STIMME Informationshilfe Öffentlichkeitsarbeit Archiv 12–24. Es wird das Argument gebraucht, daß wir vergangene Tatsachen aus unserer gegenwärtigen Sicht beurteilen. Ja, denn wir untersuchen, ob Dr. Oppenheimer *heute* ein Sicherheitsrisiko ist, wo unsere Gegner die Kommunisten sind, Rußland, nicht die Nazis wie ehedem. Tatsachen sind etwas sehr Relatives.

Er stellt das Gerät auf Aufnahme und diktiert weiter.

ROLANDER Wie wir es 1943 etwa nicht für möglich gehalten hätten, einem nazifreundlichen Mann unsere lebenswichtigen Geheimnisse anzuvertrauen, und wäre er ein Genie gewesen, so halten wir das im Jahre 1954 bei einem kommunistenfreundlichen Mann nicht für möglich. Sicherheitsentscheidungen sind pragmatisch: was gegen wen in welcher Lage zu sichern ist. Sie erheben nicht den Anspruch, absolut gerecht und unantastbar moralisch zu sein. Sie sind praktisch. Deshalb wurmen mich Ideologisierungen hier, die Prinzipienreiterei über die heilige Privatsphäre aus dem vorigen Jahrhundert. Wir haben nüchtern zu untersuchen, wie stark Oppenheimers Sympathien waren, wie anhaltend sie sind, welche Folgen das in der Vergangenheit für uns hatte, und ob wir uns das zukünftig leisten können. Es ist die Geschichte selbst – die Möglichkeit des Unterganges der freien Welt –, die unsere Sicherheitsbestimmungen scharf und vorbehaltlos macht. Privater Zusatz für Dick: Ich komme mir so alt vor unter den älteren Leuten. Wo sie ihre Ideologie haben, ist bei mir ein blinder Fleck.

Dunkel.

Textprojektion oder Lautsprecheransage:

AUS DEM VERHÖR DES 7. TAGES
WAS SIND PHYSIKER FÜR LEUTE?
KANN MAN EINEN MENSCHEN AUSEINANDERNEHMEN WIE EINEN ZÜNDSATZ?

5. Szene

ROLANDER Stimmen Sie mit mir überein, daß ein Fellow-Traveller für ein geheimes Kriegsprojekt eine potentiell größere Gefahr der Indiskretion darstellt?
OPPENHEIMER Potentiell, ja. Es kommt auf den Menschen an.
ROLANDER Ist es zutreffend, Dr. Oppenheimer, daß in Los Alamos eine beträchtliche Anzahl von Wissenschaftlern Fellow-Travellers waren?
OPPENHEIMER Nicht besonders viele. Weniger als in Berkeley zum Exempel. Aber wir hätten damals einen Mann vom elektrischen Stuhl geholt, wenn wir ihn gebraucht hätten, das Ding auf die Beine zu stellen.
ROLANDER Was ich mir nicht erklären kann, Sir, warum gerade so viele Fellow-Travellers vom elektrischen Stuhl geholt wurden?
OPPENHEIMER Weil es viele Physiker mit linken Neigungen gab.
ROLANDER Wie erklären Sie sich das?
OPPENHEIMER Physiker interessieren sich für neue Dinge. Sie experimentieren gern und ihre Gedanken sind auf Veränderungen gerichtet. Bei ihrer Arbeit, und so auch in politischen Fragen.
ROLANDER Viele Ihrer Schüler gerade waren tatsächlich Kommunisten oder Mitreisende, nicht wahr?
OPPENHEIMER Einige, ja.
ROLANDER Weinberg, Bohm, Lomanitz, Friedmann?
OPPENHEIMER Ja.
ROLANDER Und Sie haben diese jungen Leute nach Berkeley oder Los Alamos empfohlen?
OPPENHEIMER Ich habe sie als Wissenschaftler empfohlen, ja. – Weil sie gut waren. –
ROLANDER Rein fachlich. Ich verstehe.
OPPENHEIMER Ja.
ROLANDER Viele Ihrer intimen Bekannten und Freunde, fachlich und jenseits des Fachlichen, waren ebenfalls Fellow-Travellers, nicht wahr?
OPPENHEIMER Ja. Ich finde das nicht unnatürlich. Es gab eine Zeit, da das sowjetische Experiment eine große Anziehungskraft auf alle diejenigen ausübte, die den Zustand unserer Welt nicht befriedigend fanden, und ich denke, er ist wirklich nicht befriedigend. Heute, da wir das sowjetische Experiment ohne Illusionen betrachten, heute, da uns Rußland als eine feindliche Weltmacht gegenübersteht, verurteilen wir die Hoffnungen, die viele Men-

schen an den Versuch geknüpft hatten, vernünftigere Formen des menschlichen Zusammenlebens mit größeren Freiheiten und größerer sozialer Sicherheit zu finden. Das scheint mir unweise, und es ist unzulässig, sie dieser Ansicht wegen herabzusetzen oder verfolgen zu wollen.

ROLANDER Ich will niemand herabsetzen, Sir, und ich verfolge nur die Frage, ob nicht ein Physiker, der soundsoviel Freunde und Bekannte hat, die Kommunisten oder Mitreisende waren, ein größeres Sicherheitsrisiko ist. Ist er nicht tatsächlich ein größeres Sicherheitsrisiko?

OPPENHEIMER Nein.

ROLANDER Sie meinen, es ist auch heute gleichgültig, wie viele kommunistenfreundliche Bekannte –

OPPENHEIMER Ich meine, daß man einen Menschen nicht auseinandernehmen kann wie einen Zündsatz. Die und die Ansichten, die und die Sicherheit. Soundsoviel Bekannte, die Fellow-Travellers sind, soundsoviel Sicherheit. Das sind mechanische Torheiten, und wenn wir in Los Alamos so verfahren wären, so hätten wir die besten Leute nicht eingestellt. Wir hätten dann vielleicht das Laboratorium mit den tadellosesten Ansichten der Welt gehabt, aber ich glaube nicht, daß es funktioniert hätte. Die Wege der Leute mit erstklassigen Ideen verlaufen nicht so gradlinig, wie sich das die Sicherheitsbeamten träumen. Mit tadellosen, das heißt konformen Ansichten macht man keine Atombombe. Ja-Sager sind bequem aber uneffektiv.

ROLANDER Was taten Sie, Sir, als Sie 1947 erfuhren, daß einige dieser Nein-Sager – Weinberg, Bohm – aktive Parteimitglieder waren?

OPPENHEIMER Was meinen Sie?

ROLANDER Brachen Sie die Verbindungen ab?

OPPENHEIMER Nein.

ROLANDER Warum nicht?

OPPENHEIMER Das entspricht nicht meiner Vorstellung von Gesittung.

ROLANDER Entspricht es Ihrer Vorstellung von Sicherheit?

OPPENHEIMER Was?

ROLANDER Haben Sie Weinberg Ihren Anwalt empfohlen, Sir?

OPPENHEIMER Den Anwalt meines Bruders, ich glaube.

ROLANDER Haben Sie für Bohm eine Party gegeben?

OPPENHEIMER Ich habe an einer Abschiedsparty für ihn teilgenommen, als er in Princeton gefeuert wurde und nach Brasilien ging.

ROLANDER Und Sie konnten diese Sympathiekundgebungen für aktive Kommunisten mit den Pflichten des höchsten Regierungsberaters in Atomfragen klar vereinbaren?
OPPENHEIMER Was hat das mit Atomfragen zu tun? Ich gab alten Freunden Ratschläge, und ich verabschiedete mich von ihnen.
ROLANDER Das würden Sie auch heute wieder tun?
OPPENHEIMER Ich hoffe.
ROLANDER Besten Dank, Sir.
GRAY Weitere Fragen an Dr. Oppenheimer?
Evans meldet sich.
EVANS Ich wundere mich, daß es tatsächlich so viele rote Physiker gegeben haben soll? Es ist vielleicht eine Generationsfrage.
OPPENHEIMER Ich würde sagen rosafarbene.
EVANS Ich kann es mir nicht erklären, was hat diese immerhin nüchternen Leute zu so radikalen politischen Ideen hingezogen? Was sind Physiker für Leute?
OPPENHEIMER Meinen Sie, ob sie nicht vielleicht ein bißchen verrückt sind?
EVANS Ich habe keine Ahnung, oder spleenig, wie unterscheiden sie sich von anderen?
OPPENHEIMER Ich glaube, sie sind nur weniger voreingenommen. Sie wollen in die Dinge hineinsehen, die da nicht funktionieren.
EVANS Ich habe Marx und solche Burschen nie gelesen, ich habe mich nie für politische Dinge interessiert, wie Sie das offensichtlich getan haben.
OPPENHEIMER Ich habe mich auch nicht dafür interessiert. Lange Zeit nicht. Niemand hat mich in meiner Kindheit darauf vorbereitet, daß es bittere und grausame Dinge gibt, wie ich sie in der großen Depression dann sah, als meine Studenten hungerten und keine Arbeit fanden, wie Millionen andere. Ich fand, daß eine Welt nicht in Ordnung ist, in der das geschehen kann. Ich wollte die Gründe herausfinden.
EVANS Und da lasen Sie damals kommunistische Bücher, Soziologie und sowas?
OPPENHEIMER Ja. Obwohl ich das ‹Kapital› von Marx zum Exempel nie verstanden habe. Ich kam nie über die ersten 50 Seiten.
EVANS Es wundert mich, ich habe noch niemanden gefunden, der es verstanden hätte. Außer Rockefeller vielleicht –
Lachen von Morgan, Marks und Robb.
– und meinem Zahnarzt, der immer, wenn er mir einen Nerv aufbohrt, sagt: «Karl Marx lehrt das und das».

Lachen.
Auf diese Weise ist Karl Marx für mich immer mit einem bestimmten nervlichen Schmerz verbunden.
Lachen.
OPPENHEIMER Es scheint vielen Leuten so zu gehen.
EVANS *lacht:* Von allen bekannten Philosophen, deren Werk nicht gelesen wird, macht er uns den meisten Trouble. Nehmen Sie sich selber.
Oppenheimer lacht.
Lichtwechsel.

5. ZWISCHENSZENE

Morgan und Gray bei Zigarren.

MORGAN Muß sich der Verteidigungsminister einmischen und die Wissenschaftler aufstören?
GRAY Idiotisch.
MORGAN Es ist überhaupt zuviel, zu allgemein von Oppenheimers politischem Hintergrund die Rede, was vielleicht McCarthy genügt, aber nicht das Problem ist im Falle dieser komplizierten Highbrows, der Physiker. Was wir den Wissenschaftlern heute klarmachen müssen, daß wir ihnen nicht die und die Ansichten vorschreiben, privat, daß wir sie deshalb ausbooten, sondern daß wir von ihnen eine strikte Trennung zwischen ihren subjektiven Ansichten und ihrer objektiven Arbeit fordern müssen. Weil eine moderne Atompolitik nur auf der Grundlage einer wertungsfreien Arbeit möglich ist. Wie in jedem Industrieunternehmen, so auch in einem modernen Staat. Wir müssen herausfinden, ob der Mann die erstaunlichen politischen und moralischen Ansichten in seine Arbeit als Physiker und Regierungsberater eingemischt hat. Die subjektiven Ansichten eines Physikers, so extrem sie sein mögen, sind seine Privatsache, solange sie in seiner objektiven Arbeit nicht erscheinen. Diese Trennung berührt die Prinzipien unserer Demokratie.
GRAY Völlig d'accord, völlig.
Dunkel.

Textprojektion oder Lautsprecheransage:

AUS DEM VERHÖR DES 10. TAGES:
WAS IST ABSOLUTE LOYALITÄT?
GIBT ES EINE HUNDERTPROZENTIGE SICHERHEIT?
WAS WÄRE IHR PREIS?

6. Szene

ROBB Ich entnehme meinen Unterlagen, daß Sie heute Ihren fünfzigsten Geburtstag haben, Doktor, und ich darf einen Augenblick die Förmlichkeit unseres Verfahrens verlassen, um Sie zu beglückwünschen.
OPPENHEIMER Danke, es gibt keine Veranlassung.
ROBB Darf ich fragen, Doktor, ob Sie die Post schon durchgesehen haben, die Sie zu Ihrem Geburtstag erreichte?
OPPENHEIMER Einen Teil.
ROBB Hat Ihnen Haakon Chevalier geschrieben?
OPPENHEIMER *stößt ein kleines verächtliches Lachen aus:* Ja, eine Karte.
ROBB Was schreibt er Ihnen?
OPPENHEIMER Die üblichen Wünsche. ‹In alter Freundschaft, Dein Haakon.› Sie werden eine Fotokopie haben.
ROBB *lächelt:* Sie betrachten ihn immer noch als Ihren Freund, nicht wahr?
OPPENHEIMER Ja.
ROBB In Ihrem Antwortbrief an die Atomenergiekommission schildern Sie auf der Seite 22 eine Unterhaltung, die Sie im Winter 1942/43 mit Chevalier gehabt haben. Wo war das?
OPPENHEIMER In meinem Haus in Berkeley.
EVANS Entschuldigung, um etwas über diesen Chevalier zu erfahren, wer war das, was für ein Mensch?
OPPENHEIMER Ein Fakultätskollege.
EVANS Physiker?
OPPENHEIMER Französische Literatur.
EVANS Kommunist?
OPPENHEIMER Er hat stark linke Ansichten.
EVANS Rot oder rosa?
OPPENHEIMER Rosarot.
EVANS Und menschlich?

OPPENHEIMER Einer der zwei, drei Freunde, die man im Leben hat.
ROBB Sie geben in Ihrem Brief die Essenz dieser Unterhaltung wieder und ich möchte Sie bitten, Doktor, uns die Umstände und möglichst den Wortlaut des Gespräches zu berichten.
OPPENHEIMER Ich kann Ihnen nur den Inhalt, nicht den Wortlaut geben. Es ist eine der Geschichten, über die ich zu oft nachgedacht habe. – Es sind 11 Jahre –
ROBB Also gut.
OPPENHEIMER Eines Tages, abends, kam Chevalier zu uns, mit seiner Frau, ich glaube, er kam zum Essen oder auf einen Drink –
GRAY Verzeihung, kam die Verabredung durch ihn zustande?
OPPENHEIMER Ich weiß nicht. Es ging so, daß einer anrief und sagte: ‹Kommt doch auf einen Sprung rüber›.
GRAY Ich halte es für wichtig, Dr. Oppenheimer, wenn Sie uns diese Geschichte möglichst ausführlich geben.
OPPENHEIMER Ja. – Sie kamen herüber, wir nahmen einen Cognac, sprachen über die Tagesereignisse, kann sein über Stalingrad – es war diese Zeit –
GRAY Brachte Chevalier das Gespräch auf Stalingrad?
OPPENHEIMER Das weiß ich nicht, es kann sein, daß wir an einem anderen Tag davon gesprochen haben, ich glaube, es war an diesem Abend. Sicher ist: als ich in die Küche ging, um Drinks zu machen, da kam mir Chevalier nach und erzählte mir, daß er kürzlich Eltenton getroffen habe.
GRAY Würden Sie uns für das Protokoll sagen, wer das ist, Eltenton?
OPPENHEIMER Ein Chemotechniker, ein Engländer, der einige Jahre in Rußland gearbeitet hatte.
GRAY Parteimitglied?
OPPENHEIMER Er stand ihnen nahe. Ob er Mitglied war? – Ich kannte ihn nicht gut. –
ROBB Was wollte Chevalier von Ihnen?
OPPENHEIMER Ich weiß nicht, ob er etwas *wollte*. Er sagte, daß sich Eltenton aufgeregt habe, daß wir die Russen im Stich lassen, keine zweite Front machen und ihnen auch die technischen Informationen nicht geben, die sie brauchen, das sei eine Schweinerei.
GRAY War das Chevaliers Meinung?
OPPENHEIMER Er sprach von Eltenton. Eltenton habe ihm dann gesagt, daß er Wege wisse, daß er Mittel habe, um technische Informationen an sowjetische Wissenschaftler zu geben.
ROBB Was für Wege, was für Mittel, Doktor?

OPPENHEIMER Chevalier nannte sie nicht, ich weiß nicht, ob Eltenton sie genannt hat. Wir sprachen nicht darüber, ich meine, ich sagte: ‹Aber das ist Verrat!› – ich bin nicht sicher, ich sagte jedenfalls etwas der Art, daß das schrecklich und undiskutabel wäre. Und Chevalier sagte, daß er völlig mit mir übereinstimme.
ROBB Ist das alles, was gesagt wurde?
OPPENHEIMER Wir sprachen dann über Drinks und über Malraux, glaube ich. Chevalier übersetzte seine Bücher.
GRAY Wußte Chevalier, daß in Berkeley an der Entwicklung der Atombombe gearbeitet wurde?
OPPENHEIMER Nein.
ROBB Gebrauchten Sie das Wort ‹Verrat›, Doktor?
OPPENHEIMER Es ist eine so oft strapazierte Gedankenbahn, ich kann Ihnen die Geschichte des Wortes ‹Verrat› erzählen.
ROBB Wenn Sie erst meine Frage beantworten würden?
OPPENHEIMER Ich weiß es nicht.
ROBB Hielten Sie es für Verrat?
OPPENHEIMER Was?
ROBB Geheime Informationen an die Russen zu geben?
OPPENHEIMER Natürlich.
ROLANDER Haben Sie den Vorfall daraufhin Ihrer Sicherheitsbehörde gemeldet, Sir?
OPPENHEIMER Nein.
ROLANDER Warum nicht?
OPPENHEIMER Ich nahm das Gespräch nicht so ernst. Eine Party-Unterhaltung.
ROBB Aber ein halbes Jahr später, Doktor, da nahmen Sie das gleiche Gespräch so ernst, daß Sie deshalb von Los Alamos nach Berkeley fuhren, um die Sicherheitsbehörden darauf aufmerksam zu machen. Warum?
OPPENHEIMER Lansdale war in Los Alamos gewesen und hatte mir gesagt, daß ihn die Sicherheitssituation in Berkeley sehr beunruhige.
ROBB Stimmen wir überein, Doktor, daß diese Bemerkung eine Spionagebefürchtung einschloß?
OPPENHEIMER Richtig.
ROLANDER Nannte er Namen?
OPPENHEIMER Lomanitz tauchte in der Unterhaltung auf. Er hatte bei Leuten Sachen herumgequatscht, die sie nichts angingen.

ROLANDER Bei was für Leuten?
OPPENHEIMER Von der CIO-Gewerkschaft, deshalb kam ich auf Eltenton. Eltenton war in der Gewerkschaft der Wissenschaftler und Ingenieure ziemlich aktiv.
ROBB Sagten Sie Lansdale, daß Sie Eltenton für eine mögliche Gefahr hielten?
OPPENHEIMER Den ersten Hinweis gab ich Johnson, dem örtlichen Sicherheitsoffizier.
ROBB Erzählten Sie Johnson die Geschichte, wie sie sich zugetragen hatte?
OPPENHEIMER Nein, ich sagte nicht viel mehr, als daß man Eltenton mißtrauen müsse. Er fragte, warum? Da erfand ich eine Räuberpistole.
ROBB Sie belogen ihn?
OPPENHEIMER Ja, ich dachte, die Sache wäre damit erledigt.
ROBB Und Johnson?
OPPENHEIMER Informierte Pash, seinen Vorgesetzten. Ich hatte dann ein Gespräch mit Johnson und Pash.
ROBB Sagten Sie Pash die Wahrheit?
OPPENHEIMER Ich erzählte ihm dieselbe Geschichte, nur ausführlicher.
ROBB Was war an der Geschichte nicht wahr?
OPPENHEIMER Daß Eltenton versuchte habe, an *drei* Mitarbeiter des Projektes heranzukommen, durch Mittelsmänner.
ROBB Mittelsmänner?
OPPENHEIMER Oder durch einen Mittelsmann.
ROBB Identifizierten Sie Pash gegenüber den Mittelsmann, Chevalier also?
OPPENHEIMER Ich identifizierte nur Eltenton.
ROBB Warum?
OPPENHEIMER Ich wollte Chevalier heraushalten und mich selber auch.
ROBB Aber warum belasteten Sie ihn dann mit *drei* Kontakten?
OPPENHEIMER Weil ich ein Idiot war.
ROBB Ist das eine zureichende Erklärung, Doktor? – *Geste Oppenheimers* – Mußten Sie nicht denken, daß Pash und Lansdale Himmel und Hölle in Bewegung setzen würden, den Mittelsmann und die drei Mitarbeiter zu identifizieren?
OPPENHEIMER Ich hätte das wissen müssen.
ROBB Und setzten sie nicht Himmel und Hölle in Bewegung?
OPPENHEIMER Ich denke. Ich sagte Lansdale schließlich zu, daß ich

die Namen nennen würde, wenn mir General Groves den militärischen Befehl dazu gäbe. Als Groves das tat, nannte ich Chevalier und mich selber.
ROBB Das ist alles. *Zu Gray:* Ich würde jetzt gerne Colonel Pash als Zeugen hören.
ROLANDER Als Sie Colonel Pash die ‹Räuberpistole› erzählten, Sir, war da von einem Mann in der russischen Botschaft und von Mikrofilmen die Rede?
OPPENHEIMER Das kann ich mir nicht denken. Nein.
ROLANDER Danke, Sir.
GRAY Wir haben jetzt die Zeugen Colonel Pash und Mr. Lansdale. Da Colonel Pash der Zeuge von Mr. Robb ist, wird er ihn zuerst verhören.
Ein Beamter geleitet Colonel Boris T. Pash durch die rechte Tür zum Zeugenstand. Pash ist in Zivil. Er verbeugt sich vor den Mitgliedern des Ausschusses.
Boris T. Pash, wollen Sie schwören, daß Sie vor diesem Ausschuß die Wahrheit sagen wollen, die ganze Wahrheit und nichts als die Wahrheit, so wahr Ihnen Gott helfe?
PASH Ich schwöre es. *Er setzt sich.*
GRAY Ein paar Fragen zur Person, Colonel Pash. Was ist Ihr Spezialgebiet?
PASH Spionageabwehr an Kriegsprojekten, die Abwehr kommunistischer Agenten insbesondere.
GRAY Wie lange machen Sie diese Arbeit?
PASH 14 Jahre.
GRAY Sind Sie dafür besonders ausgebildet worden?
PASH Ich bekam die Ausbildung, die FBI für seine ersten Leute vorsieht. Ein ziemlich hartes Training, ich habe seitdem einige internationale Erfahrungen.
GRAY Können Sie uns eine Ihrer besonderen Aufgaben nennen?
PASH Ich hatte mit meiner Gruppe herauszubringen, ob die Deutschen eine Atombombe bauen, das war Ende 1943, und ich hatte die entsprechenden deutschen Eierköpfe zu kidnappen, ehe sie von den Russen gekidnappt wurden. Ich denke, wir machten das ganz gut.
GRAY Wurden Sie speziell für den Umgang mit Wissenschaftlern ausgebildet?
PASH Ja. Ich glaube, ich habe ein bißchen eine natürliche Begabung für den Umgang mit ihnen. Ich weiß heute ungefähr, wie herum ein Kernphysiker denkt und wie man sie kriegen kann.

GARRISON Darf ich für das Protokoll fragen, Herr Vorsitzender, welchen Beruf Mr. Pash vorher hatte?
PASH Sportlehrer. *Lachend:* Ich war ein veranlagter Boxer und ein ganz guter Rugby-Trainer.
GARRISON Darf ich Mr. Pash fragen, Herr Vorsitzender, ob es sein eigener Wunsch war, hier als Zeuge zu erscheinen?
GRAY Colonel Pash?
PASH Nein. Ich wurde von meiner Dienststelle kommandiert.
GRAY Gut, Sie wissen natürlich, Colonel, daß Sie hier nur Ihre eigene Ansicht geben dürfen und jeder etwaigen Weisung entbunden sind. – Das Verhör kann beginnen, Mr. Robb.
ROBB Ich möchte Sie fragen, Colonel, welcher spezielle Auftrag Sie 1943 mit Dr. Oppenheimer in Verbindung brachte?
PASH Ja, im Mai 1943, da kriegte ich den Auftrag, einer möglichen Spionagesache in Berkeley nachzugehen. Wir wußten nicht viel mehr, als daß ein Mann namens Steve Nelson, ein prominenter kommunistischer Funktionär in Kalifornien, versucht hatte, Informationen über die Radium-Laboratorien zu bekommen. Und zwar über einen Mann, von dem wir nur wußten, daß sein Vorname Joe war, oder sein Deckname, daß er aus New York kam und daß er Schwestern in New York hatte. Wir gingen der Sache nach, und wir dachten zuerst, daß es Lomanitz wäre. Wir wollten ihn deshalb aus den Laboratorien raus haben und zur Armee abschieben.
ROBB Woran scheiterte das?
PASH Dr. Oppenheimer ließ seine Verbindungen spielen, um Lomanitz zu halten. Es stellte sich dann heraus, daß Lomanitz mit Joe nicht identisch war. Wir dachten eine Zeitlang an David Bohm, dann an Max Friedmann, und fanden schließlich heraus, daß Joe tatsächlich Joseph Weinberg war.
ROBB Was hatte die Untersuchung mit Dr. Oppenheimer zu tun?
PASH Es schien uns merkwürdig, daß alle die Leute, die wir verdächtigten, in irgendeiner Beziehung zu Dr. Oppenheimer standen. Wem wir auf die Zehen traten, der wandte sich an Dr. Oppenheimer.
ROBB Was folgerten Sie daraus?
PASH Wir veranlaßten FBI, im Juni 1943 gegen Dr. Oppenheimer eine Untersuchung wegen Spionageverdachts einzuleiten.
ROBB Leiteten Sie diese Untersuchung?
PASH Ja.
ROBB Was.
ROBB Was fanden Sie heraus?

Pash Daß Dr. Oppenheimer wahrscheinlich Mitglied der Kommunistischen Partei gewesen ist, daß er der kommunistischen Idee immer noch verbunden war, daß er Verbindungen mit Kommunisten wie David Hawkins und Jean Tatlock unterhielt, die ihrerseits Kontakte zu Steve Nelson und über diesen möglicherweise zu den Russen hatten.

Robb Was folgerten Sie daraus, Colonel?

Pash Wir gaben an Pentagon, an Mr. Lansdale, das war mein Vorgesetzter, die Empfehlung, Dr. Oppenheimer aus dem Projekt und jedem Regierungsdienst zu entfernen. Falls Dr. Oppenheimer jedoch für unersetzbar angesehen werde, so war unsere Empfehlung, ihm unter dem Vorwand der Bedrohung durch Achsen-Agenten zwei Leibwächter zu geben, die von unserer Abteilung speziell ausgebildet wären und die ihn ständig zu überwachen hätten. Zu unserem Kummer wurden unsere Empfehlungen weder von Lansdale noch von Groves akzeptiert.

Robb Das alles war viele Wochen vor Ihrem Gespräch mit Dr. Oppenheimer, nicht wahr?

Pash Zwei Monate vorher.

Robb Hat es Sie da nicht überrascht, als Ihnen Dr. Oppenheimer im August seinerseits einen Spionageverdacht anzeigte?

Pash Nicht sehr. Es ist eine verhältnismäßig häufig anzutreffende Reaktion bei Leuten, die erfahren haben, daß eine Untersuchung gegen sie im Gange ist.

Robb Erinnern Sie sich Ihres Interviews mit Dr. Oppenheimer?

Pash Ich habe es mir gestern noch einmal angesehen. – Wir haben es in Leutnant Johnsons Büro damals aufgenommen. *Er entnimmt seiner Mappe eine Bildkassette.* Hier ist es.

Robb Können wir es hier sehen?

Pash Es ist vom FBI freigegeben. *Er legt die Kassette in ein Gerät und setzt es in Gang. Oppenheimer ist, 1943, sonnenverbrannt, jugendlich, nur mit Hemd und Hose bekleidet, Pash in Sommeruniform. Das Interview findet in einem Barackenbüro an einem heißen Augusttag in Los Alamos statt. Der vorgeführte Film ist stark verregnet und aus einer Einstellung aufgenommen.*

Bildkassette

PASH Es ist mir ein großes Vergnügen, Dr. Oppenheimer, Sie endlich einmal kennenzulernen und mit Ihnen zu sprechen.

OPPENHEIMER Ganz meinerseits, Colonel.

PASH Nein, nein. Sie sind einer der wichtigsten Männer, die es heute auf der Welt gibt – einer der faszinierendsten ohne jeden Zweifel, und wir sind nur sowas wie die Leute von der Wach- und Schließgesellschaft. *Lacht.* Ich möchte nicht viel von Ihrer kostbaren Zeit in Anspruch nehmen –

OPPENHEIMER Soviel Sie haben wollen.

PASH – aber Leutnant Johnson informierte mich gestern, daß Sie es für möglich halten, daß sich eine bestimmte Gruppe für das Projekt interessiert, daß Sie uns freundlicherweise diesen Tip gegeben haben.

OPPENHEIMER Ja, es ist eine Weile her, und ich weiß das nicht aus erster Hand, aber ich glaube, es ist wahr, daß ein Mann vom russischen Konsulat, dessen Name mir nie genannt wurde, über Mittelsmänner an Leute im Projekt heranzukommen suchte, um anzudeuten, daß er gefahrlos Informationen übermitteln könne.

PASH Informationen für die Russen?

OPPENHEIMER Ja. Wir alle wissen, wie schwierig die Beziehungen zwischen den beiden Alliierten sind, und es gibt viele Leute, auch nicht rußlandfreundliche, die es nicht in Ordnung finden, daß wir den Russen bestimmte technische Informationen verweigern, Radar und solche Sachen, während sie mit den Nazis um ihr Leben kämpfen.

PASH Das ist ein echtes Problem. Wirklich. – Sie wissen vielleicht, daß ich von Haus aus Russe bin.

OPPENHEIMER Es gibt Argumente für eine offizielle Information, aber es ist natürlich indiskutabel, solche Informationen durch die Hintertür rausgehen zu lassen.

PASH Könnten Sie uns etwas genauer beschreiben, wie diese Kontaktversuche vor sich gegangen sind?

OPPENHEIMER Sie wurden auf eine sehr indirekte Weise versucht, gut, ich weiß von zwei oder drei Fällen. Zwei oder drei Leute sind mit mir in Los Alamos, und sie stehen mir sehr nahe. Ich möchte Ihnen deshalb nur einen Namen nennen, der einige Male auftaucht, und der möglicherweise ein Mittelsmann ist. Er heißt Eltenton.

PASH Eltenton? Arbeitet er im Projekt?

OPPENHEIMER Nein. In der Forschungsabteilung von Shell; oder er hat dort gearbeitet.
PASH Wurden die Kontakte von Eltenton selber gemacht?
OPPENHEIMER Nein.
PASH Durch Dritte?
OPPENHEIMER Ja.
PASH Würden Sie uns bitte sagen, wer diese Kontakte gemacht hat?
OPPENHEIMER Ich denke, das wäre nicht richtig. Ich möchte die Leute nicht hineinverwickeln, die nicht verwickelt sind. Das wäre nicht fair. Sie haben sich mir anvertraut und hundertprozentig loyal verhalten. Das ist eine Vertrauensfrage.
PASH Es ist ganz klar, daß wir diesen Leuten nicht mißtrauen, Doktor, so wenig etwa, wie wir Ihnen mißtrauen. – *Er lacht*. Das wäre absurd. Aber wir brauchen den Mittelsmann, um in das Netz zu kommen.
OPPENHEIMER Ich möchte Ihnen den Namen nicht geben, weil ich meine Hand für ihn ins Feuer lege. – Wenn Eltenton kommt und sagt, daß er gute Verbindungen zu einem Mann in der russischen Botschaft hat, der einen Haufen Erfahrungen mit Mikrofilmen oder weiß der Teufel was hat, dann ist das ein anderer Schuh.
PASH Ich möchte natürlich möglichst viel aus Ihnen herausquetschen. Wenn wir erst einmal Blut geleckt haben – wir Bluthunde – *er lacht* – dann sind wir hartnäckig.
OPPENHEIMER Sie müssen hartnäckig sein.
PASH Es freut mich jedenfalls, daß Sie zu unserer Arbeit eine so positive Einstellung haben. Das ist für manchen Wissenschaftler nicht leicht.
OPPENHEIMER Von wem sprechen Sie?
PASH *lacht:* Ich spreche nicht von Niels Bohr – *er lacht* –, dem ich drei Stunden erklärt habe, was er alles nicht sagen darf, und der das alles in der ersten halben Stunde Eisenbahnfahrt gesagt hatte.
Oppenheimer lacht. Als wir ihn von Dänemark herüberbrachten, zogen wir ihn bewußtlos aus dem Flugzeug, weil er vergessen hatte, die Sauerstoffmaske zu bedienen, die wir ihm angelegt hatten. Wir flogen in 12 000 Meter Höhe.
Er lacht.
Der Beamte stellt das Gerät ab.
EVANS *wendet sich an Oppenheimer:* War Niels Bohr bei Ihnen in Los Alamos?
OPPENHEIMER Eine kurze Zeit, unter einem Code-Namen, wie wir alle, Nicolas Baker. Er wollte nicht bleiben.

EVANS Warum nicht?

OPPENHEIMER Er schimpfte, daß wir die Wissenschaft zu einem Appendix der Militärs machten, und wenn wir den Militärs den Atomknüppel einmal in die Hand gäben, dann würden sie damit auch zuschlagen. Das quälte ihn.

EVANS Er war der reizendste Mensch, den ich jemals kennengelernt habe.

ROLANDER Geht aus der Aufnahme nicht ganz klar hervor, Sir, daß Sie zu Colonel Pash von ‹einem Mann in der russischen Botschaft› gesprochen haben, ‹der einen Haufen Erfahrungen mit Mikrofilmen hat›?

GARRISON ‹Mit Mikrofilmen oder weiß der Teufel was›, war die Formulierung.

ROLANDER Wenn Sie einen Freund, den Sie für unschuldig halten, vor den Sicherheitsbehörden schützen wollen, Sir, warum belasten Sie ihn dann mit russischer Botschaft, Mikrofilm und drei Kontakten? Ich finde den Grund nicht.

OPPENHEIMER Ich finde auch keinen.

ROLANDER Sie haben keine Erklärung?

OPPENHEIMER Keine logisch klingende.

ROBB Haben Sie eine Erklärung für Dr. Oppenheimers Verhalten, Colonel Pash?

PASH Ja. Daß Dr. Oppenheimer damals die Wahrheit sagte.

ROBB Sie halten die Geschichte, die Dr. Oppenheimer hier eine Räuberpistole genannt hat, für wahr?

PASH Ja. Und halte die spätere Verharmlosung der Sache für eine Räuberpistole. Dr. Oppenheimer berichtete uns drei wirkliche Kontaktversuche, um unser Vertrauen zu behalten, falls unsere Nachforschungen auf diese Kontakte gestoßen wären, was er befürchtete. Als unsere Ermittlungen dann weniger ergiebig waren, bagatellisierte er die Geschichte.

ROBB War das auch damals Ihre Meinung?

PASH Ja, ich teilte das Lansdale mit.

ROBB Und Lansdale?

PASH Die ganze Sache löste sich auf wie blauer Rauch, als Dr. Oppenheimer Chevalier und sich selber nannte. Es gab noch ein paar Recherchen, aber schließlich wurde die ganze haarige Geschichte in goldgelber Butter gebacken und geschluckt.

ROBB Würden Sie Dr. Oppenheimer nach Ihrer Kenntnis der Akten von FBI und Ihrer eigenen Erfahrung die Sicherheitsgarantie erteilen?

PASH Ich hätte sie damals nicht erteilt und ich würde sie heute nicht erteilen.
ROBB Standen Sie mit Ihrer Ansicht allein da?
PASH Ich glaube, alle Sicherheitsleute unterhalb der Linie Lansdale und General Groves teilten sie damals.
ROBB Vielen Dank, Colonel.
GRAY *zu Oppenheimers Anwälten:* Wollen Sie Colonel Pash im Kreuzverhör haben?
MARKS Ja. – Ich will Ihnen eine psychologische Frage stellen, Mr. Pash. Ist Dr. Oppenheimers Persönlichkeit leicht verstehbar oder eher kompliziert?
PASH Äußerst kompliziert. Und äußerst widerspruchsvoll.
MARKS Man muß ihn also gut kennen, um zu einem stichhaltigen Urteil zu kommen?
PASH Ja.
MARKS Wie gut kennen Sie Dr. Oppenheimer?
PASH Ich kenne ihn sehr gut, insofern ich seine Akten sehr gut kenne.
MARKS Wie oft haben Sie mit ihm gesprochen?
PASH Einmal.
MARKS Lernt man einen Menschen besser aus seinen Akten oder aus persönlichen Gesprächen kennen?
PASH In unserer Arbeit würde ich den Akten den Vorzug geben. Sie sind die Summe aller Erfahrungen, die ein einzelner Mensch nicht machen kann.
MARKS Wie lange werden Dr. Oppenheimers Handlungen von den Sicherheitsbehörden, insbesondere von FBI, verfolgt?
PASH Dreizehn oder vierzehn Jahre.
MARKS Hat sich in dieser Zeit ein Nachweis ergeben, daß Dr. Oppenheimer indiskret gewesen ist?
PASH Kein Nachweis.
MARKS Oder unloyal?
PASH In der Chevaliergeschichte hat er ohne Zweifel die Loyalität, die er einem Freunde gegenüber empfand, der Loyalität gegenüber Amerika vorgezogen.
MARKS Hat sich Chevalier als unschuldig erwiesen?
PASH Es konnte ihm eine Schuld nicht nachgewiesen werden.
MARKS Was passierte mit ihm?
PASH Er wurde in Berkeley gefeuert und natürlich überwacht.
MARKS Wenn Dr. Oppenheimer diese Folge vorausgesehen hätte, wäre es dann nicht verständlich, daß er einige Wochen zögerte, den Namen zu nennen?

PASH Nein, nicht wenn es um die Sicherheit des Landes geht. Man muß von einem Wissenschaftler dieses Ranges eine uneingeschränkte Loyalität verlangen. Das ist nach meiner Meinung eine Charakter- und Herzenssache.

MARKS Ist Ihnen bekannt, daß FBI die Chevalier-Episode 1946 nochmals untersucht hat?

PASH Ja.

MARKS Daß Mr. Hoover, der Chef von FBI, dabei eingeschaltet war?

PASH Ja.

MARKS Und daß man danach Dr. Oppenheimer die Sicherheitsgarantie ohne Einschränkung erteilte?

PASH Ich hätte den sehen wollen, der bei Dr. Oppenheimers Prestige und Einfluß im Jahre 1946 die Sicherheitsgarantie angezweifelt hätte. Er war damals ein Gott.

MARKS Das waren meine Fragen.

GRAY Weitere Fragen an Colonel Pash?

Evans bittet ums Wort.

Dr. Evans.

EVANS Wozu ich einen Experten immer einmal hören wollte, es interessiert mich, es ist etwas allgemein: Ist nach Ihrer Meinung an einem geheimen Kriegsprojekt eine hundertprozentige Sicherheit erreichbar, Mr. Pash?

PASH Nein. Es wäre eine fünfundneunzigprozentige Sicherheit erreichbar, wenn die Wissenschaftler und Techniker sorgfältig genug ausgewählt wären, und wenn sie darin ausgebildet würden, unsere Probleme zu verstehen.

EVANS Wie meinen Sie das?

PASH Sie müssen begreifen, daß sie heutzutage Fachleute in einem sehr großen Unternehmen sind, die ihre Teilarbeit zu machen haben, die sie anderen Fachleuten, Politikern, Militärs, abliefern, die darüber befinden, was damit gemacht wird. Und wir sind die Fachleute, die aufpassen, daß uns niemand in den Topf guckt. Wenn wir unsere Freiheit erfolgreich verteidigen wollen, so müssen wir bereit sein, auf gewisse Freiheiten zu verzichten.

EVANS Ich weiß nicht, ich habe kein gutes Gefühl dabei, es war mir interessant, die Ansicht eines Fachmannes zu hören.

GRAY Weitere Fragen? – Mr. Morgan.

MORGAN Glauben Sie, daß Dr. Oppenheimers kommunistische Sympathien sein Verhalten in der Chevalier-Sache bestimmt haben?

Pash Ohne jeden Zweifel. Obwohl ich zu der Ansicht gekommen bin, daß Dr. Oppenheimer nur zwei Dingen seine volle Loyalität geben kann: der Wissenschaft und seiner Karriere.
Garrison Halten Sie Mr. Lansdale, Ihren damaligen Vorgesetzten, für einen schlechten Sicherheitsfachmann, Mr. Pash?
Pash Nein. Er ist der beste Amateur, den ich kennengelernt habe. Was ihm vielleicht fehlt, das ist die Härte, die unser Geschäft braucht.
Gray Wenn keine weiteren Fragen sind, dann danke ich Ihnen, daß Sie hier erschienen sind.
Pash erhebt sich und verläßt den Raum.
Wir wollen jetzt Mr. Lansdale hereinbitten.
Ein Beamter geht hinaus, Lansdale zu holen.
Robb Damit wir das Protokoll vollständig haben, Dr. Oppenheimer: Sie blieben mit Chevalier in guter Verbindung, nicht wahr?
Oppenheimer Ja.
Robb Wann sahen Sie sich das letzte Mal?
Oppenheimer Vor einigen Monaten, in Paris.
Robb Doktor, wann hat Ihr Freund Haakon Chevalier zum ersten Mal erfahren, daß Sie es waren, der seinen Fall den Sicherheitsbehörden berichtet hat?
Oppenheimer Ich nehme an, er wird es diesem Verfahren entnehmen.
Evans Sie haben ihm nie gesagt, ich meine das ist fast privat, daß Sie die Sache in Gang gebracht haben?
Oppenheimer Nein.
Evans Warum nicht?
Oppenheimer Er hätte es nicht verstanden, glaube ich.
Der Beamte öffnet die Tür und sieht fragend zu dem Vorsitzenden.
Gray Ist Mr. Lansdale da?
Der Beamte geleitet Lansdale in den Zeugenstand.
Wollen Sie unter Eid aussagen, Mr. Lansdale?
Lansdale Wie Sie wollen.
Gray Die bisherigen Zeugen haben das getan.
Lansdale Dann wollen wir das einheitlich halten.
Gray John Lansdale, schwören Sie, daß Sie hier die Wahrheit sagen wollen, die ganze Wahrheit und nichts als die Wahrheit?
Lansdale Das schwöre ich.
Gray Sie arbeiten gegenwärtig als Anwalt, Mr. Lansdale?
Lansdale Ja, in Ohio.

GRAY Wo haben Sie studiert?
LANSDALE Harvard.
GRAY Sie waren für die Sicherheit des ganzen Atomwaffenprojekts verantwortlich, nicht wahr?
LANSDALE Während des Krieges.
GRAY Das Verhör kann beginnen, Mr. Garrison.
GARRISON Hatten Sie Dr. Oppenheimer die Sicherheitsgarantie zu erteilen?
LANSDALE Oder zu verweigern, ja. Eine schwierige Entscheidung.
GARRISON Wieso?
LANSDALE Nach Meinung der Experten war Oppenheimer der einzige Mann, der Los Alamos verwirklichen konnte. Andererseits sahen die FBI-Berichte über ihn nicht gut aus. FBI empfahl, Dr. Oppenheimer aus dem Projekt zu entfernen. Ich mußte also zu einem eigenen Urteil kommen.
GARRISON Wie machten Sie das?
LANSDALE Ich ordnete an, daß er überwacht wurde.
GARRISON Wie ging das vor sich?
LANSDALE Wir beschatteten ihn, öffneten seine Post, hörten seine Telefongespräche ab, stellten ihm Fallen – gut, wir wandten alle die dreckigen Sachen an, die üblich sind. Und während der ganzen Zeit unterhielt ich mich so oft wie möglich mit ihm und seiner Frau. Ich glaube, er mochte mich gut leiden. Er sprach jedenfalls sehr offen.
GARRISON Welchen Zweck hatten diese Gespräche?
LANSDALE Ich wollte herausfinden, was er für ein Mensch ist, was er denkt, wie er denkt, um schließlich beurteilen zu können, ob er ein Kommunist sei, wie FBI vermutet, oder nicht.
GARRISON Zu welcher Meinung kamen Sie?
LANSDALE Daß er kein Kommunist sei, und daß man ihm die Sicherheitsgarantie erteilen solle, was immer in den Berichten stehe.
GARRISON Es ist Dr. Oppenheimer hier vorgeworfen worden, daß er sich geweigert hat, seinen Freund Chevalier zu identifizieren. Wie beurteilen Sie das?
LANSDALE Ich fand es nicht richtig, auch ein bißchen weltfremd, anzunehmen, daß er damit bei uns durchkommen würde. Sein Motiv war, daß er Chevalier für unschuldig hielt, und daß er ihn vor Schwierigkeiten bewahren wollte. Kurioserweise dachte ich immer, daß er seinen Bruder Frank schützen wolle, und General Groves dachte das auch.

GARRISON Ist durch seine Weigerung die Sicherheit des Projektes gefährdet worden?
LANSDALE Nein. Wir haben mehr Arbeit gehabt, besonders durch diese Geschichte, die er uns auftischte. Sie war typisch.
GARRISON Wofür?
LANSDALE Wissenschaftler halten Sicherheitsleute entweder für ungeheuer dumm oder für ungeheuer raffiniert, jedenfalls aber für inkompetent.
EVANS O, wie erklären Sie das?
LANSDALE Der Geist der Wissenschaft und die militärischen Sicherheitserfordernisse, das ist ein bißchen, als wenn Vögel und Nashörner miteinander Ball spielen. Jeder findet den anderen unmöglich und jeder hat recht.
EVANS Wer sind die Nashörner?
LANSDALE Das sind sehr nette Tiere.
GARRISON Colonel Pash hat hier zu Protokoll gegeben, daß er die Geschichte mit den drei Kontakten, Mikrofilm und dem Mann in der sowjetischen Botschaft nach wie vor für die wahre Geschichte hält.
LANSDALE Ich weiß, aber er befindet sich nicht in Übereinstimmung mit unseren Ermittlungen.
GARRISON Wurden die Ermittlungen abgeschlossen?
LANSDALE Sie wurden dreimal abgeschlossen, 1943, 1946 und 1950. Sie werden jetzt zum vierten Male abgeschlossen, hoffe ich. Die ganze Sache war ein Windei.
GARRISON Wenn Sie Dr. Oppenheimer die Sicherheitsgarantie heute erteilen sollten, würden Sie das tun?
LANSDALE Nach unseren damaligen Kriterien unbedingt. Ich möchte es nicht unternehmen, die heutigen Maßstäbe zu untersuchen. Unsere waren Loyalität und Verschwiegenheit.
GARRISON Ich danke Ihnen, Mr. Lansdale.
GRAY Wollen Sie Mr. Lansdale im Kreuzverhör, Mr. Robb?
ROBB Das macht Mr. Rolander.
ROLANDER Ich habe Sie so verstanden, Sir, daß Sie Ihre Meinung dazu, ob Sie Dr. Oppenheimer die Sicherheitsgarantie nach unseren heutigen Kriterien erteilen würden, nicht gegeben haben?
LANSDALE Weil mir diese Kriterien fremd sind. Ich kenne sie, aber sie sind mir fremd, ich will ihre Zweckmäßigkeit nicht erörtern. Nach den Erfahrungen, die ich mit Dr. Oppenheimer gemacht habe, halte ich ihn für vollständig loyal und sehr verschwiegen.
ROLANDER Seine Diskretion war gut?

LANSDALE Sehr gut.
ROLANDER Schließt Ihre Vorstellung von sehr guter Diskretion die Tatsache ein, daß man die Nacht mit einer Kommunistin verbringt?
LANSDALE Mr. Rolander, wenn Sie sich jemals aus ganzer Seele in ein Mädchen verlieben sollten, das kommunistische Ansichten hat, und sie bittet Sie um eine Zusammenkunft, weil sie unglücklich ist, dann hoffe ich, Sie gehen zu ihr hin, um sie zu trösten, und Sie lassen das Tonband zu Hause.
ROLANDER Sie haben meine Frage nicht beantwortet, Sir.
LANSDALE Die Frage nach Jean Tatlock ist 17mal beantwortet worden, Mr. Rolander! Dr. Oppenheimer wurde von uns überwacht. Ich habe die Tonbänder gehört und vernichtet.
ROLANDER Warum?
LANSDALE Weil es für alle Dinge Grenzen gibt, Mr. Rolander!
ROLANDER Ich verstehe Sie nicht, Sir.
LANSDALE Das tut mir leid.
GRAY Ich denke, wir sollten diesen Komplex als geklärt ansehen, Mr. Rolander.
ROBB Ist Ihnen der Name Steve Nelson geläufig?
LANSDALE Ja.
ROBB Wer war das?
LANSDALE Ein kommunistischer Funktionär aus Kalifornien, von dem es heißt, daß er Ende 43 oder so erfahren haben soll, daß wir an Atomwaffen arbeiten.
ROBB Von wem soll er das erfahren haben?
LANSDALE Es hieß, es gab die Vermutung von FBI, daß er dies durch Jean Tatlock oder Mrs. Oppenheimer erfahren haben könnte. Unsere Ermittlungen –
ROBB Wenn Sie sich nur auf meine Frage beschränken würden, Mr. Lansdale.
LANSDALE Ich darf meinen Satz beenden. Unsere Ermittlungen erbrachten keinen Anhalt für diese Vermutung.
ROBB Konnten Ihre Ermittlungen diese Möglichkeit vollständig ausschließen?
LANSDALE Wir fanden keinen Anhaltspunkt.
ROBB Ohne jedoch sagen zu wollen, daß Sie die Möglichkeit vollständig ausschließen?
LANSDALE Bitte, wenn Sie wollen.
ROBB Eine Frage an Dr. Oppenheimer.
GRAY Bitte.

Robb Würden Sie Steve Nelson einen guten Bekannten nennen?
Oppenheimer Nein. Er war ein Bekannter meiner Frau. Er war mit ihrem ersten Mann in Spanien. Er hat uns zwei-, dreimal besucht, als er in Berkeley war, bis 1942 etwa.
Robb Worüber haben Sie da gesprochen?
Oppenheimer Keine Ahnung. Persönliche Dinge. Er war mit seiner Frau da, glaube ich.
Robb War Jean Tatlock gut mit ihm bekannt?
Oppenheimer Flüchtig. Sie hatte keine persönliche Beziehung zu ihm.
Robb Wenn ihn Jean Tatlock also tatsächlich aufgesucht hätte, Doktor, dann müßte man politische Motive dafür annehmen, nicht wahr?
Oppenheimer Das kann ich nicht beantworten. Hätte, würde, müßte.
Robb Es ist eine hypothetische Frage, Doktor, zugegeben, ich will sie so herum stellen: Wenn Jean Tatlock durch irgend jemanden etwas über unser Atomwaffenprojekt erfahren hätte, angenommen nur, halten Sie es dann nach der Kenntnis ihrer Psychologie für ausgeschlossen, daß sie das Steve Nelson anvertraut hätte?
Oppenheimer Sie hat es von mir nicht erfahren.
Robb Könnten Sie einen etwaigen solchen Besuch mit ihrem tragischen Ende in gar keinen Zusammenhang bringen? *Oppenheimer schweigt.* Ich habe Ihnen eine Frage gestellt, Doktor?
Oppenheimer Ich weiß, und ich habe sie nicht beantwortet.
Robb Herr Vorsitzender –
Garrison Herr Vorsitzender –
Gray Einem früheren Antrag der Verteidigung von Dr. Oppenheimer folgend, wollen wir die Frage von Mr. Robb nicht zulassen. Im Zeugenstand ist Mr. Lansdale.
Rolander Sie haben hier gesagt, Sir, daß die Lügengeschichte von Dr. Oppenheimer nach Ihrer Meinung typisch gewesen sei.
Lansdale Sein Verhalten war typisch.
Rolander Typisch für wen?
Lansdale Für die Wissenschaftler.
Rolander Dr. Oppenheimer hat hier bezeugt, daß er Colonel Pash und Sie belogen hat. Ist das für Wissenschaftler charakteristisch?
Lansdale Es ist für sie charakteristisch, daß sie von sich aus entscheiden wollen, welche Informationen ich brauche und welche nicht.

ROLANDER Ich habe Sie aber gefragt, ob Sie die Wissenschaftler als Gruppe für Lügner halten?
LANSDALE Ich halte keine Gruppe für Lügner. Aber hervorragende Leute haben die Tendenz, sich auch in Fragen für kompetent zu halten, in denen sie nicht kompetent sind.
ROLANDER Nach Ihrer Ansicht, Sir, ging es damals darum, einen ernsten Spionageverdacht aufzuklären, nicht wahr?
LANSDALE Ja. Gut, ja.
ROLANDER Und Dr. Oppenheimer wußte das, als er Ihnen den Namen von Chevalier verweigerte.
LANSDALE Ja.
ROLANDER Und Sie sagten ihm, daß das Ihre Untersuchung ernstlich erschwerte?
LANSDALE Er war nicht der erste und nicht der letzte Wissenschaftler, der meine Untersuchungen erschwerte.
ROBB Haben Sie das Gefühl, Dr. Oppenheimer hier verteidigen zu müssen, Mr. Lansdale?
LANSDALE Ich versuche, so objektiv wie möglich zu sein.
ROBB Ihre letzte Antwort ließ mich daran zweifeln.
LANSDALE *die Fassung verlierend:* Mich ließen die Fragen dieses jungen Mannes daran zweifeln, daß hier die Wahrheit gefunden werden soll! Ich bin äußerst beunruhigt von der gegenwärtig umlaufenden Hysterie, die in diesen Fragen ihren Ausdruck findet!
ROBB Meinen Sie, daß dieses Verfahren ein Ausdruck von Hysterie ist?
LANSDALE Ich meine –
ROBB Ja oder nein?
LANSDALE Ich lehne es ab, mit ja oder nein zu antworten! Wenn Sie so fortfahren wollen –
ROBB Was?
LANSDALE *seine Besonnenheit wiederfindend:* Wenn Sie mich ausreden lassen, will ich Ihre Frage gern beantworten.
ROBB Ich bitte darum.
LANSDALE Ich bin der Ansicht, daß die gegenwärtig umlaufende Kommunistenhysterie für die Art unseres Zusammenlebens und unsere Form der Demokratie gefährlich ist. An die Stelle von gesetzlichen Kriterien treten Furcht und Demagogie. Was heute getan wird, was so viele Leute heute tun, sie starren auf Ereignisse aus dem Jahre 1941, 1942 und beurteilen sie mit ihren gegenwärtigen Gefühlen. Aber man muß Verhaltensweisen aus ihrer Zeit begreifen. Wenn jemand Verbindungen aus den 30er oder 40er

Jahren so beurteilt, wie er ähnliche Verbindungen heute beurteilen würde, dann halte ich das für einen Ausdruck der verbreiteten Hysterie.
Robb Also, Mr. Lansdale, ist es zutreffend, daß Sie dieses Verhör –
Lansdale Verflucht, ich wurde damals runtergemacht, weil ich den politischen Kommissar der Spanien-Brigade in die Armee nicht hatte einstellen lassen, und er wurde dann auf direkte Weisung des Weißen Hauses eingestellt! So war das damals. – Was soll da die Wiederkäuerei von altem, längst erledigtem Stoff aus dem Jahre 1940 oder 1943? Das verstehe ich unter Hysterie.
Robb Woher wissen Sie, daß der Ausschuß hier alten Stoff wiederkaut?
Lansdale Ich weiß es nicht. Ich hoffe, ich habe Unrecht.
Rolander Kann man sagen, Sir, daß die Sicherheitsoffiziere unter Ihrem Rang einmütig dagegen waren, Dr. Oppenheimer die Sicherheitsgarantie zu erteilen?
Lansdale Wenn ich mich nur auf die FBI-Berichte gestützt hätte, dann wäre ich auch dagegen gewesen. Aber der Erfolg von Los Alamos, die Atombombe, das war Dr. Oppenheimer.
Rolander Danke, Sir.
Gray Weitere Fragen an den Zeugen? – Mr. Morgan.
Morgan Mr. Lansdale, als Sie zu der Ansicht kamen, daß Dr. Oppenheimer kein Kommunist sei, was verstanden Sie da unter einem Kommunisten?
Lansdale Einen Menschen, der sich Sowjetrußland tiefer verpflichtet fühlt als seinem eigenen Land. Sie werden bemerken, daß diese Definition nichts mit philosophischen und politischen Ideen zu tun hat.
Morgan Welche Richtung hatten Dr. Oppenheimers politische Ideen?
Lansdale Sie waren extrem liberal.
Morgan Meinen Sie, daß sich das von rot immer unterscheiden läßt?
Lansdale Für viele nicht.
Morgan Wenn ich Sie recht verstanden habe, sind Sie im Gegensatz zu Colonel Pash nicht der Ansicht, daß sich Dr. Oppenheimer durch sein Verhalten in der Chevalier-Sache disqualifiziert hätte?
Lansdale Nein.
Morgan Ich bin ein alter Geschäftsmann, ein Praktiker. Wenn Sie gestatten, möchte ich Ihnen eine hypothetische Frage stellen.
Lansdale Bitte.

MORGAN Nehmen wir an, Sie wären der Präsident einer großen Bank.
LANSDALE Gern.
MORGAN Würden Sie einen Mann anstellen, der mit Bankräubern intim befreundet war? Würden Sie ihn als Bankdirektor einstellen?
LANSDALE Wenn er erstklassig ist?
MORGAN Gut, Sie haben so einen Bankdirektor. Er macht glänzende Geschäfte. – Zu diesem Bankdirektor kommt eines Tages ein Freund und sagt: «Ich habe ein paar gute Bekannte, tüchtige Leute, die wären sehr daran interessiert, diese Bank hier auszurauben. Es kann gar nichts passieren. Du brauchst nur die Warnanlage mal ein bißchen außer Betrieb zu halten.» Ihr Bankdirektor weist die Zumutung zurück, sagen wir mit starken Worten. Angenommen, er berichtet Ihnen den Vorfall erst nach sechs Monaten, im Zusammenhang mit einem unaufgeklärten Bankraub in Chicago meinetwegen, würden Sie sich da nicht wundern?
LANSDALE Ich würde ihn fragen, warum er erst jetzt damit rausrückt.
MORGAN Angenommen, er sagt zu Ihnen: «Der Mann, der mich damals gefragt hat, ist ein guter Freund von mir, ich hab das nicht ernstgenommen, ich bin sicher, daß er selber nichts damit zu tun hat, deshalb möchte ich ihm keine Ungelegenheiten machen. Wegen Chicago mache ich Sie aber auf den Burschen aufmerksam, von dem damals die Initiative ausgegangen ist.» Würden Sie dann nicht auch den Namen des Freundes verlangen?
LANSDALE Wahrscheinlich. Natürlich auch prüfen, ob es eine wirklich ernste Sache war, oder bloß Geschwätz.
MORGAN Jetzt angenommen, er erzählt Ihnen die Geschichte so: «Mein Freund hat mir damals gesagt, daß die Burschen, die er kennt, eine Reihe von Banken knacken wollen. Mit allen Schikanen.» Hätten Sie daraus nicht geschlossen, daß man die Sache der Polizei übergeben muß?
LANSDALE Ja.
MORGAN Gut, Ihr Bankdirektor ist jetzt unter Druck gesetzt, den Namen seines Freundes zu nennen. Da kommt er zu Ihnen und sagt: «Mr. Lansdale, ich habe Ihnen doch kürzlich eine Geschichte von meinem Freund erzählt mit diesen Burschen. Tränengas, Maschinenpistolen und so weiter. Das Ganze war eine Räuberpistole. Es ist nichts davon wahr. Ich wollte meinen Freund nur vor Unannehmlichkeiten schützen.» Würden Sie sich

da nicht fragen: Wieso? Was steckt dahinter? Schützt man einen Freund, indem man eine fürchterliche Räuberpistole über ihn erzählt?

LANSDALE Ich würde mich das sicher gefragt haben. Aber ich würde mich das nicht 12 Jahre später fragen, wenn sich herausgestellt hat, daß niemand von den Leuten eine Bank ausgeraubt hat.

MORGAN Kennen Sie alle Banken Amerikas, Mr. Lansdale?

LANSDALE Die Bank von der Sie sprechen, kenne ich ganz gut. – Die Analogie ist unzutreffend.

MORGAN Ich würde Ihnen zugeben, sie ist plump. Eine meiner einträglichsten Fähigkeiten, plump zu denken.

GRAY Noch Fragen an Mr. Lansdale? – Bitte, Mr. Evans.

EVANS Ich habe das schon Mr. Pash gefragt, ich war von seiner Antwort nicht befriedigt, es liegt möglicherweise an meiner Frage: Gibt es für ein Kriegsprojekt eine hundertprozentige Sicherheit?

LANSDALE Nein.

EVANS Woran liegt das?

LANSDALE Um eine hundertprozentige Sicherheit zu haben, müßten wir alle die Freiheiten aufgeben, die wir zu verteidigen wünschen. Das ist kein gangbarer Weg.

EVANS Welchen gangbaren Weg sehen Sie, einem Land ein Höchstmaß an Sicherheit zu geben?

LANSDALE Wir müssen dafür sorgen, daß wir die besten Ideen und die beste Art zu leben haben.

EVANS Ich bin kein Fachmann, aber meinem Gefühl nach hätte ich das so ähnlich formuliert. Es ist nicht leicht.

LANSDALE Nein.

EVANS Das ist alles.

GRAY Schönen Dank, Mr. Lansdale. –

Lansdale erhebt sich.

EVANS Noch eine Frage vielleicht, eine ebenso laienhafte, oder naive auch. Wenn ich mir das Ergebnis so ansehe von dieser strikten Geheimhaltung, dieser Sicherheitsapparate auf allen Seiten, ich meine, wir sitzen etwas unkomfortabel auf dieser Welt aus Schießbaumwolle, überall, wäre da nicht zu fragen, ob diese Geheimnisse nicht am besten zu hüten sind, indem ich sie bekanntmache?

LANSDALE Wie meinen Sie das?

EVANS Indem ich den Wissenschaftlern ihr altes Recht zurückgebe, oder sie sogar verpflichte meinetwegen, ihre Ergebnisse zu veröffentlichen?

LANSDALE Das ist ein so utopisch ferner Traum gegenwärtig, daß er nicht einmal den Kindern erlaubt ist, Doktor Evans. – Die Welt ist in Ziegen und Schafe fertig eingeteilt, und wir sind im Schlachthaus drin.
EVANS Ich bin kein Fachmann, wie gesagt.
GRAY Schönen Dank, Mr. Lansdale.
Lansdale verläßt den Raum.
Wir schließen die heutige Sitzung und vertagen uns. Wir kommen dann zu Dr. Oppenheimers Verhalten in der Frage der Wasserstoffbombe.
Pause.

Zweiter Teil

7. Szene

Robb und Rolander kommen, dann Garrison und Marks, dann Evans, dann Morgan mit Gray.

MORGAN Was ich befürchtet habe, ist eingetreten. «New York Times» hat den Brief der Atomenergiekommission und Oppenheimers Antwort veröffentlicht. Sie kündigt eine Serie an.
GRAY So können wir uns gratulieren.
ROBB Die Briefe wurden nicht von uns, sondern von den Herren der anderen Seite freigegeben, glaube ich.
GARRISON Nachdem die Zeitungen bisher nur Ihre Informationen bekamen.
ROBB Ihre Version, Mr. Garrison. FBI konnte das Leck unglücklicherweise nie herausfinden.
MARKS Ich habe hier ein paar Aufmacher, die schwerlich von uns kommen. *Er liest die Schlagzeilen vor:* «Der Gedankenverräter, der Amerikas Atommonopol zerstört hat.»
«Vater der Atombombe ein Spion?»
«Der Mann, der seine Freunde verraten hat.»
Und so weiter, und so weiter, mit den entsprechenden Fotos und Fehlinformationen.
ROBB «Der Märtyrer, der aus moralischen Gründen gegen den Bau der Wasserstoffbombe gekämpft hat», habe ich hier. «Oppenheimer, eine amerikanische Affaire Dreyfus».
GRAY Ich habe diese Kampagne nie gebilligt.
EVANS *indem er alle Taschen nach einem Brief durchsucht, um ihn nicht zu finden:*
Meine Tochter, verzeihen Sie, schickte mir gestern einen Leserbrief, in einer Zeitung im Süden abgedruckt, da wünscht sich ein Modefriseur, auch im Namen seiner Frau, man möge, ehe die Roten kommen, die langhaarigen Eierköpfe mal drei Tage der Bevölkerung ausliefern.
Er stellt die Suche mit einer resignierenden Geste ein.
GRAY Wir haben die Situation, die wir vermeiden wollten. Unsere Anhörung beherrscht die öffentliche Diskussion Amerikas.
EVANS Was hat das alles mit Physik zu tun?

Von allen unbemerkt ist Oppenheimer eingetreten und räuspert sich. Lichtwechsel. Alle Beteiligten nehmen ihre gewohnten Plätze ein.

Textprojektion oder Lautsprecheransage:

DAS VERHÖR TRAT IN SEINE ENTSCHEIDENDE PHASE.
LOYALITÄT EINER REGIERUNG GEGENÜBER,
LOYALITÄT GEGENÜBER DER MENSCHHEIT.

ROBB Ich möchte jetzt auf die thermonuklearen Probleme kommen, Doktor.
OPPENHEIMER Einverstanden.
ROBB Ich zitiere aus dem Brief der Atomenergiekommission, Seite 6, unten: «Es wurde fernerhin berichtet, daß Sie sich im Herbst 1949 und in der darauffolgenden Zeit der Entwicklung der Wasserstoffbombe entschieden widersetzten, und zwar 1. aus moralischen Gründen, 2. indem Sie behaupteten, daß sie nicht herstellbar sei, 3. indem Sie behaupteten, daß es keine ausreichenden technischen Anlagen und nicht genügend wissenschaftliches Personal für diese Entwicklung gäbe, 4. weil sie politisch nicht wünschenswert sei.» Ist diese Feststellung wahr?
OPPENHEIMER Teilweise. Auf eine bestimmte Situation des Herbstes 1949 und auf ein bestimmtes technisches Programm bezogen.
ROBB Welche Teile sind wahr und welche nicht, Doktor?
OPPENHEIMER Das steht in meinem Antwortbrief.
ROBB Ich hätte das gerne etwas klarer.
OPPENHEIMER Wir wollen es probieren.
ROBB Ich habe hier einen Bericht des Wissenschaftlichen Rates, dessen Vorsitzender Sie waren. Er ist vom Oktober 1949, er antwortet auf die Frage, ob die Vereinigten Staaten die Wasserstoffbombe in einem Dringlichkeitsprogramm herstellen sollen oder nicht. Erinnern Sie sich dieses Berichtes? *Er reicht Oppenheimer eine Kopie.*
OPPENHEIMER Ich habe ihn geschrieben, den Mehrheitsbericht.
ROBB Es heißt da, Mr. Rolander ist so freundlich, uns das vorzulesen:
ROLANDER «Die Tatsache, daß der Zerstörungskraft dieser Waffe keine Grenzen gesetzt sind, macht ihre Existenz zu einer Gefahr

für die ganze Menschheit. Aus ethischen Grundsätzen halten wir es deshalb für falsch, mit der Entwicklung einer solchen Waffe den Anfang zu machen.»

OPPENHEIMER Das ist aus dem Minderheitsbericht, von Fermi und Rabi verfaßt.

ROLANDER Im Mehrheitsbericht steht:
«Wir alle hoffen, daß sich die Entwicklung dieser Waffe vermeiden läßt. Wir sind uns alle einig, daß es im gegenwärtigen Zeitpunkt falsch wäre, wenn die Vereinigten Staaten die Entwicklung dieser Waffe forcieren würden.»

ROBB Heißt das nicht, Doktor, daß Sie dagegen waren, die Wasserstoffbombe zu bauen?

OPPENHEIMER Wir waren dagegen, die Initiative zu ergreifen. In einer außergewöhnlichen Situation.

ROBB Was war das Außerordentliche an der Situation im Herbst 1949, Doktor?

OPPENHEIMER Die Russen hatten ihre erste Atombombe gezündet, Joe I, und wir reagierten darauf mit einem nationalen Schock. – Wir hatten unser Atombombenmonopol verloren, und unsere Reaktion war, wie kriegen wir schnellstens ein Wasserstoffbombenmonopol.

ROBB War das nicht eine ganz natürliche Reaktion?

OPPENHEIMER Vielleicht natürlich, aber nicht vernünftig. Die Russen haben sie dann ebenfalls gebaut.

ROBB Waren wir nicht technisch in der viel besseren Position?

OPPENHEIMER Vielleicht, aber es gibt in Rußland nur zwei Ziele, die für eine Wasserstoffbombe in Frage kommen, Moskau und Leningrad, und bei uns über fünfzig.

ROBB Ein Grund mehr, ihnen zuvorzukommen, oder?

OPPENHEIMER Da es nach einem dritten Weltkrieg, mit Wasserstoffbomben geführt, keine Sieger und keine Besiegten mehr geben wird, sondern nur achtundneunzigprozentig und hundertprozentig Vernichtete, schien es mir klüger, zu einer internationalen Verzichterklärung auf diese schreckliche Waffe zu kommen.

MORGAN Eine Verzichterklärung ohne Kontrolle? – Ich glaube, Dr. Oppenheimer, Sie waren der wissenschaftliche Berater unserer Regierung, als Mr. Gromyko 1946 in Genf erklärte, daß er keiner wie immer gearteten Kontrolle zustimmen könne. Und damals hatten wir das Atombombenmonopol.

OPPENHEIMER Ja, ich gehörte zu den wissenschaftlichen Beratern

Achesons, und wir schlugen das vor, weil wir sicher waren, daß die Russen nicht zustimmen konnten.

MORGAN Warum sollten die Russen 1949 entgegenkommender sein?

OPPENHEIMER Die Möglichkeit, das Leben auf der Erde gänzlich auszulöschen, ist eine neue Qualität. Das Menetekel für die Menschheit ist an die Wand geschrieben.

MORGAN Auch in kyrillischen Buchstaben, Dr. Oppenheimer?

OPPENHEIMER Seit wir die Spurenanalyse der russischen Wasserstoffbombe in Händen haben, ja. – Ehe man die Tür zu jener schaudervollen Welt öffnete, in der wir heute leben, hätte man anklopfen sollen. Wir haben es vorgezogen, mit der Tür ins Haus zu fallen. Obwohl wir strategisch keinen Vorteil davon haben konnten.

MORGAN Fühlten Sie sich kompetent, strategische Fragen zu entscheiden? War das Ihre Sache?

OPPENHEIMER Der größte Teil des Berichts gab unsere Einschätzung, ob und in welcher Zeit eine brauchbare Wasserstoffbombe zu machen wäre.

ROBB Wie schätzten Sie das ein?

OPPENHEIMER Wir bezweifelten, daß die damaligen technischen Vorschläge durchführbar seien. – Sie erwiesen sich tatsächlich als undurchführbar.

ROBB Hieß das nicht, man solle die Super auf Eis legen, bis man bessere Ideen habe?

OPPENHEIMER Nein. Wir empfahlen ein Forschungsprogramm.

ROBB Mußte man das nicht so verstehen, daß es um die Wasserstoffbombe schlecht aussah?

OPPENHEIMER Das damalige Modell sah schlecht aus. Miserabel. Sonst hätten wir nicht von fünf Jahren Entwicklung gesprochen.

ROBB War das eine richtige Prognose?

OPPENHEIMER Für dieses Modell?

ROBB Für die Super?

OPPENHEIMER Nein. Es gab im Jahre 1951 einige glänzende Ideen, und wir testeten Mike, die erste Super, bereits im Oktober 1952.

ROBB Der Test war sehr erfolgreich, nicht wahr.

OPPENHEIMER Ja. Die Insel Elugelab im Pazifik war in zehn Minuten verschwunden. – Neun Monate später hatten die Russen ihre Super. Die unserem Modell überlegen war.

EVANS Inwiefern, Doktor Oppenheimer?

OPPENHEIMER Die Russen hatten die sogenannte ‹trockene› Super gezündet, die wesentlich leichter war, da sie keine Kühlanlagen brauchte.

EVANS War das strategisch so wesentlich?

OPPENHEIMER Ich denke. Es war die Zeit, da die Russen jederzeit mit Wasserstoffbomben über uns auftauchen konnten, während wir nur mit Atombomben zurückschlagen konnten. Unsere Modelle waren so schwer, daß wir sie nur mit Ochsenkarren ins Ziel bringen konnten.

ROBB Hätten die Russen ihre Super nicht jedenfalls gebaut?

OPPENHEIMER Möglich. Wir haben nicht versucht, ein Wettrüsten auf diesem Gebiet zu verhindern. Ich denke, der Preis, den wir für unser kurzes Monopol zahlten, ist zu hoch.

ROBB Hätten wir die Super nicht viel früher haben können und ganz anders dagestanden, wenn wir das Dringlichkeitsprogramm schon 1945 auf die Beine gebracht hätten?

OPPENHEIMER Es gab keine Voraussetzungen.

ROBB Ist es zutreffend, Doktor, daß Sie schon im Jahre 1942 daran gedacht haben, eine thermonukleare Bombe zu machen?

OPPENHEIMER Wir hätten sie gemacht, wenn wir es gekonnt hätten. Wir hätten jede Art von Waffe gemacht.

ROBB Ich weiß nicht, ob das geheim ist oder nicht, wenn wir von einer thermonuklearen Bombe sprechen, dann meinen wir eine Bombe, die 10 000mal so stark wie eine normale Atombombe ist?

OPPENHEIMER Etwa. Sehr stark jedenfalls.

ROBB 10 000mal so stark ist keine Übertreibung?

OPPENHEIMER Ich glaube, es gibt keine natürliche Grenze für ihre Stärke. Die Todeszone eines mittleren Modells hat nach unseren Berechnungen einen Durchmesser von 580 Kilometern.

ROBB Hätten Sie damals moralische Skrupel gehabt, eine solche Waffe zu entwickeln?

OPPENHEIMER 1942? Nein. Die Skrupel kamen viel später.

ROBB Wann? Wann bekamen Sie hinsichtlich der Entwicklung der Wasserstoffbombe moralische Skrupel?

OPPENHEIMER Wir wollen das Wort ‹moralisch› weglassen.

ROBB Einverstanden. Wann bildeten sich Ihre ersten Skrupel?

OPPENHEIMER Als mir klar wurde, daß wir dahin tendierten, die Waffe, die wir entwickelten, tatsächlich zu gebrauchen.

ROBB Nach Hiroshima?

OPPENHEIMER Ja.

ROBB Sie haben uns hier gesagt, daß Sie damals halfen, die Ziele auszusuchen, nicht wahr?

OPPENHEIMER Ja. Und ich habe gesagt, daß es nicht unsere Entscheidung war, die Bombe zu werfen.
ROBB Das habe ich nicht behauptet. Sie haben nur die Ziele ausgesucht, und Sie hatten nach dem Abwurf große Skrupel, nicht wahr?
OPPENHEIMER Ja! – Entsetzliche. Wir alle hatten entsetzliche Skrupel.
ROBB Waren es nicht diese entsetzlichen Skrupel, Doktor, die Sie im Jahre 1945 daran hinderten, sich für ein hartes Wasserstoffbombenprogramm einzusetzen?
OPPENHEIMER Nein. Als die Super im Jahre 1951 machbar schien, waren wir von den wissenschaftlichen Ideen fasziniert, und wir machten sie in kurzer Zeit, aller Skrupel ungeachtet. Das ist eine Tatsache, ich sage nicht, daß es eine gute Tatsache ist.
ROBB Haben Sie an der Wasserstoffbombe gearbeitet?
OPPENHEIMER Nicht praktisch.
ROBB Wie haben Sie an ihr mitgearbeitet?
OPPENHEIMER Beratend.
ROBB Haben Sie ein Beispiel?
OPPENHEIMER Ich rief die führenden Physiker zu einer Konferenz zusammen, 1951, die sehr fruchtbar war. Wir waren von den neuen Möglichkeiten begeistert, viele gingen nach Los Alamos zurück.
ROBB Von wem kamen die genialen Ideen?
OPPENHEIMER Von Teller, hauptsächlich. Neumanns Rechenmaschinen spielten eine Rolle, Beiträge von Bethe und Fermi.
ROBB Gingen Sie nach Los Alamos zurück?
OPPENHEIMER Nein.
ROBB Warum nicht?
OPPENHEIMER Ich hatte andere Aufgaben. Meine wissenschaftliche Arbeit auf dem thermonuklearen Gebiet war unbedeutend.
ROLANDER *entnimmt seinen Materialien ein Dokument:* Ich habe hier ein Patent, Sir, eine Erfindung zur thermonuklearen Bombe, die Sie im Jahre 1944 anmeldeten.
OPPENHEIMER War das mit Teller zusammen?
ROLANDER Ja. Das Patent wurde Ihnen 1946 erteilt.
OPPENHEIMER Richtig. Es war eine Einzelheit. – Ich vergaß, daß wir die Sache verfolgt haben.
ROBB Ist es zutreffend, Doktor, daß Sie Tellers Bitte, nach Los Alamos zu kommen, abgeschlagen haben, indem Sie ihm sagten, daß

Sie sich in der Frage der Wasserstoffbombe neutral verhalten wollten?

OPPENHEIMER Das ist möglich.

ROBB Daß Sie sich neutral zu verhalten wünschten?

OPPENHEIMER Daß ich so etwas gesagt habe. Es gab eine Zeit, da Teller das Super-Programm um jeden Preis durchsetzen wollte. Ich mußte das Für und Wider sehen, jedenfalls bis der Präsident das Dringlichkeitsprogramm angeordnet hatte.

ROBB Sie lehnten es aber auch nach dieser Entscheidung ab, nach Los Alamos zurückzugehen?

OPPENHEIMER Ja.

ROBB Meinen Sie nicht, Doktor, daß es auf viele Wissenschaftler einen großen Eindruck gemacht hätte, wenn Sie die Ärmel aufgekrempelt hätten, um das Super-Programm in Ihre Hand zu nehmen?

OPPENHEIMER Das kann sein. Ich hielt das nicht für richtig.

ROBB Hielten Sie es auch nach der Entscheidung des Präsidenten nicht für richtig, die Wasserstoffbombe zu bauen?

OPPENHEIMER Ich hielt es nicht für richtig, die Verantwortung für das Programm zu übernehmen. Ich war nicht der richtige Mann.

ROBB Das habe ich Sie nicht gefragt, Doktor.

OPPENHEIMER Ich denke doch.

ROBB Hielten Sie es auch nach der Entscheidung des Präsidenten nicht für richtig, die Wasserstoffbombe zu bauen?

OPPENHEIMER Ich hielt sie weiterhin für eine elende Waffe, die es besser nicht geben würde, aber ich unterstützte das Dringlichkeitsprogramm.

ROBB Wie?

OPPENHEIMER Durch Ratschläge.

ROBB Wodurch sonst noch?

OPPENHEIMER Ich empfahl Teller eine Anzahl von jungen Wissenschaftlern, die meine Schüler waren.

ROBB Sprachen Sie mit ihnen? Konnten Sie sie für das Programm begeistern?

OPPENHEIMER Teller sprach mit ihnen, ich weiß nicht, ob er sie begeistert hat.

ROBB Sagten Sie nicht, Doktor, daß Sie im Jahre 1951 von dem Programm begeistert waren?

OPPENHEIMER Ich war von den sehr verlockenden wissenschaftlichen Ideen begeistert.

ROBB Sie fanden die wissenschaftlichen Ideen zur Herstellung einer Wasserstoffbombe verführerisch und wundervoll, und Sie fanden das mögliche Ergebnis, die Wasserstoffbombe, abscheulich. Ist das richtig?
OPPENHEIMER Ich glaube, das ist richtig. Es ist nicht die Schuld der Physiker, daß gegenwärtig aus genialen Ideen immer Bomben werden. Solange das so ist, kann man von einer Sache wissenschaftlich begeistert und menschlich tief erschrocken sein.
ROBB Ich sehe, daß Sie das können, Doktor. – Ich wundere mich.
GRAY Meinen Sie nicht, Dr. Oppenheimer, daß in dieser Haltung so etwas stecken könnte wie eine geteilte Loyalität?
OPPENHEIMER Zwischen wem geteilt?
GRAY Loyalität einer Regierung gegenüber – Loyalität der Menschheit gegenüber?
OPPENHEIMER Lassen Sie mich nachdenken. – Ich will das so sagen: Indem sich die Regierungen den neuen Ergebnissen der Naturwissenschaften nicht oder nur ungenügend gewachsen zeigen, gibt es für den Wissenschaftler einen solchen Loyalitätskonflikt.
GRAY Wenn Sie in einen solchen Konflikt gestellt sind, Dr. Oppenheimer, und offensichtlich war das so im Falle der Wasserstoffbombe, welcher Loyalität würden Sie dann den Vorrang geben?
OPPENHEIMER Ich habe schließlich in allen Fällen meiner Regierung die ungeteilte Loyalität gegeben, ohne das Unbehagen, ohne die Skrupel zu verlieren, und ohne sagen zu wollen, daß das richtig war.
ROBB Sie wollen nicht sagen, daß es in jedem Fall richtig ist, der Regierung die ungeteilte Loyalität zu geben?
OPPENHEIMER Ich weiß es nicht, ich denke darüber nach, aber ich habe das immer getan.
ROBB Das betrifft auch das Super-Programm?
OPPENHEIMER Ja.
ROBB Sie meinen, Sie haben es nach der Entscheidung des Präsidenten aktiv unterstützt?
OPPENHEIMER Ja, obwohl ich meine starken Zweifel behielt.
Robb entnimmt seinen Materialien ein neues Dokument.
ROBB Wenn Sie in einem Fernsehinterview sagen – Mr. Rolander wird uns das bitte vorlesen. *Er gibt Rolander die Blätter und trägt eine Kopie zum Tisch des Vorsitzenden.*
ROLANDER Ich zitiere: ‹Die frühere Geschichte berichtet die Aus-

rottung einzelner Stämme, einzelner Rassen, einzelner Völker. Jetzt kann die Menschheit im ganzen durch den Menschen vernichtet werden. Es ist bei rationaler Prüfung wahrscheinlich, daß das geschehen wird, wenn wir die neuen Formen des politischen Zusammenlebens nicht entwickeln, die diese Erde braucht. Die mögliche Apokalypse ist eine Realität unseres Lebens. Wir wissen das, aber wir kapseln dieses Wissen ein. Es scheint uns nicht akut. Wir meinen, es hat noch Zeit. Aber wir haben nicht viel Zeit.› Ende des Zitats.

ROBB Meinen Sie, Doktor, daß Sie mit diesen Sätzen das Programm unterstützt haben?

OPPENHEIMER Nein, denn sie hatten mit dem Programm nichts zu tun. Als ich das Interview gab, hatten wir unsere ersten Modelle schon getestet und die Russen auch.

ROLANDER Das ist nicht richtig, Sir, Sie gaben das Interview vor den Präsidentschaftswahlen 1952, als wir das Monopol tatsächlich hatten.

ROBB Mir scheint, das macht einen Unterschied. Das war die Zeit, als der Koreakrieg zu Ende gegangen war und unsere Positionen in Asien äußerst bedroht schienen, nicht wahr?

OPPENHEIMER Das war die Zeit, als eine Reihe von Leuten den Gedanken des Präventivkrieges stark erörterten, ja.

ROBB Haben nicht Sie selber diesen Gedanken erörtert?

OPPENHEIMER Nein. Wir wurden gebeten, zu einem technischen Gutachten Stellung zu nehmen, wir kamen zu einer negativen Beurteilung.

MORGAN Eine Gewissensfrage, Dr. Oppenheimer: Wenn die technische Seite dazu sehr gut ausgesehen hätte, angenommen, hätten Sie sich da mit einer technischen Stellungnahme begnügt?

OPPENHEIMER – Ich weiß nicht, – ich hoffe nicht. Nein.

ROBB Geht aus unserer Unterhaltung hier nicht ganz gut hervor, Doktor, daß Sie hinsichtlich der Wasserstoffbombe große moralische Skrupel hatten und heute noch haben?

OPPENHEIMER Ich bat Sie schon einmal, die Kategorie des Moralischen wegzulassen, das verwirrt. Ich hatte und ich habe große Skrupel, daß diese schreckliche Waffe jemals verwendet wird.

ROBB Und deswegen waren Sie gegen die Entwicklung der Super. Ist das richtig?

OPPENHEIMER Ich war dagegen, die Initiative zu ergreifen.

ROBB Doktor, sagten Sie in dem Bericht des Wissenschaftsrates, den Sie schrieben, und in dem Anhang, dem Sie beipflichteten, nicht ganz klar, ich zitiere: – *er liest* – ‹Wir sind der Ansicht, daß eine Wasserstoffbombe niemals hergestellt werden sollte!›

OPPENHEIMER Das bezog sich auf das damalige Programm.

ROBB Was verstehen Sie unter ‹niemals›?

OPPENHEIMER Ich habe den Anhang nicht geschrieben.

ROBB Aber Sie haben ihn unterschrieben, nicht wahr?

OPPENHEIMER Ich glaube, wir wollten sagen – ich wollte sagen, daß es eine bessere Welt wäre, wenn es in ihr keine Wasserstoffbombe geben würde.

ROBB Als der Präsident dennoch das Dringlichkeitsprogramm anordnete, wie reagierten Sie darauf?

OPPENHEIMER Ich bot meinen Rücktritt an.

ROBB Aus Protest?

OPPENHEIMER Ich denke, daß sich ein Mann zur Disposition stellt, wenn er in einer entscheidenden Frage von der Wirklichkeit überspielt wird.

ROBB Sie hielten sich für überspielt, als das Dringlichkeitsprogramm angeordnet wurde?

OPPENHEIMER Wir hatten abgeraten. Ja.

ROBB Als die Wasserstoffbombe im Oktober 1952 getestet werden sollte, ist es da zutreffend, daß Sie sich einem solchen Test widersetzten?

OPPENHEIMER ‹Widersetzen› ist zu stark, ich war für eine Verschiebung.

ROBB Warum?

OPPENHEIMER Wir standen kurz vor der Wahl eines neuen Präsidenten, und ich hielt es nicht für richtig, ihm die Super unter den Stuhl zu legen. Er sollte das selber entscheiden.

ROBB Gab es andere Gründe, für eine Verschiebung zu plädieren?

OPPENHEIMER Die Russen konnten aus dem Test eine Menge Aufschlüsse kriegen.

ROBB Noch andere?

OPPENHEIMER Daß er unsere Hoffnung auf Abrüstungsverhandlungen definitiv begraben würde, auf einen Teststop insbesondere.

ROBB Ihrer Empfehlung entgegen wurde die Wasserstoffbombe aber im Oktober 1952 getestet, nicht wahr?

OPPENHEIMER Ja.

ROBB Wenn man im Zeitungsstil von einem ‹Vater der Wasserstoffbombe› reden wollte, wen würden Sie so nennen?

OPPENHEIMER Teller ist so genannt worden.

Es wird ein Foto Tellers projiziert.

Robb Sie würden keinen Anspruch auf diesen Titel erheben?
Oppenheimer O nein.
Robb Ich danke Ihnen, Dr. Oppenheimer.
Gray Weitere Fragen an Dr. Oppenheimer? – Mr. Morgan.
Morgan Nur eine Frage, Dr. Oppenheimer. Ist einem Staat, der riesige Gelder für Forschungsarbeit hergibt, das Recht zu bestreiten, über die Ergebnisse dieser Forschungen frei zu verfügen?
Oppenheimer Insofern einige Ergebnisse geeignet sind, die menschliche Zivilisation zu zerstören, ist dieses Recht bestreitbar geworden.
Morgan Heißt das nicht, daß Sie die nationale Souveränität der Vereinigten Staaten auf diesem bestimmten Gebiet beschränken möchten?
Oppenheimer Wenn die Mathematiker ausrechnen müssen, ob ein bestimmter Test nicht vielleicht die Atmosphäre in Brand setzt, werden die nationalen Souveränitäten ein bißchen lächerlich. Die Frage ist, welche Autorität ist unabhängig und mächtig genug, die nationalen Staaten oder ihre Gruppierungen daran zu hindern, sich umzubringen. Wie ist eine solche Autorität herstellbar?
Morgan Meinen Sie, daß die Vereinigten Staaten eine Anstrengung machen sollten, sich mit Sowjetrußland zu verständigen?
Oppenheimer Wenn der andere Partner der Teufel wäre, so müßte man sich mit dem Teufel verständigen.
Morgan Machen Sie einen scharfen Unterschied zwischen der Erhaltung des Daseins und der Erhaltung eines lebenswerten Daseins?
Oppenheimer O ja. Und ich setze großes Vertrauen in die schließliche Macht der Vernunft.
Morgan Ich habe die Erfahrung, Dr. Oppenheimer, daß es nur immer soviel Vernunft gibt, wie wir durchsetzen.
Oppenheimer Das ist richtig, ja. Die Frage, Mr. Morgan, ist, wer ist wir.
Evans Ich komme auf die strapazierten moralischen Skrupel zurück, auf den Widerspruch, einerseits eine Sache voranzutreiben, deren Ergebnis man andererseits fürchtet. Wann haben Sie diesen Widerspruch zum erstenmal empfunden?
Oppenheimer Als wir die erste Atombombe in der Wüste von Alamogordo zündeten.
Evans Können Sie das präzisieren?
Oppenheimer Nachts, im Kontrollstand, vor dem Sehschlitz, als wir die letzten Minuten vor dem Test durchgezählt bekamen, die

schwarzen Brillen auf unsere Fettcreme-Masken setzten und angewiesen wurden, die Köpfe abzuwenden, um nicht zu erblinden, fühlte ich eine zweifache Furcht in mir. Die Furcht, der Test könne mißlingen, und die Furcht, er könne gelingen.

EVANS Da er gelang – wenn Sie gestatten – was empfanden Sie unmittelbar bei der Explosion?

OPPENHEIMER Keiner sah, ich glaube, das erste Aufblitzen des Atomfeuers. Als ich die Augen aufmachte, sah ich in völliger Stille ein nie gekanntes Licht, ein blendend weißer Feuerball, der wuchs, schien Himmel und Berge zu verschlingen. Dann hörten wir erst die Explosion, die Luftdruckwelle, ein Sandsturm, von einem anhaltenden dunklen Donnern begleitet. In diesen Sekunden erinnerte ich mich an zwei Verse aus dem Gesang der Hindus, die ich behalten hatte. Der eine: «Wenn das Licht aus tausend Sonnen
am Himmel plötzlich hervorbräche,
das wär der Glanz des Herrlichen.»
Der andere: «Ich bin der Tod, der alles raubt,
Erschütterer der Welten.»

GRAY *will weiterkommen:* Wenn es keine weiteren Fragen –

EVANS Wenn ich bitten dürfte, weil es vielleicht doch mit uns zu tun hat, irgendwie, wenn Dr. Oppenheimer das erinnert, es interessiert mich sehr, wie andere Leute reagierten, die dabei waren, wie war die – nun, Stimmung, kann man Stimmung sagen?

OPPENHEIMER Fermi sagte: «Eure Gewissensbisse, das ist doch zuerst mal wunderschöne Physik.» General Groves: «Ein oder zwei davon auf Japan, und der Krieg ist aus.» Fermi war aber unfähig, mit seinem Auto selbst nach Los Alamos zurückzufahren. Wir waren sehr erregt und sehr nachdenklich.

EVANS Woran merken Sie, ob ein neuer Gedanke wirklich wichtig ist?

OPPENHEIMER Daran, daß mich ein Gefühl tiefen Schreckens ergreift.

GRAY Wenn es keine weiteren Fragen gibt, dann möchte ich Dr. Oppenheimer für die Geduld danken.
Oppenheimer geht vom Zeugenstand zum Sofa zurück.
Wir haben jetzt die Zeugen, die uns Mr. Robb und Mr. Garrison benannt haben. – Da Dr. Teller seit einiger Zeit wartet, denke ich, wir sollten ihn zuerst hören. Danach Mr. Griggs. *Ein Beamter geht hinaus, um Teller zu holen.*

GARRISON Wenn es möglich ist, Herr Vorsitzender, dann würden

wir es vorziehen, nach Dr. Teller Dr. Bethe hier im Zeugenstand zu haben.
GRAY Das ist sicher möglich. Können Sie Dr. Bethe erreichen?
GARRISON Er wartet in seinem Hotel. Keine fünf Minuten. Da ist seine Telefonnummer. *Er gibt einem anderen Beamten einen Zettel, und der Beamte verläßt den Raum. Der erste Beamte erscheint in der Tür.*
GRAY Wenn Dr. Teller bereit ist – dann bitten wir ihn in den Zeugenstand.
Dr. Teller wird in den Zeugenstand geleitet. Er ist ein schlanker Mann um die Fünfzig, dunkelhaarig, mit dunklen großen Augen, dichten Augenbrauen, dem Bild eines Künstlers eher entsprechend als dem eines Gelehrten. Er spricht schnell, und er bewegt sich schnell. Er hinkt kaum merklich auf dem rechten Fuß, den er durch einen Unfall verloren hat. Es geht eine mühsam gebändigte Unrast von ihm aus. Seine Selbstsicherheit ist um einen Grad zu bewußt.
GRAY Bitte. – Dr. Teller, wollen Sie hier unter Eid aussagen?
TELLER Ja. *Er steht auf.*
GRAY Edward Teller, schwören Sie, daß Sie hier die Wahrheit sagen wollen, die ganze Wahrheit und nichts als die Wahrheit, so wahr Ihnen Gott helfe?
TELLER Ja.
GRAY Bitte, Mr. Robb.
ROBB Dr. Teller, Sie haben schon in Los Alamos an dem Problem der thermonuklearen Entwicklung gearbeitet, nicht wahr?
TELLER Ja.
ROBB Haben Sie die thermonuklearen Probleme mit Dr. Oppenheimer oft erörtert?
TELLER Sehr oft. Seit wir im Sommer 1942 in Berkeley zusammentrafen. Wir untersuchten damals, ob ein thermonukleares Programm möglich wäre.
ROBB Wer ist ‹wir›?
TELLER Die besten Leute auf diesem Gebiet, Fermi und Bethe darunter, die Oppenheimer zusammengerufen hatte. Die Vorstellung, das Wunder der Sonnenenergie durch die Verschmelzung leichter Kerne nachzuahmen, versetzte uns alle in einen Zustand der Begeisterung und des Glücks.
ROBB War Dr. Oppenheimer begeistert?
TELLER Sehr. Und er hat die Fähigkeit, andere zu begeistern.
ROBB Hielten Sie es damals für möglich, ein thermonukleares Programm durchzuführen?

TELLER Es schien uns eine Zeitlang leichter als es wirklich war. In Los Alamos tauchten dann große Schwierigkeiten auf. Ich glaube, daß ich einige dieser Schwierigkeiten selber herausgefunden habe.

ROBB Können Sie uns die eine oder andere Schwierigkeit nennen, ohne die Geheimhaltung zu verletzen?

TELLER Eine war, daß wir die Hitze einer normalen Atombombe brauchten, um eine Wasserstoffbombe in Gang zu bringen. Wir haben diese Hitze später auf andere Weise erzeugen können. Eine andere, daß unsere herkömmlichen Rechenautomaten nicht ausreichten. Und so weiter.

ROBB Wäre es trotzdem möglich gewesen, die Wasserstoffbombe schon während des Krieges in Los Alamos zu machen?

TELLER Nein. Ich hielt ein bißchen an dem Gedanken fest, es war mein Baby, aber Eltern sind kurzsichtig.

ROBB Wann gab es nach Ihrer Meinung die Voraussetzungen für ein hartes Wasserstoffbombenprogramm?

TELLER 1945. Ich erinnere mich, daß wir nach ‹Dreifaltigkeit› –

EVANS Was ist das?

TELLER ‹Dreifaltigkeit› war der Codename für den Atombombentest in Alamogordo.

EVANS ‹Dreifaltigkeit›?

TELLER Ja. – Ich erinnere mich, daß wir danach mit aller Kraft darangehen wollten, die Wasserstoffbombe zu entwickeln, die besten Leute wie Fermi, Bethe unter Oppenheimers Leitung.

ROBB Nach dem Test der Atombombe?

TELLER Ja.

ROBB Wurden die Entwicklungsarbeiten verstärkt?

TELLER Nein. Sie kamen nach einer ganz kurzen Zeit zum Erliegen.

ROBB Wie kam das?

TELLER Der Plan wurde nach dem Abwurf der Bomben auf Japan geändert, praktisch aufgegeben.

ROBB Warum?

TELLER Weil Dr. Oppenheimer nach Hiroshima der Ansicht war, daß dies nicht mehr die Zeit wäre, ein solches Programm zu verfolgen.

ROBB Hat er Ihnen das gesagt?

TELLER Ich erinnere mich an ein Gespräch mit Oppenheimer, Fermi –

ROBB War das auch Fermis Ansicht?

TELLER Ja. Ich muß hinzufügen, es entsprach der allgemeinen Stimmung unter den Physikern. Hiroshima war für viele ein harter Schock. Die damalige Stimmung hatte etwas von einem Katzenjammer.

ROLANDER Hat Dr. Oppenheimer damals die Ansicht vertreten, daß man Los Alamos am besten den Indianern zurückgeben solle?

TELLER Diese Bemerkung wurde ihm zugeschrieben, ich weiß nicht, ob er sie tatsächlich gemacht hat.

ROBB Wäre es möglich gewesen, zu Ende des Krieges ein hartes Dringlichkeitsprogramm für die Super in Los Alamos anzugehen?

TELLER Wir wären nach meiner besten Überzeugung in der Lage gewesen, ein kraftvolles thermonukleares Programm zu starten. Wenn Dr. Oppenheimer in Los Alamos geblieben wäre, dann hätten auch andere fähige Leute mitgemacht, wenigstens so viele, wie wir 1949 unter viel schwereren Umständen zusammengebracht haben.

ROBB Hätten wir in diesem Falle die Wasserstoffbombe früher gehabt?

TELLER Ich bin davon überzeugt.

ROBB Wann hätten wir nach Ihrer Schätzung die Wasserstoffbombe haben können?

TELLER Es ist sehr schwer, einen anderen Verlauf der Vergangenheit zu mutmaßen, wenn das und das gewesen wäre. Fast so schwer, wie eine Voraussage über die Zukunft. Nur weniger gewagt.

ROBB Wir sollten es trotzdem probieren.

TELLER Wenn wir im Jahre 1945 ein Programm gestartet hätten, dann hätten wir die Wasserstoffbombe wahrscheinlich 1948 gehabt.

ROBB Bevor die Russen ihre Atombombe hatten?

TELLER Vermutlich.

ROBB Es ist hier gesagt worden, Doktor, daß der schließliche Erfolg des Programms einer brillanten Entdeckung zu verdanken wäre, die Sie 1951 gemacht hätten. Wie verhält sich das?

TELLER Wenn so vorzügliche Leute wie Fermi, Bethe und andere 1945 dem Problem nachgegangen wären, dann hätten diese Leute wahrscheinlich die gleiche brillante Idee gehabt, oder sie hätten andere brillante Ideen gehabt. In diesem Falle hätten wir die Super schon 1947 gehabt.

ROBB Meinen Sie: Wenn man nicht sucht, dann findet man auch nicht?

TELLER Brillante Ideen sind organisierbar, und sie sind nicht an einzelne Leute gebunden.
GRAY Was hätte uns die Super, im Jahre 47 sagen wir, eingebracht?
TELLER Das werden Sie besser wissen als ich, aus der Perspektive des Kriegsministeriums. Sie hätte uns unser China-Debakel ersparen können und einige andere Nackenschläge vermutlich. Wir wären in der Position der Nummer eins geblieben, den Kommunisten gegenüber, und das ist eine komfortable Position, denke ich.
MARKS Sind Ihnen die Ermittlungen unserer Geheimdienste bekannt, Dr. Teller, nach denen die Russen 1945 etwa auf unserem Forschungsstand waren?
TELLER Ja. Deshalb wollte ich die Super, als andere Leute mit diesen Abrüstungsillusionen herumspielten.
MARKS Andere Leute sind die damalige Regierung, nicht wahr?
TELLER Die Regierung, die Physiker, die öffentliche Meinung. Es war zum Verzweifeln.
ROBB Wann verließen Sie Los Alamos?
TELLER Im Februar 1946. Es war sinnlos geworden. Ich nahm einen Lehrauftrag in Chicago an und kam nur noch gelegentlich als Berater nach Los Alamos.
ROBB Wie schätzen Sie die Arbeit an der thermonuklearen Entwicklung in Los Alamos zwischen 1945 und 1949 ein?
TELLER Sie war virtuell zum Stillstand gekommen. Der Umschwung kam erst 1949, als die Russen ihre Atombombe gezündet hatten.
ROBB Haben Sie da mit Oppenheimer gesprochen?
TELLER Ja, und ich war wie vor den Kopf geschlagen.
ROBB Wieso?
TELLER Ich hatte damals mit der Kriegsarbeit so wenig zu tun, daß ich von der russischen Atombombe erst in der Zeitung las. Ich kam zu dem Schluß, daß ich jetzt meine ganze Kraft einem effektiven Programm geben müsse, was immer der Preis sei. Ich rief Dr. Oppenheimer an und fragte, was jetzt um Gottes willen werden solle und erbat seinen Rat. Ich erinnere mich dieses Rates wörtlich. Er sagte: «Jetzt fallen Sie mir nur nicht aus dem Anzug.»
ROBB Was schlossen Sie aus diesem Rat?
TELLER Daß ein Programm für die Super nur gegen ihn durchzusetzen wäre, und das war bei Oppenheimers großem Einfluß eine harte Sache.
ROLANDER Besprachen Sie das Für und Wider?

Teller Ja.
Rolander Bei welcher Gelegenheit?
Teller Zusammen mit Bethe. Wir mußten eine Mannschaft zusammenbringen, und ich hatte die große Hoffnung, daß sich Bethe jetzt entschließen würde, das Superprogramm in die Hand zu nehmen.
Rolander Wann war das?
Teller Ende Oktober.
Robb 1949?
Teller Ja. Kurze Zeit bevor der Wissenschaftsrat seine Entscheidung gegen das Dringlichkeitsprogramm traf. Auf mein Drängen hin entschied sich Bethe, nach Los Alamos zu kommen, wenn auch gegen starke Bedenken, jedenfalls verstand ich ihn so. Währenddessen rief Oppenheimer an und lud uns zu sich nach Princeton ein. Ich sagte zu Bethe: ‹Nach diesem Gespräch werden Sie nicht mehr kommen›.
Rolander Ist Dr. Bethe nach Los Alamos gekommen?
Teller Nein. Erst viel später.
Rolander Führen Sie das auf Dr. Oppenheimers Einfluß zurück?
Teller Ja, als wir Oppenheimers Büro verließen, sagte er: «Sie können ganz zufrieden sein, ich komme immer noch.» Zwei Tage später rief er mich an und sagte: «Edward, ich habe es mir überlegt. Ich kann nicht kommen.»
Rolander Wissen Sie, ob Dr. Bethe in der Zwischenzeit noch einmal mit Dr. Oppenheimer gesprochen hatte?
Teller Das vermute ich.
Robb Wurden von Dr. Oppenheimer gegen das Programm moralische und politische Argumente angeführt?
Teller Es gab die Argumente anderer, dafür und dawider, einen Brief von Conant zum Beispiel, in dem es hieß: «Die Super nur über meine Leiche.»
Robb Würden Sie sagen, daß die negative Entscheidung des Wissenschaftsrates wesentlich auf Dr. Oppenheimer zurückzuführen ist?
Teller Das geht zu weit.
Robb Ist die Einschätzung der technischen Seite des Programms korrekt gewesen?
Teller Sie war insofern nicht korrekt, als sie die großen Entwicklungsmöglichkeiten übersah, die wir bald beweisen konnten.
Robb Halten Sie es für möglich, daß einigen Mitgliedern die technischen Mängel ganz gelegen kamen?

TELLER Sicher nicht bewußt.
ROBB Unbewußt.
TELLER Das ist eine zu unbestimmte Frage.
ROBB Welche Wirkung hatte der Bericht auf die Physiker, die an der Super arbeiteten?
TELLER Eine paradoxe. Als ich ihn zu lesen bekam, zehn oder zwölf Leute bekamen ihn auf Oppenheimers Veranlassung zu lesen, dachte ich, daß damit das Programm beerdigt sei. Zu meiner Verwunderung kam es zu einer psychologischen Trotzreaktion der Beteiligten.
ROBB Sie meinen, der Bericht machte sie wütend, und sie arbeiteten jetzt erst recht daran?
TELLER Ja, es brachte sie auf, daß ihre Arbeit unmoralisch sein sollte, sobald sie gute Fortschritte machte.
ROBB Wurde das Dringlichkeitsprogramm von Dr. Oppenheimer unterstützt, als es vom Präsidenten schließlich angeordnet war?
TELLER Ich kann mich einer solchen Unterstützung nicht erinnern, im Gegenteil.
ROBB Im Gegenteil heißt, daß er sich dem Dringlichkeitsprogramm nach Ihrer Ansicht weiterhin widersetzt hat?
TELLER Ich meine, daß die ferneren Empfehlungen des Wissenschaftsrates das Programm nicht unterstützt, sondern behindert haben.
ROLANDER Können Sie uns Beispiele geben?
TELLER Das zweite Laboratorium. Wir wollten das Programm in Livermore konzentrieren, der Wissenschaftsrat war dagegen. – Wir wollten die Reaktorarbeit in Oak Ridge für unsere Zwecke ausbauen, der Wissenschaftsrat konzentrierte sie in Chicago. – Wir brauchten mehr Geld, weil uns nur experimentelle Versuche weiterbringen konnten, Oppenheimer empfahl weitere theoretische Forschungsarbeiten ohne Tests. Das alles hat uns nicht weitergebracht, sondern behindert.
ROBB Haben Sie in dieser Zeit mit Dr. Oppenheimer gesprochen?
TELLER Einige Male.
ROBB Wie würden Sie seine Haltung beschreiben?
TELLER Abwartend neutral, er sagte mir das, als ich ihn um Hinweise auf gute Mitarbeiter bat.
ROBB Gab er Ihnen solche Hinweise?
TELLER Ich schrieb an alle, es kam kein einziger. – Ich muß aber hinzufügen, daß sich Dr. Oppenheimers Haltung zum Programm in einer späteren Phase geändert hat.

Robb Wann?

Teller 1951, nach unseren ersten Tests. Da wurde von ihm der Wissenschaftsrat mit allen Experten in Princeton zu einer Tagung zusammengebracht. Ich war mit sehr gemischten Gefühlen dorthingegangen, weil ich neue Knüppel fürchtete. Tatsächlich war Oppenheimer von unseren neuen theoretischen Ergebnissen hingerissen, und er sagte, daß er sich dem Programm niemals widersetzt hätte, wenn es diese wunderschönen Ideen früher gegeben hätte.

Robb Hat er dem Programm fernerhin geholfen?

Teller Meines Wissens nicht, es kann natürlich sein, daß er dem Programm geholfen hat, ohne daß ich es bemerkt habe.

Robb Eine Frage an Sie als Experte: Wenn Dr. Oppenheimer für den Rest seines Lebens nur noch angeln würde, welche Auswirkungen hätte das für das fernere Atomenergieprogramm?

Teller Meinen Sie, wenn er so wie in Los Alamos arbeiten würde oder so wie nach dem Kriege?

Robb Wenn er so wie nach dem Kriege arbeiten würde?

Teller Nach dem Kriege hat Dr. Oppenheimer vorwiegend in Komitees gearbeitet, und ich würde nach meiner Erfahrung sagen, daß die Komitees alle angeln gehen können, ohne daß die Arbeit derjenigen beeinträchtigt wird, die sie wirklich machen.

Robb Das sind meine Fragen. Ich danke Ihnen für Ihre kostbare Zeit.

Gray Wollen Sie den Zeugen im Kreuzverhör haben, Mr. Garrison?

Garrison Mr. Marks hat einige Fragen.

Marks Dr. Teller, sind Sie der Ansicht, daß sich Dr. Oppenheimer den Vereinigten Staaten gegenüber unloyal verhalten hat?

Teller Bis man mir das Gegenteil beweist, werde ich glauben, daß er den besten Interessen der Vereinigten Staaten dienen wollte.

Marks Sie halten ihn für vollständig loyal?

Teller Subjektiv ja.

Marks Objektiv?

Teller Er hat objektiv falsche Ratschläge gegeben, die dem Lande geschadet haben.

Marks Soll man die Loyalität eines verdienstvollen Mannes bezweifeln, weil er einen Rat erteilt hat, den man später für einen falschen Rat hält?

Teller Nein, aber man soll fragen, ob er weiterhin der richtige Ratgeber ist.

Marks Sie wissen aber, daß hier untersucht wird, ob sich Dr. Oppenheimer loyal verhalten hat, ob man ihm trauen kann, ob er nicht ein Sicherheitsrisiko ist.

TELLER Es ist nicht mein Vorschlag gewesen, das zu untersuchen.

MARKS Halten Sie Dr. Oppenheimer für ein Sicherheitsrisiko?

TELLER Da mir seine Handlungen nach dem Kriege wirr und kompliziert schienen, würde ich mich persönlich sicherer fühlen, wenn die vitalen Interessen des Landes nicht in seinen Händen lägen.

GARRISON Was verstehen Sie unter ‹Sicherheitsrisiko›?

TELLER Daß es begründete Zweifel an der Diskretion, am Charakter oder an der Loyalität eines Mannes gibt.

GARRISON Halten Sie Dr. Oppenheimer für ein Sicherheitsrisiko im Sinne dieser Definition?

TELLER Nein. – Ich bin jedoch in Sicherheitsfragen kein Fachmann.

MARKS Glauben Sie, daß die früheren linken Sympathien auf sein Verhalten in der Frage der Wasserstoffbombe eingewirkt haben?

TELLER Ich denke, daß die Philosophie eines Menschen immer auf sein Verhalten einwirkt, aber ich kenne Dr. Oppenheimer zu wenig, um das analysieren zu können.

MARKS Können Sie Dr. Oppenheimers Philosophie beschreiben?

TELLER Nein. Sie schien mir widerspruchsvoll. Ich wunderte mich, wie stark er sich die Illusion bewahrt hatte, die Menschen könnten schließlich politische Vernunft annehmen, wenn man sie geduldig belehrt. So in der Abrüstungsfrage.

MARKS Sie teilen dieses Vertrauen nicht?

TELLER Ich bin überzeugt, daß sie erst dann politische Vernunft annehmen, wenn sie wirklich tief erschrecken. Erst wenn die Bomben so groß sind, daß sie alles vernichten können, werden sie das tun.

MARKS Wenn sich jemals herausstellen sollte, daß Ihr Rat ein falscher Rat gewesen ist, würde Sie das disqualifizieren, den Vereinigten Staaten als Wissenschaftler zu dienen?

TELLER Nein, aber ich wäre nicht mehr der richtige Mann in der führenden Position.

MARKS Würden Sie das für richtig halten, daß man Ihnen deswegen die Sicherheitsgarantie entzieht?

TELLER Nein.

MARKS Sie wissen, daß man Dr. Oppenheimer die Sicherheitsgarantie bis zur Entscheidung in diesem Verfahren entzogen hat?

ROBB Ich denke, sie ist ihm nicht entzogen worden, weil er einen falschen Rat gegeben hätte.

MARKS Das habe ich nicht gesagt, Mr. Robb.
ROBB Aber Sie suggerieren das mit Ihren Vorfragen.
MARKS Dr. Teller, wenn Sie Dr. Oppenheimer die Sicherheitsgarantie zu erteilen hätten, würden Sie das tun?
TELLER Da mir etwaige Gründe, die dagegen sprechen, nicht bekannt sind, würde ich das tun.
MARKS Das sind meine Fragen.
GRAY Dr. Evans.
EVANS Was mich beschäftigt: Ist Enthusiasmus eine gute Eigenschaft, um an einem Waffenprogramm zu arbeiten?
TELLER Ohne Enthusiasmus hätten wir die Atombombe 1945 nicht gehabt, und wir hätten auch nicht die Wasserstoffbombe.
EVANS Gut. Oder besser nicht gut, vielleicht. Was ich meine: Ist Enthusiasmus eine ebenso gute Eigenschaft für einen Mann, der die Regierung zu beraten hat?
TELLER Das weiß ich nicht. Sie haben gehört, daß ich von Komitees nicht viel halte. Ich bin nicht kompetent. Ich weiß nur, daß uns Dr. Oppenheimer sehr geholfen hätte, wenn er sich nur in sein Büro in Los Alamos gesetzt hätte, um dort die Daumen zu drehen. Allein durch das Gewicht seines Ansehens.
EVANS Kann man einem Menschen vorwerfen, daß er sich für eine bestimmte Sache, die Wasserstoffbombe in unserem Fall, nicht begeistert hat?
TELLER Das kann man nicht, aber man kann das feststellen und nach den Gründen fragen.
EVANS Haben Sie niemals moralische Skrupel hinsichtlich der Wasserstoffbombe gehabt?
TELLER Nein.
EVANS Wie sind Sie mit dem Problem fertiggeworden?
TELLER Ich habe das nicht als *mein* Problem angesehen.
EVANS Sie meinen, man kann etwas machen, eine Wasserstoffbombe machen, oder so etwas und sagen: was jetzt damit wird, das ist nicht mein Problem, seht zu, wie ihr damit fertigwerdet?
TELLER Es ist mir nicht gleichgültig, aber ich kann die Folgen, die Anwendungsmöglichkeiten, die in einer Entdeckung stecken, nicht voraussehen.
EVANS Kann man die Anwendungsmöglichkeiten einer Wasserstoffbombe nicht ganz gut voraussehen?
TELLER Nein. Es kann gut sein, und wir alle hoffen das, daß sie niemals angewendet wird, und daß ihr Prinzip, die künstlich herstellbare Sonnenenergie, die billigste und gewaltigste Energie, die

wir kennen, in zwanzig oder dreißig Jahren das Gesicht der Erde wohltuend verändert hat.

EVANS Ihr Wort in Gottes Ohr, Dr. Teller.

TELLER Als Hahn in Deutschland die erste Uranspaltung gelang, dachte er zum Exempel überhaupt nicht an die Möglichkeit, die freiwerdende Energie für Explosionszwecke zu verwenden.

EVANS Wer hat als erster daran gedacht?

TELLER Oppenheimer. Und es war ein fruchtbarer Gedanke, den nur naive Leute unmoralisch nennen.

EVANS Das müssen Sie einem älteren Kollegen erklären.

TELLER Ich meine, daß Entdeckungen weder gut noch böse sind, weder moralisch noch unmoralisch, sondern nur tatsächlich. Man kann sie gebrauchen oder mißbrauchen. Den Verbrennungsmotor wie die Atomenergie. In schmerzhaften Entwicklungen haben es die Menschen schließlich immer gelernt, sie zu gebrauchen.

EVANS Obwohl Sie der Vernunft, nach Ihren eigenen Worten, wenig trauen?

TELLER Ich traue den Tatsachen, die schließlich sogar Vernunft hervorbringen, gelegentlich.

EVANS Ich habe kürzlich in der Zeitung gelesen, daß es bei einem unserer Super-Tests einen fürchterlichen Zwischenfall gegeben hat –

TELLER Bikini?

EVANS Ja, kürzlich, es kamen eine Anzahl japanischer Fischer ums Leben.

TELLER Es starb nur einer, glaube ich, der Funker. Die übrigen 22 Mann Besatzung waren von der starken Strahlung, die sie abbekommen hatten, eine Zeitlang krank, konnten aber schließlich an ihre Arbeit zurückkehren.

EVANS War nicht auch von Amerikanern und einer Anzahl Inselbewohnern die Rede, die Strahlungsschäden dabei erlitten haben?

TELLER 28 Amerikaner und 236 Inselbewohner, die der Weltöffentlichkeit sehr gelegen kamen!

EVANS Wie meinen Sie das?

TELLER Mit dem Gefühlssturm reagierten die Japaner ihre Ressentiments und die Amerikaner ihre aus Hiroshima entstandenen Schuldgefühle ab. Das Protestgeschrei beschwor das Gespenst von Hiroshima für unsere Super-Tests.

EVANS Wie konnte es zu dem Zwischenfall kommen überhaupt?

TELLER Der Fischdampfer geriet in ein radioaktives Schneegestöber, weil sich der Seewind plötzlich von Norden nach Süden drehte, fatalerweise. Das kleine Schiff war von unseren Flugzeugen nicht gesehen worden. Wir hörten von der Sache 14 Tage später.

Evans Wie haben Sie die Nachricht aufgenommen?

Teller Wir haben eine Kommission eingesetzt, um alle Folgen zu beobachten, und wir haben die meteorologischen Voraussagen für unsere Tests sehr verbessern können.

Evans Was sind Physiker für Menschen?

Teller Wie meinen Sie das? Ob Physiker ihre Frauen prügeln oder Hobbies haben und so?

Evans Ich meine, unterscheiden sie sich von anderen Menschen, ich habe das schon Dr. Oppenheimer gefragt.

Teller Was hat er geantwortet?

Evans Daß sie wie andere sind.

Teller Sicher. Sie brauchen ein bißchen mehr Phantasie und ein bißchen bessere Gehirne, um ihre Arbeit zu machen. Sonst sind sie wie andere.

Evans Ich frage mich das, seit ich in diesem Ausschuß bin. Vielen Dank.

Gray Möchten Sie Dr. Teller vielleicht etwas fragen, Dr. Oppenheimer?

Oppenheimer *hochmütig:* Nein.

Oppenheimer und Teller sehen sich einen Augenblick an.

Nein.

Gray Dann möchte ich Ihnen für Ihre Ausführungen danken, die einige wesentliche Punkte berührt haben, glaube ich.

Teller Wenn ich um die Gelegenheit zu einer allgemeinen Erklärung bitten dürfte.

Gray Gern.

Teller Was mir auszuführen nötig scheint, zu unserer Problematik. Alle großen Entdeckungen hatten für den Zustand der Welt und das Bild davon in unseren Köpfen zuerst einmal verheerende Folgen. Sie stürzten ihn um und installierten einen neuen Zustand. Sie zwangen die Welt, sich vorwärts zu bewegen. Das war jedoch nur möglich, weil die Entdecker die Folgen ihrer Entdeckung nicht fürchteten, so fürchterlich sie für alle diejenigen waren, die die Welt anhalten wollen und die ein großes Schild an ihr anbringen möchten: Bitte nicht stören.

Das war so, als die Erde als ein Stern unter anderen entdeckt wurde, und das ist so, seit wir die kompliziert scheinende Materie auf einige wenige Elementarteilchen zurückführen konnten, die umwandelbar sind und ungeheure Energien freigeben.

Wenn wir unbeirrt um die Folgen unsere Arbeit fortsetzen, werden wir die Menschen zwingen, sich mit diesen neuen Energien einzurichten und den Zustand der Welt zu beendigen, halb frei, halb Sklave zu sein! Gott allein weiß, ob nicht über einen Atomkrieg, der wie jeder Krieg schrecklich wäre, der aber, beschränkt oder unbeschränkt, nicht unbedingt mit mehr Leiden verbunden sein muß als vergangene Kriege, wahrscheinlich aber heftiger und kürzer wäre.

Wenn wir vor dem temporären Aspekt der Entdeckungen, ihrer Zerstörungskraft, zurückschrecken, und ich finde, daß viele Physiker sich so verhalten, werden wir auf halbem Wege stekkenbleiben und in den Schwierigkeiten versinken, die unsere Entdeckungen in die Welt gebracht haben.

Ich weiß, daß ich wegen meiner Konsequenz von vielen für einen unbelehrbaren Kriegstreiber gehalten werde, ich lese das in den Zeitungen, ich hoffe aber, es kommt die Zeit, da man in mir einen Friedenstreiber sehen wird, da der übergroße Schrekken unserer Vernichtungswaffen den Krieg als klassisches Mittel zur Durchsetzung politischer Ziele definitiv disqualifiziert haben wird.

EVANS Im Erlebensfalle, Dr. Teller, wie es im Versicherungsgeschäft heißt. Wir sollten doch vielleicht bedenken, daß die Menschheit im Falle, daß Ihre Prognose nicht stimmt, keine Korrekturmöglichkeit hat. Das ist neu. Das kann vielleicht auch ein Physiker nicht einfach gehen lassen.

TELLER Ich denke nicht, daß ich das tue.

GRAY Das war die Erklärung, die Sie wünschten?

TELLER Ja.

GRAY Gut. Danke schön.

Teller verbeugt sich leicht vor dem Ausschuß und geht hinaus.

Der nächste Zeuge ist dann Dr. Bethe. – Ist er schon im Haus?

GARRISON Ich schau nach.

Er geht auf die Tür zu, als der Beamte mit Bethe hereinkommt. Auf dem Wege zum Zeugenstand begrüßt Bethe Oppenheimer. Bethe ist ein schwerer Mann mittleren Alters, es geht von ihm Würde und Freundlichkeit aus. Er trägt gescheiteltes Haar, und er hat die Gewohnheiten eines deutschen Professors. Er bleibt vor dem Zeugenstand stehen.

GRAY Hans Bethe, schwören Sie, daß Sie hier die Wahrheit sagen wollen, die ganze Wahrheit und nichts als die Wahrheit, so wahr Ihnen Gott helfe.

BETHE Das schwöre ich.

GRAY Wann sind Sie nach Amerika gekommen, Dr. Bethe?

BETHE 1935. Mit Teller etwa.

GRAY Woher kamen Sie?

BETHE Von München. Ich war kurze Zeit in England und lehrte dann hier Kernphysik, bis ich nach Los Alamos ging.

GRAY Bitte, Mr. Garrison.

GARRISON Haben Sie in Los Alamos die theoretische Abteilung geleitet?

BETHE Bis Kriegsende, ja.

GARRISON Hat Teller in Ihrer Abteilung gearbeitet?

BETHE Ja.

GARRISON Wie haben Sie mit ihm zusammengearbeitet?

BETHE *lächelnd:* Gar nicht. Ich bin mit Edward Teller befreundet, aber es ist sehr schwer, mit ihm zusammenzuarbeiten.

GARRISON Wieso?

BETHE Edward ist ein genialer Bursche, voller glitzernder Ideen, die er fanatisch verfolgt, bis er sie wegwirft. Dann spielt er nächtelang Klavier, bis er mit neuen brillanten Ideen kommt, und er verlangt, daß man jedesmal so begeistert ist wie er selber. – Ich sage das nicht, um ihn herabzusetzen, er ist ein Genie, aber er braucht jemanden, der seine Ideen sortiert. Es war schließlich besser, auf ihn zu verzichten, als ein ganzes Team auffliegen zu lassen.

GARRISON Was heißt ‹auf ihn zu verzichten›?

BETHE Wir entschlossen uns, ihn von allen Arbeiten unseres Programms zu befreien, weil ihn nur die Super interessierte. Obwohl wir ihn dringend brauchten.

GARRISON Wer kam an die Stelle von Teller?

BETHE Klaus Fuchs.

GARRISON Gab es in Los Alamos große Spannungen zwischen Dr. Teller und Dr. Oppenheimer?

BETHE Sie mochten sich nicht. Teller beklagte sich oft, daß man seine Arbeiten nicht genügend beachte, daß sich Oppenheimer nicht genügend dafür begeistere. Aber Oppenheimer mußte ein riesenhaftes Laboratorium dazu bringen, die Atombombe zu machen, und Edward hatte unrecht, sich zu beklagen.

GARRISON Wurde in Los Alamos an der thermonuklearen Entwicklung gearbeitet?

BETHE Oppenheimer hatte angeordnet, daß sich eine ganze Gruppe meiner Abteilung damit beschäftigt, unter ihnen Teller.

GARRISON Wie haben Sie mit Dr. Oppenheimer zusammengearbeitet?

BETHE Glänzend. Er war der einzige Mann, der Los Alamos zum Erfolg führen konnte.

GARRISON Kennen Sie ihn gut?

BETHE Seit 1929, von Göttingen her, ich denke, wir sind gute Freunde.

GARRISON Gab es bei Kriegsende die Voraussetzungen für ein Super-Programm?

BETHE Ganz eindeutig nicht. Weil ich hierher wollte, habe ich das auch Fermi gefragt. Er war meiner Ansicht.

GARRISON Gab es nach dem Test von Alamogordo den Plan, mit einem Super-Programm großen Stils zu beginnen?

BETHE Wir erörterten die Möglichkeiten. Wir sahen, daß wir nun die Kraft zu einem verstärkten Forschungsprogramm hätten. Es gab den Plan zu einem verstärkten Forschungsprogramm.

GARRISON Dr. Teller hat hier gesagt, daß der Plan zu einem Super-Programm erst nach Hiroshima fallengelassen wurde, und daß die Gründe die moralischen Skrupel der Wissenschaftler, insbesondere die Dr. Oppenheimers, gewesen seien. Ist das richtig?

BETHE Nein. Die wissenschaftlichen Ideen waren eine gequälte Sache und es gab weder technische noch personelle Voraussetzungen. – Es ist aber wahr, daß Hiroshima uns alle sehr verändert hatte.

GARRISON Welche Wirkung hatte Hiroshima auf die Physiker von Los Alamos?

BETHE Wir hatten einige Jahre unter harten militärischen Bedingungen gearbeitet, und niemand von uns hatte die Folgen wirklich bedacht. Hiroshima konfrontierte uns mit diesen Folgen, und niemand konnte fernerhin an diesen Waffen arbeiten ohne zu bedenken, daß sie auch verwendet würden.

GARRISON Welche Folgerungen haben Sie daraus gezogen?

BETHE Ich verließ Los Alamos und lehrte Physik in Ithaca. Ich glaube, es ist gut bekannt, daß ich mich mit anderen Wissenschaftlern an den Präsidenten und an die Öffentlichkeit wandte, und ich denke, es war richtig, das zu tun.

GARRISON Gingen Sie später nach Los Alamos zurück?

BETHE Ja. Als der Krieg in Korea ausgebrochen war. Ich arbeitete dort, bis wir die Super getestet hatten.

GARRISON Hatten Sie in dieser Zeit moralische Skrupel, an der Wasserstoffbombe zu arbeiten?
BETHE Sehr starke. Ich habe sie noch. Ich habe geholfen sie zu machen, und ich weiß nicht, ob es nicht ganz falsch war, das zu tun.
GARRISON Warum sind Sie dann zurückgegangen?
BETHE Das Wettrüsten um die Super war in vollem Gange, und ich kam zu der Überzeugung, daß wir diese schreckliche Waffe zuerst haben sollten, wenn sie überhaupt herstellbar wäre. Ich ging in der Hoffnung, daß sie sich als nicht herstellbar erweisen möge.
GARRISON Dr. Teller hat hier berichtet, daß Sie das Super-Programm zu einem früheren Zeitpunkt übernehmen wollten, und daß Sie durch Dr. Oppenheimer davon Abstand genommen hätten. Ist das richtig?
BETHE Ich vermute, Teller meinte das Gespräch, das wir mit Oppenheimer hatten, nach der russischen Atombombe.
GARRISON Hatten Sie Teller vor diesem Besuch zugesagt, daß Sie nach Los Alamos kommen würden?
BETHE Ich war unentschlossen. Einerseits war ich von einigen Ideen sehr angezogen, und es lockte mich, mit den neuen Rechenmaschinen zu arbeiten, die nur für Kriegsprojekte freigegeben waren. Andererseits hatte ich diese tiefe Unruhe, daß die Super keines unserer Probleme lösen könne.
GARRISON Sprach sich Dr. Oppenheimer gegen die Super aus?
BETHE Er referierte Fakten, Argumente, Ansichten, er schien mir ebenso unentschlossen wie ich selber. Ich war sehr enttäuscht.
GARRISON Sagten Sie Teller danach, daß Sie kommen würden?
BETHE Ja.
GARRISON Warum änderten Sie Ihren Entschluß?
BETHE Weil mich meine Zweifel nicht losließen. Ich sprach eine ganze Nacht lang mit meinen Freunden Weißkopf und Placzek, die beide hervorragende Physiker sind, und wir wurden uns einig, daß die Welt nach einem Krieg mit Wasserstoffbomben, selbst wenn wir ihn gewinnen sollten, nicht mehr die Welt wäre, die wir erhalten wollten, daß wir alle Dinge verlieren würden, für die wir kämpften, und daß eine solche Waffe niemals entwickelt werden sollte.
GARRISON Ist Ihnen bekannt geworden, daß Dr. Oppenheimer andere Physiker gegen die Super eingenommen hat?
BETHE Nein.
MORGAN Warum hat er dann die führenden Physiker des Pro-

gramms mit dem geheimen Bericht des Wissenschaftsrats bekannt gemacht, Dr. Bethe?
BETHE Oppenheimer? Das war die Anweisung von Senator McMahon.
GARRISON Würden Sie uns sagen, wer Senator McMahon ist?
BETHE Er leitete den Senatsausschuß für Atomfragen und war einer der Apostel der Super.
GARRISON Glauben Sie, daß die Super durch Dr. Oppenheimers Haltung entscheidend, möglicherweise um Jahre verzögert worden ist?
BETHE Nein. Sie wurde durch eine geniale Idee Tellers herstellbar.
GARRISON Dr. Teller meinte, daß vielleicht Sie oder Fermi oder andere diese Idee auch gehabt hätten, wenn man mit dem Programm früher begonnen hätte?
BETHE Ich weiß nicht, ich glaube man entdeckt nicht jeden Tag die Relativitätstheorie oder etwas in diesem Rang.
GARRISON Wieso kriegte Teller nicht genug Leute für das Programm?
BETHE Ein Grund wird das allgemeine Unbehagen gewesen sein, ein anderer Teller selber. Er ist ein wunderbarer Physiker, aber sogar seine Freunde werden ihn gefragt haben: ‹Gut, Edward, du sorgst für die Nummern, aber wer inszeniert die Show?›
GARRISON Hat sich Dr. Oppenheimer dem Programm widersetzt, nachdem es angeordnet war?
BETHE Oppenheimer diskutierte danach nur noch, wie die Super zu machen wäre, nicht mehr ihre politische Zweckmäßigkeit. Im Gegensatz zu mir.
GARRISON Wie verhielt er sich in Los Alamos zu Sicherheitsdingen?
BETHE Viele von uns kritisierten ihn als zu regierungsfromm. Das war auch meine Kritik.
GARRISON Dr. Bethe, Sie haben uns gesagt, daß Sie mit Dr. Oppenheimer gut befreundet sind?
BETHE Ja.
GARRISON Wenn sich Dr. Oppenheimer in einen Loyalitätskonflikt gestellt sähe, zwischen Ihnen und den Vereinigten Staaten, wie würde er sich nach Ihrer Ansicht entscheiden?
BETHE Für die Vereinigten Staaten. Ich hoffe, daß es niemals dazu kommt.
GARRISON *zu Gray:* Vielen Dank, Dr. Bethe.
Gray blickt fragend zu Robb. Rolander macht eine Geste, daß er Bethe im Kreuzverhör haben möchte.

GRAY Mr. Rolander.
ROLANDER Wie lange hat Klaus Fuchs in Ihrer Abteilung gearbeitet, Dr. Bethe?
BETHE Anderthalb Jahre.
ROLANDER Hat er gut gearbeitet?
BETHE Sehr gut.
ROLANDER Haben Sie bemerkt, daß er sich in Sicherheitsdingen jemals unkorrekt verhalten hätte?
BETHE Nein.
ROLANDER Haben Sie ihn jemals für ein Sicherheitsrisiko gehalten?
BETHE Nein.
ROLANDER Aber es ist dennoch erwiesen, daß er den Russen geheime Informationen übermittelt hat, nicht wahr?
BEHTE Ja. – Darf ich fragen, was Sie damit sagen wollen?
ROLANDER Nein, Sir, da Sie der Zeuge sind und nicht ich. – Als Dr. Teller zu Ihnen nach Ithaca kam, um Ihnen die Leitung des Programms anzubieten, haben Sie da über die Höhe Ihrer monatlichen Bezüge gesprochen?
BETHE Ja. Teller machte mir ein Angebot, und ich verlangte mehr.
ROLANDER Wieviel verlangten Sie?
BETHE 5000 Dollar.
ROLANDER Wurde das von Teller akzeptiert?
BETHE Ja.
ROLANDER Verlangt man für eine Stellung mehr Geld, wenn man unentschlossen ist, sie anzutreten?
BETHE Ich ja. Gute Gedanken sind teuer. Ich esse gern.
ROLANDER Ich habe hier einen Aufsatz aus der Zeitschrift ‹Scientific American›, von Anfang 1950. Darin schreiben Sie:
«Sollen wir die Russen vom Wert der Persönlichkeit überzeugen, indem wir Millionen von ihnen umbringen? Wenn wir einen Krieg mit H-Bomben führen und gewinnen, wird sich die Geschichte nicht an die Ideale erinnern, für die wir kämpften, sondern an die Methode, die wir anwandten, um sie durchzusetzen. Diese Methode wird man mit der Kriegführung Dschingis Khans vergleichen.»
Haben Sie das geschrieben?
BETHE Ich finde, es klingt vernünftig. Der Aufsatz wurde damals beschlagnahmt, weil er rüstungswichtige Geheimnisse enthülle.
ROLANDER Sie schrieben ihn wenige Wochen, nachdem Sie Teller abgesagt hatten?
BETHE Ich denke.

ROLANDER Und einige Monate danach gingen Sie nach Los Alamos, um die Super zu machen?
BETHE Ja. Was Sie vorgelesen haben, ist noch immer meine Meinung.
ROLANDER Ihre heutige Meinung?
BETHE Ja. Wir können die Entwicklung der Wasserstoffbombe nur rechtfertigen, indem wir ihren Gebrauch verhindern.
ROLANDER Danke, Dr. Bethe.
GRAY Wenn ich Sie richtig interpretiere, dann meinen Sie, daß es falsch war, die Super zu entwickeln?
BETHE Das meine ich.
GRAY Was hätten wir statt dessen tun sollen?
BETHE Wir hätten ein Abkommen finden müssen, daß niemand dieses verfluchte Ding bauen darf, und daß jeder Verstoß dagegen den Krieg auslöst.
GRAY Glauben Sie, daß ein solches Abkommen damals die geringste Chance hatte?
BETHE Es wäre vermutlich leichter zu kriegen gewesen als die Sachen, die wir jetzt machen müssen.
GRAY Wovon sprechen Sie?
BETHE Es scheint, daß den beiden Machtblöcken nicht viel Zeit bleibt, zu entscheiden, ob sie miteinander Doppelselbstmord begehen wollen, oder wie sie das Ding wieder aus der Welt schaffen.
GRAY *zu Robb:* Noch Fragen?
Robb schüttelt den Kopf. Evans meldet sich.
EVANS Ich möchte Sie als Experte fragen, Dr. Teller hat hier gesagt, daß ein Atomkrieg, auch ein unbeschränkter, nicht unbedingt mehr Leiden bringen müsse als ein vergangener Krieg. Was ist Ihre Meinung?
BETHE Daß ich einen solchen Unsinn nicht anhören kann. Ich bitte um Entschuldigung.
EVANS Bitte, bitte.
GRAY Ich danke Ihnen, daß Sie hier erschienen sind, Dr. Bethe.
BETHE Es war meine Pflicht. *Er steht auf.* Darf ich Dr. Oppenheimer bitten, daß er mich in meinem Hotel anruft, wenn er hier fertig ist?
OPPENHEIMER Wie lange werden wir noch hier sein, Herr Vorsitzender?
GRAY Wir haben ein großes Programm hinter uns, wir können uns auf morgen vertagen. – Mr. Robb?

Robb Da Mr. Griggs wartet, würde ich um ein paar Minuten für Mr. Griggs bitten.
Marks Könnten wir in diesem Fall auch noch Dr. Rabi hören?
Gray Einverstanden. – Dr. Griggs, bitte.
Ein Beamter holt Griggs.
Oppenheimer *zu Bethe:* Wir könnten zusammen essen.
Bethe Sehr schön.
Er verläßt den Raum. Gleich darauf erscheint Griggs, ein Mann um die Vierzig, der sich wie ein Militär gibt. Er ist ehrgeizig, hübsch und unbedeutend.
Gray Dr. Griggs, wollen Sie hier unter Eid aussagen?
Griggs Ja. Mein Name ist einfach Griggs, David Tressel Griggs.
Gray David Tressel Griggs, schwören Sie, daß Sie hier die Wahrheit sagen wollen, die ganze Wahrheit und nichts als die Wahrheit, so wahr Ihnen Gott helfe?
Griggs Das schwöre ich.
Gray War es Ihr Wunsch, hier als Zeuge auszusagen?
Griggs Ich bin von der Air Force hierher kommandiert.
Gray Dann möchte ich Ihnen sagen, daß Sie hier nur Ihre eigene Meinung geben dürfen.
Griggs Selbstverständlich.
Gray Welche Stellung nehmen Sie gegenwärtig ein?
Griggs Chefwissenschaftler der Air Force.
Gray Was ist Ihr Fach?
Griggs Geophysik.
Gray Das Verhör kann beginnen.
Robb Ich möchte Sie fragen, Mr. Griggs, ob Sie Dr. Oppenheimers Einstellung zur Super kennen?
Griggs Ja. Wir bekamen alle Gutachten und Berichte, die von ihm abgegeben wurden.
Robb Wie schätzen Sie seine Haltung ein?
Griggs Durch lange Beobachtungen und Analysen bin ich zu der Überzeugung gekommen, daß es unter einigen prominenten Wissenschaftlern eine lautlose Verschwörung gegen die Super gab, daß diese Gruppe die Super zu verhindern oder zu verzögern suchte, und daß diese Gruppe von Dr. Oppenheimer dirigiert wurde.
Robb Ist das Ihre private Meinung, oder wird diese Ansicht von anderen geteilt?
Griggs Das ist meine eigene Meinung, und es ist die Meinung von Mr. Finletter, dem Luftwaffenminister, und von General Vandenberg, dem Stabschef der Air Force.

ROBB Welche Tatsachen brachten Sie zu dieser Überzeugung?
GRIGGS Ich konnte mir die Handlungen Dr. Oppenheimers und anderer lange Zeit nicht erklären. Eines Tages bekam ich einen Schlüssel.
ROBB Wann war das?
GRIGGS Es gab 1951 eine strategische Konferenz, das sogenannte Vista-Projekt. Die Auseinandersetzung ging darum, ob in der Zukunft das Hauptgewicht auf einer strategischen H-Bomberflotte liegen sollte, oder ob vorrangig die Luftverteidigung ausgebaut werden sollte, die Warnsysteme, die Luftabwehrraketen etc. Eine Art von elektronischer Maginot-Linie, rein defensiv und sehr teuer. Die Air Force war entschieden für die H-Bomberflotte.
ROBB Und Oppenheimer?
GRIGGS Ich komme darauf. – Eines Tages, als die Fronten noch nicht geklärt waren, und ich die Befürworter der Luftverteidigung angegriffen hatte, ging Dr. Rabi an die Tafel und schrieb das Wort ZORC dorthin.
ROBB ZORC? Was heißt ‹ZORC›? Können Sie das buchstabieren?
GRIGGS Z-O-R-C. Das sind die Anfangsbuchstaben einer Gruppe, der Zacharias, Oppenheimer, Rabi und Charlie Lauritzen angehörten. Sie erstrebten eine Weltabrüstung.
ROBB Warum schrieb Rabi dieses Wort an die Tafel?
GRIGGS Nach meiner Überzeugung, um seinem Anhang klar zu sagen, wie in der Konferenz operiert werden sollte.
MARKS Dr. Robb, darf ich dem Zeugen eine Zwischenfrage stellen?
ROBB Sie werden Mr. Griggs im Kreuzverhör haben, und Sie können ihm dann jede Frage stellen, Mr. Marks. *Zu Griggs:* Wie endete die Konferenz?
GRIGGS Die Empfehlung der Konferenz ging in drei Hauptpunkten strikt gegen die Linie der Air Force, und dieser Teil der Empfehlung war von Dr. Oppenheimer verfaßt.
ROBB Haben Sie andere Aktivitäten dieser Gruppe um Oppenheimer beobachtet?
GRIGGS Es wurde unter den Wissenschaftlern eine Geschichte verbreitet, daß Mr. Finletter im Pentagon gesagt habe: «Wenn wir soundsoviel Wasserstoffbomben haben, dann können wir die ganze Welt regieren.»
Das sollte beweisen, daß wir unverbesserliche Kriegstreiber an der Spitze der Air Force hätten.
ROBB Haben Sie mit Dr. Oppenheimer darüber gesprochen?
GRIGGS Ja. Ich stellte ihn zur Rede und fragte, ob er diese Ge-

schichte erzählt habe. Er sagte, daß er sie gehört habe, und daß er sie nicht ernst nähme. Ich sagte darauf, daß ich sie sehr ernst nähme, denn sie verbreite Lügen zu einem bestimmten Zweck. Dr. Oppenheimer fragte mich, ob das heißen solle, daß ich seine Loyalität bezweifelte, und ich sagte, daß es das heiße.

ROBB Wie reagierte er darauf?

GRIGGS Er sagte, daß ich ein Paranoiker sei und verschwand. Ich verstand danach ganz gut, warum Dr. Oppenheimer in Princeton das Programm technisch rühmte, das 2. Laboratorium aber boykottierte, obwohl die Air Force das Geld dafür geben wollte, ich verstand die Behinderungen, die Teller beklagte. Besonders als ich den FBI-Bericht gelesen hatte.

ROBB Glauben Sie, daß zwischen seinen linken Verbindungen und seinem Verhalten in der Frage der H-Bombe ein Zusammenhang besteht?

GRIGGS Das ist meine Überzeugung.

ROBB Halten Sie Dr. Oppenheimer für ein Sicherheitsrisiko?

GRIGGS Für ein sehr großes.

ROBB Danke, Mr. Griggs.

GRAY Mr. Marks?

Oppenheimer dreht sich zu Marks um und macht eine kategorische Handbewegung.

MARKS Es ist der Wunsch Dr. Oppenheimers, daß wir darauf verzichten, Mr. Griggs im Kreuzverhör zu haben. – Die Mitglieder des Ausschusses werden das nicht als eine Zustimmung nehmen.

GRAY Gibt es Fragen an Mr. Griggs? – Bitte Dr. Evans.

EVANS Als Rabi diese vier Buchstaben an die Tafel schrieb, dieses Geheimzeichen, waren da viele Leute anwesend?

GRIGGS Ziemlich viele.

EVANS Und sie sahen das?

GRIGGS Ja. Sie reagierten.

EVANS Wie?

GRIGGS Verschieden. Einige lachten.

EVANS Mr. Griggs, wenn Sie einer Verschwörung angehören würden, und Sie wollten Ihre Mitverschworenen verständigen, würden Sie es dann für klug halten, das an eine Wandtafel zu schreiben?

GRIGGS Ich habe nicht gesagt, daß es klug war. Einer Verschwörung habe ich nie angehört.

EVANS Ich auch nicht, aber ich würde lieber zu den Leuten gehen und sagen, wir wollen das soundso machen.

GRIGGS Das eine schließt das andere nicht aus. Der Fakt ist: Rabi hat ZORC an die Tafel geschrieben.
EVANS Das haben Sie gesagt, ja.
GRAY Weitere Fragen? – Dann danke ich Ihnen für Ihr Erscheinen, Mr. Griggs.
Griggs verläßt den Raum nach einer steifen Verbeugung zu Gray hin. Jetzt noch Dr. Rabi.
MARKS Ich glaube, er ist schon da.
Dr. Rabi, ein quicker, kleiner, scharfzüngiger Mann ist schnell eingetreten, er grüßt alle im Vorübereilen und geht zum Zeugenplatz.
RABI Sie werden alle nach Hause wollen. Mein voller Name ist Isadore Isaac Rabi. Oppenheimer war mit seinen Vornamen vorsichtiger.
Er lacht, einige andere lachen auch.
GRAY Isadore Isaac Rabi, schwören Sie, daß Sie hier die Wahrheit sagen wollen, die ganze Wahrheit und nichts als die Wahrheit, so wahr Ihnen Gott helfe?
RABI *schnell:* So wahr mir Gott helfe. – Ich schwöre jede Woche dreimal. *Er setzt sich.*
GRAY Bitte, Mr. Marks.
MARKS Dr. Rabi, was machen Sie gegenwärtig?
RABI Ich lehre Physik an der Columbia-Universität.
MARKS Würden Sie uns Ihre wichtigsten Regierungsfunktionen nennen?
RABI Ich bringe sie nicht alle zusammen. Vorsitzender des Wissenschaftsrates, Mitglied des Komitees, das den Präsidenten wissenschaftlich berät, dann in einem Haufen von Ausschüssen, Forschung, Entwicklung, Laboratorien, die verflucht viel Zeit kosten, 120 Arbeitstage im Jahr, Sie können mich fragen, wann lehren Sie eigentlich Physik?
MARKS Ich will Ihre Zeit nicht lange in Anspruch nehmen.
RABI Ich habe für Oppenheimer Zeit, denn ich könnte ganz gut an seiner Stelle sein, ich war entschiedener als er gegen das Dringlichkeitsprogramm.
MARKS Warum war Dr. Oppenheimer dagegen?
RABI Weil es technisch beschissen aussah, und weil er fühlte, daß die Super unsere Position im Endeffekt nicht stärken, sondern schwächen würde. Wir sehen heute, daß das ein richtiges Gefühl war.
MARKS Es ist hier gesagt worden, daß es eine Verschwörung gegen

die Super gegeben habe, daß diese Verschwörung von Dr. Oppenheimer dirigiert worden sei, und daß Sie zu dieser verschworenen Gruppe gehört hätten.

RABI Ich nehme an, daß das der Herr gesagt hat, dem ich in der Tür begegnet bin, ich könnte Ihnen von Mr. Griggs Geschichten erzählen.

MARKS Wir müssen uns mit den Geschichten beschäftigen, die Mr. Griggs erzählt hat.

RABI Ja. Ernstlich?

MARKS Erinnern Sie sich der sogenannten Vista-Konferenz?

RABI Vista – warten Sie, ja, ich erinnere mich gut.

MARKS Worum ging es dabei?

RABI Der Air Force die Dummheit auszureden, daß man die zukünftige Verteidigung des Landes mit strategischen H-Bomberflotten bewältigen könne. Wenn man diesen Supermen gefolgt wäre, dann hätten wir wegen jeder Balkankrise den dritten Weltkrieg mit Wasserstoffbomben auslösen müssen.

MARKS Welche Ansicht vertrat Dr. Oppenheimer?

RABI Daß wir imstande sein müßten, jeder Bedrohung mit angemessenen Mitteln zu begegnen, sowohl konventionell, wie mit taktischen Atomwaffen, wie mit der Super schließlich, wenn wir angegriffen würden. Dazu brauchten wir längere Warnzeiten durch bessere Warnsysteme. Oppenheimer und ich waren auf einer Linie.

MARKS Und Mr. Griggs vertrat die Linie der Air Force?

RABI Ich habe nie erlebt, daß Mr. Griggs etwas anderes vertreten hätte als die Ansicht der Leute, die ihn angestellt haben.

MARKS Wissen Sie was ZORC heißt?

RABI Ja, das weiß ich seit diesem schweinischen Artikel in der Zeitschrift ‹Fortune›.

MARKS Haben Sie damals auf der Vista-Konferenz ZORC an die Tafel geschrieben?

RABI Nein, das war Zacharias, er hatte großen Erfolg damit.

MARKS Wer ist Zacharias?

RABI Der wissenschaftliche Berater der Marine, ein erstklassiger Kernphysiker.

MARKS Wie meinen Sie das, Zacharias hatte großen Erfolg?

RABI Die Leute brüllten vor Lachen und Griggs sah ziemlich schlecht aus.

MARKS Warum hat Dr. Zacharias das gemacht?

RABI Weil Griggs weniger argumentierte als seine Gegner verdächtigte. Er spielte auf das dumme Zeug an, das in ‹Fortune› gestanden hatte. Da Zacharias nach ihm sprach, ging er an die Tafel und schrieb ZORC an, was hieß: Jetzt spricht einer von diesen verräterischen Russenknechten.

MARKS Hatte die Bezeichnung ZORC in ‹Fortune› gestanden?

RABI Sie war eine Erfindung von ‹Fortune›.

MARKS Sind Sie sicher, daß der Artikel vorher erschienen war?

RABI Wochen vorher.

MARKS Haben Sie gehört, daß Dr. Oppenheimer damals einen angeblichen Ausspruch von Mr. Finletter verbreitet hat, des Inhalts, daß wir mit soundsoviel Wasserstoffbomben –

RABI Ich habe das nicht von Oppenheimer gehört, aber ich weiß, daß Mr. Finletter das gesagt hat.

MARKS Von wem wissen Sie das?

RABI Von Teller, der dabei war.

MARKS Dr. Rabi, warum war der Wissenschaftsrat mit Dr. Oppenheimer gegen ein zweites Laboratorium?

RABI Das ist mir neu. Wir haben Livermore sehr gefördert. Wir waren dagegen, das Superprogramm in einem Air-Force-Laboratorium zu konzentrieren, das nur auf dem Papier stand, während Los Alamos gut arbeitete. Warum den Obstkarren umschmeißen? Weil die Air Force die Armee und die Marine ausbooten wollte? Die gleiche Sache spielte sich bei der Reaktor-Arbeit ab.

MARKS Dr. Rabi, wie lange kennen Sie Dr. Oppenheimer?

RABI Seit 1928, ich habe während des Krieges eng mit ihm zusammengearbeitet, und ich habe das bis vor kurzem getan.

MARKS Kennen Sie den Bericht, den FBI der Atomenergiekommission über Dr. Oppenheimer zuleitete?

RABI Ja.

MARKS Kennen Sie den Brief, der die Beschuldigungen gegen Dr. Oppenheimer enthält?

RABI Aus den Zeitungen, ja. Es war keine angenehme Lektüre.

MARKS Würden Sie Dr. Oppenheimer danach für ein Sicherheitsrisiko halten?

RABI Nein. Ich halte ihn für den loyalsten Menschen, den ich kenne, mich eingeschlossen.

MARKS Danke, Dr. Rabi.

GRAY Mr. Robb.

ROBB Dr. Rabi, in welcher Form haben Sie den Bericht über Dr. Oppenheimer kennengelernt?

Rabi Es war ein Auszug von vierzig Seiten, den man mir gab, aus einer viel dickeren Akte, die ich auch hätte sehen können. Ich muß aber sagen, daß mich schon diese vierzig Seiten angekotzt haben.
Robb Was hat Sie «angekotzt»?
Rabi Die Hintertreppe, Mr. Robb. Ein Informant war ein neunjähriger Junge.
Robb Hat es Sie nicht überrascht zu lesen, daß Dr. Oppenheimer, den Sie hier den loyalsten Menschen genannt haben, den Sie kennen, die Sicherheitsbehörden bei einem ernsten Spionageverdacht wissentlich belogen hat?
Rabi Das hat mich damals überrascht, ich fand sein Verhalten töricht, ich muß aber sagen, daß mich heute sein Verhalten weniger überrascht und daß ich es besser verstehen kann, auch wenn ich es nicht billige.
Robb Wieso?
Rabi Seitdem ich es erlebt habe, was mit unschuldigen Menschen geschehen ist, die in einen solchen Verdacht geraten waren, überrascht es mich etwas weniger, wenn jemand seinem Freund dieses Schicksal ersparen wollte.
Robb Wenn Sie sich in die Lage von Dr. Oppenheimer versetzen, würden Sie wie er die Sicherheitsbehörden belogen haben?
Rabi Weiß der Himmel.
Robb Ich möchte es von Ihnen wissen.
Rabi Ich glaube nicht.
Robb Aber Sie bleiben bei Ihrem Urteil, daß er der loyalste Mensch ist, den Sie kennen?
Rabi Richtig. Denn ich kenne Robert Oppenheimer seit 25 Jahren, und wenn es heute eine amerikanische Physik gibt, die nicht mehr nach Europa wallfahren muß, dann ist dies das Verdienst Oppenheimers und weniger anderer Physiker unserer Generation.
Robb Das habe ich nicht bezweifelt, Dr. Rabi. Ich wollte nur wissen, ob Sie vollkommene Loyalität damit vereinbaren, daß jemand die Sicherheitsbehörden absichtlich belügt?
Rabi Das habe ich beantwortet. Und Oppenheimer hat das beantwortet, indem er nach der bedeutungslosen Chevalier-Episode die Atombombe gemacht hat, eine ganze Kollektion verschiedener Atombomben! Was wollen Sie noch? – Wasserjungfern? Ist das Ende dieses Weges diese Art von Verhör? Das finde ich demütigend, das ist eine schlechte Show.
Robb Danke, Dr. Rabi.

ROLANDER Ist es zutreffend, Sir, daß Sie Geld in einen Verteidigungsfonds für Dr. Oppenheimer eingezahlt haben?
RABI Ja.
ROLANDER Ist es zutreffend, daß Sie einer Versammlung der Nationalen Akademie der Wissenschaften eine Resolution zugunsten von Dr. Oppenheimer vorgeschlagen haben?
RABI Da es der Verteidigungsminister für richtig gehalten hat, Oppenheimer vor der Presse zu verdächtigen, habe ich es für richtig gehalten, daß die Wissenschaftler die Öffentlichkeit auf die Gefahren dieses Verfahrens aufmerksam machen.
ROLANDER Danke, Sir.
EVANS Welche Gefahren meinen Sie?
RABI Ich mache mir große Sorgen, ich glaube, die ganze Gemeinde der Wissenschaftler ist tief besorgt, daß hier ein Mann vor einem Tribunal steht, weil er entschiedene Ansichten entschieden vertreten hat. Es ist die Grundlage für unsere Art des Zusammenlebens. Wenn ein Mann deswegen verurteilt wird, so begeben wir uns des Anspruches, ein freies Land fernerhin genannt zu werden, und jeder von uns kann morgen an der Stelle von Dr. Oppenheimer sein. – Ich beneide Sie nicht.
EVANS Was hätte ich nach Ihrer Ansicht tun sollen?
RABI Sie hätten eine Anklageschrift verlangen müssen, die unloyale Handlungen behauptet, nicht unbequeme Ansichten. Da können Sie gleich mich hierhin stellen. – Ich hoffe, daß meine Sorgen ganz unberechtigt sind, ich hoffe das inständig.
GRAY Sie wissen natürlich, Dr. Rabi, daß dieses Verfahren kein Gerichtsverfahren ist und daß wir infolgedessen kein Urteil fällen?
RABI Ja, aber Ihr Spruch wird schwerer wiegen als die Entscheidung eines Gerichts.
GRAY Vielen Dank, Dr. Rabi, daß Sie hierhergekommen sind. – Ich schließe die heutige Sitzung.
Lichtwechsel.

Textprojektion oder Lautsprecheransage:

AM VORMITTAG DES 6. MAI 1954 BEENDET DIE KOMMISSION DIE PHASE DER ZEUGENVERNEHMUNG. ES WAREN 40 ZEUGEN IN DER SACHE J. ROBERT OPPENHEIMERS GEHÖRT WORDEN. DAS PROTOKOLL DES VERHÖRS UMFASSTE 3000 MASCHINENSEITEN. DER ZEUGENVERNEHMUNG FOLGTEN DIE PLÄDOYERS.

8. Szene

GRAY Ich erteile Mr. Robb das Wort, der dem Ausschuß eine Zusammenfassung seiner Argumente vorzutragen wünscht. Das gleiche Recht wird der Verteidigung Dr. Oppenheimers eingeräumt, und Mr. Marks wird dieses Recht wahrnehmen. Danach wird sich der Ausschuß vertagen, um die Entscheidung zu beraten, die zu fällen er beauftragt ist. – Mr. Robb.

ROBB Herr Vorsitzender, ehrenwerte Mitglieder dieses Ausschusses! Ohne unseren Willen ist hier in diesen dreieinhalb Wochen, die uns Dr. Oppenheimer gegenübersitzt, die Lebensgeschichte eines bedeutenden Physikers zu Protokoll gekommen, in seinen Widersprüchen, seinen Konflikten, und ich gestehe, daß sie mich bewegt hat, daß ich ihren tragischen Aspekt fühle. Niemand von uns bezweifelt Dr. Oppenheimers große Verdienste, und nur wenige werden sich dem Reiz dieser Persönlichkeit entziehen können. Es ist jedoch unsere schwierige Pflicht, zu untersuchen, ob die Sicherheit des Landes auf einem so wichtigen Gebiet wie der Atomenergie in seinen Händen gut aufgehoben ist. Zu unserem Kummer wird unsere Sicherheit gegenwärtig von den Kommunisten bedroht, die ihre Herrschaftsform über die Welt ausbreiten wollen. Nach seinem eigenen Zeugnis hat Dr. Oppenheimer eine lange Zeit seines Lebens der kommunistischen Bewegung so nahe gestanden, daß es schwerfällt zu sagen, was ihn von einem Kommunisten unterschieden hat. Seine nächsten Verwandten, die Mehrzahl seiner Freunde und Bekannten waren Kommunisten oder Fellow-Travellers. Er besuchte kommunistische Versammlungen, er las kommunistische Zeitungen, er spendete Geld und er gehörte einer Vielzahl von kommunistischen Tarnorganisationen an. Ich bezweifle nicht, daß es edle Motive waren, der Wunsch nach sozialer Gerechtigkeit und die Sehnsucht nach einer idealen Welt, die ihn ursprünglich dahin brachten. Ich bin in diesem Verfahren aber zu der Überzeugung gekommen, daß Dr. Oppenheimer diese Verbundenheit nie mehr verlassen hat, auch nachdem sein Enthusiasmus erkaltet war, auch nachdem er sich von den politischen Erscheinungsformen des Kommunismus in Rußland enttäuscht abgewandt hatte.

Sie zeigte sich, als auf Dr. Oppenheimers Vorschläge hin kommunistische Physiker in Schlüsselpositionen an Kriegsprojekten kamen, sie zeigte sich, als er seinen großen Einfluß darauf ver-

wandte, diese Leute im Projekt zu halten, als man ihnen mißtraute, sie zeigte sich schließlich im Falle Eltenton – Chevalier, wo er ein halbes Jahr zögerte, einen ernsten Spionageverdacht anzuzeigen, wo er die Sicherheitsbehörden wissentlich belog und die Treue zu einem kommunistischen Freund über die Treue zu den Vereinigten Staaten stellte. –
Man hat hier eingewendet, daß diese Handlung weit zurückliege und daß Dr. Oppenheimer durch seine großen Verdienste um die Atombombe seine vollkommene Loyalität bewiesen habe. Ich kann diese Ansicht nicht teilen, obwohl ich seine Verdienste um Los Alamos nicht bestreite. Ich sehe vielmehr in seinen Handlungen nach dem Kriege, besonders in der Frage der Wasserstoffbombe, die gleichen Anfechtungen aus der gleichen alten Verbundenheit.
Dr. Oppenheimer war nach vielen Zeugnissen von der Atombombe und von der Wasserstoffbombe gleichermaßen begeistert, als es gegen die Nazis ging. Als aber klar wurde, daß es nicht nur Rechts-, sondern auch Linksdiktaturen gab, die uns bedrohten, als Sowjetrußland unser potentieller Feind wurde, da wurden seine Skrupel gegen die Waffe groß, und er erstrebte eine Internationalisierung der Atomenergie, obwohl es uns nur durch unser A-Bombenmonopol gelungen war, die Russen in Europa und Asien zu stoppen.
Dr. Oppenheimer war nach seinem eigenen Zeugnis tief deprimiert, als ein solches Abkommen mit den Russen nicht zu schließen war. Er zog aber daraus nicht die Konsequenz, die im besten Interesse der Vereinigten Staaten gelegen hätte, die Konsequenz nämlich, den Bau der Wasserstoffbombe voranzutreiben, ehe die Russen ihrerseits die Atombombe hatten.
Sogar als die russische Bombe die Gefahr für uns überdeutlich markierte, widersetzte er sich mit seinem großen Einfluß einem Dringlichkeitsprogramm für die Super und empfahl neuerliche Verhandlungen mit Sowjetrußland, um die Entwicklung einer solchen Waffe zu verhindern. Als das Programm dennoch angeordnet worden war, als er von den neuen genialen Ideen für die Super wissenschaftlich fasziniert war, gingen seine Empfehlungen immer noch auf ein langfristiges Forschungsprogramm, und als der Test schon festgesetzt war, versuchte er ihn zu verschieben, um die von ihm gewünschten Abrüstungsverhandlungen nicht zu gefährden.
Wir haben hier von einigen Zeugen gehört, daß sie sich den Wi-

derspruch zwischen seinen Worten und seinen Handlungen nicht erklären konnten, und einige, wie Oberst Pash, Wiliam Borden und Griggs, schlossen daraus, daß es sich um eine besonders geschickte Form von Verrat handeln müsse. Aber wer wie wir dreieinhalb Wochen lang Dr. Oppenheimer beobachten konnte, wer wie wir von seiner Persönlichkeit beeindruckt ist, der weiß, daß dieser Mann kein Verräter der uns bekannten Kategorien ist. Ich bin davon überzeugt, daß Dr. Oppenheimer nach seinem besten Wissen den Interessen der Vereinigten Staaten nützen wollte. Aber seine Handlungen nach dem Kriege, sein offensichtliches Versagen in der Frage der Super, haben die Interessen des Landes tatsächlich geschädigt, denn nach Dr. Tellers überzeugenden Darlegungen hätten wir die Super vier oder fünf Jahre früher haben können, wenn sie von Dr. Oppenheimer unterstützt worden wäre.
Wie erklärt sich dieses Versagen bei einem so wunderbar begabten Manne, dessen diplomatische Fähigkeiten, dessen Scharfsinn hier so oft gerühmt wurden?
Die Erklärung ist, daß sich Dr. Oppenheimer von den utopischen Idealen einer internationalen klassenlosen Gesellschaft niemals ganz gelöst hat, daß er ihnen unbewußt oder unterbewußt die Treue hielt, und daß diese unbewußte Loyalität mit der Loyalität den Vereinigten Staaten gegenüber nur auf die Weise zu vereinbaren war. In diesem Widerspruch liegt seine Tragik, und es ist eine anhaltende Tragik, die ihn nicht befähigt, den besten Interessen der Vereinigten Staaten auf diesem diffizilen Gebiet zu dienen, obwohl er das ehrlich zu tun wünscht. Es liegt eine Form des Verrats vor, die unsere Gesetzbücher nicht kennen, der Gedankenverrat, der aus den tiefen Schichten seiner Persönlichkeit kommt und die Handlungen eines Mannes gegen dessen Willen unaufrichtig macht.
Ich spreche von anhaltender Tragik, weil Dr. Oppenheimer in diesem Verfahren niemals die Gelegenheit genützt hat, sich von seinen früheren politischen Ideen und von seinen kommunistischen Verbindungen zu distanzieren. Er hat diese Verbindungen vielmehr über den Krieg hinaus unterhalten und einige dieser persönlichen Verbindungen unterhält er heute noch. Er hat auch niemals das Falsche seiner Handlungen wirklich eingesehen, und er hat sie nicht bedauert. Und wenn wir ihn hier sagen hören, daß die Welt im Zeitalter der Atomenergie und der großen Massenzerstörungsmittel neue Formen des mensch-

lichen, des wirtschaftlichen, des politischen Zusammenlebens braucht, dann sehe ich auch darin eine Projektion seiner alten Ideale.

Was Amerika heute aber wirklich braucht, das ist eine Stärkung seiner wirtschaftlichen, seiner militärischen, seiner politischen Macht.

Wir sind in unserer Geschichte an einem Punkt angelangt, wo wir erkennen müssen, daß unsere Freiheit ihren Preis hat, und es ist die geschichtliche Notwendigkeit, die es uns nicht erlaubt, irgendeinem Menschen, und wäre es der verdienstvollste, einen Rabatt darauf zu gewähren. Dabei vergessen wir nicht seine früheren Verdienste, und wir respektieren sie.

Nach meiner Überzeugung kann Dr. Oppenheimer in Würdigung der Tatsachen die Sicherheitsgarantie nicht mehr erteilt werden.

GRAY Danke, Mr. Robb. – Der Ausschuß wird jetzt die Argumente der Verteidigung hören.

Bitte, Mr. Marks.

MARKS Herr Vorsitzender, Dr. Evans, Mr. Morgan!

Mr. Robb hat hier von den großen Verdiensten und den tragischen Aspekten meines Mandanten gesprochen. Ich nehme diese Anteilnahme als Eingeständnis, daß dieses Verfahren keine Tatsachen gebracht hat, die Dr. Oppenheimers Loyalität in Zweifel ziehen.

Es ist allgemein bekannt, daß Dr. Oppenheimer in den dreißiger Jahren starke Sympathien zu radikal linken und zu kommunistischen Ideen hatte, daß er kommunistische Freunde hatte und daß er einigen Organisationen angehörte, die mit den Kommunisten sympathisierten. In dieser Zeit war dies die Haltung vieler, wenn nicht der meisten Intellektuellen, und ihre sozialkritischen Ideen entsprachen unserer Politik des New Deal, die größere soziale Gerechtigkeit in unserem Land einführte. Was wir über Dr. Oppenheimers Verbindungen erfahren haben, das findet sich schon in den Fragebogen, die Dr. Oppenheimer vor seinem Eintritt in die Kriegsarbeit ausgefüllt hat, und sie waren den hohen und höchsten Kommissionen bekannt, die Dr. Oppenheimer 1943 und 1947 die Sicherheitsgarantie erteilt haben. Auch das Material, das FBI über Dr. Oppenheimer sammelte und das wir bis zur Stunde nicht einsehen durften, war der verantwortlichen Kommission bereits im Jahre 1947 bekannt. Ich darf annehmen, daß Mr. Robb nicht gezögert hätte, uns hier damit vertraut zu machen, wenn es stichhaltige Belastungen enthalten würde, die wir nicht kennen.

Ebenso bekannt war den Sicherheitsbehörden das Verhalten von Dr. Oppenheimer in dem geklärten Fall Eltenton – Chevalier. Mr. Robb ist uns auch hier neues Material schuldig geblieben. Einen Loyalitätskonflikt hat es insofern nicht gegeben, als Dr. Oppenheimer Chevalier für unschuldig hielt, und es hat sich herausgestellt, daß Chevalier wirklich unschuldig war. Schließlich hat es sich bei der ganzen Sache um einen Spionageversuch nicht gehandelt, Dr. Oppenheimer hat trotzdem nicht gezögert, sein Verhalten dabei töricht zu nennen, und niemand wird bezweifeln, daß er sich heute anders verhalten würde.

Was übrig bleibt, ist die Frage, ob Dr. Oppenheimer die Sicherheit der Vereinigten Staaten geschädigt hat, indem er sich einem Wasserstoffbombenprogramm gegen sein besseres Wissen und in illoyaler Absicht widersetzt hat. Nicht, ob die Ratschläge gut oder schlecht waren, sondern ob es ehrliche Ratschläge waren, und ob sie im besten Interesse der Vereinigten Staaten abgegeben wurden oder nicht.

Viele Fachleute haben vor diesem Ausschuß die Ansicht vertreten, daß sein Rat, die Herstellung der Wasserstoffbombe durch ein internationales Abkommen zu verhindern, ein guter Rat gewesen sei. Er hat das Gleichgewicht des Schreckens, das uns heute lähmt, ahnungsvoll befürchtet. Andere Fachleute wie Teller und Alvarez waren anderer Ansicht, und sie haben ihre Ansicht durchgesetzt. Sie haben Oppenheimers Empfehlungen hier scharf kritisiert, aber auch die entschiedenen Befürworter der Super haben nicht bezweifelt, daß er mit seinem Rat den besten Interessen Amerikas dienen wollte. Dr. Teller hat hier beklagt, daß sich Dr. Oppenheimer für die Super nicht genügend begeistert habe, und daß seine mangelnde Begeisterung die Super um Jahre verzögert habe. Wie aber soll sich ein Mann begeistern, der meint, daß diese Waffe Amerika schwächen und unsere ganze Zivilisation gefährden werde? Wie soll sich ein Mann begeistern, dem ein technisch nicht diskutables Programm zu einer Waffe vorgelegt wird, die alle strategischen und politischen Argumente gegen sich hat? Was würde Dr. Teller sagen, wenn man ihm vorwerfen würde, daß er sich während des Krieges nicht für die Atombombe begeistert hat, daß an seine Stelle Klaus Fuchs kam, und daß er, Teller, deshalb schuld sei, daß Atomgeheimnisse verraten worden sind? Er würde das mit Recht für absurd halten,

und ebenso absurd ist der Mythos von der Verzögerung der Super durch Oppenheimers zu geringe Begeisterung.
Oppenheimer hat seine beste Absicht zu einem schlechten Dringlichkeitsprogramm gegeben. Er befand sich in Übereinstimmung mit den besten Fachleuten des Landes. Als das Programm dennoch angeordnet wurde, als die Super durch neue Ideen machbar schien, hat er ihre politische Zweckmäßigkeit nicht mehr erörtert und das Programm nach seiner besten Einsicht unterstützt. Ich sehe nicht, wie man sich korrekter und loyaler verhalten kann.
Wo sind die unaufrichtigen Handlungen, die in Widerspruch zu seinen Worten stehen? Wo sind die Tatsachen, die den Verdacht rechtfertigen, daß sich Dr. Oppenheimer unloyal verhalten habe, daß ihm nicht zu trauen wäre, daß die Sicherheit der Vereinigten Staaten durch ihn gefährdet wäre? Ist die ‹geschlossene Versammlung› des Mr. Crouch, ist die ‹lautlose Verschwörung› des Mr. Griggs eine solche Tatsache? Ist es eine verräterische Handlung, wenn sich Dr. Oppenheimer im Rivalitätskampf der Waffengattungen nicht auf die Seite einiger Scharfmacher in der Air Force gestellt hat? Dr. Oppenheimer hatte die amerikanische Regierung zu beraten, nicht die Air Force. Er hatte an Amerika zu denken, nicht an die Priorität einer Waffengattung.
Man kann die Weisheit seines Rates bezweifeln, und wenn man seinen Rat nicht mehr haben will, so geht das ganz in Ordnung, aber man kann die Loyalität eines Mannes nicht bezweifeln, weil man die Weisheit seiner Ansichten bezweifelt.
Und wenn wir hier nach dem Vorschlag von Mr. Robb die Kategorie des Gedankenverrats einführen würden, die es in unseren Gesetzbüchern nicht gibt, so würden wir nicht nur die wissenschaftliche Laufbahn eines großen Amerikaners zerstören, sondern auch die Grundlagen unserer Demokratie.
Die Freiheit hat ihren Preis, darin stimme ich mit Mr. Robb überein, und was dieser Preis ist, das schrieb Dr. Oppenheimer, als er für einen seiner Kollegen eintrat, in einem Zeitungsartikel: «Politische Ansichten, wie radikal und wie freimütig sie immer geäußert wurden, beeinträchtigen nicht den Rang eines wissenschaftlichen Lehrers. Seine Integrität und seine Ehre sind davon nicht angetastet. Wir haben in anderen Ländern Beispiele, wie politische Orthodoxie es fertigbrachte, Wissenschaftler zu ruinieren und deren Arbeit zu beenden. Das führte zu einer Zerstörung der Wissenschaft. Das wäre ein Teil der Zerstörung der

Meinungsfreiheit und der politischen Freiheit. Für ein Volk, das frei bleiben will, ist das kein möglicher Weg.»

GRAY Danke, Mr. Marks. – Der Ausschuß vertagt sich. Wir werden Ihnen den Zeitpunkt der Schlußsitzung mitteilen. –
Ich danke allen Anwesenden für ihre Unterstützung, ich danke besonders Dr. Oppenheimer.

OPPENHEIMER Besten Dank, Sir.

Dunkel. Oppenheimer tritt an die Rampe.
Textprojektion oder Lautsprecheransage:
Am 14. Mai 1954, wenige Minuten vor zehn, betrat der Physiker J. Robert Oppenheimer das Büro 2022 der Atomenergiekommission in Washington zum letztenmal, den Spruch des Ausschusses entgegenzunehmen und sich in einem Schlußwort zu rechtfertigen.
Er geht in die Szene zurück.

Textprojektion:

DAS URTEIL

9. SZENE

Die Kommission, die Anwälte beider Seiten und Oppenheimer auf ihren gewohnten Plätzen. Gray entnimmt einer Mappe einen Bericht und verliest ihn stehend.

GRAY In Würdigung der Tatsachen ist die Mehrheit dieses Ausschusses, bestehend aus den Mitgliedern Thomas A. Morgan und Gordon Gray und abweichend von der Meinung des Mitgliedes Ward V. Evans, zu der Ansicht gekommen, der Atomenergiekommission in der Sache J. Robert Oppenheimer die folgende Beurteilung übermitteln zu sollen:
«Obwohl wir die vielfältigen früheren kommunistischen Verbindungen Dr. Oppenheimers als eine schwerwiegende Belastung erkennen, obwohl Dr. Oppenheimer die bedauerliche Entscheidung traf, einige Beziehungen bis zum heutigen Tag fortzusetzen, erkennen wir in diesen gegenwärtigen Beziehungen keine Anzeichen der Illoyalität.
Gewichtiger als diese unklugen Verbindungen scheint uns das Verhalten Dr. Oppenheimers im Falle Eltenton – Chevalier. Indem er bei einer ernsten Spionagebefürchtung die Sicherheitsbe-

hörden wissentlich belog, um einen Freund zu schützen, dessen kommunistischer Hintergrund ihm bekannt war, stellte er sich konsequent außerhalb der Regeln, die das Verhalten anderer bestimmen. Es ist dabei nicht wichtig, ob es sich tatsächlich um einen Spionageversuch gehandelt hat, wichtig ist allein, daß er an diese Möglichkeit geglaubt hat. Die fortgesetzte Verfälschung und falsche Darstellung lassen auf beunruhigende charakterliche Defekte schließen.
Loyalität gegenüber seinen Freunden ist eine der edelsten Eigenschaften. Über die vernünftigen Verpflichtungen gegenüber seinem Land und dessen Sicherheitssystem hinaus seinen Freunden gegenüber loyal zu sein, ist jedoch ohne Zweifel unvereinbar mit den Interessen des Landes.
Die Einstellung Dr. Oppenheimers zur Wasserstoffbombe finden wir beunruhigend und undurchsichtig. Wenn Dr. Oppenheimer dem Programm seine enthusiastische Unterstützung gegeben hätte, dann wäre es zu einem früheren Zeitpunkt zu einer organisierten Anstrengung gekommen, und wir hätten die Super wesentlich früher gehabt. Das hätte die Sicherheit der Vereinigten Staaten verstärkt. Wir glauben, daß Dr. Oppenheimers negative Einstellung zur Super von seinen starken moralischen Skrupeln beeinflußt war, und daß er durch sein Verhalten andere Wissenschaftler negativ beeinflußt hat. Wenn wir auch nicht bezweifeln, daß er seinen Rat nach seinem besten Wissen und in loyaler Absicht gegeben hat, so zeigt doch seine Bemühung, den Bau der H-Bombe durch internationale Abkommen zu verhindern, sowie die von ihm geforderte Garantie, diese Waffe niemals als erste zu verwenden, einen beklagenswerten Mangel an Vertrauen in die Regierung der Vereinigten Staaten.
Wir finden, daß sein Verhalten genügend starke Zweifel aufkommen läßt, ob seine künftige Beteiligung an einem nationalen Verteidigungsprogramm, sofern er dieselbe Haltung einnähme, mit den besten Interessen der Sicherheit klar vereinbar wäre.
Unsere Bedenken zusammenfassend, sind wir der Meinung, daß Dr. Oppenheimer keinen Anspruch mehr auf das bedingungslose Vertrauen der Regierung und der Atomenergiekommission hat, das sich in der Erteilung der Sicherheitsgarantie ausdrücken würde, weil ihm grundsätzliche charakterliche Mängel nachzuweisen sind. –
Gordon Gray und Thomas A. Morgan.»

Zusatz von Gordon Gray:

«Ich bin der Ansicht, daß es uns möglich gewesen wäre, zu einem anderen Ergebnis zu kommen, wenn es uns erlaubt gewesen wäre, unabhängig von den starren Regeln und Maßstäben, die uns vorgeschrieben sind, Dr. Oppenheimer zu beurteilen.»

Ich bitte jetzt Dr. Evans, seinen Minderheitsbericht zu verlesen.

Er setzt sich. Evans nimmt ein Blatt Papier auf, das er sich nahe vor die Augen hält, um es lesen zu können.

EVANS «Nach den hier unterbreiteten Tatsachen halte ich Dr. Oppenheimer für vollständig loyal, ich sehe in ihm kein Sicherheitsrisiko, und ich finde keinen Grund, ihm die Sicherheitsgarantie zu verweigern.

Meine Gründe: Die früheren kommunistischen Verbindungen Dr. Oppenheimers, sein Verhalten im Falle Chevalier eingeschlossen, lagen vor seinen großen Verdiensten, die er sich um Amerika erworben hat. Dr. Oppenheimer hat diese Verbindungen nie verheimlicht, und alle hier vorgebrachten Belastungen waren bekannt, als ihm, zuletzt im Jahre 1947, die Sicherheitsgarantie erteilt wurde. Mich beunruhigt die Tatsache, daß ein wechselndes politisches Klima die Beurteilung der gleichen Tatsachen wechseln lassen soll.

Bei den Debatten um die Super hatte Dr. Oppenheimer nicht nur das Recht, sondern die Pflicht, seine eigene Meinung zu vertreten. Seine Ansichten in dieser schwierigen Frage waren wohlbegründet, sie stimmten mit vielen der besten Fachleute auf diesem Feld überein, und es ist nicht sicher, ob sein Rat nicht schließlich der bessere Rat war. Es kommt jedoch nicht auf die Güte des Rates, sondern auf seine Ehrlichkeit an, wenn wir die Loyalität eines Menschen untersuchen. Moralische und ethische Bedenken der Entwicklung einer Waffe gegenüber müssen die Interessen Amerikas nicht verletzen, und es ist vernünftig, die Folgen einer so folgenreichen Entwicklung rechtzeitig zu bedenken. – Ward V. Evans.»

GRAY Es ist danach klar, daß die Mehrheit des Ausschusses der Atomenergiekommission empfiehlt, die Sicherheitsgarantie an Dr. Oppenheimer nicht zu erteilen.

Zu Oppenheimers Verteidigern: Dagegen kann Einspruch bei der Atomenergiekommission erhoben werden. – Ich gebe Dr. Oppenheimer die Gelegenheit zu einem Schlußwort, das er erbeten hatte.

Oppenheimer erhebt sich, die Brille in der Hand, den Kopf leicht schief gehalten, in der Rede gelegentlich zögernd, wenn er über eine Formulierung nachdenkt.

OPPENHEIMER Als ich mich vor mehr als einem Monat zum erstenmal auf dieses alte Sofa setzte, war ich willens, mich zu verteidigen, denn ich fand keine Schuld an mir, und ich sah mich als Opfer einer bestimmten politischen Konstellation, die ich beklagenswert fand.

Zu dem widerwärtigen Unternehmen gezwungen, mein Leben zu rekapitulieren, meine Motive zu handeln, meine Konflikte, und auch die Konflikte, die sich nicht eingestellt hatten, – begann sich meine Haltung zu wandeln. Ich bemühte mich, vollkommen offen zu sein, und das ist eine Technik, die man erlernen muß, wenn man viele Jahre seines Lebens zu anderen Menschen nicht offen war. Indem ich über mich, einen Physiker in unserer Zeit, nachdachte, begann ich mich zu fragen, ob nicht tatsächlich so etwas stattgefunden hat wie Gedankenverrat, eine Kategorie, die Mr. Robb hier einzuführen empfahl. Wenn ich denke, daß es uns eine geläufige Tatsache geworden ist, daß auch die Grundlagenforschung in der Kernphysik heute die höchste Geheimnisstufe hat, daß unsere Laboratorien von den militärischen Instanzen bezahlt und wie Kriegsobjekte bewacht werden, wenn ich denke, was im gleichen Fall aus den Ideen des Kopernikus oder den Entdeckungen Newtons geworden wäre, dann frage ich mich, ob wir den Geist der Wissenschaft nicht wirklich verraten haben, als wir unsere Forschungsarbeiten den Militärs überließen, ohne an die Folgen zu denken.

So finden wir uns in einer Welt, in der die Menschen die Entdeckungen der Gelehrten mit Schrecken studieren, und neue Entdeckungen rufen neue Todesängste bei ihnen hervor. Dabei scheint die Hoffnung gering, daß die Menschen bald lernen könnten, auf diesem klein gewordenen Stern miteinander zu leben, und gering ist die Hoffnung, daß sich ihr Leben eines nicht fernen Tages in seinem materiellen Aspekt auf die neuen menschenfreundlichen Entdeckungen gründen werde.

Es scheint ein weidlich utopischer Gedanke, daß die überall gleich leicht und gleich billig herstellbare Kernenergie andere Gleichheiten nach sich ziehen werde und daß die künstlichen Gehirne, die wir für die großen Vernichtungswaffen entwickelten, künftig unsere Fabriken in Gang halten könnten, der menschlichen Arbeit ihren schöpferischen Rang zurückgebend. Das würde unserem Leben die materiellen Freiheiten schenken, die eine der Voraussetzungen des Glückes sind, aber man muß sagen, daß diese Hoffnungen durch unsere Wirklichkeit nicht zu belegen sind. Doch sind sie die Alternative zu der Vernichtung dieser Erde, die wir fürchten, und die wir uns nicht vorstellen können. An diesem Kreuzweg empfinden wir Physiker, daß wir niemals so viel Bedeutung hatten und daß wir niemals so ohnmächtig waren.

Als ich mein Leben hier durchging, fand ich, daß die Handlungen, die mich nach Ansicht des Ausschusses belasten, der Idee der Wissenschaften nähergestanden sind als die Verdienste, die man mir anrechnet.

Ganz anders als dieser Ausschuß frage ich mich infolgedessen, ob wir Physiker unseren Regierungen nicht zuweilen eine zu große, eine zu ungeprüfte Loyalität gegeben haben, gegen unsere bessere Einsicht, in meinem Fall nicht nur in der Frage der Wasserstoffbombe.

Wir haben die besten Jahre unseres Lebens damit verbracht, immer perfektere Zerstörungsmittel zu finden, wir haben die Arbeit der Militärs getan, und ich habe in den Eingeweiden das Gefühl, daß dies falsch war. Obzwar ich die Entscheidung der Mehrheit dieses Ausschusses anfechten werde, will ich fernerhin an Kriegsprojekten nicht arbeiten, wie immer die angestrebte Revision ausfallen mag.

Wir haben die Arbeit des Teufels getan, und wir kehren nun zu unseren wirklichen Aufgaben zurück. Vor ein paar Tagen hat mir Rabi erzählt, daß er sich wieder ausschließlich der Forschung widmen wolle. Wir können nichts besseres tun als die Welt an diesen wenigen Stellen offenzuhalten, die offenzuhalten sind.

Vorhang

Nachbemerkung

In der Sache J. Robert Oppenheimer ist ein Theaterstück, keine Montage von dokumentarischem Material. Der Verfasser sieht sich jedoch ausdrücklich an die Tatsachen gebunden, die aus den Dokumenten und Berichten zur Sache hervorgehen.

Seine hauptsächliche Quelle ist das 3000 Maschinenseiten umfassende Protokoll des Untersuchungsverfahrens gegen J. Robert Oppenheimer, das von der Atomenergiekommission der Vereinigten Staaten im Mai 1954 veröffentlicht wurde.

Es ist die Absicht des Verfassers, ein abgekürztes Bild des Verfahrens zu liefern, das szenisch darstellbar ist und das die Wahrheit nicht beschädigt. Da sein Geschäft die Bühne, nicht die Geschichtsschreibung ist, versucht er nach dem Ratschlag des Hegel, den «Kern und Sinn» einer historischen Begebenheit aus den «umherspielenden Zufälligkeiten und gleichgültigem Beiwerke des Geschehens» freizulegen; «die nur relativen Umstände und Charakterzüge abzustreifen und dafür solche an die Stelle zu setzen, durch welche die Substanz der Sache klar herausscheinen kann». (Hegel, Ästhetik, 3. Teil, 3. Kapitel A. 2. c., Seite 897, Berlin 1955.)

Aus wohlerwogenen Gründen legte sich der Verfasser für die vorliegende Arbeit jedoch Beschränkungen auf, alle im Stück erscheinenden Tatsachen der historischen Wirklichkeit zu entnehmen. Die Freiheiten des Verfassers liegen in der Auswahl, in der Anordnung, in der Formulierung und in der Konzentration des Stoffes. Um die Form eines sowohl strengeren als auch umfassenderen Zeitdokuments zu erreichen, das ihm für die Bühne wünschenswert schien, waren einige Ergänzungen und Vertiefungen erforderlich. Er verfuhr dabei nach dem Prinzip «so wenig wie möglich und soviel wie notwendig». Wenn die Wahrheit von einer Wirkung bedroht schien, opferte er die Wirkung.

Einige Beispiele für die Freiheiten, die sich der Verfasser nahm: Das originale Hearing dauerte länger als einen Monat, und es wurden 40 Zeugen gehört. Der Verfasser begnügte sich mit 6 Zeugen. Die gebotene Konzentration war mit einer wortgetreuen Montage von Rede und Gegenrede nicht zu erzielen, und sie schien dem Autor im Interesse der Einheit des Stückes auch nicht wünschenswert. Er bemühte sich, die Worttreue durch Sinntreue zu ersetzen.

Die Beschränkung auf sechs Zeugen hat zur Folge, daß im Stück gelegentlich mehrere sich ergänzende Zeugnisse in einer einzigen Zeugenaussage erscheinen. So finden sich in der Bühnenfigur des Zeugen Rabi auch Züge und Äußerungen des Zeugen Bush, der im Stück nicht auftritt. Den Bankraubvergleich machte in Wirklichkeit nicht Morgan, sondern Robb. Er verhörte den Zeugen McCloy darüber, nicht Lansdale wie in dem Stück.

Zwischen den Szenen des Stückes verwendet der Autor Monologe oder Miniszenen, die es im wirklichen Hearing nicht gegeben hat. Er bemühte sich, die Zwischenszenen aus der Haltung zu entwickeln, die von den Personen im Hearing oder bei anderen Gelegenheiten eingenommen wurde. Im historischen Hearing hat Edward Teller am Ende seiner Zeugenaussage keine Erklärung abgegeben. Einige der von Teller im Stück geäußerten Gedanken entnahm der Verfasser sinngemäß den Reden und Aufsätzen Tellers.

Oppenheimer hatte in Wirklichkeit drei Verteidiger, im Stück zwei. Herbert S. Marks, der im Stück von Anfang sein Verteidiger ist, wurde in Wirklichkeit erst im Laufe des Verfahrens zu Oppenheimers Beratung hinzugezogen. Das wirkliche Plädoyer wurde von Garrison, nicht von Marks gehalten.

Im Gegensatz zum Stück wurde die Entscheidung des Ausschusses nicht am Ende verlesen, sondern erst später brieflich zugestellt. Oppenheimer hat das in dem Stück vorkommende Schlußwort nicht wirklich gesprochen.

Heinar Kipphardt

Materialien

A. Zur Entstehung des Stückes

a) Aus Briefen (1958–64)

An die Eltern   23. Januar 1958

Liebe Mutter,
lieber Vater,
Ihr hört und seht nichts von mir, weil ich mich mit dem Stück in einem kleinen Nest verkrochen habe und keine andere Sorge habe als fertig zu werden. Ich hoffe es noch bis zum 5.II. zu schaffen, natürlich nicht die Korrekturen, die endgültige Bearbeitung, weil ich dazu ein bißchen Abstand brauche. Gott sei's geklagt, weil mich der Stoff zu langweilen anfängt und ich mit halbem Kopf schon bei neuem Plane bin: Einer großen, schwierigen Sache, dem Fall Oppenheimer, dem großen amerikanischen Atomphysiker, in dem so etwas wie eine heutige Dr. Faustus-Geschichte steckt. Ich sitze in Petzow bei Werder, in einem Hause, das unserem Schriftstellerverband gehört; Hacks und seine Frau arbeiten ebenfalls hier an einem neuen Stück. Wir verstehen uns gut, stören uns nicht bei der Arbeit und ergänzen uns ziemlich gut, da, bei großer Verschiedenheit im einzelnen, die Ziele ähnlich sind. [...]

Seid umarmt von
Euerm Heinar

Brief im Nachlaß Kipphardts, Angelsbruck. – Mit «dem Stück» im ersten Satz des Briefes ist Kipphardts Drama «Die Stühle des Herrn Szmil» gemeint. Kipphardt lebte zu dieser Zeit noch in der DDR und war am Deutschen Theater in Berlin als Chefdramaturg beschäftigt.

An Erwin Piscator   Berlin, 1. Juli 1959

Lieber Herr Piscator!
Sie fragten mich in Hamburg beiläufig, ob ich nicht einmal ein Stück für Sie schreiben wolle. Unvermutet ergibt sich eine günstige Gelegenheit dazu. Stroux in Düsseldorf hat mir angeboten, die Arbeit an einem Stück vorzufinanzieren, das in etwa sechs Monaten, von

Mitte August an, zu schreiben wäre. Ich habe ihm zwei Stoffpläne entwickelt, er ist einverstanden und stellt mir frei, welchen Stoff ich zuerst mache, knüpft auch keine Bedingungen an seine finanzielle Unterstützung. Ich überlege nun, ob es Ihnen recht wäre, wenn ich mit Ihnen das Stück durchspräche und auch im Verlauf der Arbeit mit Ihnen Kontakt hielte, im Hinblick auf eine spätere Aufführung natürlich. Es wird sich ja herausstellen, wo das möglich ist. Mir würde eine solche Zusammenarbeit großen Spaß machen, und ich würde Ihnen gern den Stückplan entwickeln, sobald ich in Westdeutschland bin, vermutlich auf einige Zeit ab Mitte August.

Ich habe gewisse Vorarbeiten zu einem Stück über I. R. Oppenheimer, von dem Hearing ausgehend, aber natürlich einen großen Stil anstrebend, wie es der bedeutende Stoff verlangt. Ich weiß allerdings nicht, ob ich dieses mächtige Vorhaben in so relativ kurzer Zeit schaffen kann, und habe noch einen anderen, leichter zu machenden Stoff, eine Kriegsgeschichte, eine realistische antimilitaristische Satire, wenn Sie wollen. Es ist der Stoff einer Kriegserzählung von mir, «Der Hund des Generals», die Sie vermutlich nicht kennen. Soll ich sie Ihnen mal schicken?

Ich verfolge ein bißchen in der Presse, was Sie alles machen, freue mich der beständigen Erfolge und wünsche sehr, daß Sie bald ein festes Theater haben. Herzlichst

Ihr Kipphardt

Brief im Erwin-Piscator-Center der Akademie der Künste, Berlin (West). – Piscator und Kipphardt waren sich Mitte der fünfziger Jahre erstmals begegnet.

Von Erwin Piscator   Cadaques, Costa brava, 13. Juli 1959

Lieber Herr Kipphardt,
ich gratuliere Ihnen zu dem Angebot von Stroux, und ich interessiere mich nach wie vor für Ihre Arbeiten. Aber eine praktische Zusammenarbeit hängt doch davon ab, ob und wo man sich treffen kann. Bei mir sieht es so aus, daß ich vom 11. August bis Ende September in München sein werde, wo ich in den Kammerspielen «Don Carlos» inszeniere; danach bin ich im Oktober in Essen (Städtische Bühnen) und anschließend vielleicht sogar einige Monate in Berlin. Sie erreichen mich immer über meine Dillenburger Adresse.

Gern werde ich den «Hund des Generals» lesen. Und den Oppenheimer-Stoff könnte ich mir sehr interessant vorstellen.

Mit den besten Grüßen für heute Ihr
Erwin Piscator

Brief im Nachlaß Kipphardts, Angelsbruck.

Vom Drei Masken Verlag   München, 8. Oktober 1959

Lieber Herr Dr. Kipphardt,
Kuno Epple erzählte mir in Berlin, daß Sie an einem Oppenheimer-Stück arbeiten, und zwar für das Düsseldorfer Schauspielhaus.
 Ich darf Ihnen sagen, daß mich das Stück für den Vertrieb sehr interessieren würde. Falls Sie an Henschel gebunden sind und Henschel das Stück bekäme, bekämen wir es ohnedies, weil wir Henschel in der Bundesrepublik vertreten. Sollte es Henschel nicht nehmen, wären wir natürlich auch allein interessiert. [...] Ich würde mich freuen, recht bald von Ihnen zu hören, und bin

mit den besten Grüßen
Ihr Hans Pavel
Drei Masken Verlag

Brief im Nachlaß Kipphardts, Angelsbruck. – Der Drei Masken Verlag in München wurde – nach Kipphardts Übersiedlung in die Bundesrepublik (1959) – für einige Jahre dessen Theaterverlag.

An den Drei Masken Verlag   Düsseldorf, 16. Oktober 1959

Lieber Herr Pavel,
es ist richtig, daß ich an einem Oppenheimer-Stück arbeite, die Arbeit wird aber nicht vor Mitte des kommenden Jahres fertig. Ich mache den Stoff historisch, das heißt faktengenau, das heißt ich muß ungeheuer viel Zeug übersetzen, Sachen, die zu Teilen schwer zugänglich sind. So warte ich gegenwärtig wieder auf eine Publikation der U.S. Atomic Energy Commission. Zwischendurch mache ich ein anderes Stück fertig, das «Der Hund des Generals» heißt. Es geht von einer berühmten Erzählung von mir aus und wird ein sehr berühmtes Stück, das ich auch schon ein bißchen verkauft habe. Wollen Sie das nicht mit dem

vorgesehenen Oppenheimer-Stück und meinen drei anderen Stücken zusammen kaufen? [...]

Herzliche Grüße
Ihr Heinar Kipphardt

Brief-Durchschlag im Nachlaß Kipphardts, Angelsbruck.

An Ernst Rowohlt   Büderich, 10. Juni 1960

Lieber Herr Rowohlt,
[...] Ich glaube, ich erzählte Ihnen, daß ich an einem Oppenheimerstoff arbeite. Sie sagten mir jedenfalls, daß Ihnen ein Manuskript von Chevalier eingereicht worden wäre, daß Sie es aber nicht herausbringen wollten. Können Sie mir sagen, wie man das Manuskript kennenlernen könnte? Die Eltenton-Chevalier-Episode spielt bei meinem Stoff eine ziemliche Rolle, und es wäre gut, sie in der Darstellung von Chevalier zu lesen. Wissen Sie, wie das zu erreichen wäre? Haben Sie vielleicht seine Adresse?

Ich bitte Sie, herzlich Ihre Frau zu grüßen und bin mit den besten Wünschen

Ihr Heinar Kipphardt

Brief-Durchschlag im Nachlaß Kipphardts, Angelsbruck.

Von Ernst Rowohlt   Reinbek, 22. Juni 1960

Sehr geehrter, lieber Herr Dr. Kipphardt,
vielen Dank für Ihre Zeilen vom 10.6. Ich habe mich sehr gefreut, wieder einmal etwas von Ihnen zu hören.

Um gleich mit der Tür ins Haus zu fallen: das Buch von Haakon Chevalier ist uns seinerzeit angeboten worden, wir haben es aber aus den verschiedensten Gründen abgelehnt. Ich schicke Ihnen aber das Buch mit gleicher Post und hoffe, daß Ihre Sprachkenntnisse ausreichen, die amerikanische Ausgabe zu lesen. Ich wäre Ihnen sehr dankbar, wenn Sie mir dieses Exemplar nach Gebrauch zurücksenden würden.

Es freut mich, daß der Langen-Müller Verlag Ihren Erzählungsband nun bringt. Ich kann mir persönlich natürlich kein Urteil darüber erlauben, da ich es ja selbst nicht lesen konnte. Aber ich werde dem betreffenden Lektor, der das Manuskript gelesen hat, mitteilen, daß das Buch bei Langen-Müller erscheint, der ja jetzt einen recht guten Verlag macht. Ich bedauere natürlich, daß Ihre Stücke beim «Drei Masken Verlag» erscheinen, denn wir hätten natürlich bei unserer persönlichen Bekanntschaft gern Ihre Stücke in unserem Bühnenvertrieb gelesen und allenfalls in Vertrieb genommen. [...]

Ich hoffe, daß es Ihnen und Ihrer Familie tatsächlich gut geht, und bin inzwischen mit den besten Grüßen auch von meiner Frau

Ihr

Ernst Rowohlt

Brief im Nachlaß Kipphardts, Angelsbruck. – Haakon Chevaliers Buch «Mein Fall J. Robert Oppenheimer» erschien in deutscher Sprache 1965 im Münchener Verlag Rütten & Loening. Im selben Verlag kamen 1964 Kipphardts Erzählungen «Die Ganovenfresse» heraus; ein Band beim Langen-Müller Verlag kam nicht zustande. Vom Lektorat des Rowohlt Verlages waren Kipphardts Erzählungen Anfang 1960 abgelehnt worden.

An den Süddeutschen Rundfunk   Büderich, 23. Juli 1960

Lieber Herr Pigge,

[...] Ich bin in den Vorarbeiten zu einem Stück über I. R. Oppenheimer, den bekannten amerikanischen Atomphysiker. Es wird ein historisches Stück, das sich auf ein Hearing vor der Atomkommission stützt. Darin stecken einige Fernsehspiele. In Oppenheimers Fall haben Sie die ganze Atomproblematik wie in einem Ei. [...]

Ich wünsche Ihnen gute Arbeit und grüße Sie herzlich,

Ihr Heinar Kipphardt

Brief-Durchschlag im Nachlaß Kipphardts, Angelsbruck. – Mit Dr. Helmut Pigge vom Süddeutschen Rundfunk/Fernsehen verhandelte Kipphardt damals über eine Zusammenarbeit.

Vom Süddeutschen Rundfunk   Stuttgart, 8. August 1960

Lieber Herr Kipphardt,
[...] Daß Sie sich des Falles Oppenheimer annehmen wollen, finde ich gut und richtig. Nur müßte man meines Erachtens versuchen, über die theoretische und ideologische Diskussion des Atomproblems hier eine wirklich menschliche Basis für den Fall zu schaffen. Bitte lassen Sie mich doch etwas lesen, sobald etwas vorliegt. Man könnte doch evtl. überlegen, ob diese Stoffvorlage nicht eine eventuelle Grundlage für eine Zusammenarbeit abgeben könnte.
[...] mit besten Grüßen
Ihr Dr. Helmut Pigge

Brief im Nachlaß Kipphardts, Angelsbruck.

An den Süddeutschen Rundfunk   Büderich, 6. September 1960

Lieber Herr Pigge,
[...] Sie müssen bei dem Oppenheimerstoff nicht besorgen, es könnte ein Diskussionsstück werden, es ist die äußerst tragische Geschichte einer heutigen Faustfigur. Der Faust hat ja auch den Mephisto in sich, und der macht sogar mehr Spaß und hat auch meist die besseren Gedanken. Aber der Stoff ist sehr schwer. [...]
Herzlich
Ihr Heinar Kipphardt

Brief-Durchschlag im Nachlaß Kipphardts, Angelsbruck.

An den Drei Masken Verlag   29. Oktober 1960

Lieber Herr Pavel,
ich zögere meine Reise nach München hinaus, weil meine Pläne für die nächste Zeit ungewisser geworden sind, und ich kann in München gar nichts tun, ehe ich in ein paar Punkten Klarheit habe. Ich war Mitte Oktober in Frankfurt, und da sieht es für mich so aus: Einerseits haben die zwei Stoffe von mir als Fernsehspiele angemeldet, nämlich HUND DES GENERALS und I. R. OPPENHEIMER. [...]
Die Vorabmachung hinsichtlich Oppenheimer ist ganz gut,

einerseits kann niemand den Stoff im Fernsehen vorwegnehmen, andererseits ist das ein Weg, mir das Stück zu finanzieren. Unter diesen Umständen wird Oppenheimer doch mein nächstes Stück sein. Ich habe ja viel vorgearbeitet, und mache das auch jetzt neben meiner laufenden Arbeit. [...]

Seien Sie herzlich von mir und meiner Frau gegrüßt

Ihr Heinar Kipphardt

Brief-Durchschlag im Nachlaß Kipphardts, Angelsbruck. – Für den Hessischen Rundfunk in Frankfurt schrieb Kipphardt eine Fernsehspiel-Fassung des «Oppenheimer»-Stoffes; sie wurde erstmals am 23. Januar 1964 gesendet.

An Heinrich Kilger Büderich, 12. Dezember 1960

Lieber Heinrich,
ich dank Dir schön für das Buch, um das ich Dich gebeten hatte. Der sogenannte ‹Fall Oppenheimer› des Herrn Putik ist leider nicht nur ein bodenloser Unsinn, sondern auch eine echte Fälschung. Ich kenne das Material im Original gut, und ich kann das sagen. Journalistische Freiheit hin und her, diese Methode ist eine verbrecherische, wenn auch vielgeübte. Der alte Marx würde sich im Grabe umdrehen, wenn er erführe, wie in seinem Namen mit Dokumenten umgegangen wird. Natürlich nicht nur in seinem Namen, sondern vielerorts in vielerlei Namen. Die Geisteswissenschaften sind so auf den Hund gekommen, daß man sie mit dem Namen Wissenschaft schon gar nicht mehr kennzeichnen mag. Wie ist es zu dieser Angst vor Neuigkeiten gekommen? Seit wann werden Neuigkeiten von denen gefürchtet, die ihre Lage ändern wollen? Von den andern muß man nicht reden.

[...] Grüß Dein Weib schön und die Kinder.

Herzlich
Dein Heinar

Brief im Besitz von Urs Kilger, Berlin/DDR. – Der Bühnenbildner Heinrich Kilger war ein enger Freund Kipphardts während dessen Zeit am Deutschen Theater in Berlin. Jaroslavs Putiks Buch «Der Fall Oppenheimer» erschien 1960 in einem Verlag in der DDR.

An Boris Djacenko   München, 18. Oktober 1961

Lieber Boris,
der späte Sommer mit seinen Überraschungen hat zur Folge, daß wir uns auf lange Zeit nicht sehen werden. Es ist eine abscheulich irrationale Fehlleistung unseres fortgeschrittenen Jahrhunderts, daß der Mann seiner Frau, die Mutter dem Sohn, der Freund dem Freund nicht begegnen kann, ein Zustand geradezu obszöner Unvernunft, den niemand akzeptieren kann, ohne Schaden an seinem Gehirn zu nehmen, Notstand hin, Notstand her. Dieses Land bleibt von allen guten Geistern gemieden. Wohl dem, der diese Wirklichkeit nicht beschreiben muß. Es ist ein erbärmlicher Beruf.

Ich vermute Dich in Kolberg, und ich hoffe, Du hast trotz aller Unbill die Robustheit weiterzuarbeiten. Ist der Roman fertig? Ist Deine äußere Lage gebessert? Was hast Du vor? Kann ich Dir auf irgendeine Weise helfen?

Meine eigene Arbeit geht so langsam wie immer voran. Unvermutet und unverhofft arbeite ich an einem Roman. Die dritte Erzählung, mit der ich mich seit fast einem Jahr quäle, hat sich als ein Roman erwiesen. Die dunkle Befürchtung hat sich bestätigt, und ein Ende der Arbeit ist nicht abzusehen, wohl aber eine Unterbrechung, denn ich muß im Dezember mit der Niederschrift OPPENHEIMER beginnen, weil es einen terminierten Vertrag mit dem Fernsehen gibt und weil ich das Stück nach jahrelangen Vorarbeiten auch endlich fertig haben will. Ich halte den Stoff für einen großen Glücksfall, und ich habe große Lust, endlich wieder ein neues Stück zu machen. HUND DES GENERALS wird von Piscator in Essen gemacht, ich war vor einigen Tagen dort, um die Besetzung zu besprechen und gewisse Ängste zu zerstreuen. Intendanten sind unansehnliche Strichjungen, wie jeder weiß, und das Theater ist ein Dummenschwitzkasten, für den ein seriöser Mensch eigentlich keinen Finger krumm machen kann. Mein Traum ist, nie mehr ein Theater betreten zu müssen, aber dazu muß man viel gespielt werden.

München ist eine angenehme Stadt, und ich werde hier bleiben, solange ich unbehelligt arbeiten kann. Ich fühle mich nicht zu Hause, aber es gibt gegenwärtig kein Land, wo ich mich zu Hause fühlen könnte. Äußerlich geht es uns gut, ich habe Zeit zu schreiben, und ich muß nicht lügen, um zu leben. Das ist eine fast angenehme Lage für den vergleichenden Betrachter.

Lore hat wieder angefangen zu malen, und auch die Kinder sind guter Dinge.

Laß von Dir hören, grüße Vera, sei umarmt,

Dein
Heinar

Brief-Durchschlag im Nachlaß Kipphardts, Angelsbruck. – Boris Djacenko, Schriftsteller und guter Freund Kipphardts seit den fünfziger Jahren, lebte in der DDR. Der erste Absatz des Briefes spielt an auf den am 13. August 1961 begonnenen Bau der Mauer in Berlin. Lore ist Heinar Kipphardts erste Ehefrau.

An die Eltern   München, 19. November 1961

Liebe Mutter,
lieber Vater,
[...] Es sieht doch so aus, als bliebe ich hier auf längere Zeit in München, wenigstens solange wie in diesem Lande nicht wieder neue Nazis neue Seiten aufziehen, was ja so ausgeschlossen nicht ist, und was ja hierzulande auch keine ernstzunehmende politische Kraft verhindern kann. Freunde testen für diesen Fall Irland, wo man hübsch schnell eine Staatsangehörigkeit kriegt, und vielleicht ist dann auch der deutsche Totengräber des Sozialismus seinem Marschall und Meister an die Mauer gefolgt. Jedenfalls muß man bis dahin ein auch international anerkannter Schriftsteller sein. Leider verbreitet sich mein Ruhm gegenwärtig eher langsam. Aber ich arbeite gut an meinem Roman, und ich hoffe Oppenheimer wird die Theater, diese beängstigenden Dummenschwitzkästen, zwingen, mich doch zu spielen. [...] Für Frankfurt mache ich den Oppenheimer als Fernsehspiel, im nächsten Jahr müßten also zwei Stücke und zwei Fernsehspiele von mir laufen, dazu der Erzählungsband. Das müßte ausreichen, um ein bißchen Unruhe zu machen. Die zwei Jahre, die ich ja gerne in Ruhe gelassen werden wollte, sind um. [...]

Seid umarmt
von Euerm
Heinar

Brief im Nachlaß Kipphardts, Angelsbruck. – Der erwähnte «Roman» trug den Arbeitstitel «Die Tugend der Kannibalen», er wurde nicht fertiggestellt. Mit dem «deutschen Totengräber des Sozialismus» ist vermutlich Walter Ulbricht gemeint.

An Boris Djacenko   München, 4. Dezember 1961

Lieber Boris,
[...] Hierzulande wird beunruhigend viel von Opfern gesprochen, und der Bundesbürger kriegt Broschüren frei Haus, in denen zu lesen steht, daß man sich eine Aktentasche auf den Kopf legen soll, wenn eine Atombombe fällt, oder man kann auch unter einen Schreibtisch kriechen. Der Bau eines ‹Shelter›, wie jetzt die Luftschutzräume heißen, empfiehlt sich auch und wird vielleicht bald gesetzlich vorgeschrieben sein. Im ‹Shelter› darf auch das Gewehr nicht fehlen, sieht man im Fernsehen, weil man ja notfalls den Nachbarn totschießen muß, wenn der keinen Shelter hat und hinein will. Der Pfarrer findet das in der Ordnung, weil ja Christus vorausblickend nur empfohlen hat, den Nächsten nur wie sich selbst zu lieben und nicht mehr als sich selbst. Der Vater der Wasserstoffbombe findet es in diesem Fernsehinterview leicht möglich, daß ein paar Millionen sheltergeschützter Leute übrigbleiben. Ich spreche von einem Fernsehbericht über die Luftschutzhysterie in Amerika, die auch ein sehr gutes Geschäft ist, aber ich halte es für möglich, daß man auch hier eine solche Hysterie erzeugen kann. Jedenfalls werde ich den Mann verhauen, der an meine Gartentür kommt, um von Luftschutz zu reden. Ich finde es unmoralisch, sich im Geringsten auf die Möglichkeit eines Atomkrieges vorzubereiten. Und ich finde, daß Politiker geprügelt gehören, die eine solche Möglichkeit ernstlich erörtern. [...]

Herzlichst, Dein Heinar

Brief-Durchschlag im Nachlaß Kipphardts, Angelsbruck.

An Erwin Piscator   25. Februar 1962

Lieber Herr Piscator,
ich lese, daß Ihr Vertrag geschlossen ist, so daß Sie nach fast dreißig Jahren als Theaterleiter in die Stadt zurückkehren, in der Sie einen neuen Abschnitt des Theatermachens begannen, der bis heute nicht richtig beschrieben und in seiner Bedeutung wohl auch nicht verstanden ist. Natürlich gab es analoge Bemühungen an einigen Plätzen der Erde, wie ja auch das Telefon an einigen Plätzen der Erde erfunden wurde, aber das Zentrum in der Bemühung, den Zustand der Welt auf dem Theater zu beschreiben und dessen Veränderung mit den Mit-

teln des Theaters zu begünstigen, das waren eben doch Sie.

Es hat viel Logik in sich, daß Sie nach Berlin zurückkehren, auch in diesen traurig reduzierten Rest einer einstigen Weltstadt, der einzigen, die Deutschland hervorgebracht hat. Welche historische Funktion kann der Stadt heute zukommen? Ist die Hoffnung noch begründet, daß sie der große Umschlagplatz der Gedanken werden könnte, die zwei Welthälften anbieten? Oder ist sie dabei, sich von einer Weltstadt in ein Symbol zu verwandeln, was ein anderes Wort für ihren definitiven Niedergang wäre. Symbole sind so schrecklich gedanken- und kunstfeindlich. Ich weiß wohl, daß da wenig von uns abhängt, und daß der Versuch zu einer Stadt des offenen Sinnes unternommen werden muß, auch wenn man diesem Versuch eine bedeutende Chance nicht gibt. Meine herzlichen Wünsche begleiten Ihr neues Theaterunternehmen, das für uns Bühnenschriftsteller eine große Hoffnung in der allgemeinen Wüste der Theaterei ist. [...]

Herzlichst, Ihr Heinar Kipphardt

Brief-Durchschlag im Nachlaß Kipphardts, Angelsbruck. – Erwin Piscator wurde 1962 zum Intendanten der Berliner Freien Volksbühne berufen.

An Pia Pavel					München, 27. Juli 1962

Liebe Pia,
in meinen Kopf ist eine Spur Vernunft zurückgekehrt, ich habe ziemlich gut am Oppenheimer gearbeitet, den ich hasse wie übrigens jeden anderen Stoff, an dem ich gearbeitet habe. Es kommt die Zeit, da arbeitet man nur noch, um den Stoff zu vernichten, der einem widerlich und lästig geworden ist. Oppenheimer ist mit aufdringlich vielen Anliegen behaftet wie Hiob mit Schwären, die missionarischen Weisheiten möchten den Personen nur so aus allen Löchern quellen, wenn man sie lassen täte. Man könnte zu einem Schiller degenerieren, so sprachröhrt der Zeitgeist in diesem blöden Stoff herum. Ich denke, das Fernsehspiel wird doch nur sehr entfernt das Stück sein. Viel Geist und wenig Scene, das mag ich auf dem Theater nicht sehen. [...]

Dein Heinar

Brief im Nachlaß Kipphardts, Angelsbruck. – Pia Pavel wurde Heinar Kipphardts Lebensgefährtin und (1971) zweite Ehefrau.

An Karlheinz Braun   München, 12. November 1962

Lieber Herr Braun,
[...] Ende Januar werde ich das neue Stück IN DER SACHE
J. ROBERT OPPENHEIMER fertig haben, und dann mache
ich als nächstes Stück eine ziemlich makabre komische Fabel mit
einer großen Giehse-Rolle, mit Liedern und der Verletzung aller
höheren Werte.
  Es war sehr angenehm, mit Ihnen zu reden, und ich hatte das
Gefühl, daß wir miteinander reden können, was ja so häufig nicht
vorkommt.

                                            Herzlichst,
                                            Ihr Kipphardt

Brief im Archiv des Suhrkamp Verlages, Frankfurt. – Karlheinz Braun war damals Leiter der Theaterabteilung des Suhrkamp Verlages.

An Karlheinz Braun   München, 24. November 1962

Lieber Herr Braun,
[...] ich bin augenblicklich nicht zu Hause und arbeite hier in Spitzingsee an OPPENHEIMER. Was sagen Sie zu einem Titel wie
SPRICH NICHT, SCHREIB NICHT, RÜHR DICH
NICHT? Das war in der Zeit sowas wie ein Motto an den amerikanischen Hochschulen. Oder DAS VERHÖR? Oder ganz sachlich
eben IN DER SACHE J. ROBERT OPPENHEIMER? Sie
wissen, daß dem Stück ein Fernsehspiel des Stoffes vorausgeht, was
mit dem Hessischen Rundfunk abgeschlossen ist. Wenn das umfangreiche Manuskript fertig ist, es kann gut sein, es wird eine Sendung in zwei Teilen, schicke ich es Ihnen, weil ich erst danach entscheiden will, für welche von zwei Versionen ich mich für die Bühne
entscheide. Ich denke, ich habe es Ende des Jahres fertig, wenn ich
nicht auf neue, im Augenblick nicht erwartete Schwierigkeiten im
Stoff stoße.
  Bei den Vorarbeiten habe ich große Teile des Hearings, das von
der Atomenergiekommission damals veröffentlicht wurde, 1000
kleinstgedruckte Seiten, aus dem Englischen übersetzt, und ich
frage mich, ob ich daraus nicht ein Sachbuch machen sollte. Ich
denke mir einen Umfang von 300 Seiten, die wesentlichen Zeugenaussagen und im Hearing verwendeten Dokumente, dazwischen

Kommentare, die das weniger Wesentliche beschreiben und die Umstände dazugeben, die im Hearing selbst nicht erscheinen. Würde Sie so ein Buch von 3 oder 400 Seiten interessieren? [...]

Herzlichst,
Ihr Kipphardt

Brief im Archiv des Suhrkamp Verlages, Frankfurt.

Von Siegfried Unseld   Frankfurt, 27. November 1962

Verehrter Herr Dr. Kipphardt,
Herr Dr. Braun berichtete mir von seinem Gespräch mit Ihnen und übergab mir nun auch Ihre Stücke und Ihren freundlichen Brief vom 12. November. Ich freue mich sehr über unsere Verbindung. Seit geraumer Zeit verfolge ich schon Ihre Arbeiten an den Bühnen, und ich habe mir eigentlich schon immer ein solches Gespräch gewünscht, das zum Ziele haben könnte, Ihre Arbeiten in den Verlag und Theaterverlag Suhrkamp zu übernehmen. Den Text Ihres Schauspiels «Der Hund des Generals» habe ich jetzt gelesen. Er hat mich sehr überzeugt, so überzeugt sogar, daß wir nicht nur die Aufführungs-, sondern auch die Publikationsrechte an diesem Stück erwerben und es in unserer Reihe «im Dialog» schon im Mai des nächsten Jahres veröffentlichen wollen.

[...] Wir würden auch eine Aufführungs- und Publikationsoption für Ihr neues Stück «In Sachen Oppenheimer» erwerben.

Bitte teilen Sie uns mit, ob Sie damit einverstanden sind. Wenn ja, so gehen Ihnen die Verträge gleich zu. Wie gesagt, ich freue mich sehr über unsere Verbindung. Ich hoffe, daß sie für uns beide beste, das heißt produktive Früchte trägt.

Mit freundlichen Grüßen, auch von Herrn Dr. Braun, bin ich
Ihr
Siegfried Unseld

Brief im Nachlaß Kipphardts, Angelsbruck. Abdruck mit freundlicher Genehmigung des Suhrkamp Verlags, © Suhrkamp Verlag Frankfurt am Main 1987. – Siegfried Unseld ist der Leiter des Suhrkamp Verlages, Frankfurt.

Von Karlheinz Braun   Frankfurt, 30. November 1962

Lieber Herr Kipphardt,
besten Dank für Ihren Brief vom 24. November. Inzwischen werden Sie den Brief von Dr. Unseld erhalten haben, in dem er Ihnen die Vertragsvorschläge macht, die Sie sicherlich befriedigen werden.

Sicherlich werden wir bald ein längeres Gespräch führen müssen über Sie, Ihre Stücke und das Theater, ein informatives Gespräch über die Vergangenheit Ihrer Stücke und was sich für die Zukunft ergibt. [...] Bei diesem Gespräch können wir auch ausführlich auf die früheren Stücke eingehen und besonders über OPPENHEIMER sprechen (der beste Titel, ohne das Stück zu kennen, scheint mir doch IN SACHEN OPPENHEIMER oder juristisch richtiger, aber umständlicher, IN DER SACHE I. OPPENHEIMER). Aber darüber müßten wir sprechen, sobald ich das Stück gelesen habe, ebenso wie über die Möglichkeit einer Veröffentlichung der «Dokumente», die ich zwar in unserem Verlag als einem mehr literarischen Verlag nicht so richtig sehe. [...]

Herzliche Grüße von Ihrem
Karlheinz Braun

Brief-Durchschlag im Archiv des Suhrkamp Verlages, Frankfurt. – Das von Kipphardt vorgeschlagene Sachbuch über Oppenheimer wurde nicht realisiert.

An Siegfried Unseld   München, 15. Dezember 1962

Sehr verehrter Herr Dr. Unseld,
ich bedanke mich für Ihren freundlichen Brief. Ich beantworte ihn so spät, weil ich verreist war, um mit OPPENHEIMER zu Rande zu kommen. [...] Ich freue mich sehr auf unsere Zusammenarbeit, ich habe die kluge verlegerische Arbeit des Hauses allezeit mit Sympathie verfolgt, und ich bin froh, in Zukunft zu Ihren Autoren zu gehören. [...]

Ich bin mit den besten Grüßen
Ihr
Heinar Kipphardt

Brief im Archiv des Suhrkamp Verlages, Frankfurt.

An den Vater   München, 13. Februar 1963

Lieber Vater,
sei zu Deinem Geburtstag herzlich umarmt und laß Dir alles Gute
wünschen. Ich sitze gegenwärtig täglich meine zehn Stunden an der
Schreibmaschine, um Oppenheimer fertig zu kriegen. Die Fassung
für das Fernsehen in Frankfurt wird an zwei Abenden gesendet,
danach lasse ich das Manuskript erst einmal eine Zeit liegen und
mache dann die definitive Bühnenfassung, um die ich von den Bühnen schon dauernd angehauen werde. Weiß der Teufel, was sie sich
davon versprechen. [...]

Herzlichst, Dein Heinar

*Brief im Nachlaß Kipphardts, Angelsbruck. – Das «Oppenheimer»-Fernsehspiel
wurde dann doch an einem Abend (23. Januar 1964) gesendet.*

An Karlheinz Braun   München, 15. Februar 1963

Lieber Herr Braun,
[...] OPPENHEIMER ist fertig, die Fernsehfassung in zwei
abendfüllenden Teilen, zweihundert Seiten stark. Die schicke ich
Ihnen bald, ich möchte das Zeug nur mal abständigen Kopfes
durchlesen. Wir müssen dann entscheiden, ob ich beim Stück auch
ganz im Verhör bleibe mit einer Berichtsebene oder ob ich das im
Historienstil schreibe und nur den 3. Akt das Verhör sein lasse. Was
mir schrecklich wäre, aber ich mache natürlich die optimale Lösung. Wenn Sie mich mal anrufen wollen, dann bin ich in der nächsten Zeit unter der Nummer 59 21 78 zu erreichen, weil ich da arbeite. In der nächsten Zeit werde ich wegen Oppenheimer wohl
auch nach Frankfurt müssen, da wäre es schön, Sie und Herrn Unseld zu sehen, den ich herzlich zu grüßen bitte. Für eine Buchausgabe würde ich Oppenheimer jedenfalls in der Verhör-Fassung vorschlagen, wenn die Ihr Wohlgefallen findet.

Herzlichst,
Ihr Kipphardt

Brief im Archiv des Suhrkamp Verlages, Frankfurt.

Von Erwin Piscator								Berlin, 23. April 1963

Lieber Heinar Kipphardt!
Herzlichen Dank für Ihren Brief vom 5. und die Glückwünsche.

Soweit die Technik des Dramas bei Hochhuth angewendet ist, ist sie naiv und anfängerhaft. Ich würde aber seine Argumentation nicht ‹schillerisch› nennen, nebenbei, Schiller fehlt uns schon lange auf dem Theater, sondern eher eine Notwendigkeit, wie ich auch schon geschrieben habe, dem Stoff von einer anderen Seite als der naturalistischen nahezukommen. Im ganzen aber finde ich das Drama doch episch analytisch trotz der manchmal nicht ganz überzeugenden Mittel. Es ist heute schwer darüber zu urteilen, ob das herzbewegte Schreien von Hochhuth falsch war oder nicht. Die meisten Leute, die das Drama sahen, sind aber doch davon überzeugt, daß die Bewegung echt ist und daß seine Argumente nicht nur nichts taugen, sondern eher sehr viel taugen. Denn der Erfolg besteht tatsächlich nicht nur in der Sensation der Papst-Szene, sondern ich habe viele Besucher gehört, die sagten, sie hätten auf die Papst-Szene ebensogern verzichtet. Um aber zu einer Diskussion darüber zu kommen, müßten wir uns schon Beispiele aus dem Drama vornehmen, um an ihnen zu klären, was Sie und ich meinen, auch wenn wir nicht übereinstimmen. Daß Hochhuth überdies nicht nur herzbewegende Stücke zu schreiben vermag, beweisen seine satirischen Szenen, die keineswegs pathetisch, sondern eher scharf und beißend sind und vor den Tatsachen nicht zurückschrecken. Das nächste Stück wird beweisen, aus welcher inneren Fülle er arbeitet – mir schien jedenfalls, daß er das Stück aus einem sehr großen inneren Reichtum hernahm, er ging mit seinen Mitteln nicht knauserig um. Meiner Ansicht nach gibt es heute wenige Autoren, die überhaupt noch so rangehen. Sie, Kipphardt, sind natürlich sehr viel vorsichtiger als Hochhuth, der zunächst ja gar nicht vom Dramatischen her an das Stück kam – die dramatische Form wurde dem Stoff von außen her zugewiesen, um zunächst einmal aus dem dokumentarischen und authentischen Material «Dichtung» zu machen.

Sie meinen, daß die Sensation und die Resonanz beim Publikum zeigte, was man in Berlin von mir erwartet. Nun, das sind anscheinend wirklich Stücke unserer heutigen Problematik, die so hautnah geschrieben sind, daß man ihrem Eindruck gewiß nicht entgehen kann. Darum bin ich auch sehr dafür, daß wir zusammenkommen und auch über diese Probleme nachdenken, die ebensolche Fragen aufwerfen, wie sie Hochhuth gestellt hat. Sie sind natürlich einer der wenigen, die volles Verständnis dafür haben und sich auch dafür einsetzen könnten. Ich schätze den «Hund des Generals» sehr, wie Sie ja wissen. Ich habe auch schon mit Paul Hoffmann gesprochen und ihn befragt, ob er im Februar frei sei, ich will mich auch an Robert Graf wenden und dachte natürlich an die Everding-Aufführung. Allerdings ist Hochhuth dabei, eine Komödie zu schreiben, und ich würde ihm gern einen Platz in meinem Spielplan lassen, denselben, den er in diesem Jahr hatte. Man müßte dann sehen, was folgen kann, daß sich die Themen nicht überkreuzen. Jedenfalls behalte ich die Aufführung des Hundes im Auge. Ich lasse mich von Oppenheimer nicht beeinflussen, aber ich bin neugierig, ob Stoff und Form im Augenblick nicht vielleicht näher liegen als der Hund, in der Weise, die ich oben beschrieben habe. Können Sie mir nicht wenigstens ein Exposé schicken und mich die Form wenigstens so kennenlernen lassen. Natürlich bin ich sehr interessiert an Joel Brand, was keineswegs den Hund ausschließt, bloß Sie wissen, im Theater muß man auf die im Augenblick wichtigsten Probleme aufpassen, die bei mir jetzt der Spielplan sind.

Vielleicht könnten Sie auch mit Graf und Everding sprechen, ob sie für die in Aussicht genommene Zeit zur Verfügung stehen, falls das Projekt weiter in die Nähe rückt.

Wie stets herzlichst
Ihr
Erwin Piscator

Brief im Nachlaß Kipphardts, Angelsbruck. – Kipphardts vorausgegangener Brief vom 5. [April?] ist nicht bekannt. Piscator hatte am 20. Februar 1963 Rolf Hochhuths Stück «Der Stellvertreter» uraufgeführt, das die Stellung des Papstes zur Judenverfolgung der Nazis behandelt. Mit Kipphardt verhandelte Piscator über Aufführungen von dessen Stücken «Der Hund des Generals», «In der Sache J. Robert Oppenheimer» und «Joel Brand. Geschichte eines Geschäfts».

An Erwin Piscator   10. Mai 1963

Lieber Herr Piscator,
mit meinen guten Wünschen für das neue Haus komme ich spät. Es möge sich als ein guter Standplatz für den Hecht, den beunruhigenden, erweisen im brackigen Gewässer derzeitiger deutscher Theaterkunst.

Fast alles wird davon abhängen, ob Sie die Stücke herbeischaffen können, die virulent genug sind, die Unruhe zu machen, die gebraucht wird, der schöpferische Zweifel. Wenn Ihr großes Verdienst, den STELLVERTRETER zum Erfolg gebracht zu haben, auch gezeigt hat, eine wie wichtige ästhetische Kategorie im Drama die Stoffwahl ist, so stimmen wir wohl überein, daß der bloße rohe Stoff, die dramatische Reportage etwa, eine große Wirkungschance nicht hat. Insofern finde ich es richtig, daß Hochhuth versucht hat, seine Sprache exemplarisch zu bekommen. Ich werfe ihm nicht vor, daß er sein Stück in Versen geschrieben hat, sondern daß seine Verse rhetorisch sind und nicht analytisch, daß er in seine Verse die Tatbestände unseres Lebens nicht hineinbringt, daß seine Verse keine Dialektik haben, daß sie nicht gestisch sind, daß er vielmehr, wie der schwungvolle Schiller eben, in hoher Sprache sprachröhrt.

Ich meine auch nicht, daß der Hochhuth schlechte Argumente habe, ich sage vielmehr, weil er gute hat, muß er sie nicht mit soviel ethischem Bibber vorbringen, weil man dann gleich meint, sie sind so schlecht wie die Argumente der Pastoren, die diese Technik üben. Seine Mittel haben natürlich mit seiner theologisch-moralischen Betrachtungsweise zu tun, die mir nicht ergiebig scheint. Der Nazismus wurde nicht von Teufeln betrieben wie bei Hochhuth, sondern von ganz durchschnittlichen Leuten, von oben bis unten und besten Gewissens übrigens, denn er war nur die Fortsetzung der Geschäfte mit extremen Mitteln in extremer Lage. Die KZs waren Geschäftsbetriebe. Führungskräfte, Angestellte und Lohnarbeiter produzierten die Vernichtung derer, die das Geschäft, das schwierig gewordene, störten oder von denen man das irrtümlicherweise glaubte. Sie produzierten die Vernichtung durch Arbeit oder Gas, und weil es eine unerfreuliche, strapaziöse Beschäftigung war, brauchte man natürlich viel Verbrämung, Ideologie und sowas, Ehre und andere Tugenden. Mit einer Dramaturgie, die aus dem philosophischen deutschen Idealismus entwickelt wurde wie die schillersche, ist da wenig auszurichten, die Theaterfiktion des Kampfes zwischen den moralisch Guten und den moralisch Bösen, mit Wandlungen womöglich in den Erkennungsscenen, scheint mir ein unbrauchbarer Weg, die Wirklichkeit mit den Mitteln der Kunst wiederzugeben. Es kommen da bestenfalls Aufrufe an das Gewissen heraus, und da ein gutes Gewissen ein sanftes Ruhekissen ist, schafft sich das jeder mit den niedersten Gestehungskosten an, indem er sich nämlich belügt. Gewissensappelle haben geringe Folgen, dem besseren Wissen ist auf die Dauer schwerer zu widerstehen. Ich halte dafür, daß dem analytischen Drama auch eine höhere moralische Wirkung innewohnt, und es bietet intelligentere Genüsse.

Ich bin sehr allgemein geworden, und die Bemerkungen betreffen Hochhuth nur bedingt. Man läßt sich sehr leicht verführen, über den Einwänden die Vorzüge einer Sache zu vergessen, und mir ist seine ehrliche Bemühung im kleinen Finger lieber als der resignante Kohl all der Poeten der Verzweiflung, auch wenn die besser schreiben. Es wird H. sehr gut tun, eine Komödie zu machen, weil er da die von mir geschmähten Mittel ohnehin nicht brauchen kann.

Was HUND betrifft, so wäre der Februar sicher ein günstiger Zeitpunkt. Ich habe den Graf und den Everding befragt. Robert Graf ist in dieser Zeit frei, er würde das gerne machen, und Everding sagte mir auch, daß er das wohl einrichten könne, wenn Sie sich bald an ihn wenden. Ich kann ja nur ganz unverbindlich anfragen, und sowohl Graf wie Everding planen weit voraus und haben natürlich auch viele Angebote. Sie müßten sich also bald mit ihnen in Verbindung setzen.

Von OPPENHEIMER schicke ich Scenen, sobald man daraus den Plan des ganzen Stückes ersehen kann. Ich habe aber das Stück nicht vor Sendung der Fernsehfassung frei, die mit dem Stück nicht viel zu tun hat. Das ist also noch lange hin.

Nach OPPENHEIMER mache ich eine Komödie mit einer großen Giehse-Rolle und erst danach Joel Brand. Meine Poren sind von Dokumenten ganz zugestopft.

Es ist eine gute Idee, mit ein paar verständigen Leuten Pläne zu bereden. Sie werden mich wissen lassen, wann das ist.

Mit den herzlichsten Grüßen bin ich
Ihr
Heinar Kipphardt

Brief-Durchschlag im Nachlaß Kipphardts, Angelsbruck. – Am 1. Mai 1963 war in Berlin das neue Haus der Freien Volksbühne, die Piscator leitete, eröffnet worden.

An Karlheinz Braun   Cervo (Italien), 11. September 1963

Lieber Herr Braun,
bis Ende September erreichen mich Briefe unter der obigen Adresse. Ich arbeite an der Komödie und schnitzle auch ein bißchen an der Bühnenfassung Oppenheimer herum. Haben Sie den Text gelesen, den ich Dr. Unseld von Oppenheimer geschickt habe? Ich hatte nur die Hörspielfassung zur Hand, aber Sie werden sich sicher ein Bild machen können. Sie wissen, daß den Kammerspielen die Fernseh-

fassung Oppenheimer sehr gefällt, und daß sie mich etwas bedrängen, auch beim Stück im Hearing zu bleiben. So verlockend das aus arbeitsökonomischen Gründen für mich ist, möchte ich bei meinem Vorsatz der Scenenfolge im Historienstil bleiben. Ich wüßte aber gerne, was Sie dazu meinen, und ich wüßte auch gerne, ob Dr. Unseld den Text publizieren will. Unabhängig vom Stück möchte ich Oppenheimer in der Form der Fernsehfassung jedenfalls veröffentlichen. [...]

      Seien Sie herzlichst gegrüßt von Ihrem
          Kipphardt

Brief im Archiv des Suhrkamp Verlages, Frankfurt. – Außer Fernsehspiel und Stück «Oppenheimer» verarbeitete Kipphardt den Stoff zu einem Hörspiel, das vom Westdeutschen und vom Bayerischen Rundfunk am 14. und 15. Februar 1964 gesendet wurde. Die Komödie, die im Brief erwähnt wird, bekam den Titel «Die Nacht, in der der Chef geschlachtet wurde».

An Karlheinz Braun   München, 26. Oktober 1963

Lieber Herr Braun,
ich habe dem Herrn Busch heute den Oppenheimer-Text für die edition suhrkamp geschickt, können Sie ihn bitten, daß er mir seinerseits die abgezogene Fassung, die der Hessische Rundfunk gemacht hat, herschickt? Ich habe nämlich kein Exemplar mehr. Ich habe IN DER SACHE J. ROBERT OPPENHEIMER jetzt einen scenischen Bericht genannt, um von dieser kuriosen Bezeichnung Fernsehspiel wegzukommen. [...]

Piscator schrieb mir dieser Tage, daß ich mit Everding doch so verhandeln möge, daß er mit Everding zu einer gemeinsamen Uraufführung OPPENHEIMER käme. Everding hatte ihm gesagt, daß ich ihm die Uraufführung schon zugesagt hätte, was zwar ein bißchen schön gefärbt ist, aber ich glaube, eine gemeinsame Uraufführung Kammerspiele und Volksbühne wäre ein guter Start, und wir sollten das anstreben.

    [...] seien Sie herzlich gegrüßt von
       Ihrem Kipphardt

Brief im Archiv des Suhrkamp Verlages, Frankfurt. – In der von Günther Busch redigierten Reihe «edition suhrkamp» erschien im April 1964 als Band 64 die Fernsehfassung «Oppenheimer».

An Karlheinz Braun			München, 29. Januar 1964

Lieber Herr Braun,
[...] Mit Ihrem Vorschlag, die Stückfassung OPPENHEIMER ins SPECTACULUM 7 aufzunehmen, bin ich sehr einverstanden, und ich denke, daß ich die Stückfassung OPPENHEIMER früh genug fertig habe. Umso mehr, als ich mich in der Arbeit doch entschlossen habe, näher am Hearing zu bleiben, als ursprünglich vorgesehen. Wir sind ganz d'accord, daß es jetzt sehr wichtig ist, das Stück OPPENHEIMER unter die Leute zu bringen. Die Resonanz der Fernseh-Aufführung hat dafür ein gutes Klima gemacht, und ich denke, daß es die Erfolgschancen des Stückes nicht gemindert hat. [...]

			Ich bin mit den besten Grüßen
			Ihr Kipphardt

Brief im Archiv des Suhrkamp Verlages, Frankfurt. – Im «Spectaculum» Band 7 erschien im September 1964 zum erstenmal die Stückfassung «Oppenheimer».

Von Karlheinz Braun			Frankfurt, 28. Februar 1964

Lieber Herr Kipphardt,
[...] Daß ich zu Ihnen um den 20. März herum nach München kommen soll, um dann mit Ihnen den OPPENHEIMER zu besprechen, würde mir gut passen. Auch der Termin für SPECTACULUM würde gerade noch gehen: Sie wissen, daß SPECTACULUM jeweils am 1. September erscheint, und in Anbetracht der hohen Auflage muß das Buch sehr frühzeitig fertiggestellt werden. Ende März wäre also wirklich der allerspäteste Termin.

Weniger günstig ist natürlich der späte Termin für die Theater, die gerade die Spielpläne für die nächste Spielzeit machen, und von denen sich bereits sehr viele auf den OPPENHEIMER eingestellt haben. Die Fernsehsendung hat nach meinen Erfahrungen geradezu stimulierend gewirkt, und vom Deutschen Schauspielhaus in Hamburg bis zum Zürcher Schauspielhaus fragt alles nun nach der Bühnenfassung OPPENHEIMER. Wir wollen und müssen daraus eine große Sache machen, und es gehört unbedingt dazu, daß wir die Texte spätestens Anfang April den Theatern schicken können.

[...] Herzliche Grüße [...]			Ihr Karlheinz Braun

Brief-Durchschlag im Archiv des Suhrkamp Verlages, Frankfurt.

Von Siegfried Unseld   Frankfurt, 17. März 1964

Lieber Herr Kipphardt,
ich habe gestern abend ein Vorausexemplar Ihres Berichts «In der Sache J. Robert Oppenheimer» mit nach Hause genommen. Ich kannte den Text von einer früheren Lektüre des Manuskripts, aber als ich um Mitternacht nochmals zu lesen begann, hat mich der Text abermals so gespannt, daß ich ihn von Anfang bis zum Schluß las. Das hat mir nun einige Stunden Schlaf geraubt, aber ich bin sehr glücklich darüber, mir ist jetzt Vieles neu aufgegangen, und ich sehe jetzt auch, welche Wirkung dieser Text haben kann. Wir werden uns hier überlegen, welche besonderen Schritte wir zur Verbreitung dieses Buches unternehmen wollen. Ich bin jetzt eigentlich sicher, daß diesem Text, wie dann auch der dramatischen Fassung, ein besonderes Echo beschieden sein wird.
[...] Mit besten Grüßen
Ihr
Siegfried Unseld

Brief-Durchschlag im Archiv des Suhrkamp Verlages, Frankfurt. Abdruck mit freundlicher Genehmigung des Suhrkamp Verlages, © Suhrkamp Verlag Frankfurt am Main 1987.

Hermann Kleinselbeck an Erwin Piscator   Berlin, 19. Mai 1964

Lieber Herr Piscator,
gestern war ich wieder mit Kipphardt zusammen. Wir haben u. a. auch – wie Sie es wünschten – über den möglichen Grundriß gesprochen. Ich hatte K. einen Diagonal-Grundriß vorgeschlagen, damit die Schauspieler nicht nach hinten sprechen müssen. Kipphardt selbst zieht aber eine symmetrische Form, einen – wie er es nennt – «Altarförmigen Grundriß» vor. Ihm ist an der Schönheit klarer Formen gelegen. [...]

Das Ganze könnte – nach Kipphardts Ansicht – durchaus auf einer Schräge stehen, wobei zu überlegen sei, ob hier nicht sogar Ihre Glas- oder Rostbühne mit Licht von unten angewandt werden könnte.

Die zweite Möglichkeit wäre ein Podest-Aufbau mit verschiedenen «levels».

Die von Kipphardt im Stück vorgeschlagene Gardine müßte etwa 4 bis 5 Meter hoch sein, da sonst die Film-Projektionen (von Explosionen etc.) keine Bildwirkung ergeben. Benutzt man aber die Gardine nur für die Titel-Projektion, könnte sie die von Brecht bekannten Maße haben. Dann müßten andere Projektionsflächen zusätzlich – etwa im Hintergrund – geschaffen werden.

K. denkt eigentlich weniger an einen realistisch gebauten Raum. Viel eher an eine «arbeitende, funktionelle Bühne», das heißt: der Raum wird gebildet aus einem konstruktiv schönen Hänger- und Projektionsflächen-System, nach hinten gestaffelt.

Also eine helle, «demonstrative» Lösung.

Der andere Weg: ein kleiner, übergenau gesehener Raum im Stil der neuen Sachlichkeit (Otto Dix), eine, wenn man so sagen darf, scharf belichtete Genauigkeit der Details, das heißt, die einzelne Schraube wird wichtig. Es wäre hier die von K. geschilderte Baracken-Atmosphäre mit den weißen Bretterwänden zu schaffen.

Das wäre aber – laut K. – der zweite Weg.

Es wäre in jedem Fall eine gewissermaßen klinisch-operationssaalmäßige Atmosphäre zu schaffen (Requiem für eine Nonne).

Die Frage der Szenen-Übergänge ist zu überlegen: ob sich die Gardine – bei den Monologen – schließt oder ob nur eine Lichtveränderung stattfindet, der Schauspieler kommt nach vorn, spricht, am Ende erscheint – entweder als Projektion oder als Plakat aus dem Schnürboden kommend – die überleitende Titel-Sammlung, neue Lichtveränderung, der Schauspieler geht zurück in die Szene. Diese Lösung bietet sich besonders auf Seite 29 und 59 an, wo meiner Ansicht nach ein Schließen der Gardine unnötige Unterbrechung wäre.

K. ist für ein helles Licht. Trotzdem hält er eine Variation der Beleuchtung (verschiedene Tageszeiten) für nicht unangebracht, um etwas Veränderung und Augen-Erfrischung fürs Publikum herzustellen.

Ebenso die Veränderung des Kostüms. Viele Möglichkeiten. Selbstverständlich sind alle bei der letzten Verhandlung mit den Plädoyers feierlicher gekleidet als sonst.

Auch Veränderungen des Arrangements bei den Szenen-Übergängen.

Zeitbegriff.

Oppenheimers Hauptrequisit ist die Pfeife. Er hält sich quasi immer an ihr fest. Er braucht Gelegenheit, sowohl beim Sofa wie beim Zeugenstand, seine Rauchutensilien bequem abzulegen.

Wir haben über Striche ebenfalls gesprochen. Den ersten Teil haben wir bereits durchgesehen, und K. hat mir seine Vorschläge mitgeteilt. Den zweiten Teil werden wir heute durchgehen.

Nach K.'s Meinung müßten etwa 40 Seiten gestrichen werden.
Die radikalste Lösung wäre, die Monologe wegzunehmen, wobei
aber meiner Meinung nach niemand glücklich wäre.
Soviel zum «Oppenheimer». [...]

Ihr
Kleinselbeck

Brief im Erwin-Piscator-Center der Akademie der Künste, Berlin (West). – Hermann Kleinselbeck war an der Berliner Uraufführung als Regie-Assistent beteiligt.

An die Eltern   München, 20. August 1964

Liebe Mutter,
lieber Vater,
ich bin gestern mit Jan von der Tour zurück gekommen, es hat viel
Spaß gemacht, und es hat mir auch gut getan. Jetzt gehe ich wieder
an diesen Turm von Arbeit mit diesem dreiteiligen Fernsehspiel
nach meinem Roman. Es wird vielleicht den Titel haben DIE TU-
GEND DER KANNIBALEN. Viel Zeit werden mich die Proben zu OPPENHEIMER in München und Berlin kosten. Hier
inszeniert das Paul Verhoeven, ein erfahrener Theatermann der guten, alten Schule, die ich ihm austreiben muß. Piscator macht es in
Berlin, und der ist ja auch nicht mehr so frisch. Die Besetzung ist in
München ganz gut, in einigen Rollen hervorragend, in Berlin ist die
Besetzung schwächer. In der Titelrolle Borsche, das könnte gehen.
Die Uraufführung ist in beiden Städten am 11. Oktober. Wollt Ihr
die nicht hier oder in Berlin sehen? Ich werde abwechselnd in M.
und B. auf der Probe sein, und ich hoffe zu anständigen Aufführungen zu kommen. Alles ist nicht herauszuholen, fürchte ich. Ich
kann ja 40jährige Theatererfahrungen mit allen Konventionen nicht
bei einer Arbeit umkrempeln, und der Stück-Typus OPPENHEI-
MER, der ja auch viele dramatische Elemente hat, erfordert das
nicht unbedingt. Unabhängig davon wird das Stück danach ja noch
auf vielen Bühnen gespielt, aber es hängt bei anderen Bühnen natürlich davon ab, ob es ein Erfolg wird. Meine Abhängigkeit vom Erfolg bei der Uraufführung ist aber geringer als bei jedem anderen
Stück, weil es eben einen Haufen Nachspielverträge bereits gibt. In
Deutschland, der Schweiz, Belgien, Österreich, Frankreich, England und Italien. In England macht es BBC im Fernsehen und wahrscheinlich eine große Londoner Bühne, in Frankreich Jean Vilar in

Paris und in Italien das Piccolo Teatro in Mailand. Das Piccolo Teatro ist nach meiner Ansicht derzeit die beste Bühne Europas, und ich habe mich über diesen Abschluß besonders gefreut. [...]
                              Seid umarmt von Euerm Heinar

Brief im Nachlaß Kipphardts, Angelsbruck. – Jan ist der Sohn Kipphardts aus der Ehe mit seiner ersten Frau Lore.

An Karlheinz Braun   Berlin, 6. September 1964

Lieber Herr Braun,
ich schicke Ihnen anliegend ein eingestrichenes Buch OPPENHEIMER. Das sind die Striche, die ich mit Piscator festgelegt habe. Es sind etwa 40 Seiten gestrichen, und oberflächliche Zeitproben haben ergeben, daß diese Fassung eine Spieldauer haben würde, die zwischen 2¼ und 2½ Stunden beträgt. Da das Stück nicht leicht zu streichen ist und die Theater bekanntlich nicht über die hellsten Köpfe verfügen, empfiehlt es sich vielleicht, den Theatern diesen Strichvorschlag, natürlich ganz unverbindlich, zu machen. [...]
    Für den Theaterzettel sollten wir den Bühnen vorschlagen, das Stück im Untertitel durch die Zeile zu bereichern: Nach den Dokumenten frei bearbeitet. Als Vor- oder Nachbemerkung schreibe ich einen Text, der die Abweichungen vom Dokument im Einzelnen erkennbar macht. Ich halte es für eine notwendige Vorsichtsmaßnahme, denn man weiß ja nicht, wer da noch alles die Kommata zählen wird. Ich fliege morgen nach Paris und möglicherweise von Paris nach Genf zu Oppenheimer. Ich hatte gestern ein Gespräch mit Herrn Nabukow, und es stellte sich in diesem Gespräch wiederum heraus, daß Oppenheimer zwar einige Punkte des Stückes nicht behagen, daß er aber irgendwelche rechtlichen Schritte nicht daraus ableiten will. [...]
                                  Ich bin mit den besten Grüßen
                                                Ihr Kipphardt

Brief im Archiv des Suhrkamp Verlages, Frankfurt. – Aktennotizen Kipphardts über seine Gespräche mit Nabukow und Oppenheimer sind auf S. 160–163 in diesem Band abgedruckt.

An Karlheinz Braun					München, 25. Oktober 1964

Lieber Herr Braun,
hier ist der Brief von Oppenheimer und meine Antwort, die ich auch Piscator und Frau Spira schicke. Da Oppenheimer eine Kopie auch an Roger Reding geschickt hat, bitte ich Sie, Herrn Reding die Kopie meines Briefes zu schicken. Ich kenne seine Adresse nicht. Ich nehme den Brief Oppenheimers als eine Vorsichtsmaßnahme, die er wahrscheinlich im Hinblick auf mögliche Reaktionen für nötig hält, vielleicht will er sich auch die Hände bei einer etwaigen Produktion in Amerika freihalten. Ich will eine Antwort von ihm abwarten, und wir können dann später meine Bemerkungen zum Stück wie in meinem Brief vorgeschlagen abändern. [...]
                          Ich bin mit den besten Grüßen
                                  Ihr Kipphardt

Brief im Archiv des Suhrkamp Verlages, Frankfurt. – Die erwähnten Briefe von Oppenheimer und Kipphardt sind auf S. 164–170 in diesem Band abgedruckt.

An Erwin Piscator					4. Dezember 1964

Lieber Piscator,
ich bedanke mich für die vielen Freundlichkeiten, die Sie mir erwiesen haben, und Sie wissen, wie sehr mir daran gelegen ist, unsere gute Zusammenarbeit fortzusetzen. Sie sagten mir, daß Sie jetzt in der Lage wären, HUND DES GENERALS an Ihrem Theater zu machen, und meine Erkundigungen haben ergeben, daß es wohl die Möglichkeit gäbe, das Stück für Sie frei zu bekommen. Ich glaube, daß OPPENHEIMER gute Voraussetzungen für das Stück geschaffen hat, und daß eine Besetzung mit Hoffmann, Graf und vielleicht Rhomberg für den Czymek eine ziemlich sichere Sache wäre. [...] Wenn sich HUND bei Ihnen realisiert, müßte man JOEL BRAND um einige Zeit verschieben, mir ist ohnehin nicht sehr daran gelegen, das neue Stück schnell fertig zu machen.

Was Brüssel angeht, so ist mir hier noch eine andere Übersetzung ins Haus gekommen, und zwar eine Übersetzung für das Marzotto-Gremium. Soll ich Ihnen diese Übersetzung schicken? Für Ihre Bearbeitung habe ich nur den einen kleinen Wunsch, die Plädoyers möglichst mit den Strichen zu bringen, die wir zuletzt vereinbart hatten. Mein Eindruck war, daß Ihre letzten radikalen Striche den Plädoyers ihren Sinn genommen haben, und ich weiß natürlich, daß dies auch mit den schwachen Besetzungen zusammenhing.

Strehler ist in Mailand ganz radikal und konsequent auf ein ziemlich abstraktes und weitgehend entpersönlichtes Denkspiel losgesteuert, das er in Dekoration und Grundarrangement an seine Galilei-Aufführung lehnte. Es war der Versuch, aus OPPENHEIMER ein Lehrstück zu machen, und seine Absicht wurde von ganz vorzüglichen Filmen in den Zwischenteilen unterstützt. Die Aufführung hatte keinerlei scenische Dramatik, sie war die Darbietung eines Diskurses eher als ein Theaterstück. Die Aufführung hatte beim Publikum und in der Presse großen Erfolg, aber ich glaube, es ist nicht der richtige Weg, das Stück zu interpretieren.

Ich bin mit den besten Grüßen und Wünschen

Ihr
Heinar Kipphardt

Brief-Durchschlag im Nachlaß Kipphardts, Angelsbruck. – Piscator inszenierte nach der Berliner Uraufführung den «Oppenheimer» noch einmal am Théâtre Royal du Parc in Brüssel (Premiere 19. Januar 1965). Beim Gremium des Premio Marzotto in Rom wurde Kipphardts Stück 1964 eingereicht. Giorgio Strehlers Inszenierung des «Oppenheimer» am Piccolo Teatro in Mailand hatte am 30. November 1964 in Anwesenheit Kipphardts Premiere.

b) Aus Kipphardts Vorarbeiten

Titel

Das Verhör
Die Bombe
In der Sache J. Robert Oppenheimer
Die Epidemie
Sprich nicht, schreib nicht, rühr dich nicht
Die H-Bombe

Manuskript im Nachlaß Kipphardts, Angelsbruck.

In der Sache I. Robert Oppenheimer
Ideenskizze zu einem Fernsehspiel

In einem kahlen Büro in Washington eröffnet der Vorsitzende eines Personal-Sicherheitsausschusses der Atom-Energie-Kommission Gordon Gray am 12. April 1954 die Verhandlungen ‹In der Sache I. R. Oppenheimer›, den sogenannten ‹Vater der Atombombe›, den wissenschaftlichen Leiter der Laboratorien in Los Alamos bis 1946, den wichtigsten Berater der amerikanischen Regierung in allen Atomfragen bis 1953. Es handelt sich nicht um einen Prozeß, sondern um ein Verwaltungsverfahren, das aber die Einvernahme von Zeugen und das Kreuzverhör der Zeugen anwendet. Das Verhör, das drei Wochen dauerte und das später in einer protokollierten Abschrift veröffentlicht wurde, kam zustande, weil Oppenheimer nicht stillschweigend seinen Kontrakt als Berater der Atom-Energie-Kommission beenden wollte und weil er den vorläufigen Widerruf seiner ‹Q Clearance›, die ihm Zugang zu allen Atomgeheimnissen gewährt hatte, nicht annehmen konnte. Der vorläufige Widerruf war vom Präsidenten Eisenhower auf die dringliche Forderung des FBI verfügt worden.

Das Büro ist in eine Art Gerichtssaal verwandelt worden. An der Stirnseite sitzt der Personal-Sicherheitsausschuß, aus dem Vorsitzenden Gray, dem Mitglied Thomas A. Morgan und dem Chemieprofessor Evans bestehend. Auf der rechten Seite, die Anklage der

Kommission vertretend, sitzt Roger Robb mit seinen Mitarbeitern, ihm gegenüber I. R. Oppenheimer mit seinen Verteidigern.

Die Anklage der Atom-Energie-Kommission, in 24 Punkten niedergelegt, behandelt Oppenheimers natürlich schon oft durchleuchtete politische Vergangenheit, dessen persönliche Verbindungen zu Kommunisten oder kommunistenfreundlichen Personen, die politische Vergangenheit seiner Frau, seines Bruders, einiger Freunde und Schüler, sie behandelt ferner erneut Oppenheimers zögerndes und unaufrichtiges Verhalten den Sicherheitsbehörden gegenüber in einem fraglichen Spionageversuch, der zehn Jahre zurücklag. Damals, 1943, hatte Oppenheimer die Sicherheitsbehörden auf einen möglichen Kontaktversuch der Russen aufmerksam gemacht, den Verbindungsmann Eltenton genannt, aber sich sehr lange geweigert, den Namen seines Freundes Haakon Chevalier zu nennen, der ihm davon erzählt hatte, selbst aber unbeteiligt war. Die ganze Spionagegeschichte war, daß ihm der Romanist Chevalier beiläufig von einem Gespräch mit Eltenton erzählt hatte, der die mangelnden wissenschaftlichen Verbindungen zwischen den Verbündeten beklagt hatte und dafür eingetreten war, daß die Wissenschaftler selbst gewisse Informationen außeroffiziell austauschen sollten, und gefragt [hatte], ob O. dazu bereit sein könnte. Oppenheimer hatte dazu gesagt, daß das Verrat wäre, und Chevalier war seiner Meinung. Erst Monate später, als die Sicherheitsbehörden ein Leck in der Geheimhaltung vermuteten, hatte sich Oppenheimer dieses Gesprächs erinnert und eine Mitteilung darüber gemacht. Um seinen Freund Chevalier zu schützen, hatte er eine Geschichte erzählt, die die Sache aufbauschte – er sprach von drei verschiedenen Kontakten, Mikrofilmen etc. –, und erst nach einigen Verhören auch den Namen seines Freundes Chevalier auf Befehl genannt. Chevalier verlor daraufhin seine Stellung, ohne im geringsten einen Zusammenhang zu ahnen, und die Ermittlungen haben tatsächlich nie irgendeine Schuld Chevaliers erbracht. Chevalier erfuhr erst zehn Jahre später aus einer Regierungspublikation den wirklichen Zusammenhang, obwohl sein freundschaftliches Verhältnis zu Oppenheimer fortbestanden hatte. Die Anklage der Atom-Energie-Kommission gipfelte in dem Vorwurf, Oppenheimer habe sich dem Bau der Wasserstoff-Bombe vor und auch nach der Entscheidung Präsident Trumans, die Bombe beschleunigt zu bauen, aus moralischen Gründen stark widersetzt und den Bau der Wasserstoff-Bombe verzögert.

Zu allen diesen Fragen wird Oppenheimer eine Woche lang verhört. Die Anklage konfrontiert ihn mit umfangreichem Belastungsmaterial, das die Sicherheitsorgane in zehn Jahren der Überwachung über ihn gesammelt haben. Die Verteidigung bringt entsprechende entlastende Dokumente vor. Die Praxis dieses Verhörs erbringt die umfassendste und rücksichtsloseste Selbstdarstellung eines modernen Naturwissenschaftlers in seinen Widersprüchen, seinen Gewissenskonflikten und seinen geistigen Wandlungen. Die Aussagen Oppenheimers werden ergänzt durch etwa 40 Zeugenaussagen, von Verteidigung und Anklage benannt. Unter den Zeugen finden sich die meisten bedeutenden Atomwissenschaftler Amerikas. Ihre Aussagen zeigen, daß die Konflikte Oppenheimers auch ihre eigenen sind, daß der eigentliche Gegenstand der Untersuchung die Tauglichkeit des alten Wissenschaftsbegriffes für eine in zwei Machtblöcke gespaltene Welt im Atomzeitalter ist. Alle Konfliktlagen, alle Gewissensnöte, alle miteinander konkurrierenden Loyalitäten, denen sich ein heutiger Atom-Physiker ausgesetzt sieht, zeigen sich in dem Verhör Oppenheimers wie in einem Ei versammelt. Seine eigene Haltung, seine Wandlung in Fragen der moralischen Verantwortung z. B. nach Abwurf der Bombe in Hiroshima (Oppenheimer war als Fachmann beteiligt, den Platz für den Abwurf auszusuchen) wird von der Haltung anderer Wissenschaftler kontrastiert. Ein Beispiel ist Szilard, einer der Initiatoren des A-Bombenprogramms, der in Los Alamos gegen den Abwurf der Bombe erfolglos protestierte und aus dem Programm ausschied, ein anderes Beispiel Teller, dessen Aktivität schließlich zu dem Dringlichkeitsbeschluß Präsident Trumans für das H-Bombenprogramm führte. Oppenheimer selbst nahm eine mittlere gemäßigte Haltung ein, von moralischen Bedenken zurückgehalten, nach politischen Lösungen auf internationaler Ebene suchend, von technischen Versuchungen angetrieben, seine Skrupel überwindend, als internationale politische Lösungen nicht gefunden wurden. Dieser Zeitabschnitt gehört zu dem aufregendsten Kapitel der jüngeren Geschichte.

Das Fernsehspiel geht von den 992 engbedruckten Seiten des Protokolls aus. Es arbeitet mit den historischen Figuren und wird keine Aussage verwenden, die nicht in der Substanz von den Personen gesagt worden ist, ohne die Aussagen wörtlich wiederzugeben. Das große Material, von einigem anderen dokumentarischen Material ergänzt, wird auf einige wesentliche Vorgänge zusammengedrängt, wie das die Technik eines historischen Dramas fordert. Die Komplexe werden sein:

1. Die von der Anklage in Frage gestellte Loyalität Oppenhei-

mers in politischer und menschlicher Hinsicht. Konkurrierende menschliche und staatliche Loyalitäten, konkurrierende wissenschaftliche und militärische Loyalitäten. Grenzfragen intellektuellen Verrats.

2. Die Episode Chevalier – Eltenton, wo ein, zwar verstehbares, menschliches Versagen Oppenheimers vorliegt. Der von Oppenheimer nicht durchgehaltene Versuch, sich seinem besten Freund gegenüber loyal zu verhalten, verstrickt Oppenheimer in ein Lügengewebe, das die Sicherheitsapparate in Bewegung setzt, Existenzen vernichtet und Oppenheimer selbst in die Lage eines angeklagten Verräters bringt. Oppenheimer wird in der Verhandlung mit geheim auf Tonband genommenen Gesprächen, Agentenberichten über seine Intimsphäre etc. konfrontiert. In diesem Komplex erscheint die Bedrohung des modernen Menschen in einer technisch und bürokratisch perfekten Welt.

3. Die Haltung Oppenheimers und die der anderen Wissenschaftler in der Zeit zwischen Hiroshima und der Herstellung der H-Bombe durch die Russen. Es erscheint dabei die Wandlung der Wissenschaftler. Ihre ungebrochene Haltung in Los Alamos unter der Bedrohung Hitlers und der Möglichkeit, daß eine A-Bombe in Deutschland hergestellt werden könnte, die Last der Verantwortung kurz vor und vor allem nach dem Abwurf auf Hiroshima. Der Konflikt zwischen technischer Versuchung und Gewissensnot. Die konkurrierenden Loyalitäten der militärischen Macht ihrer Nation und der Menschheit gegenüber. Die Grenzen der Fachwissenschaft. Ihre fruchtlosen Anstrengungen, durch internationale Kontrolle und Anwendungsverbot der Atombombe den menschenfreundlichen Aspekt ihrer großen Entdeckungen, die Herstellung unerschöpfbarer, sehr billiger und überall unter gleichen Bedingungen nutzbarer Energie ins Spiel zu bringen. Der Alptraum der Hölle, der Traum vom Paradies. Die Wissenschaftler lernen einen neuen Begriff von der Sünde kennen.

Am 6. Mai 1954 entscheidet der Personal-Sicherheitsausschuß in der Sache I. R. Oppenheimer mit den Stimmen von Gray und Morgan gegen die Stimme von Prof. Evans, daß Oppenheimers ‹Sicherheitsclearance› aufzuheben sei. Oppenheimer habe sich zwar seinem Lande gegenüber loyal verhalten, aber sein Verhalten in der Frage der H-Bombe und sein Umgang mit politisch verdächtigen Personen sei beunruhigend.

Typoskript im Nachlaß Kipphardts, Angelsbruck.

[Charakterisierung der Personen]

Der Ausschuß:

Gordon Gray:
Vorsitzender, Anfang fünfzig, ehemals Staatssekretär im Kriegsministerium, Zeitungsverleger, Besitzer von Radiostationen. Ein beherrschter, gut aussehender Mann, sehr souverän und weltläufig. Er ist darum bemüht, dem Verfahren einen fairen Verlauf zu geben.

Ward V. Evans:
Mitglied des Ausschusses. Professor der Chemie. Ein älterer Mann, stark kurzsichtig, umständlich redend und sehr bescheiden. Er stellt scheinbar naive Fragen, die in den Kern zielen. Er hat einen kauzigen Humor und die Möglichkeit zur Selbstironie.

Thomas A. Morgan:
Ausschußmitglied, einer der erfahrensten amerikanischen Industriellen. Er ist ein Mann um die sechzig, selbstsicher, pragmatisch denkend.

I. Robert Oppenheimer:
Physiker, wissenschaftlicher Regierungsberater. Trotz seiner fünfzig Jahre wirkt er jugendlich. Sein Haar ist kurz geschoren, sein Auge nachdenklich, seine Gestik ist sparsam, seine Redeweise untertreibend. Er ist es gewohnt, schwierige Sachverhalte einfach darzustellen. Bei aller Nachdenklichkeit und Bescheidenheit gibt er sich ungezwungen und selbstsicher. Es geht so etwas wie ein intellektueller Sexappeal von ihm aus.

Katharina Oppenheimer:
Seine Frau, klein, zierlich, brunette.

Die Anwälte:

Roger Robb:
Anwalt der Atomenergiekommission, ein bulliger Mann von großer Intelligenz und Standfestigkeit. Er denkt sehr eingleisig, und er hat eine große Routine in der Verhörpraxis, ein Repertoire an Farben und Fallen.

C. A. Rolander:
Mitarbeiter Robbs, ein junger, sehr eleganter, sehr ehrgeiziger

Mann, der in einer gestochenen manierierten Weise spricht. Es geht ein narzißhafter homo-erotischer Ästhetizismus von ihm aus, große Kälte und große Schärfe.

Lloyd K. Garrison:
Anwalt Oppenheimers, ein älterer Herr, sehr korrekt denkend, als Anwalt sehr erfahren und sehr redlich.

Herbert S. Marks:
Anwalt Oppenheimers, ein großer Mann mit einem Pferdegesicht, der gerne lacht und um seine Wirkungen weiß. Er gibt sich ungezwungen und kann auf eine trockene Art sarkastisch und ironisch sein.

Zeugen:

Boris T. Pash:
Colonel des Geheimdienstes, russischer Herkunft. Ein athletisch gebauter großer Mann mit kurzem Haarschnitt, großflächigem Gesicht, der sich betont amerikanisch und betont volkstümlich gibt.

Johnson:
Ein junger Geheimdienstoffizier. (Kommt in dem Interview zwischen Pash und Oppenheimer vor.)

John Lansdale:
Anwalt, ehemals Colonel des Geheimdienstes, Ende vierzig, schlank, knappe Bewegungen. Er ist gebildet, lakonisch, ungezwungen. Sein Temperament zeigt sich in einer Art von unterdrückter Ungeduld. Es geht gelegentlich mit ihm durch.

Edward Teller:
Physiker, um fünfzig, ein schlanker Mann, dunkelhaarig, mit dunklen großen Augen, dichten Augenbrauen, dem Bild eines Künstlers eher entsprechend als dem eines Gelehrten. Er spricht schnell und bewegt sich schnell. Er hinkt kaum merklich auf dem rechten Fuß, den er bei einem Unfall verloren hat. Es geht eine mühsam gebändigte Unrast von ihm aus. Seine Selbstsicherheit ist um einen Grad zu bewußt. Oppenheimer gegenüber empfindet er eine Art von Haßliebe, die aus einer unerwiderten Verehrung entstanden ist. Als Zeuge bemüht er sich um besondere Fairneß, die er aber auch zeigt.

Hans Bethe:
Physiker, um fünfzig, deutsche Herkunft, ein schwerer Mann, von dem Würde und Freundlichkeit ausgeht, großes Verantwortungsge-

fühl, große Ehrlichkeit. Er trägt gescheiteltes Haar und hat die etwas umständlichen Gewohnheiten eines deutschen Professors. Genußfreudig, wohlwollend, mutig.
David Tressel Griggs:
Geophysiker, Chefwissenschaftler der Air Force. Ein Mann um vierzig, der sich wie ein Militär gibt, ehrgeizig, zum Fanatismus neigend. Sein Ehrgeiz verdrängt sein Wissen, ein Mann der zweiten Linie zu sein. Er hat hübsche, aber unbedeutende Gesichtszüge.
Isadore Isaac Rabi:
Physiker, Vorsitzender des Wissenschaftsrates, Regierungsberater. Ein quicker, kleiner, scharfzüngiger Mann, sehr schnell und respektlos redend. Sein Temperament geht leicht mit ihm durch. Etwa fünfzig Jahre alt.

Typoskript im Nachlaß Kipphardts. Entstanden während der Niederschrift des Fernsehspiels, ca. 1963. Die Figuren Katharina Oppenheimer und Johnson wurden in der endgültigen Fassung gestrichen.

[Über Verrat]

EVANS Kannten Sie Klaus Fuchs?
OPPENHEIMER Flüchtig. Er kam erst im Herbst 1944 nach Los Alamos, mit den Engländern, er gehörte zu der theoretischen Abteilung, die Hans Bethe leitete.
EVANS Was war er für ein Mensch?
OPPENHEIMER Er war ein stiller, ziemlich introvertierter deutscher Pastorensohn, ein großes mathematisches Talent, der leidenschaftlich gern Auto fuhr.
EVANS Ich habe nie seine Motive verstanden. Bekam er für die Informationen, die er den Russen gab, Geld?
OPPENHEIMER Ich glaube nicht. Nach den Ermittlungen, die der englische Secret Service anstellte, waren es ziemlich vermessene ethische Motive, die ihn veranlaßten, den Russen Informationen zu geben und übrigens auch wieder einzustellen.
(Morgan schiebt seine Papiere weg und schaltet sich in die Debatte)
MORGAN Der kommunistische Spion Klaus Fuchs verriet unsere Atomgeheimnisse nach Ihrer Meinung aus ethischen Motiven, Dr. Oppenheimer?

OPPENHEIMER Ich habe seinen Fall nicht untersucht. Ich mißbillige sein Verhalten, es war Verrat. Aber ich kann nicht übersehen, daß es offenbar Verräter aus ethischen Motiven gibt.

MORGAN Und diese ‹ethischen› Verräter sind offenbar gefährlicher als andere, nicht wahr?

OPPENHEIMER Wahrscheinlich. Allgemein gesprochen gibt es natürlich aber auch Lagen, in denen der Verrat die einzige Möglichkeit ist, ein Mensch zu bleiben.

MORGAN Haben Sie ein Beispiel?

OPPENHEIMER Nehmen Sie Hitler. Einige hervorragende deutsche Physiker unter Hitler. Indem sie Hitler mit einiger List über die Möglichkeiten der Herstellung einer Atombombe täuschten, sich also in einem strengen Sinne verräterisch benahmen, verhinderten sie möglicherweise, daß Hitler die Atombombe bekam. Indem sie sich ihrer verbrecherischen Regierung gegenüber illoyal verhielten, verhielten sie sich der Menschheit gegenüber äußerst loyal.

GRAY Ich glaube, wir sollten diese allgemeinen Erörterungen abkürzen, so interessant sie sein mögen.

EVANS Ich möchte noch etwas zu Fuchs fragen, es hat mich immer beschäftigt, und ich weiß es nicht.

(Gray machte eine gewährende Geste. Evans zu Oppenheimer:)

Glauben Sie, daß die Russen ihre Atombombe wesentlich den Informationen von Fuchs oder May oder anderen verdanken?

OPPENHEIMER Wesentlich nicht. Nein. Die besten Informationen, die Fuchs lieferte, waren die, daß wir an einer stärkeren Bombe, der Plutoniumbombe arbeiteten, gewisse Details dieser Bombe, besonders ein Zünder, der nach innen explodiert, die sogenannte Implosionslinse –

(Rolander hebt die Hand und macht den Vorsitzenden damit darauf aufmerksam, daß man sich auf das Gebiet der Geheimhaltung begibt.)

GRAY Ich sehe, daß Mr. Rolander Sorgen hat, daß wir auf Dinge kommen, die geheimzuhalten sind.

ROLANDER Es ist noch nichts gesagt worden, Dr. Oppenheimer, was nicht gesagt werden darf, ich signalisiere nur die Gefahr.

OPPENHEIMER Danke, Mr. Rolander, ich wollte nicht in Details gehen. Ich wollte nur sagen, soweit wir sehen, wurden diese Informationen von den Russen nicht oder nicht wesentlich benutzt. Sie gingen andere Wege. Sie stellten Fuchs auch Fragen, die der nach dem Stande unserer Forschung nicht beantworten konnte.

Morgan Wie kam es dann, daß die Russen ihre A-Bombe schon 1949 hatten, nicht zehn oder zwanzig Jahre später, wie die Experten erwarteten?

Oppenheimer Wenn bestimmte wissenschaftliche Probleme lösbar geworden sind, dann werden sie auch bald überall gelöst. Es gibt da kein Monopol. Das hat auch die Herstellung der Wasserstoffbombe gezeigt. Die beste Sicherheit für die Welt wäre nach meiner tiefen Überzeugung der freie Austausch aller wissenschaftlichen Informationen, wie das dem internationalen Geist der Wissenschaft entspricht. Aber ich sehe gut, daß das augenblicklich nicht oder noch nicht möglich ist. Beantwortet das Ihre Frage?

Evans O ja.

Robb (der ungeduldig zugehört hat) Da wir den erhofften utopischen Sicherheitszustand in unserer Welt nicht haben, Doktor, will ich ein bißchen auf den Test zurückkommen, den Sie angestellt haben könnten, um herauszufinden, ob ein ehemaliges Parteimitglied im Jahre 1943 nicht mehr gefährlich war. Wie haben Sie das geprüft?

Oppenheimer Ich sagte schon, daß ich kein Sicherheitsbeamter bin, und daß ich Menschen, die ich kenne, nicht teste. Ich beurteile sie menschlich, von einem Sicherheitsstandpunkt aus also unfachmännisch.

Robb Glauben Sie, daß es für die Sicherheitsbehörden von Bedeutung ist zu wissen, ob jemand ehemals ein Mitglied der K.P. war?

Oppenheimer Ich glaube ja. Ich weiß nicht, ob ich das damals ebenso entschieden geglaubt habe, ich hatte viel weniger Erfahrung als heute.

Typoskript im Nachlaß Kipphardts, Angelsbruck. Auszug aus einem Konvolut mit Dialog-Entwürfen zum «Oppenheimer»-Stoff, entstanden 1962/63. Der Titel «Über Verrat» wurde vom Herausgeber formuliert.

[Erklärung Robb]

Wer sah mich aus diesen Papieren an? Wer lächelte mich an aus diesem Knäuel von Widersprüchen, die zu erklären ich keinen Schlüssel fand? Ein weltfremdes, politisch kindergläubiges Genie? Oder der genialste Überzeugungsverräter unserer Geschichte, wie Sokrates listig und verführerisch wie Mephistopheles? Ein Zauderer, ein Zweifler, der schwankenden Stimme seines Gewissens folgend? Und welches Bild war mit den besten Interessen der Sicherheit Amerikas vereinbar? Über jeden vernünftigen Zweifel erhaben gar, wie es unsere Sicherheitsvorschriften fordern? Wenn es eine Klarheit geben sollte, so mußte ich sein ganzes Leben zum Gegenstand der Untersuchung machen, unbeirrbar und nur zwei Dingen folgend, den Tatsachen und meinem Gewissen.

Ein Mann mit diesem politischen Hintergrund, diesen Widersprüchen, diesen Loyalitätsdefekten, durften dem die wichtigsten Atomgeheimnisse Amerikas anvertraut bleiben? Wo jeder Verrat, ja jeder falsche Schritt auf diesem Feld den Untergang der freien Welt besiegeln konnte?

Hatten wir den neuen Typus des Verräters auf diesem Gebiet nicht kennengelernt, den Verräter aus ideologischen, ethischen und weiß ich was für Motiven? Konnte ich das bei O. wirklich und mit ganzer Sicherheit ausschließen? Die Tatsachen gewissenhaft prüfend konnte ich das nicht. So sehr ich das gewünscht hatte.

Wenn wir die Universitäten, die Presse, unser gesamtes öffentliches Leben von Kommunisten und ihrem Anhang säuberten, wenn wir 105 [Beamte unseres Außenministeriums] entfernten, wie konnten wir dann auf dem lebenswichtigsten Gebiet, der Atomenergie, durch die Finger schauen? Weil wir die Reaktion der Wissenschaftler fürchteten oder die öffentliche Meinung? Wenn O. von der Nation für einen Gott gehalten wurde, so war es unsere Pflicht zu untersuchen, ob das eine richtige Annahme war. Unser Leben stand auf dem Spiel, und wir durften unseren Regeln irgendeine Ausnahme nicht gestatten.

Ich bin ein Mann der Tatsachen, ich bin es aus anderen Loyalitätsuntersuchungen gewohnt, den Tatsachen zu trauen, nur ihnen. Aber wieviel Tatsachen es auch gab, die mich an O.s Loyalität zweifeln ließen, alle diese Tatsachen blieben deutbar wie das Lächeln einer Sphinx. Und ich hatte das zu sezieren.

Aber ich konnte auch nicht sagen, die und die Tatsachen dokumentieren seine Illoyalität. Sie blieben vielmehr deutbar, schwebend, auf andere, ebenso deutbare Tatsachen bezogen. Ich gestehe, daß mir gerade an Oppenheimers Fall klar wurde, wie unzulänglich die Methode der bloßen Tatsachenverwertung in unseren modernen Sicherheitsverfahren ist. Wie grobschlächtig und unwissenschaftlich wir uns im Grunde verhalten, wenn wir nicht, über die Tatsachen hinaus, auch die Gedanken, die Gefühle, die Motive, die zu den Tatsachen geführt haben, zum Gegenstande unserer Untersuchungen machen.

Wenn wir zu einem sicheren Urteil über Oppenheimers Vertrauenswürdigkeit je kommen wollten, so gab es nur diesen Weg. Sezieren wir das Lächeln einer Sphinx mit Schlachtmessern? Wenn die Sicherheit der freien Welt davon abhängt, müssen wir das tun.

Handschrift im Nachlaß Kipphardts, Angelsbruck. Entwurf für Robbs Monolog am Ende der 1. Szene (= 1. Zwischenszene).

[Erklärung Marks]

Ich bin mit Oppenheimer befreundet, ich kenne die Materie, die Schwierigkeiten jeder Sicherheitsüberprüfung. Ich war über viele Jahre der Justitiar der Atomenergiekommission. Jeder Mensch ist ein Sicherheitsrisiko, insofern er ein Mensch ist, ein Ensemble von Gedanken, Gefühlen, Entscheidungen, ein sich über die Regeln erhebendes Wesen. Ein Tier lebt nach den erfahrbaren Regeln seiner Natur, großenteils. Der Mensch geht von Regeln des Zusammenlebens aus, um sie aufzuheben in die neuen Regeln eines besseren Zusammenlebens. Insofern ich feste Regeln für die Sicherheit aufstelle, in der sich Menschen zu verhalten haben, verzichte ich auf alle diejenigen, die sich nicht normgemäß verhalten können. Ein neuer Gedanke hebt alte Regeln auf. Ein Mensch, der lebt, hebt sich fortwährend auf, stellt seine Gedanken, seine Gewohnheiten in Frage zum Zwecke besserer Gedanken und besserer Gewohnheiten. Also würden wir mit unseren Regeln alle die ausschließen, die außergewöhnliche Gedanken haben, außergewöhnliche Menschen sind. Wo sind die Grenzen der Überprüfbarkeit? Ich muß Oppenheimer hier heraushauen, und ich muß es nicht nur um seinetwillen tun. Mir scheint, daß für einen späteren Betrachter nicht Oppenheimer, sondern unser gegenwärtiges Sicherheitsverfahren zur Untersuchung gestanden hat. Wir werden die Wissenschaftler für die Kriegsarbeit, die wir brauchen, die besten Gehirne, nicht mehr finden, wenn diese Kriterien zum Maßstab für die Sicherheit gemacht werden. Man erklärt uns die Vorzüge, daß wir in einem Sicherheitsverfahren stehen, nicht in einem Strafprozeß. Wo sind die Vorteile? Wir kriegen das geheime Material von FBI nicht zu sehen, das dem Ausschuß unterbreitet wird, weil es geheim ist. Wir können Oppenheimers eigene Korrespondenz nicht einsehen, weil sie beschlagnahmt und als geheim erklärt worden ist. Oppenheimer kann seine eigenen Berichte nicht lesen, um sein Gedächtnis aufzufrischen, weil sie geheim sind, und weil Oppenheimer der Zugang zu geheimen Dokumenten bis zum Ausgang dieses Verfahrens gesperrt ist. Was hat das alles für einen Sinn? Verschwinden die Atomgeheimnisse aus Oppenheimers Kopf, indem ihm die Sicherheitsgarantie entzogen wird? In drei Monaten läuft sein Vertrag ab, warum verzichtet man nicht einfach darauf, den Vertrag zu erneuern, wenn man seinen Rat nicht haben will? Es geht nicht um Oppenheimer, es geht darum, die Wissenschaftler dem Diktat der Militärs dauerhaft zu unterwerfen.

Wir haben die Tatsache vor uns, daß wir durch die Entwicklung der Wissenschaften von der Natur die Welt in zunehmendem Maße beherrschen, gleichzeitig aber bemerken wir allerorten, daß wir, die Menschen, in zunehmendem Maße von den Apparaten beherrscht werden, die unser Verhalten zu normieren wünschen. Während wir unser Auge in unbekannte Sonnensysteme schicken, arbeiten die Instrumente, die wir dazu entwickelt haben, in riesigen elektronischen Lochkarteien, die unsere Abweichungen von normativen Fiktionen registrieren und als Gefährdungen des öffentlichen Wohls ankündigen. Unsere Freundschaften, unsere Gespräche, unsere Gedanken haben die Zensur zu passieren, ob es die richtigen Freundschaften, die richtigen Gespräche, die richtigen Gedanken, die normativen sind, ob man die uns zubilligen kann. Wie kann ein neuer Gedanke gleichzeitig ein normativer sein? Wie können wir die Welt vorwärts bringen, wenn die Apparate alle Anstrengung darauf richten, sie jedenfalls in ihrem alten Zustand zu lassen. Wie unterscheiden wir uns fernerhin von anderen normativen Diktaturen, die wir verabscheuen, wenn wir unser Leben ebenfalls den Normen aussetzen. Was heute die Regel nur bei Wissenschaftlern, großen Geheimnisträgern sein mag, das wird morgen auch die kleineren Geheimnisträger betreffen, und übermorgen diejenigen, die ein vermeintliches Geheimnis zu hüten haben, und bald darauf alle Staatsbürger. Die Apparaturen der Nationalstaaten und ihrer Gruppierungen machen die lebenserleichternden Erfindungen zu

Drangsalen. Dabei ist es offensichtlich unmöglich, das Sicherheitsrisiko eines Menschen exakt zu bestimmen, solange ich ihm einen privaten Bereich, in den ich nicht eindringen darf, überhaupt zugestehe.

Ist da nicht zu fragen, ob die Geheimnisse in dieser Welt nicht am besten zu hüten wären, indem ich sie bekannt mache? Indem ich allen Wissenschaftlern ihr altes Recht feierlich zurückgebe, ihre Ergebnisse zu veröffentlichen? Es erhebt sich die Frage, wie schütze ich die Wissenschaftler dann vor ihren staatlichen Apparaturen? Den Apparaten, die unsere Geheimnisse schützen sollen und unser Leben seines Werts, seines Genusses berauben, stehen andere Apparate zur Seite, die die gleichen Geheimnisse der anderen Staaten mit allen verbrecherischen Mitteln zu erfahren trachten. Und wir sind beiden ausgesetzt? Wo soll das enden? Ist da nicht zu fragen, wollen wir zulassen, daß die Welt in den Zustand der Stagnation verfällt, weil unsere Formen des politischen Zusammenlebens steinzeitlich sind? Oder wollen wir uns endlich in das Abenteuer begeben, Schritt für Schritt, die eine Welt der großen gemeinsamen menschlichen Unternehmungen herzustellen? Ist nicht jenseits der Verkrustungen der Ideologien und Wirtschaftssysteme die Zeit gekommen, sich zu den großen gemeinsamen Unternehmungen zu rüsten, die diese Erde braucht?

Typoskript im Nachlaß Kipphardts, Angelsbruck. Entwurf für Marks' Monolog am Ende der 3. Szene (= 3. Zwischenszene).

[Erklärung Morgan]

Ich betrachte die Zusammenhänge gerne ein bißchen psychologisch, eine unterentwickelte Wissenschaft noch immer. Es geht ein Fluidum von seiner Person aus, ohne Zweifel, eine Art von intellektuellem Sexappeal. Ich versuche ihn mir in einer Straßendemonstration, einem Gewerkschaftsmeeting, einer Massenkundgebung vorzustellen. Was hat diesen feinsinnigen, komplizierten, scheuen Menschen da angezogen? Schlagworte, Gebrüll, Gewalt, Umstürzung aller Werte. Wie erklären wir psychologisch die gewaltige Anziehung des militanten Kommunismus auf einen bestimmten, überfeinerten Intellektuellen-Typus? Sollte das nicht in der psychologischen Ambivalenz ihrer Empfindungen begründet sein? Die Kontaktarmut, die Einsamkeit, die sich in einer Massensolidarität zu erlösen sucht.

Wie ich das sehe als Geschäftsmann, wir machen ein bißchen zu viel her mit Ansichten. Ich habe überzeugte Pazifisten die Atombombe entwickeln sehen, und ich kenne große Industrielle, die privat Marxisten sind. Auf was es ankommt ist, ob ein Mensch in der Lage ist, seine private Ansicht und seine Funktion zu trennen.

Erlauben Sie mir einen plumpen Vergleich. Aus dem Geschäftsleben. Was interessiert an einer Banknote, ihre Ornamentik oder ihr Wert? So interessieren mich vom Geschäftsstandpunkt an einem Menschen nicht dessen Ansichten, dessen Philosophie, nicht dessen So-und-nicht-anders-Sein. Das ist seine Ornamentik, seine Privatsache, solange er sie nicht in seinen Wert einmischt, seine Arbeit, die ich bezahle. Wenn er das nicht trennen kann oder nicht trennen will – es gibt Arbeiten, wo das schwierig ist – und wenn das den Wert seiner Arbeit für mich mindert, oder mich schädigt sogar, dann trenne ich mich von ihm. Das ist die Praxis in jedem industriellen Unternehmen, und ich denke, daß der moderne Staat einem sehr großen Unternehmen vergleichbar ist. Konkret: Was wir hier zu prüfen haben infolgedessen, denke ich, ist nicht, ob Oppenheimer die und die Ansichten hatte, sondern ob er seine politischen, philosophischen, moralischen Ansichten unzulässig und zu unserem Schaden in seine Arbeit hinein gemischt hat. Wenn wir das feststellen, und wenn wir das fernerhin befürchten müssen, nur dann wird die Frage nach seiner Sicherheitsgarantie akut. Denn eine moderne Atompolitik ist nur auf der Grundlage einer wertungsfreien Arbeit möglich.

Typoskript im Nachlaß Kipphardts, Angelsbruck. Entwurf für Morgans Monolog am Ende der 5. Szene (= 5. Zwischenszene).

Oppenheimers Schlußwort

Es ist mir in diesen schweren Wochen klar geworden, daß wir Physiker, die wir es in der ganzen Welt zugelassen haben, daß die Entdeckungen, die wir im Bereich der Kernphysik machen konnten, die große Schönheit und großen Nutzen in sich bergen, die Arbeit des Teufels getan haben, indem wir sie den Militärs überließen, die im gegenwärtigen Zustand der Welt nur den schauderhaften Aspekt der schönen und nützlichen Entdeckungen benutzbar finden, ihre schreckliche Vernichtungskraft, so daß Vernunft Unsinn und Wohltat Plage wird.

Ich habe an die Lage des mittelalterlichen Wissenschaftlers Faust, der seinen Teufelspakt wie wir geschlossen hatte, in der letzten Zeit viel denken müssen, und die Scene am Schlusse des 2. Teiles [von Goethes «Faust»], da die Lemuren dem blinden Faust das Grab scharren und er ihre emsige Tätigkeit für die Entwässerung der Sümpfe, für den Beginn einer freieren, auf Maschinenarbeit gegründeten Epoche hält, hat mich nicht getröstet. Seltsamerweise aber wird Faust, der den Augenblick in illusionärer Verkennung zum ersten Male preist und somit die Bedingung des Teufelspaktes erfüllt, vom Teufel nicht geholt, sondern erlöst, und offenkundig erweist sich die schöpferische Arbeit des Menschen auch im Teufelspakt als eine schließlich segenbringende.

Die Versuchungen des schöpferischen Menschengeistes, der seine engen Grenzen durchstößt [und] unbegrenzt frei und schöpferisch wie ein Gott die Erde nach seinem Bilde modelt und wandelt, können wie es scheint der Teufelspakte nicht entraten, damit die Erde fernerhin bewegt werde.

Der Mensch, dieses flüchtige Ensemble von Gedanken, Gefühlen, ausgespannt zwischen seinen teuflischen und seinen göttlichen Möglichkeiten und immer auf Produktivität drängend, scheint sich und seine Welt nicht anders als in schmerzlichen Widersprüchen produzieren und das heißt vorwärtsbewegen zu können. Der Teufel – die Disharmonie, die Unvernunft, die Zerstörung – ist sowohl in ihm wie in allen anderen, und Gott – die Harmonie, die Vernunft, die Schöpferkraft – ist sowohl in ihm wie in allen anderen, und er bewegt sich in diesen Widersprüchen fort, jenem großen Entwurf von sich selber entgegen, der Individuation zur Freiheit, die die eigentliche abendländische Idee ist. Die Weltgeschichte ist nach Ansicht der Philosophen gelegentlich zu Pferde unterwegs, gelegentlich zu Schiffe, gelegentlich in Flugkörpern, die alle Begrenzungen hinter sich gelassen haben und den Weg zu anderen Sternen leicht finden. Und wenn es uns scheint, daß sie zwischendurch gar zu lange auf den Rücken von Kamelen umsteigt, dann lehrt die spätere Betrachtung meist, daß die Kamele, die wir gesehen haben, aus unseren engen und getrübten Urteilen kamen.

Ich finde eine Welt bedrückend, in der die Menschen die Entdeckungen der Gelehrten mit Schrecken studieren und neue Entdeckungen neue Todesängste hervorrufen, aber ich bin voller Hoffnung, daß es die Menschen schließlich lernen werden, auf diesem klein gewordenen Stern miteinander zu leben, und ich bin sicher, daß sich dieses Leben dann in seinem materiellen Aspekt auf diese neuen Entdeckungen gründen wird.

Die überall gleich leicht und gleich billig herstellbare Kernenergie wird andere Gleichheiten nach sich ziehen. Die künstlichen Gehirne, die von den Gelehrten entwickelt wurden, um furchtbare Waffen zu ermöglichen, werden Fabriken in Gang halten, die der mühseligen Arbeiten der menschlichen Hand entraten können, und sie werden der menschlichen Arbeit den Rang der schöpferischen Arbeit zurückgeben. All das kann unser Leben sehr erleichtern, es kann ihm die materiellen Freiheiten verleihen, die eine der Voraussetzungen des Glückes sind. Wir wissen nicht, welche politischen und welche wirtschaftlichen Formen dabei entstehen werden, und sicherlich werden es die uns bekannten Formen nicht sein.

Man kann sagen, daß diese Hoffnung gegenwärtig durch unsere schreckliche Wirklichkeit nicht zu belegen ist, daß es sich um eine Utopie eher als um eine leidlich gegründete Hoffnung handelt. Das ist leider wahr.

Aber die Alternative dazu ist die Vernichtung dieser Erde, die unvorstellbar ist.

Vor diesem Kreuzweg stehend, ist es unerquicklich zu bemerken, daß wir Wissenschaftler nur wenig tun können. Niemals vorher hatten wir Physiker so viel Bedeutung, und niemals vorher waren wir so ohnmächtig. Wir haben die Arbeit der Militärs getan, ohne die Folgen beeinflussen zu können. Ich habe in den Eingeweiden das Gefühl, daß dies falsch war. Je länger ich darüber nachdenke, umso besser weiß ich, daß gerade die Handlungen, die mich nach der Ansicht des Ausschusses belasten, der Idee der Wissenschaften näher sind als die Handlungen, die man mir als Verdienste anrechnet. Ganz anders als dieser Ausschuß frage ich mich infolgedessen, ob ich der Regierung der Vereinigten [Staaten] nicht eine zu große, eine zu ungeprüfte Loyalität gegeben habe, gegen meine bessere Einsicht zum Beispiel in der Frage der Wasserstoffbombe.

Da ich mich aber nach den hier angelegten Maßstäben ganz unschuldig fühle, werde ich meine Anwälte bitten, die Entscheidung der Mehrheit dieses Ausschusses anzufechten.

Wie diese angestrebte Revision immer ausfallen mag, ich werde es nicht ferner vor meinem Gewissen verantworten wollen, an Kriegsprojekten aktiv oder beratend teilzunehmen. Wir haben die besten Jahre unseres Lebens damit verbracht, immer perfektere Zerstörungsmittel zu erfinden. Wir haben die Arbeit des Teufels getan, und wir kehren nun zu unseren wirklichen Aufgaben zurück. Vor ein paar Tagen hat mir Rabi erzählt, er wolle sich wieder ausschließlich der Forschung widmen. Wir können nichts besseres tun.

Handschriftlicher Entwurf im Nachlaß Kipphardts, Angelsbruck. Enthalten in einem Heft «Oppenheimer Notizen II».

c) Kipphardts Auseinandersetzung mit Oppenheimer. Briefe, Notizen, Artikel (1964–66)

Kipphardt an Oppenheimer　　　　　　　　Berlin, 31. August 1964

Sehr geehrter Herr Professor Oppenheimer,
Herr Piscator informierte mich, daß Ihnen mein Stück einige Sorgen macht. Ich bedaure das aufrichtig, denn es war meine Absicht, ein Schauspiel zu schreiben, das mit den Tatsachen sorgfältig umgeht, um an einem großen Exempel die Konflikte und Widersprüche darzustellen, in denen sich ein heutiger Wissenschaftler auf dem folgenreichen Gebiet der Atomenergie befinden kann. Ich wollte das mit der Verehrung tun, die ich Ihnen gegenüber empfinde. Und so sehr sich ein Drama von einem Dokument unterscheiden muß, so unumgänglich gewisse szenische Erfindungen für ein Stück sind, so sollte das nach meiner besten Sorge die Wahrheit tunlichst nicht beschädigen. Ich habe im Nachwort zur Buchausgabe ausdrücklich vermerkt, daß es sich bei dem Stück um einen literarischen Text und nicht um ein Dokument handelt, und ich kann auch der Bühnenausgabe einen solchen Vermerk voranstellen, wenn Sie das wünschen. Ich wäre Ihnen sehr verbunden, wenn Sie mich auf die Stellen aufmerksam machten, die nach Ihrer Ansicht mit den Tatsachen nicht übereinstimmen. Ich denke, es läßt sich dann ein Weg finden, Ihre Bedenken zu berücksichtigen. Gegebenenfalls würde ich auch nach Genf kommen, um Ihnen zu einem Gespräch zur Verfügung zu stehen.
　　Ich bin mit vorzüglicher Hochachtung　　　Ihr ergebener
　　　　　　　　　　　　　　　　　　　　　　　Heinar Kipphardt

P. S.
Piscator sagte mir eben, daß Sie ihn auf eine Rede hingewiesen hätten, und ich will mir gerne ansehen, ob die dort geäußerten Gedanken als Element im Stück zu verwenden sind. Ich fliege auch in den nächsten Tagen nach Paris, um von Vilar zu hören, auf welche Einzelheiten Sie ihn hingewiesen haben.

Typoskript im Nachlaß Kipphardts, Angelsbruck. Da sich dort das Original befindet, ist der Text möglicherweise ein Entwurf, der nicht abgeschickt wurde. – Jean Vilar war der Regisseur einer «Oppenheimer»-Inszenierung in Paris.

Aktennotiz Heinar Kipphardt 5. September 1964

Ich hatte heute, 16 Uhr, ein längeres Gespräch mit Professor Nabukow, ein Freund Oppenheimers, der mit O. in Paris gesprochen hatte. Nabukow hatte Piscator einige Einzelheiten überbracht, die Oppenheimer im Stück als mit der Wirklichkeit nicht übereinstimmend angesehen habe. Er nannte die Punkte:
daß Marks im Stück von Anfang an anwesend sei,
daß Lansdale im Stück über Jean Tatlock befragt werde,
daß Rabi Repliken habe, die er im Hearing nicht gesagt habe,
daß Oppenheimer im Hearing keine Schlußrede gehalten habe, und daß die Gedanken in der Schlußrede nicht die wirklichen Gedanken Oppenheimers seien.
Ich legte ihm dar, warum sich das Stück von einer Montage des Original-Hearings entfernen müsse, um die Hauptlinien des Geschehens zu einer exemplarischen Darstellung zu bringen, und ich schlug vor, die Unterscheidung vom Original in einem Artikel für das Programmheft zu beschreiben, in einer ausführlicheren Weise, als ich dies schon in der Buchausgabe getan hätte.
Wir sprachen dann über die Gründe für das gewisse Unbehagen, daß Oppenheimer bei der Behandlung seines Falles überhaupt empfinde. Nabukow meinte, daß O. der Fall Chevalier, wo viele sein menschliches Versagen kritisiert hätten, unbehaglich sei, daß ihn der Schluß der Kommission und die Wirkung in der Öffentlichkeit viele Jahre hindurch gequält habe, daß seine Frau, die krank und psychisch sehr labil sei, die Tatlock-Geschichte, die wie im Hearing auch in meinem Stück eine Rolle spiele, nicht gerne neu berührt sähe. N. sprach auch von gewissen politischen Aspekten, die Goldwater und ein neuer Rechtsextremismus mit seinen Gefahren für Leute wie O. bringe.
Nabukow bestätigte mir auf meine Frage, daß O. das Stück als freundlich, nicht feindlich seiner Person gegenüber empfinde, und daß O. mit seinen Bemerkungen nicht irgendwelche Rechtsfragen berühren wolle, aber es sei sicherlich gut, sich mit O. zu verständigen, denn etwaige Bemerkungen Oppenheimers Presseleuten gegenüber, falls man ihn danach frage, wären der Sache nicht zuträglich. Deshalb, weil er Oppenheimer, Piscator und mir wohlwolle, rate er mir, O. in Genf aufzusuchen, er wolle mit O. telefonieren und mich anmelden. Dabei wolle er O. über unser Gespräch unterrichten. Er versicherte, daß es O. bestimmt nicht um eine rechtliche Intervention oder um andere Schritte gegen das Stück gehe. Ich er-

klärte mich gerne bereit, ein solches Gespräch zu führen, ich sei bereit und sehr interessiert daran, etwaige wichtige Unstimmigkeiten mit dem Original-Hearing kennenzulernen und zu korrigieren. Ich würde nach Paris fliegen, um mit Vilar die Vorbesprechungen zu der Inscenierung in Paris zu führen, und da O. in Paris auch mit Vilar und Semprun, dem Übersetzer, gesprochen habe, würde ich es für richtig halten, danach Oppenheimer in Genf zu treffen.

[gez.] Kipphardt

Typoskript im Nachlaß Kipphardts, Angelsbruck.

Aktennotiz Heinar Kipphardt 8. September 1964

Ich hatte heute ein sehr langes und freundliches Telefongespräch mit Dr. Oppenheimer in Genf. Ich sagte ihm, daß ich nach Genf gekommen sei, um von ihm Hinweise auf etwaige Unstimmigkeiten im Stück zu bekommen. Im Falle, daß er bestimmte Berichtigungen wünsche, wolle ich unbedingt Wege suchen, ihn zu befriedigen, denn ich habe ein Stück schreiben wollen, das ihn freue, nicht ärgere, und ich sei nach meinem besten Wissen mit den wesentlichen Tatsachen sorgfältig umgegangen, mit den Freiheiten allerdings, die ein Stück brauche. Dr. Oppenheimer sagte, daß ihn das Stück nicht ärgere, daß er sehr wohl bemerkt habe, daß das Stück ihm gegenüber eine freundliche und keine feindliche Haltung einnehme, ihm seien bei der Lektüre der französischen Roh-Übersetzung jedoch einige Einzelheiten aufgefallen, die im wirklichen Hearing anders gewesen seien. Ich bat ihn um diese Einzelheiten, um ihm erklären zu können, warum ich in diesen Punkten vom Hearing abgewichen sei, denn ich müsse in zweieinhalb Stunden ein Konzentrat der Wirklichkeit zustande bringen, und zwar von Vorgängen, die im Hearing einen Monat gedauert hätten. Um die Substanz der Wahrheit exemplarisch darzustellen, wie das ein Stück tun müsse, sei ein Abweichen von unwichtigen Details unvermeidbar. Oppenheimer akzeptierte, daß es die Sache des Schriftstellers sei, die historischen Dinge so oder so zu sehen und zu diesen oder jenen Schlüssen zu kommen. Er selbst habe Freunde, die Schriftsteller seien, und er wisse natürlich, daß sich diese Arbeit von der eines Historikers unterscheide, und es sei mein gutes Recht, seinen Fall darzustellen, und ich müsse das so tun, wie ich das sehen würde. Um möglichst viele Einzelheiten, die unstimmig seien, gebeten, nannte er vor allem seine Schlußrede im Stück, die er nicht gehalten habe, und die auch in vielen Einzelheiten seinen Gedanken nicht entspräche. Ich erklärte ihm, warum ich aus dramaturgischen Gründen die Schlußrede für meine Titelfigur unbedingt brauche, obwohl er im Hearing keine Gelegenheit zu einem Schlußwort bekommen habe. Ich hätte versucht, Elemente aus seinen Aufsätzen und Vorträgen für die Rede zu verwenden und sie in eine Beziehung zum Stück zu setzen. Er machte mich auf eine Rede aufmerksam, die er anläßlich des Fermi-Preises nach Kennedys Tod 1964 gehalten habe, obwohl er nicht glaube, daß sie zum Stück Bezug hätte, auch seine Stellungnahme zum Hearing, die er im Juni 1954 abgegeben habe, könne ich mir immerhin ansehen, obwohl ich sie wahrscheinlich nicht brauchen könne. Ich sagte, daß ich die Fermi-Preis-Rede in Paris überflogen hätte, sie sei ohne Bezug zum Stück, ich wolle mir auch die Stellungnahme beschaffen, vielleicht sei der eine oder andere Gedanke für mich verwendbar, obwohl ich nicht viel Hoffnung hätte, in ihr die Quintessenz des Stückes enthalten zu finden, die ich für den Schluß brauchen würde. An weiteren Einzelheiten, die ihm einfielen, nannte er, daß bei mir Marks von Anfang an im Hearing sei, während er in der Wirklichkeit von seiner Verteidigung erst später herangezogen [worden] sei. Manche Formulierung hätte Marks in dieser Form wohl nicht gesagt. Auch im Lansdale-Verhör kämen bei mir einige Dinge vor, über die andere Zeugen, aber nicht Lansdale gesprochen hätten. Er habe auch mit Rabi gesprochen, den eine Stelle bei mir geärgert habe, wo er einen Scherz über seine jüdischen Vornamen mache, auf die er stolz sei. Es gäbe auch andere Sätze, die Rabi nicht gesagt habe. Das seien einige Beispiele, es gäbe noch andere Details, er wisse natürlich auch nicht mehr, was im Einzelnen von wem gesagt worden sei. Ich erklärte, warum ich im Stück nicht drei Anwälte brauchen könne, und daß ich es nicht für erheblich halte, daß Marks in Wirklichkeit erst nach einigen Tagen ins Verhör komme, und es sei natürlich unvermeidlich, daß eine Bühnenfigur ihr eigenes Leben bekomme, die sich von der historischen Person unterscheide. Was Rabi beträfe, so seien in der Bühnenfigur auch Züge und Aussagen von Bush, denn bei mir träten nur sechs Zeugen auf. Wenn Rabi das wünsche, so könne ich den beanstandeten Satz streichen.

Was die Schlußrede und andere Abweichungen vom Original-Hearing angeht, so machte ich Dr. Oppenheimer den Vorschlag, daß ich in einem zusätzlichen Artikel, der in den jeweiligen Programmheften abzudrucken sei, beschreibe, inwiefern und aus welchen künstlerischen Gründen sich mein Stück von dem Original-Hearing unterscheidet. Ich fragte ihn, ob er das für einen möglichen Weg halte, alle Mißverständnisse auszuschalten, und er antwortete, daß ihm dieser Weg richtig scheine.

Ich bot Dr. Oppenheimer am Ende des Gesprächs noch einmal an, ihn im Hotel zu besuchen, um etwaige andere Einwände zu hören und gegebenenfalls im Stück zu berücksichtigen, denn ich wolle im gegenseitigen Interesse jedenfalls vermeiden, daß er rechtliche Einwände gegen das Stück erhebe oder sich in der Presse gegen das Stück ausspreche. Wie er wisse, werde das Stück von einer Anzahl Bühnen gespielt, er habe ja in Paris mit Vilar und Semprun selbst gesprochen. Oppenheimer antwortete, daß er bei seinen Bemerkungen nicht an rechtliche Schritte gedacht habe, und daß er auch den Gedanken an eine Stellungnahme in der Presse nicht hege. Er sei jedoch weder ein Schriftsteller noch ein Kritiker, und er halte es nicht für richtig, wenn er sich direkt in eine schriftstellerische Arbeit einschalte, die sich mit ihm beschäftige. Deshalb halte er eine Zusammenkunft nicht für richtig, sie könnte mißverstanden werden. Es sei ihm auch nicht angenehm, sich mit den Dingen zu beschäftigen, die schwer für ihn gewesen seien. Die Beurteilung des Stückes, das sei die Aufgabe der Kritiker, er wünsche mir Glück.

[gez.] Kipphardt

Typoskript im Nachlaß Kipphardts, Angelsbruck.

Kipphardt an Oppenheimer   München, 1. Oktober 1964

Sehr verehrter Herr Professor Oppenheimer,
anliegend schicke ich Ihnen den Artikel, der beschreibt, wie sich das Theaterstück zu den historischen Dokumenten verhält. Die Theater sind verpflichtet, diesen Artikel in ihrem Programm abzudrucken, um alle Mißverständnisse auszuschalten. Ich konnte natürlich nicht alle Einzelheiten beschreiben, wo das Theaterstück von den Details der historischen Dokumente abweicht, aber es muß jedem Zuschauer danach klar sein, um welche Art von Arbeit es sich bei dem Stück handelt. Die Punkte, auf die Sie mich hinwiesen, habe ich möglichst einzeln aufgeführt.

Da Sie nur eine französische Rohübersetzung in die Hände bekommen haben, die möglicherweise nicht in allen Punkten korrekt war, erlaube ich mir anliegend ein deutsches Bühnenmanuskript zu schicken. In diesem Manuskript sind die Striche und kleinen Änderungen, die wir auf der Probe machten, nicht berücksichtigt.

Ich bin mit vorzüglicher Hochachtung

Ihr ergebener
Heinar Kipphardt

Brief-Durchschlag im Nachlaß Kipphardts, Angelsbruck. – Der erwähnte Artikel Kipphardts ist (in einer von Kipphardt leicht geänderten Fassung) als «Nachbemerkung» auf den Seiten 110f. dieser Ausgabe abgedruckt. Der letzte Satz lautete ursprünglich: «Oppenheimer erhielt im wirklichen Hearing keine Gelegenheit zu einem Schlußwort.» Nach Oppenheimers Einspruch (s. u.) änderte Kipphardt diesen Satz.

Oppenheimer an Kipphardt   Princeton, New Jersey,
                                   12 October 1964

Dear Dr. Kipphardt:

Thank you for your letter of the 1st of October, and for the text of your play and the proposed program note. I find the present situation even more equivocal and dishonest than that which preceded it.

In reading your German text, I am again struck by the number of instances in which you invent things which not only did not happen, but which could not happen, und and are thus in some important sense untrue. As a very brief example, let me refer you that you have me say about Bohr on page 230:

«Er schimpfte, dass wir die Wissenschaft zu einem Appendix der Militärs machten, und wenn wir den Militärs den Atomknüppel einmal in die Hand gäben, dann würde sie damit auch zuschlagen. Das quälte ihn.»

Both US + UK official histories, and my own frequent public statements, as well as Bohr's letters to Roosevelt, which he himself published, show with great force that Bohr approved and admired the undertakings at Los Alamos, und that his presence there was a source of great encouragement to all of us. Why do you have me lie about it?

Of countless other examples, I cite a second, to which I attach some importance: the final speech attributed to me in the play. In your program note, you say that in the real hearing I had no opportunity to make a final comment. The transcript shows that this is not true: that I was given such an opportunity, but used it only to make a technical point. It is true that no judgment or finding was announced at the hearing. When on the 30th of June the matter was officially closed, I did have an opportunity, and I did make a statement, very widely published in the press, whose meaning and import are in direct and clear contradiction with the words that you ascribe to me.

From the first, my objection has not been limited to the fact that I did not during the hearing make the speech you have invented; my principal objection is that you make me say things which I did not and do not believe. Even this September in Geneva, during a conference of the Rencontres de Genève, I was asked by the Canon Van Kamp whether now, knowing the results, I would again do what I did during the war: participate in a responsible way in the making of atomic weapons. To this I answered *yes*. Whan a voice in the audience angrily asked «Even after Hiroshima?» I repeated my *yes*. You will find an adequate account of this in the Tribune de Genève of September 4.

It seems to me that you may well have forgotten Guernica, Dachau, Coventry, Belsen, Warsaw, Dresden, Tokyo. I have not. I think that if you find it necessary so to misread and misrepresent your principal character, you should perhaps write about someone else. I also think that you should not be too confident that the situation as it stands is without adequate grounds for legal action against you and the producers of your play.

Very sincerely,
Robert Oppenheimer

Dr. Heinar Kipphardt
München-Untermenzing
Goteboldstr. 54
Germany

cc: Mr. Erwin Piscator
Madame Françoise Spira
Mr. Roger Reding

Brief im Nachlaß Kipphardts, Angelsbruck. Copyright 1987 by J. Robert Oppenheimer. All rights reserved. Die nachfolgende Übersetzung stammt vom Herausgeber.

[Sehr geehrter Herr Dr. Kipphardt,
ich danke für Ihren Brief vom 1. Oktober und für den Text Ihres Stückes und den vorgeschlagenen Programmheft-Artikel. Die Lage ist damit noch zweifelhafter und unaufrichtiger als zuvor.

Beim Lesen Ihres deutschen Textes überrascht mich erneut die Anzahl der Stellen, an denen Sie Dinge erfinden, die nicht nur nicht geschahen, sondern die auch nicht geschehen konnten und darum auf gewichtige Weise unwahr sind. Als ein sehr kurzes Beispiel möchte ich verweisen auf das, was Sie mich auf S. 230 über Bohr sagen lassen: (...) Die britische wie die amerikanische offizielle Geschichtsschreibung und meine eigenen häufigen öffentlichen Erklärungen ebenso wie Bohrs Briefe an Roosevelt, die er selbst veröffentlichte, zeigen mit großer Deutlichkeit, daß Bohr den Vorhaben in Los Alamos zustimmte und sie bewunderte und daß seine Anwesenheit dort eine große Ermutigung für uns alle bedeutete. Warum lassen Sie mich darüber die Unwahrheit sagen?

Von zahllosen anderen Beispielen führe ich ein zweites an, das mir sehr am Herzen liegt: das Schlußwort, das mir im Stück in den Mund gelegt wird. In Ihrem Programmheft-Artikel sagen Sie, daß ich im tatsächlichen Hearing keine Gelegenheit hatte, eine Schlußbemerkung zu machen. Die Protokollabschrift zeigt, daß dies nicht wahr ist: ich hatte eine solche Gelegenheit, aber benutzte sie nur, um eine Bemerkung zum Verfahren zu machen. Tatsächlich wurde kein Urteil oder Ergebnis beim Hearing verkündet. Als die Sache am 30. Juni offiziell abgeschlossen wurde, hatte ich die Gelegenheit und nutzte sie zu einer Erklärung, die in den Medien vielfach publiziert wurde. Deren Sinn und Bedeutung stehen in direktem und klarem Widerspruch zu den Worten, die Sie mir zuschreiben.

Von Anfang an war mein Einwand nicht allein, daß ich die von Ihnen erfundene Erklärung während des Hearings nicht abgegeben habe; mein grundsätzlicher Einwand ist der, daß Sie mich Dinge sagen lassen, die ich nicht glaubte und auch heute nicht glaube. Noch im September dieses Jahres wurde ich in Genf während einer Konferenz bei der Genfer Begegnung vom Domherrn Van Kamp gefragt, ob ich heute, um die Folgen wissend, noch einmal tun würde, was ich während des Krieges tat: verantwortlich mitzuwirken am Bau der Atomwaffen. Darauf antwortete ich mit Ja. Als eine Stimme aus dem Publikum wütend fragte: «Selbst nach Hiroshima?», wiederholte ich mein Ja. Sie finden einen zutreffenden Bericht darüber in der «Tribune de Geneve» vom 4. September.

Es scheint mir, daß Sie wohl Guernica, Dachau, Coventry, Belsen, Warschau, Dresden und Tokio vergessen haben. Ich habe es nicht. Wenn Sie es für nötig halten, Ihre Hauptfigur so falsch auszulegen und darzustellen, sollten Sie meiner Meinung nach vielleicht über jemand anderen schreiben. Auch sollten Sie meines Erachtens nicht zu sicher sein, daß die gegebene Situation keine Handhabe gibt für juristische Schritte gegen Sie und die für die Aufführung Ihres Stückes Verantwortlichen.

                                    Hochachtungsvoll,
                                    Robert Oppenheimer]

Kipphardt an Oppenheimer   München, 24. Oktober 1964

Sehr verehrter Herr Professor Oppenheimer,
schönen Dank für Ihren Brief vom 12. Oktober. Nachdem das Stück bei seiner Uraufführung in Berlin und München einen triumphalen Erfolg hatte, nachdem das Publikum und die Kritik das Stück nahezu einmütig als ein objektives Plädoyer für Sie als eine der historischen Schlüsselfiguren unserer Zeit begriffen und beschrieben hat, betrübt es mich besonders, daß der deutsche Text und meine Beschreibung des Verhältnisses zu den Dokumenten Ihre Vorbehalte nicht gemindert hat. Das mag an der Unzulänglichkeit meiner Arbeit, an der Unkenntnis feinster Detailzusammenhänge liegen, die nur der Beteiligte selbst haben kann. Es ist für den historisch Beteiligten aber andererseits auch besonders schwer, aus dem Gestrüpp der tausend miteinander verfilzten Details die objektive Distanz zu gewinnen, die gebraucht wird, um den innersten Kern und Sinn einer historischen Begebenheit von den umherspielenden Zufälligkeiten zu befreien, um sie der Zeitgenossenschaft als ein bedeutendes Exempel darzustellen. Indem der Bühnenschriftsteller den Boden der Zeitgeschichte betritt, ist sein Geschäft diese Umwandlung, auch wenn er sich, wie ich, an alle wesentlichen Tatsachen gebunden sieht. Wenn wir ihm dieses Recht bestreiten würden, dann würden wir der Bühne das Recht auf die Behandlung der Zeitgeschichte bestreiten. Ich zitiere in den vorstehenden Gedanken den Hegel, und ich folge Ihren guten Gebräuchen, wenn ich dem Brief das Zitat beifüge. Ich trage natürlich Eulen nach Athen, denn Sie sagten mir schon bei unserem Telefongespräch, wie wohlvertraut Ihnen der Unterschied in der Arbeitsweise des Schriftstellers und des Historikers sei, und ich verstand Sie so, daß mein Vorschlag, das Verhältnis Stück und Dokument genau zu beschreiben, von Ihnen gebilligt

wurde. Es ist mir nach der Aufführung nicht bekannt geworden, daß irgendjemand dieses Verhältnis des Stückes zu den Dokumenten mißverstanden hätte.

Ich will mich mit diesen Zeilen nicht verteidigen, sehr verehrter Herr Professor Oppenheimer, ich verstehe Ihr Unbehagen sehr wohl, und der Zweck meines Briefes ist die Bemühung, es zu mindern. Sie führen in Ihrem Brief zwei Beispiele aus. Was die Bemerkung zu Bohr angeht, so ist sie ein Rückstand aus einer früheren Fassung, wo das Verhältnis Bohrs zu Los Alamos ausführlich beschrieben wurde, seine Hilfe, seine Unterstützung des Unternehmens und seine Vorbehalte den strengen Sicherheitsvorschriften gegenüber. Jetzt ist nur der letzte Vorbehalt geblieben, und das entstellt seine Haltung wirklich, wenn man sonst nichts über ihn weiß. Ich habe deshalb den Bühnen schon vorgeschlagen, diesen Teil zu streichen, und er ist wirklich nirgends gespielt worden. Ich werde diesen Teil jedoch im Neudruck des Bühnenmanuskripts gern entfernen und eine Streichung dieser Stelle vorschreiben. Schwieriger ist die Frage der Schlußrede, über die wir lange gesprochen haben. Nach dem Charakter des Stückes kann ich auf eine Schlußrede, auf Folgerungen, die meine Hauptperson zieht, nicht verzichten, weil das Stück sonst wie das berühmte Hornberger Schießen ausgeht. Das ist in der Weltgeschichte möglich, nicht aber bei ihrer exemplarischen Widerspiegelung auf dem Theater. Ich habe mir die Erklärung angesehen, die Sie am 30.6.1954 der Presse gegeben haben, und ich habe die kurze Rede anläßlich der Entgegennahme des Enrico Fermi Preises gelesen. Beide Texte sind, wie Sie schon selber am Telefon vermuteten, für die Zwecke des Stückes nicht geeignet, ich habe aber leider auch sonst nirgendwo eine ausführliche Stellungnahme von Ihnen zu diesem Hearing und seiner Problematik finden können. Deshalb war ich auf die Berichte in Zeitungen und Büchern angewiesen, die Ihre Haltung nach dem Hearing beschrieben haben und die Sie meines Wissens nicht dementiert haben. Ich glaubte, daß die von mir geschriebenen Schlußworte der Bühnenfigur Ihrer ferneren Arbeit und Ihrer menschlichen Haltung nicht widersprechen würden, und ich fand sie dem Geiste verwandt, den ich aus Ihrem Buche ‹The Open Mind› und anderen Schriften herauslas. Wenn ich Sie mißinterpretiere und einige schwierige Fragen aus scenischen Gründen unzweifelhaft auch vereinfache, so muß ich das auf meine Kappe nehmen. Es ist aber selbstverständlich meine Pflicht, in meinen Bemerkungen zum Stück ganz klar zu machen, daß diese Schlußworte von mir sind und nicht von Ihnen. Ich schlage Ihnen deshalb die folgende Formulierung für das Ende des Begleittextes vor:

«Oppenheimer hat in dem historischen Hearing kein stellungnehmendes Schlußwort gehalten. Als die Atomenergiekommission unter Admiral Strauss das negative Urteil mit 4 gegen 1 Stimme am 30. Juni 1954 bestätigte und veröffentlichte, gab Oppenheimer in der Presse eine Erklärung ab, in der er sich mit dem abweichenden Minderheiten-Urteil des einzigen Naturwissenschaftlers unter den Mitgliedern des Revisionsausschusses Dr. Henry D. Smyth identifizierte und auf eine eigene ausführliche Stellungnahme verzichtete. Wie vor ihm Dr. Evans, hatte Dr. Smyth in seinem abweichenden Minderheitsbefund erklärt, Oppenheimer sei vollständig loyal und kein Sicherheitsrisiko.»

Da das Protokoll des Hearings ein Schlußwort von Ihnen nicht verzeichnet, konnte ich der Ansicht sein, daß Sie sich nicht geäußert haben. Das gedruckte Transcript of Hearing schließt auf der Seite 992 mit den Worten Grays: We are now in Recess. (Thereupon at 1:30 p. m., the hearing was concluded.) Es verzeichnet danach auch keine Auslassung. Ich war also guten Glaubens, als ich schrieb, daß Sie keine Gelegenheit zu einem Schlußwort erhalten hätten, und ich revidiere das nach Ihrer Korrektur. Ich hoffe, daß Sie die oben vorgeschlagene Formulierung befriedigend finden, und jede Ihrer Anregungen in Bezug auf das Schlußwort wäre mir natürlich hoch willkommen. Gestatten Sie mir zum Abschluß ein paar allgemeine Bemerkungen: Ich denke, daß mein Stück keinen Zweifel daran läßt, daß Los Alamos eine notwendige, für die Geschichte der Menschheit bedeutsame Unternehmung war. Was mich selber betrifft, so habe ich jede Unternehmung begrüßt, die geeignet war, unsere Zivilisation vor dem Versinken in die drohende Nazi-Barbarei zu bewahren. Und wenn sich eine solche Bedrohung wiederholen sollte, so wäre mir jedes geeignete Mittel wiederum recht, sie zu bekämpfen. Ich denke, daß diese Haltung aus meiner literarischen Arbeit hervorgeht, ein beträchtlicher Teil meiner Arbeiten beschäftigt sich mit den Verbrechen der Nazizeit, ihren Ursachen und ihren Folgen. Was Dachau und Belsen angeht, so kann ich sie schwerlich vergessen, da mein Vater ein politischer Häftling im KZ Buchenwald war. Ich habe auch niemals die Dummheit goutiert, in Deutschland über die schreckliche und unnötige Bombardierung Dresdens zu lamentieren, ohne zu bedenken, daß Dresden die unheilvolle Konsequenz von Guernica, Rotterdam und Coventry war. Wenn ich die Fragen meines Stückes nicht im eigenen Hause, in

Deutschland, behandeln kann, so liegt das an dem Umstand, daß es ein deutsches Atomwaffen-Projekt glücklicherweise nicht gab, und, so hoffe ich, auch ferner nicht geben wird. Das Stück ist aber deshalb in gar keiner Weise antiamerikanisch etwa, es ist nicht wissenschaftsfeindlich, und es ist nicht im platten Sinne ein Anti-Atombomben-Stück. Es bemüht sich vielmehr, nüchtern und objektiv die Fragen zu stellen, wie den großartigen Entdeckungen der Naturwissenschaften ihr menschenfreundlicher Aspekt abzugewinnen wäre, und ob nicht einiges zu tun nötig wäre, den menschenfeindlichen Aspekt von uns zu wenden. Ich weiß, daß es dafür keine Patentlösung gibt, aber ich denke, es ist die Aufgabe des Schriftstellers, seinen Zeitgenossen die Fragen zu unterbreiten, die sie ihrer schwer vorstellbaren Folgen wegen gerne verdrängen. In dieser Bemühung wenigstens weiß ich mich mit Ihnen einig, und wenn ich in den Zeitungen Ihre in Genf vorgetragenen kühnen Gedanken lese, ob nicht die Zeit gekommen sei, den Geist der internationalen Wissenschaftlichkeit auf neue Weise wieder herzustellen, so finde ich der Übereinstimmungen mehr. Es tut mir leid, daß ich Ihnen Ihre kostbare Zeit mit der Zumutung stehle, sich mit einer Phase der Vergangenheit zu beschäftigen, die Sie gequält hat, und ich bitte Sie um Nachsicht.

Ich bin mit vorzüglicher Hochachtung

Ihr ergebener
Heinar Kipphardt

Brief-Durchschlag im Nachlaß Kipphardts, Angelsbruck.

Oppenheimer protestiert bei Kipphardt

Springer-Auslandsdienst

Washington, 9. November

Der amerikanische Atomphysiker Robert Oppenheimer hat bei dem deutschen Bühnenschriftsteller Heinar Kipphardt gegen das Schauspiel «In Sachen J. Robert Oppenheimer» protestiert.

Durchschläge des Oppenheimer-Briefes gingen an mehrere europäische Theaterproduzenten, die die Aufführung des Stücks vorbereiten.

Das Schauspiel, das im vergangenen Monat gleichzeitig in Berlin und München uraufgeführt wurde, basiert auf dem Protokoll der Verhöre Oppenheimers durch die amerikanische Atomenergiekommission 1954 in der Ära McCarthy.

«Das ganze verdammte Ding war eine Farce», wetterte Oppenheimer in einem Interview mit der «Washington Post». «Und diese Leute (Kipphardt und die Produzenten) versuchen eine Tragödie daraus zu machen», beschwerte sich der Wissenschaftler.

«Wenn man ein Schauspiel nach einem Protokoll schreibt, muß man unweigerlich einiges ändern. Ich habe Einspruch gegen Improvisationen erhoben, die der Geschichte und der Natur der betroffenen Leute widersprechen.»

Oppenheimer führte folgende Beispiele an: «Erstens ist die Behauptung im Text falsch, daß Niels Bohr die Arbeit in Los Alamos mißbilligte, weil er sich über die Beherrschung der Wissenschaft durch das Militär Sorgen machte.» «Zweitens stimmt es nicht – was Kipphardt in einer Fußnote auf dem Programm behauptet –, daß mir nicht die Gelegenheit zu einer Stellungnahme gegeben worden sei. Mir wurde diese Gelegenheit gegeben.»

«Ich sagte auch nie, ich hätte meine Beteiligung am Bau der Atombombe... bedauert», erklärte Oppenheimer weiter.

Über seine Kontroverse mit Kipphardt berichtet er außerdem: «Ich sagte, daß vielleicht er (Kipphardt) und nicht ich Guernica, Coventry, Hamburg, Dresden, Dachau, Warschau und Tokio vergessen habe. Und wenn es ihm so schwerfalle, dies zu verstehen, dann sollte er doch ein Schauspiel über etwas anderes schreiben.»

Artikel in der Zeitung «Die Welt», 10. November 1964. – Das erwähnte Interview war in der «Washington Post» vom 9. November 1964 veröffentlicht worden.

Wahrheit wichtiger als Wirkung

Heinar Kipphardt antwortet auf J. R. Oppenheimers Vorwürfe

Ich kann das Unbehagen, in das eine historische Persönlichkeit gerät, wenn sie sich auf dem Theater dargestellt sieht, sehr wohl nachfühlen. Es ist für den historisch Beteiligten besonders schwer, aus dem Gestrüpp der tausend miteinander verfilzten Details der Wirklichkeit die objektive Distanz zu gewinnen, die gebraucht wird, um den innersten Kern und Sinn einer historischen Begebenheit von den umherspielenden Zufälligkeiten zu befreien, um sie der Zeitgenossenschaft als ein bedeutendes Exempel darzustellen.

Indem der Bühnenschriftsteller den Boden der Zeitgeschichte betritt, ist sein Geschäft diese Umwandlung, auch wenn er sich, wie ich, an alle wesentlichen historischen Tatsachen gebunden sieht. Wenn wir ihm dieses Recht bestreiten würden, dann würden wir der Bühne das Recht auf die Behandlung der Zeitgeschichte bestreiten.

Es ist aber natürlich die Pflicht des Bühnenschriftstellers, das Verhältnis des Stücks zu den Dokumenten genau zu beschreiben, damit niemand irregeführt wird und jedermann die Möglichkeit erhält, an Hand der historischen Dokumente zu überprüfen, ob der Schriftsteller mit seiner Arbeit die historische Wirklichkeit getroffen hat und ob er die für seine Zeitgenossenschaft wesentlichen Bedeutungen des historischen Falls zur Darstellung bringt oder nicht.

Ich habe mir bei meiner Arbeit Beschränkung auferlegt, alle im Stück erscheinenden Tatsachen der historischen Wirklichkeit zu entnehmen. Meine Freiheiten liegen in der Auswahl, in der Anordnung, in der Formulierung und in der Konzentration des Stoffes. Um die Form eines sowohl strengeren als auch umfassenderen Zeitdokuments zu erreichen, das mir für die Bühne wünschenswert schien, waren einige Ergänzungen und Vertiefungen erforderlich.

Ich verfuhr dabei nach dem Prinzip sowenig wie möglich und soviel wie notwendig. Wenn die Wahrheit von einer Wirkung bedroht schien, opferte ich eher die Wirkung. Ich stützte mich bei meiner Arbeit nicht nur auf das 3000 Maschinenseiten lange Protokoll des historischen Hearings, sondern auch auf eine Fülle von anderen Dokumenten und Beschreibungen zur Sache. Die für die Bühne unvermeidlichen Abweichungen in einzelnen Details beschrieb ich nach meinem besten Wissen. Es tut mir leid, daß Dr. Oppenheimer diese Beschreibung nicht in allen Punkten befriedigend fand, und ich machte ihm in meinem Antwortbrief Vorschläge, diesen Mangel zu mindern.

Ich gehe in folgendem auf die Details ein, die Sie in Ihrer gestrigen Ausgabe berichteten:

Was Niels Bohr betrifft, so behaupte ich im Stück nicht, daß er die Arbeit in Los Alamos mißbilligt habe. Bohr floh vor Hitler aus Dänemark nach England und von dort nach Amerika, und er unterstützte die Arbeit in Los Alamos durch seine beratende Anwesenheit mehrfach ausdrücklich. Gleichzeitig beunruhigten ihn aber die scharfen Sicherheitsbestimmungen, und er hatte starke Befürchtungen über die Komplikationen, die sich nach dem Kriege aus dem Atombombenmonopol ergeben könnten. Deshalb wandte er sich an Roosevelt und Churchill. Die Erwähnung Bohrs ist in meinem Stück eine winzige Episode, und da ich den ganzen Zusammenhang nicht darstellen kann, den Bohr zu Los Alamos hatte, habe ich Dr. Oppenheimer in meinem Antwortbrief vorgeschlagen, diese kurze Partie zu streichen.

Wenn ich in meinen Bemerkungen zum Stück schrieb, daß Dr. Oppenheimer im wirklichen Hearing keine Gelegenheit zu einem Schlußwort erhielt, so entnehme ich das dem Protokoll der Atomenergiekommission, die ein Schlußwort oder eine Aufforderung dazu nicht verzeichnet. Als mir Dr. Oppenheimer am 12. Oktober 1964 schrieb, daß ihm eine solche Gelegenheit gegeben worden sei, daß er sie aber nur benutzt habe, «to make a technical point», schlug ich ihm eine Änderung meiner Beschreibung zu diesem Punkt vor. Mir war es bei der Beschreibung darauf angekommen, daß Dr. Oppenheimer das in dem Stück vorkommende Schlußwort nicht wirklich gehalten hat.

Wenn Dr. Oppenheimer sagt, daß «das ganze verdammte Ding (das Hearing) eine Farce war», so stimme ich mit ihm überein. Es ist aber nicht zu bestreiten, daß in dieser demütigenden Loyalitätsuntersuchung die tragischen Aspekte und die schwer lösbaren Widersprüche, in die ein heutiger Kernphysiker geraten kann, zum Vorschein kamen, und diese tragischen Konflikte und Widersprüche interessieren den Schriftsteller, wenn er die Fragen seiner Zeit stellt.

Ich zitiere aus dem historischen Dokument, nicht aus meinem Stück:

ROBB: Wann wurden diese moralischen Skrupel so stark, daß Sie sich der Entwicklung der Wasserstoffbombe widersetzten?
OPPENHEIMER: Als vorgeschlagen wurde, daß es die Politik der Vereinigten Staaten sein müsse, diese Waffe um jeden Preis herzustellen, ohne Rücksicht auf das Gleichgewicht zwischen ihnen und anderen Atomwaffen, die ein Teil unserer Rüstung sind.
ROBB: Was hatten die moralischen Skrupel damit zu tun?
OPPENHEIMER: Was moralische Skrupel damit zu tun haben?
ROBB: Ja, Sir.
OPPENHEIMER: Wir machten von der Atombombe ziemlich tüchtig Gebrauch.

ROBB: Tatsächlich, Doktor, Sie haben uns hier gesagt, wenn ich nicht irre, daß Sie die Ziele für den Abwurf der Bombe in Japan aussuchen halfen, nicht wahr?

OPPENHEIMER: Richtig.

ROBB: Und Sie haben gewußt, daß der Abwurf der Atombombe auf das von Ihnen ausgesuchte Ziel tausende von Zivilisten töten oder verletzen würde, ist das auch richtig?

OPPENHEIMER: Nicht so viele, wie sich schließlich herausstellte.

ROBB: Wieviele wurden getötet oder verletzt?

OPPENHEIMER: Siebzigtausend.

ROBB: Hatten Sie deshalb moralische Skrupel?

OPPENHEIMER: Entsetzliche.

ROBB: Aber Sie haben neuerlich erklärt, Sir, daß der Bombenabwurf auf Hiroshima sehr erfolgreich gewesen ist, oder nicht?

OPPENHEIMER: Gut, er war technisch erfolgreich.

ROBB: O, technisch.

OPPENHEIMER: Es wird auch behauptet, daß sie den Krieg zu beenden half.

ROBB: Hätten Sie den Abwurf einer Wasserstoffbombe auf Hiroshima befürwortet?

OPPENHEIMER: Das hätte keinen Sinn gehabt.

ROBB: Wieso?

OPPENHEIMER: Das Ziel ist zu klein.

ROBB: Das Ziel ist zu klein. Angenommen, es hätte in Japan ein Ziel gegeben, das für eine Wasserstoffbombe groß genug gewesen wäre, hätten Sie sich widersetzt, eine darauf abzuwerfen?

OPPENHEIMER: Ich wurde mit diesem Problem nicht konfrontiert.

ROBB: Ich konfrontiere Sie jetzt damit, Sir.

OPPENHEIMER: Sie konfrontieren mich nicht mit einem tatsächlichen Problem...

ROBB: Das ist richtig. Würden Sie sich dem Abwurf einer Wasserstoffbombe auf Japan aus moralischen Skrupeln widersetzt haben?

OPPENHEIMER: Ich glaube, ich hätte das getan, Sir.

Es gibt im Stück keine Stelle, die behauptet, daß Dr. Oppenheimer seine Beteiligung am Bau der Atombombe bedauert habe. Es wird nicht bestritten, daß Los Alamos eine historisch bedeutende Unternehmung war, um die Atombombe zu entwickeln, ehe sie von Hitler entwickelt wurde. Die Physiker waren moralisch für dieses Unternehmen legitimiert, das den Zweck hatte, unsere Zivilisation vor dem Versinken in die drohende Nazi-Barbarei zu bewahren und den von Hitler begonnenen Krieg sobald wie möglich zu beenden.

Es ist eine andere Frage, ob der tatsächliche Abwurf der Atombombe auf Hiroshima und Nagasaki für die Beendigung des Krieges notwendig war, ob nicht vielleicht auch eine internationale Demonstration der Waffe genügt hätte, wie eine Anzahl von Wissenschaftlern glaubte. Der Gebrauch der Atomwaffen in Hiroshima und Nagasaki konfrontierte die Wissenschaftler mit den Folgen ihrer Arbeit, und sie konnten an diesen Waffen fernerhin nicht arbeiten, ohne zu bedenken, daß sie gegebenenfalls auch verwendet würden.

Nun ist die Kernenergie nicht die Atombombe, und die großen Entdeckungen in Los Alamos und in anderen Waffen-Laboratorien leiteten mit der Kernenergie und der Kybernetik gleichzeitig ein neues industrielles Zeitalter ein. Die Fragen, die ich im Stück behandele, sind, wie der menschenfeindliche Aspekt der neuen Entdeckungen von uns abgewendet werden könne und wie der menschenfreundliche Aspekt der Entdeckungen zu fördern wäre.

Offensichtlich befinden sich die neuen Entdeckungen in einem gewissen Widerspruch zu den politischen, wirtschaftlichen und sozialen Formen unseres Zusammenlebens, und offensichtlich dürfen wir die Fragen nicht verdrängen, weil die Zerstörung unserer Zivilisation möglich geworden ist. Dr. Oppenheimer hat in seinem Leben viel unternommen, um diese Gefahren von uns abzuwenden, und ich verstehe nicht, wie er meinen Versuch einer objektiven Darstellung der Fragen mit Guernica, Coventry, Hamburg, Dresden, Dachau, Warschau und Tokio in Zusammenhang bringt.

Was mich betrifft, so habe ich alle diese schrecklichen Stationen unserer Vergangenheit nicht vergessen, und ich habe mich in anderen Arbeiten mit dieser Vergangenheit auseinandergesetzt. Es ist natürlich Unsinn, etwa Auschwitz mit Hiroshima entschuldigen zu wollen, und ich habe einen solchen verbrecherischen Unsinn nie vertreten. Aber es muß doch auch nach Auschwitz einem deutschen Schriftsteller erlaubt sein, die Kernfragen seiner Zeit zu behandeln. Wenn ich diese Fragen meines Stückes nicht im eigenen Hause, in Deutschland, behandeln kann, so liegt das an dem Umstand, daß es ein deutsches Atombombenprojekt glücklicherweise nicht gab und, so hoffe ich, auch fernerhin nicht geben wird.

Artikel in «Die Welt», 11. November 1964. Hier gedruckt nach der Typoskript-Fassung im Nachlaß Kipphardts.

Kipphardt an Oppenheimer   12. November 1964

Sehr verehrter Herr Professor Oppenheimer,
in der europäischen Presse sind Teile des Briefes publiziert worden, den Sie mir am 12. Oktober geschrieben haben, und Teile eines Interviews, das Sie ‹Washington Post› gegeben haben. Die deutsche Zeitung ‹Die Welt› hat darüber berichtet, und sie bat mich um eine Stellungnahme. Ich konnte eine sachliche Stellungnahme nicht verweigern, und ich gab sie mit dem Verständnis, das ich für die Schwierigkeit habe, sich einem fremden Bilde von sich gegenüber zu sehen, das wohl nicht vollständig objektiv sein kann, und das natürlich Deutungen enthält. Der Dramatiker ist kein Biograf, und er ist kein Historiker. Er muß den historischen Vorgängen das für seine Zeit Exemplarische und Bedeutende abgewinnen. Daran wird er gemessen. Ich weiß natürlich nicht, ob mir das gelungen ist, denn ein Autor ist aus wohlbekannten Gründen sein bester Kritiker so wenig, wie eine historische Persönlichkeit ihr bester Kritiker ist. Wenn ich aber mögliche Mißverständnisse im Stück durch Ihre Hinweise beseitigen, wenn ich es ohne Eingriff in die künstlerische Substanz exakter machen kann, so will ich das tun.

Ich schrieb Ihnen am 24. Oktober nach Princeton, und ich machte in Bezug auf die kurze Textstelle über Bohr und die Fußnote zum Schlußwort Vorschläge. Ich war dann ein bißchen überrascht, Teile des Briefes, den ich beantwortet hatte, in der Zeitung zu lesen, und ich fragte mich nach Ihren Motiven. Jetzt entnehme ich der Presse, daß der Brief nicht durch Sie, sondern durch Vilar in die Zeitungen gelangt ist, und die Motive Vilars sind für mich sehr klar. Es gibt nämlich einen Rechtsstreit zwischen meinem Verlag und dem Théatre l'Athénée, da das Theater die getroffenen Vereinbarungen nicht einhielt. Ich hatte Vilar einige Freiheiten für die französische Adaption zugesichert, sofern er sich noch näher an das Hearing zu halten wünscht, und er machte jetzt nach drei Monaten den Vorschlag, daß er eigentlich ein neues Stück nach meinem Stück spielen will, und ich konnte den Text nicht sehen. Dieser Vorschlag war für mich und den Verlag indiskutabel, und so verweigerten wir ihm unser Einverständnis. Offensichtlich hat Vilar daraufhin die Kopie Ihres Briefes an mich der Presse gegeben, und ich möchte dieses Verfahren nicht kommentieren.

Ich finde mich in einer merkwürdigen Lage, insofern ich mein Stück gegen den Mann verteidigen muß, für dessen Haltung und Problematik ich ein allgemeines Verständnis zu erzielen wünschte.

Ich fürchte, daß auch die Öffentlichkeit, die das Stück so verstanden hat, ein bißchen verwirrt ist.
   Ich bin mit vorzüglicher Hochachtung

Ihr ergebener
Heinar Kipphardt

Brief-Durchschlag im Nachlaß Kipphardts, Angelsbruck.

Oppenheimer an Kipphardt   Princeton, New Jersey,
                                           16 December 1965

Dear Dr. Kipphardt:
With the passage of time, and after some discussion with friends who have become experts on the various versions of the «case», I have come to feel that I was unduly harsh and unkind in what I wrote more than a year ago. It is obvious that I would have preferred not to have a play at all; and the reasons for some of my objections, particularly the bit about Bohr, which you took out, and the artifact of my last speech, still seem rather sound to me; but I am quite clear that in these and other matters you meant me no harm. I wish I had not become involved in the thing at all. How I did, I need not now tell you; but above all I wish that I had written with greater restraint and kindness.

With good wishes,
Robert Oppenheimer

Brief im Nachlaß Kipphardts, Angelsbruck. Copyright 1987 by J. Robert Oppenheimer. All rights reseved. Die nachfolgende Übersetzung stammt vom Herausgeber.

[Sehr geehrter Herr Dr. Kipphardt,
im Laufe der Zeit und nachdem ich mich mit einigen Freunden, die mit den verschiedenen Versionen des «Falles» vertraut sind, beraten habe, habe ich heute das Gefühl, daß ich unangemessen schroff und unfreundlich gewesen bin, als ich Ihnen vor mehr als einem Jahr geschrieben habe. Zweifellos wäre es mir lieber, wenn es überhaupt kein Stück gäbe; und die Gründe für einige meiner Vorbehalte erscheinen mir immer noch ziemlich zutreffend, besonders die Stelle

über Bohr, die Sie herausgenommen, und das Schlußwort, das Sie mir in den Mund gelegt haben. Doch bin ich sicher, daß Sie mich mit dieser und auch mit anderen Stellen nicht persönlich verletzen wollten. Mein Wunsch wäre, niemals mit der Sache befaßt worden zu sein. Wie ich es wurde, brauche ich Ihnen hier nicht zu schildern; aber vor allem wäre es mir lieber, ich hätte Ihnen mit größerer Zurückhaltung und Freundlichkeit geschrieben.

Mit guten Wünschen,
Robert Oppenheimer]

Kipphardt an Oppenheimer　　　　München, 15. Februar 1966

Sehr verehrter Herr Professor Oppenheimer,
Ihr Brief vom 16. Dezember hat mir wohlgetan, und ich bedanke mich für Ihre Freundlichkeit. Ich habe Ihre Gefühle dem Stück gegenüber immer verstanden, denn ich weiß, wie tief Sie an den Fragen gelitten haben, die das Stück zu beschreiben versucht. Nachdem das Stück seinen Weg durch viele Länder genommen hat, läßt sich glücklicherweise sagen, daß seine Wirkung Ihre Sorgen nicht bestätigt hat, und ich bin sehr froh, daß Ihre eigenen Empfindungen mit dieser allgemeinen Beobachtung übereinstimmen.

Ich habe allen Bühnen die Stelle über Bohr zu streichen vorgeschrieben, und ich habe sie verpflichtet, meine Beschreibung über das Verhältnis des Stückes zu den Dokumenten im Programm abzudrucken, so daß für jedermann klar war, daß es sich bei meiner Arbeit nicht um eine Montage von dokumentarischem Material handelte, sondern um ein Theaterstück mit eigenen Zielen, das sich möglichst eng an die historisch dokumentierten Tatsachen zu halten wünschte. Ich wies besonders darauf hin, daß das Schlußwort der Oppenheimer-Figur des Stückes nicht historisch ist.

Da dieses Schlußwort, soweit ich sehe, die wesentliche Einzelheit geblieben ist, die Ihnen Unbehagen bereitet, möchte ich Ihnen für eine etwaige englische oder amerikanische Aufführung eine Änderung des Schlusses unterbreiten, die Ihre Gedanken dazu berücksichtigt, und die Ihnen vielleicht akzeptabel scheint. Wenn sich eine Übereinstimmung nicht finden läßt, gäbe es schließlich den Weg, auf das Schlußwort überhaupt zu verzichten, obwohl das nach meiner Überzeugung das Stück und die dramatische Zentralfigur beeinträchtigen würde. Ohne Sie mit der Sache neuerlich behelligen zu wollen, würde ich Ihnen, wenn Sie einverstanden sind, diese eine Entscheidung gern überlassen.

Ich bin in herzlicher Verehrung

Ihr
Heinar Kipphardt

Brief-Durchschlag im Nachlaß Kipphardts, Angelsbruck. – Eine Antwort Oppenheimers erfolgte nicht. Eine spätere Stellungnahme Oppenheimers ist dem Brief auf S. 256 dieses Bandes zu entnehmen. J. Robert Oppenheimer starb am 18. Februar 1967.

d) Der Streit mit Jean Vilar

Kipphardt über Vilar

Frantz Vossen berichtet, daß Vilar mein Stück in ein reines Dokumentarstück verwandelt habe, «in dem sich kein Wort findet, das im Lauf der Verhandlungen von 1954 nicht tatsächlich gesprochen worden wäre». Das kann man leicht behaupten, wenn man die Dokumente nicht kennt, aber es ist in keiner Hinsicht wahr. Der Billigkeit halber sage ich, daß von einem Kritiker nicht zu verlangen ist, daß er die umfangreichen zeitgeschichtlichen Dokumente studiert hat, von denen ein Autor ausgegangen ist, wenn er eine Kritik verfaßt. Frantz Vossen ist jedoch das Unglück widerfahren, daß sich alle Vorzüge, die er von der französischen Fassung behauptet, bereits im deutschen Original finden. Beispiele: Vossen lobt den symmetrischen Aufbau in zwei Akten, der von mir ist. Vossen spricht vom «Argument des Steuerzahlers», das ich fallengelassen hätte, das er bei mir aber nachlesen kann, usw.

Ich verzichte auf andere Beispiele und beschreibe, wie sich die französische Textfassung zu meinem Stück wirklich verhält und wie zu den Dokumenten:

Vilar nimmt meine Personen, meine Kompositionsweise und meine Szenenfolge. Von den 40 Zeugen des wirklichen Hearings gibt es bei mir sechs Zeugen, bei Vilar fünf. Alle von ihm verwandten Zeugen sind bei mir zu finden, und er verzichtet auf einen, nämlich Griggs. Im Hearing hatte Oppenheimer drei Anwälte, bei mir zwei, bei Vilar ist einer übriggeblieben.

Es ist richtig, daß Vilar gelegentlich eine Szene an eine andere Stelle rückt, Teile wegläßt und einige Szenen schwächt, weil er sich auf Formulierungen des Dokuments beschränkt. Gleichzeitig verwendet er aber Dutzende von szenischen Erfindungen von mir, die sich in den Dokumenten nicht finden, und er fügt auch nach Belieben szenische Erfindungen hinzu, die sich weder bei mir noch in den Dokumenten finden. Eine Eigenart der französischen Fassung besteht ferner darin, daß Vilar alle Stellen wegläßt, die ein kritisches Licht auf Oppenheimer werfen. Er eliminiert die wesentlichen Konflikte und Widersprüche der Figur und verwandelt Oppenheimer in einen reinen Helden, dem nur Unrecht geschieht. Die wirkliche Problematik der Figur, als ein Exempel für die Lage des heutigen Naturwissenschaftlers, ist damit verschwunden. So wird man in der französischen Fassung eine Beschreibung der Handlungen und der Haltung Oppenheimers zum Abwurf der Bombe auf Hiroshima vergeblich suchen, und ebensowenig wird der Zuschauer die Konflikte und Fehlhandlungen Oppenheimers im Fall Eltenton – Chevalier erfahren. Beide Komplexe finden sich bei mir im Stück, und sie finden sich ebenso ausführlich in den Dokumenten. Ich verzichte auf andere Beispiele, die auf der gleichen Linie liegen.

Zum Ausgleich macht Vilar die Gegenspieler, Robb und Pash, zum Exempel, dumm, und er erfindet Szenen, wo sie ein Dokument nicht vorlesen können oder nicht wissen, daß Friedrich Engels tot ist. Das einzige Dokument, das Vilar einigermaßen zuverlässig handhabt, ist mein Stück, obwohl er auch da die erstaunliche Fähigkeit hat, einer Szene seitenlang wörtlich zu folgen, um sie an dem entscheidenden Punkt zu verderben, dann nämlich, wenn sie an einen Punkt gerät, wo Oppenheimers Haltung kritisierbar wird.

Um nicht mißverstanden zu werden, mein Stück ist sicherlich unter anderem auch ein Plädoyer für den Physiker Oppenheimer, aber wenn ich seine Konflikte und Widersprüche darstellen will, um sie verständlich zu machen, dann geht es wohl nicht an, sie wegzulassen oder zu retuschieren.

Zusammenfassend: In der französischen Fassung durch Jean Vilar sind meinem Stück die Zähne ausgebrochen worden. Die Problematik ist in vielen Teilen auf das Niveau eines populären Magazins heruntergebracht, und es sind inhaltlich keine neuen Gesichtspunkte dazugekommen. Von «Pièce document» keine Spur, es handelt sich um das landläufige Verderben eines Stückes durch bearbeitungswütige Regisseure, denen zu ihren Bearbeitungen eines fehlt: daß sie es können.

Im Hinblick auf die vertraglich fixierte Einigung des Suhrkamp-Verlages mit Jean Vilar und dem Théâtre L'Athénée drücke ich mich so behutsam aus.

Heinar Kipphardt

Aus: «Süddeutsche Zeitung», 23. Dezember 1964. Erwiderung auf einen Artikel von Frantz Vossen in der «Süddeutschen Zeitung» vom 15. Dezember 1964. – Der Regisseur und Schauspieler Jean Vilar hatte für das Pariser Théâtre de l'Athénée eine Inszenierung von Kipphardts Stück vorbereitet. Dabei legte er eine abweichende Textfassung zugrunde, die er als eigene dokumentarische Arbeit ausgab; erst nach der Androhung gerichtlicher Schritte durch den Suhrkamp Verlag war Vilar bereit, Kipphardts Schauspiel als Ausgangspunkt seiner Aufführung und Textfassung zu nennen.

Henning Rischbieter:

In der Sache Vilar

Die Sache schwelt schon seit Monaten. J. Robert Oppenheimer hat im vorigen Herbst – betroffen von dem Umstand, sich als Hauptfigur eines Theaterstückes zu finden – an Heinar Kipphardt, den Autor dieses Schauspiels «frei nach den Dokumenten» mit dem Titel «In der Sache J. Robert Oppenheimer» (abgedruckt in Heft 11/1964 von «Theater heute»), einen Brief geschrieben, in dem er gegen das Stück protestierte. Er schrieb unter anderem, daß das Verfahren, welches 1954 vor einem Untersuchungsausschuß der Atomenergiekommission in Washington stattfand, eine Farce gewesen sei, nicht aber, wie Kipphardt es darstelle, eine Tragödie. Und – vielleicht der entscheidende Punkt, der neben andern Ausstellungen Oppenheimers leicht übersehen werden konnte – er habe niemals sein Bedauern darüber zum Ausdruck gebracht, daß er an der Herstellung der Atombombe beteiligt gewesen sei. Der Einspruch Oppenheimers wirkte sich aus: Jean Vilar inszenierte im Pariser Théâtre de l'Athénée nicht Kipphardts Text, sondern eine eigene Fassung des Stoffes. (Der Stoff – das sind die rund 3000 Seiten des Verhandlungsprotokolls, jedermann zugänglich.)

Jetzt liegt auch Vilars Text im Druck vor («Le Dossier Oppenheimer», Texte de Jean Vilar, d'après le montage scénique d'Heinar Kipphardt et les minutes de la Commission de Sécurité..., Editions Gonthier, Genf 1965, 125 S.). Ein Vergleich ist möglich. (Die Berichte der Pariser Korrespondenten der deutschen Zeitungen haben die Sache mehr verwirrt als geklärt, weil sie anscheinend nicht auf einem Textvergleich beruhten.)

Was hat Vilar von Kipphardt übernommen? Das, was Kipphardt selbst (im Vorwort) «die Auswahl», «die Konzentration» des Stoffes nennt. Von den über vierzig Zeugen des Verfahrens treten bei Kipphardt sechs auf; bis auf einen, den komisch wirkenden Chefwissenschaftler der Air Force, Griggs, hat auch Vilar die gleichen Leute auftreten lassen. Was hat Vilar anders gemacht? Er hat das wieder beseitigt, was Kipphardt (im gleichen Vorwort) als «Ergänzungen und Vertiefungen» bezeichnet. Die «Worttreue», die Kipphardt durch «Sinntreue» ersetzt hat, wird von Vilar weitgehend wieder hergestellt.

Das heißt vor allem, daß Vilar die literarische Dimension von Kipphardts Stück weggelassen hat. Kipphardt hat dem dokumentarischen Dialog zweierlei hinzugefügt: einmal theatralische Zutaten, Pointen, komische Lichter. Und er hat andererseits die «Farce» der speziellen, kleinlichen, an Details klebenden Verhandlung immer wieder mit (erfundenen) generellen Ausblicken auf die «Tragödie» der Naturwissenschaften und der Naturwissenschaftler bereichert.

Wichtiger als die stockende Verteidigung des historischen Oppenheimer in dem Verfahren, das tatsächlich stattgefunden hat, sind ihm Oppenheimers skrupulöse Reflexionen über die Verantwortung des Physikers, die in dem Verfahren nicht ausgesprochen worden sind, die aber weder dem historischen Oppenheimer fernliegen noch den «objektiven» Schwierigkeiten und Gefahren der Weltstunde widersprechen, diese vielmehr formulieren.

Oppenheimer spricht auch in Vilars Text einige wenige Male von seinen Skrupeln gegenüber den Wirkungen der Atombombe. Aber das geschieht erst, nachdem der erste Teil des Stückes sich mit der prokommunistischen Vergangenheit Oppenheimers beschäftigt hat. Bei Kipphardt wird Oppenheimer gleich zu Anfang der «Vater der Atombombe» genannt, und Oppenheimer selbst nimmt da schon die grundsätzlichen Aspekte auf: «Man machte von den großen Entdeckungen der neueren Naturwissenschaften einen fürchterlichen Gebrauch.» Damit kündigt sich der literarische Aspekt von Kipphardts Stück an, der sich immer wieder meldet und der im (von Kipphardt erfundenen) Schlußwort Oppenheimers kulminiert. Dieses Schlußwort wäre wohl ohne die Selbstverurteilung des Galilei im vierzehnten Bild von Brechts Stück nicht so geschrieben worden.

Kipphardt läßt Oppenheimer sagen: «...frage ich mich, ob wir den Geist der Wissenschaft nicht wirklich verraten haben, als wir unsere Forschungsarbeiten den Militärs überließen, ohne an die Folgen zu denken. So finden wir uns in einer Welt, in der die Menschen die Entdeckungen der Gelehrten mit Schrecken studieren, und neue Entdeckungen rufen neue Todesängste bei ihnen hervor.» Galilei sagt in Brechts Stück: «Wenn Wissenschaftler, eingeschüchtert durch selbstsüchtige Machthaber, sich damit begnügen, Wissen um des Wissens willen aufzuhäufen, kann die Wissenschaft zum Krüppel gemacht werden, und eure neuen Maschinen mögen nur neue Drangsale bedeuten... Die Kluft zwischen euch und ihr kann eines Tages so groß werden, daß euer Jubelschrei über irgendeine neue Errungenschaft von einem universalen Entsetzensschrei beantwortet werden könnte... ich habe meinen Beruf verraten.» Zugespitzt ausgedrückt: wo Kipphardt sich von den Dokumenten entfernt, nähert er sich Brecht. Er gibt mit seinem Stück eine aktuelle Paraphrase zum «Leben des Galilei».

Wer hat recht, Vilar (und Oppenheimer, der wohl Vilars Version akzeptiert) oder Kipphardt? Vilars Zurückführung der Kipphardtschen «Konzentration» auf den Originaldialog der «Hearings» setzt Kipphardts «Schauspiel frei nach den Dokumenten» voraus. Denn Kipphardt hat einen Stoff «gefunden», zugeschnitten, die Dialoge weitgehend neu geschrieben, Monologe hinzugefügt. Vilar hat sich Kipphardts Findung und Zuschnitt zunutze gemacht. Die Generalisierungen, die Liberalisierungen Kipphardts sind legitim: sie machen den Fall theaterwirksam und betreffend. Daß es auch eine Theaterwirksamkeit der strikteren Authentizität gibt, hat Vilars Fassung (und Inszenierung und Darstellung der Titelrolle) gezeigt. Ob eine weniger bedeutende Darstellung der Titelrolle als die Vilars dessen Fassung auch noch zum Erfolg führt, erscheint nicht ganz unzweifelhaft.

Hochhuth hat sich im «Stellvertreter» auf Dokumente gestützt, Peter Weiss hat im «Marat» authentische Äußerungen des Revolutionstribunen verwandt. Die Kontroverse Kipphardt–Vilar hat deutlich gemacht, daß Kipphardts Stück auch in einem freien, dichterischen Verhältnis zu den verwendeten Materialien steht. Das ist kein Nachteil, sondern ein Vorzug.

Aus: «Theater heute», 6. Jahrgang, Nr. 3, März 1965.

e) Die Widersprüche unserer Zeit.
Ein Gespräch (1965)

Roland H. Wiegenstein: Herr Kipphardt, Sie haben in Ihrem Stück «In der Sache J. Robert Oppenheimer» den Fall des Atomphysikers Oppenheimer aufgegriffen oder genauer, die Untersuchung gegen Oppenheimer, die 1954 in Amerika stattgefunden hat und die der Frage dient, ob Oppenheimer für die Vereinigten Staaten ein Sicherheitsrisiko sei oder nicht, und die der Ausschuß damals dahingehend beantwortet hat, daß Oppenheimer keinen Zugang mehr haben sollte zu den Atomgeheimnissen der Vereinigten Staaten. Später ist Oppenheimer dann ja rehabilitiert worden.

Heinar Kipphardt: Das ist nicht richtig. Später hat Oppenheimer einen Preis bekommen, den Enrico Fermi-Preis, der so etwas wie eine Rehabilitation darstellen könnte, aber der Beschluß der Atomenergiekommission, der in einer zweiten Instanz ja bestätigt wurde, ist nie aufgehoben worden, und bisher ist Oppenheimer eine Sicherheitsgarantie nicht wieder erteilt worden. Oppenheimer hat darum auch nicht ersucht, soviel ich weiß.

Nun ist Oppenheimer durch seinen Anteil am Bau der Atombombe und durch die Dinge, die sich nachher ereignet haben und die Sie ja in Ihrem Stück aufgreifen, eine Art von Symbol geworden für die Schwierigkeiten des Wissenschaftlers, vor allen Dingen eben des Naturwissenschaftlers und des Physikers, in unserer Zeit. Der Fall Oppenheimer hat ein wenig eine neue Beleuchtung erfahren durch das Buch von Haakon Chevalier, aus dem Sie, verehrte Hörer, eben einen Auszug gehört haben.* Und ich möchte Sie fragen, Herr Kipphardt, wirft das Buch von Chevalier ein neues Licht auf Oppenheimer?

Das Buch, wie Sie wissen, hat den Untertitel «Die Geschichte einer Freundschaft». Es ist also ein sehr privates Buch. Es ist die Geschichte auch einer verletzten, einer zerstörten, an einer Zeit zerbrochenen Freundschaft. Ich bin der Meinung, daß Dritte in diese sehr innigen, sehr internen Freundschaftszusammenhänge schlecht hineinleuchten können, und es besteht kein Zweifel, daß Chevalier

---

* Haakon Chevalier: «Mein Fall J. Robert Oppenheimer. Die Geschichte einer Freundschaft». Rütten & Loening Verlag, München 1965.

gute und berechtigte Gründe für seine tiefe Enttäuschung beibringt. Das wird nicht bestritten, ich glaube, das wird auch von Oppenheimer nicht bestritten. Mich hat an dem Buch mehr interessiert, wie eine bestimmte Indifferenz, wie eine bestimmte Entschlußlosigkeit, ein bestimmtes Versagen auch in privaten Bereichen sichtbar wird, aber interessanter finde ich natürlich in der Figur Oppenheimer die großen Konflikte und Widersprüche unserer Zeit dargestellt. Ich glaube nicht – Chevaliers Buch legt das etwas nahe –, daß Oppenheimers Versagen wesentlich ein Problem wäre, das in seinem Charakter läge, ich glaube, daß in ähnlicher Lage fast jeder andere Physiker auch versagt hätte. Ich glaube, daß bestimmte Probleme, die sich ergeben aus dem Mißverhältnis zwischen unserer gesellschaftlichen, wirtschaftlichen und politischen Entwicklung und dem Stand der Wissenschaften nicht von einzelnen Wissenschaftlern gelöst werden können und keine Charakterprobleme sind oder Probleme der Persönlichkeitsstruktur. Obwohl es hochinteressant ist natürlich, aus dem Blickwinkel eines Freundes diese Veränderung in der Persönlichkeit Oppenheimers geschildert zu bekommen.

Es ist richtig, daß Chevalier weithin auf Charaktereigenschaften Oppenheimers zurückgreift in seiner Analyse oder seiner Interpretation des Falles Oppenheimer, und sein Buch heißt dann ja auch «Mein Fall Oppenheimer». Aber auch hier sind gewisse gesellschaftliche Dinge im Spiel, und wenn Chevalier etwa schreibt: «Oppenheimer war zweifellos dazu entschlossen, jeden von ihm geforderten Preis zu zahlen, um das zu erreichen, was er anstrebte; ein Faust des 20. Jahrhunderts hatte seine Seele der Atombombe verkauft», so geht das ja, glaube ich, über eine rein private und sozusagen psychologische Beschreibung eines Tatbestandes hinaus. Sie sagten eben, wahrscheinlich hätte jeder in seiner Lage, in Oppenheimers Lage, ähnlich gehandelt. Aber...

Das sage ich nicht, viele Wissenschaftler haben ganz anders und entschieden gehandelt. Nehmen wir also meinetwegen den Abwurf der Atombombe auf Hiroshima, den, wie Sie wissen, Oppenheimer zu meiner Verwunderung bis heute verteidigt. Er sieht auf diese Zeit mit schweren Gefühlen zurück, aber er hält diese Entscheidung für unvermeidbar, auch im nachhinein betrachtet. Viele Wissenschaftler sind ganz anderer Meinung und haben, bevor die Atombombe geworfen wurde, entschieden abgelehnt, sich irgendwie zu beteiligen. Oppenheimer war der Meinung, er könne Facharbeit leisten, wissenschaftliche Daten über die Eignung von Zielen geben, ist aber gleichzeitig überzeugt, daß er damit nicht an der politischen Entscheidung, die Bombe zu werfen, teilgenommen hat.

Nehmen Sie einen anderen Fall, da haben Sie dieselbe Indifferenz, wenn Sie wollen, dasselbe Versagen, ja, meinetwegen. Oppenheimer ist so weit gegangen, daß er durchaus über die Möglichkeiten und den Erfolg oder Nichterfolg eines Präventivkrieges Überlegungen angestellt hat. Er kam zu einem negativen Ergebnis. Was, frage ich Sie, wenn er zu einem positiven Ergebnis gekommen wäre? Was hätte er raten sollen? Hätte er sagen sollen, ja, der Präventivkrieg ist eine gute Sache? Daß er den Tod von vielen, vielen Hunderten von Millionen Leuten bedeutet hätte, wie hätte Oppenheimer sich bei dieser Entscheidung gestellt? Sie ist nicht an ihn herangekommen. Er hat sicherlich das bestmögliche immer zu machen gesucht, aber er ging den Weg des diplomatischen Eingreifens, des In-die-Waagschale-Werfens seiner Persönlichkeit. Aber er ging nicht den Weg des Protestes.

Ich meine, an diesem Weg ist dann Haakon Chevalier zurückgeblieben, und den hat es eine ganze Reihe von Jahren gekostet...

Oh, ich will das in gar keiner Weise verteidigen, verstehen Sie mich nicht falsch, das ist nun schwer zu verstehen, wie ein Mann die Sache gegen einen Freund in Gang bringt, obwohl sicherlich gar nichts an ihr war, und diesen Freund über viele Jahre trifft und ihn nicht informiert. Ich kann diese Vorwürfe Chevaliers verstehen, sie sind Teile eines Versagens. Ich will nur sagen, es ist Teil eines größeren Versagens, das sich im Persönlichen hier zeigt, und es ist nicht nur eine Sache des Charakters.

Nun, ich möchte jetzt eigentlich von dem Buch Chevaliers ein wenig weg auf Ihr Stück kommen. In diesem Stück wird der Konflikt, in den Oppenheimer gestellt ist, ja sehr deutlich und sehr extensiv ausgebreitet, und wahrscheinlich ist das ja auch das gewesen, was Sie an diesem Stück und an dem Fall Oppenheimer gereizt hat. Aber mit seiner Schlußrede in dem Stück wird Oppenheimer dann trotz aller Fragwürdigkeiten, trotz einiger Antworten, die nicht so ganz in dieses Bild passen und die er im Laufe dieses Stücks dem Ausschuß gibt, doch zu einer positiven Figur.

Wenn ich das zusammenhalte mit Äußerungen, die Oppenheimer anläßlich des 20. Jahrestages von Hiroshima gemacht hat, die ja auch vom Deutschen Fernsehen übertragen worden sind und in denen seine Haltung gar nicht so eindeutig ist, wie Sie es in Ihrem Stück ihm in den Mund legen, dann fragt sich doch, ob hier nicht Ihre literarische Figur Oppenheimer an einer entscheidenden Stelle von der Realität abweicht um eines Zieles willen, des Zieles des Dramatikers, und ob hier die literarische Figur und die Figur in der Realität einfach so auseinanderklaffen, daß man in Oppenheimer nur noch ein entferntes Vorbild für den Oppenheimer hat, der in Ihrem Stück die große Rolle spielt.

Ja, zweierlei Dinge. Oppenheimer ist in meinem Stück in gar keinem Falle eine positive Figur. Sie finden dauernd Material, das seine Widersprüchlichkeit zeigt. Aussuchen der Ziele, Behauptung, er habe mit dem politischen Beschluß des wirklichen Abwurfs nichts zu tun, nachträgliche Akzeptanz dieses Abwurfs. Sie haben bei Oppenheimer im privaten Bereich – obwohl er zweifellos außerordentlich stark in die damaligen linken Strömungen Amerikas hineintendierte – eine gewisse Akzeptanz in einer bestimmten Zeit, und das war 1954, der Grundprinzipien des Kalten Krieges, denen er sich adaptieren wollte. Ein Mann auf einem Rückzugsgefecht, der seine Vergangenheit zumindest – das schreibt Chevalier auch – ein bißchen zu revidieren sucht, denn 1954 sah sich das anders an als 1938.

Damals lebte der Senator McCarthy noch.

1954, ja. Sie müssen berücksichtigen, ich lasse das meine Figur sagen, als der Prozeß vorbei ist. Ich gebe Ihnen recht, daß diese Schlußrede, die ich beziehe aus einem Interview, das Oppenheimer gegeben hat, und Gedanken, die er geäußert hat, den tatsächlichen Gedanken, die Oppenheimer im Jahre 1965 bewegen, nicht ganz entspricht. Offenbar befindet er sich auch da in einem seltsamen Rechtfertigungsprozeß einer Vergangenheit, die nach meiner tiefen Überzeugung nicht zu rechtfertigen ist. Aber die wirkliche Ursächlichkeit liegt nicht in der Person Oppenheimer. Wir machen einen großen Fehler, wenn wir den Atomphysikern etwa jetzt die Gefahren der Atombombe aufladen, denn sie hat einen menschenfreundlichen Aspekt ebensosehr, sie begünstigt die neue industrielle Revolution ebensogut wie sie uns erschrecken macht.

Die wirkliche Ursache liegt in dem Mißverhältnis zwischen den politischen Formationen, wie wir sie in der Welt heute antreffen, die bestenfalls 19. Jahrhundert sind, zum Teil noch Steinzeit, und einer wissenschaftlichen Entwicklung, die die Arbeit einer ganzen Welt erfordert. Wir werden das nicht nur im Kernenergiebereich bemerken in naher Zukunft. Was soll passieren, wenn, wie sicher zu vermuten steht, in nicht allzu ferner Zeit das Wetter bestimmbar ist? Wie sollen nationalstaatliche Kategorien da noch auskommen? Wie soll meinetwegen die Ausbeutung der Ozeane, die vor der Tür steht, auf nationalstaatliche Weise vor sich gehen können? Mit Wirtschaftsformationen, die hartnäckig auf der einen Seite behaupten, die Produktionsmittel der privatwirtschaftlichen Besitzer wären das Nonplusultra; das war eine sehr gute Sache im 19. und der ersten Hälfte des 20. Jahrhunderts. Die wirklichen Probleme dieser Welt kann es in gar keiner Weise lösen, das wissen alle vernünftigen Leute in der Welt, d. h. das wissen die Politiker offensichtlich nicht.

Nun, hier scheint mir die eigentliche Crux der ganzen Sache zu liegen. Auf der einen Seite wird natürlich Politik und werden Atombomben von Menschen gemacht, und zwar von einzelnen Menschen und nicht von einem namenlosen und nicht haftbar zu machenden Kollektiv. In unserem Fall also ist Oppenheimer ganz sicher das, was man ihm immer zuschreibt, der Vater der Atombombe, nicht der der Wasserstoffbombe, aber sicher der...

Das ist auch schon eine große Vereinfachung. Vater der Atombombe? Oppenheimer hat sich selber ein bißchen darüber belustigt. Ja, er geht als solcher in die Weltgeschichte ein, und diese riesenhafte, geniale organisatorische Leistung der wissenschaftlichen Bemühungen in Los Alamos ist sein Verdienst, ganz unbestreitbar, und es ist ein riesenhaftes Verdienst, wenn man den schrecklichen Aspekt einmal ausklammert, der in dem von mir beschriebenen Mißverhältnis liegt. Aber gleichzeitig muß man sagen, die Haltung eines Atomphysikers ändert nicht die Entwicklung z. B. der Atombombe. Die heutige technische Fertigung, die Verweigerung der Mitarbeit eines Mannes verzögern vielleicht eine Sache um vier Wochen, vielleicht um acht Wochen, aber wir haben keinen Galilei-Konflikt mehr vor uns, daß ein Mann etwa den Gang der Welt ändern könnte. Alle modernen Industriestaaten, die ausgerüstet sind, werden bald in der Lage sein, Atomenergie herzustellen, für menschenfreundliche Aspekte und für menschenfeindliche Aspekte.

Würden Sie soweit gehen zu sagen, daß wir inzwischen eine politische und gesellschaftliche Situation erreicht haben, in der es relativ gleichgültig ist, wie der einzelne, der vor einer solchen Frage wie Bau oder Nichtbau der Atombombe steht, sich entscheidet?

Oh, nein. Ganz im Gegenteil. Ich las kürzlich einen Satz, der ist niedergeschrieben von Bertolt Brecht in seinen Notizen zu einem Einstein-Drama, das er mal vorhatte. Ich sah mir also diese Notizen, die Sammlung von Zeitungsausschnitten, kurzen Beschreibungen und Lebensskizzierung, an, und ich las einen Satz, der auch über meiner Arbeit hätte stehen können, und auf das Problem komme ich immer wieder, nämlich: «Ein Fortschreiten in der Wissenschaft von der Natur ohne ein gleichzeitiges Fortschreiten im Wissen von der Gesellschaft ist tödlich.»
Das Faszinierende an der Figur Oppenheimers ist, daß er fast alle Probleme, auch gesellschaftliche Probleme, irgendwann in seinem Leben einmal erfahren und gekannt hat. Aber er seinerseits kann nicht die Welt einrenken, und es ist unbillig, von einem Mann zu fordern, er solle das tun. Aber das heißt, die Menschen insgesamt müssen eine Anstrengung machen, die schwierigen Probleme zu durchdringen, niemand ist in der Lage, eine Patentlösung herzunehmen. Und sie müssen pragmatisch Stück für Stück vorgehen, um aus dieser gespaltenen, befeindeten Welt die eine Welt zu machen, die praktisch Annehmlichkeiten für Menschen erstellen kann. Und es scheint mir, im Augenblick sind wir in einer Phase, wo das nur pragmatisch in bestimmten Bereichen zu machen ist, und da müssen wir vorangehen, und es gibt, wie mir scheint, bei den äußerst komplizierten Fragen kein Rezept.

Sicher, aber wenn Sie sagen, wir müssen pragmatisch und in kleinen Schritten vorangehen, dann würde doch zu diesen kleinen Schritten vor allen Dingen das Nein des einzelnen zu allen Anträgen gehören, die entweder seine Kompetenz und seine Einsicht überschreiten oder von denen er kraft seiner Einsicht weiß, daß das, was da von ihm gefordert wird, Konsequenzen haben kann, die er selber dann nicht mehr in der Hand hat.

Ich würde sagen, wir müssen uns hüten davor, zu schnellen Phrasen, zu schnellen Schlagworten zu kommen, wir müssen die ganzen Schwierigkeiten erkennen. So versuche ich, eine Literatur zu machen, die so klar wie möglich und so objektiv wie möglich über die schwierige Welt und ihre Probleme informiert. Der nächste Schritt ist, aus der Information zu einer gewissen Erkenntnis zu kommen, aus der man Schlüsse ziehen kann, und dann bin ich allerdings der Meinung, daß es äußerst wichtig wäre, daß große Anstrengungen gemacht würden in der Welt, die Bevölkerung der Welt erst einmal über ihre schwierige Lage zu informieren. Das hängt ja wie ein unerkennbares Schicksal, wie ein Mirakel über ihnen, und sie verdrängen diesen Prozeß. Wir Schriftsteller müssen den Menschen den Weg zur Verdrängung von unbequemen Gedanken verlegen.

Das würde für Ihre schriftstellerische Arbeit dann doch bedeuten, daß es bei der reinen Information nicht stehenbleiben kann, und ich glaube, daß ...

Oh, nein, das darf es nicht ...

... die Zuhörer, die Zuschauer Ihres Stückes ganz sicher auch den moralischen Impuls dahinter immer wieder sehr deutlich spüren werden, genauso wie das sicher bei Ihrem neuen Stück «Joel Brand» der Fall ist, wo auch in einer praktisch ausweglosen Situation jemand versucht, etwas Richtiges zu tun, und es geht ganz anders aus, als er es voraussehen konnte. Die Frage ist natürlich, und damit kommen wir auf die Problematik dieser Art von Dokumentarstücken, wie Sie sie schreiben, wo ist die moralische Intention sozusagen berechtigt, den Wirklichkeitszusammenhang, den sie als Vorlage nimmt, der moralischen Intention zuliebe, sagen wir zu stutzen, oder in eine ganz bestimmte Richtung zu drängen.

Ja, ich verstehe. Ich meine so: Ich möchte eine Literatur machen, die Urteile ermöglicht und Urteile begünstigt. Ich möchte keine Literatur machen, die von Vorurteilen ausgeht und Vorurteile schafft, sondern ich möchte einen urteilsfähigen Zuschauer haben, und er muß das Gefühl haben, derjenige, der das Informationsmaterial durchgearbeitet hat, natürlich nicht wie ein Historiker, der jetzt alle Einzelheiten verkündet, erzählt ihm den Sinn und Zweck einer bedeutenden Begebenheit, und zwar heute, für ihn bedeutend, für ihn, den heutigen Zuschauer. Er muß das Gefühl haben, der Mann, der das tut, versucht, seine Vorurteile so weit zurückzudrängen wie irgend möglich, was sehr schwer ist. Er hat eine gewisse Aufrichtigkeit, sein stilistisches Prinzip ist das einer analytischen Aufrichtigkeit, wobei natürlich zustande kommt letztlich, daß der Betreffende ja oder nein sagt, aber er stellt das schwierige Ja und das schwierige Nein dar. Ich bin kein Mensch, der mit dem Hintern immer wieder umschmeißt, was er mit den Händen aufbaut, ich sage schon ja, und ich sage nein, aber ich glaube, man soll das ohne Vorurteile analytisch und klar tun.

Jetzt ein zweites Moment: Ich würde den Begriff des Dokumentarstückes nicht gerne als eine neue Kategorie anführen, es unterscheidet sich nur graduell von dem Typus des historischen Dramas. Offensichtlich gibt es Bereiche unseres Lebens, die nur zu schreiben sind vom Belegcharakter her. Dazu gehört meiner Meinung nach dieser Atombomben-Bereich, weil er auch weitgehend mythisiert ist, dazu gehören Vorgänge, meinetwegen auch Auschwitz ist nicht mit Erfindung, nicht mit Emotion zu beschreiben, sondern nur exakt.

Ich erzähle natürlich eine sinnvolle, zweckvolle Begebenheit und ich will mit ihr erreichen, daß der Zuschauer, auf welche Weise immer, meine Geschichte genießen kann. Und auch eine grauenhafte, schreckliche Geschichte ist, wie die Literatur der ganzen Vergangenheit beweist, genießbar. Ich meine, es darf keineswegs dazu kommen, daß eine Literatur, die viel Fakten aufnimmt, belegbare Fakten aufnimmt, deren Genüsse dürfen nicht kleiner werden auf dem Theater, und es geht nicht, daß die Literatur etwa ersetzt würde durch ein nur erschreckendes, Gedanken nicht hervorrufendes Weißbuch.

Wenn Sie genießbar sagen, dann hat das aber nichts zu tun mit dem kulinarischen Theater, vor dem Brecht gewarnt hat?

Sie irren sich, Brecht hat die Genüsse auf dem Theater immerfort verteidigt, er hat gegen die kulinarische Oper geschrieben. Ich meine, wenn früher von Genuß geredet wurde, dann meinte man immer unüberprüfbare, angenehme, dunkle Empfindungen, in die man hineingebracht wurde, mit denen man sich identifizierte, die mit der Wirklichkeit wenig zu tun haben. Ich meine, daß Denken eine äußerst vergnügliche Beschäftigung ist, und ich denke, es ist die menschlichste. In jedem Gedanken sind unendlich viele Gefühle. Gefühle können dumm sein, Gefühle können intelligent sein, Gedanken können dumm sein und gefühllos, Gedanken können klug sein und mit lichten Gefühlen ausgestattet.

Noch einmal zurück zu Oppenheimer, zu Chevalier und zu Ihnen. [...] Wenn Sie das volle Material, das Chevalier jetzt ausbreitet, vor dem Abfassen gekannt hätten, würde das Stück in irgendeiner wichtigen Einzelheit heute anders aussehen?

In einer wichtigen Einzelheit würde es nicht anders aussehen. Ich würde vielleicht noch etwas deutlicher den Prozeß des Versagens gegenüber einem Freund machen, was in meinem Stück enthalten ist. An einem bestimmten Punkt wird er gefragt: «Und Sie haben Ihrem Freund nie etwas davon gesagt?» «Nein», sagt er. «Nun, aber warum nicht?» «Ich glaube, er hätte es nicht verstanden.»

Oppenheimer macht keinen Rechtfertigungsversuch. Und ich glaube, aus Chevaliers Buch geht hervor, daß Oppenheimer durch dieses persönliche Versagen seinen Freund ja materiell vernichtet hat und daß er sicherlich nicht leicht daran trägt. Aber wovor ich warnen möchte ist, sehr schnell einen Stein aufzugreifen. Ich glaube, daß Oppenheimers Verhalten das Verhalten der meisten zarten, intelligenten, die Probleme kennenden Leute war. Und ich finde, Malraux wird in dem Chevalier-Buch zitiert, und Malraux sagt etwas sehr Wichtiges, er vergleicht es mit dem Oscar Wilde-Prozeß. Er sagt, in dem Augenblick, da Oppenheimer die Bedingungen des Kalten Krieges, und es ging ja nicht nur gegen ihn persönlich, sondern ganz bestimmte liberale Richtungen sollten in ihm zerstört werden, die er repräsentierte, als er diese Bedingungen akzeptierte, war er ein Verlorener.

Gespräch mit Roland H. Wiegenstein. Gesendet vom Westdeutschen Rundfunk, 3. Programm, am 12. Oktober 1965. Gedruckt nach einem Typoskript im Nachlaß Kipphardts, Angelsbruck.

B. Zum historischen Kontext

a) Heinar Kipphardt:

In der Sache J. Robert Oppenheimer
Anklage und Auszeichnung des Vaters der Atombombe

Im April 1954 ging durch die Weltpresse die Nachricht, daß die Atomenergiekommission in Washington einen speziellen Sicherheitsausschuß eingesetzt habe, um zu untersuchen, ob dem Physiker J. Robert Oppenheimer, ehemals Direktor der Atomwaffenlaboratorien in Los Alamos und höchstem Regierungsberater in Atomfragen, die Sicherheitsgarantie (Q-Clearence) fernerhin erteilt werden könne oder nicht.

Oppenheimer war in die neuere Geschichte als der ‹Vater der Atombombe› eingegangen. Die Gründung von Los Alamos, die Konzentration des Atomwaffenprogramms in einem riesigen Laboratorium, das in einer weltfernen Indianerwüste unter militärischen Bedingungen zu arbeiten hatte, war seine Idee gewesen, und es galt als sein unbestrittenes Verdienst, die ersten einsatzfähigen Atombomben innerhalb von zwei Jahren hergestellt zu haben. Der ungewarnte Abwurf der Atombombe auf Hiroshima und Nagasaki beendete den Krieg in Japan. Die große amerikanische Öffentlichkeit sah in der Atombombe das Mittel, das hunderttausenden amerikanischen Soldaten in der Schlacht um Japan das Leben gerettet hatte. Späterhin das Mittel auch, «die Russen in Europa und Asien zu stoppen», als aus dem ehemaligen Alliierten ein potentieller Kriegsgegner geworden war. Aber Hiroshima konfrontierte die Wissenschaftler mit den Folgen ihrer Entdeckung. Viele von ihnen hatten gegen den Abwurf der Bombe auf Japan ohne Vorwarnung protestiert und statt dessen eine Demonstration der Waffe über einer Wüste vor internationalen Wissenschaftlern und Politikern vorgeschlagen. Ihre Appelle, denen sich Oppenheimer nicht angeschlossen hatte, blieben ungehört. Nach dem Zeugnis des Kernphysikers Hans Bethe, Leiter der Theoretischen Abteilung in Los Alamos während des Krieges, konnte niemand fernerhin an diesen schrecklichen Waffen arbeiten, ohne zu bedenken, daß sie auch verwendet würden.

Unter den Wissenschaftlern, die Los Alamos zu Ende des Krieges verließen, um sich wiederum der Forschung und der Lehrtätigkeit widmen zu können, war Oppenheimer. Er war 41 Jahre alt und wog noch 108 Pfund. Sein kurzgeschnittenes Haar begann grau zu werden. Der Präsident der Vereinigten Staaten verlieh ihm die höchste amerikanische Kriegsauszeichnung, und er setzte die steile Karriere fort, die er in Los Alamos begonnen hatte. Er wurde der Vorsitzende des Wissenschaftsrates der Atomenergiekommission und war über lange Zeit einer der einflußreichsten Berater der Regierung und der Streitkräfte in Atomfragen. Als einer der Initiatoren des Acheson-Lilienthal-Planes bemühte er sich vergeblich um eine Internationalisierung der Atomenergie.

Er hat den Satz ausgesprochen: «Wir Wissenschaftler sind in diesen Jahren an den Rand der Vermessenheit getreten. Wir haben die Sünde kennengelernt.»

Als die erste Atombombe in der Wüste von Alamogordo gezündet wurde, seien ihm, Kenner des Sanskrit, zwei alte Verse durch den Kopf gegangen. Der eine: «Wenn das Licht aus tausend Sonnen / am Himmel plötzlich bräch hervor / zu gleicher Zeit – das wäre / gleich dem Glanz des Herrlichen...»

Der andere: «Ich bin der Tod, der alles raubt / Erschütterer der Welten!»

Wie sehr ihn Hiroshima verändert hatte, wie tief er die Widersprüche des Wissenschaftlers in der schaudervollen Welt des Gleichgewichts des Schreckens empfand, zeigen die protokollierenden Kreuzverhöre.

Seit Hiroshima waren neun Jahre vergangen. Vor dem Sicherheitsausschuß stand der Mann, den viele seiner Kollegen als zu regierungsfromm kritisiert hatten. Was war geschehen? Was hatte man einem Manne vorzuwerfen, der seine wissenschaftliche Arbeit zwölf Jahre lang in den Dienst der Regierung der Vereinigten Staaten gestellt hatte? Der Brief der Atomenergiekommission, der die zu prüfenden Beschuldigungen enthielt, gliederte sich in 24 Punkte. 22 von ihnen bezogen sich auf Oppenheimers Verbindungen zu kommunistischen oder kommunistenfreundlichen Personen und Organisationen. Seine Frau, sein Bruder, seine ehemalige Verlobte, viele seiner Freunde, seine Schüler waren tatsächlich eine Zeitlang Kommunisten oder Fellow-Travellers gewesen. Einige waren es noch. Oppenheimer bezeichnete sich selber für eine gewisse Zeit, bis 1939 etwa, als einen Fellow-Traveller. Er hatte regelmäßig Geld für die spanische Republik gespendet, Versammlungen besucht, Aufrufe unterschrieben und einer Reihe von Organisationen angehört, die als kommunistenfreundlich klassifiziert worden waren. In der Zeit des Rooseveltschen New-Deals, der sogenannten «rosa Dekade» Amerikas, war dies das Verhalten vieler, wenn nicht der meisten Intellektuellen. Auf der Höhe des Kalten Krieges erschienen diese, den Sicherheitsbehörden seit langem bekannten Tatsachen in einem neuen Licht. Guilt through association – schuldig durch Verbindungen. An den Universitäten ging das böse Wort um: «Sprich nicht, schreib nicht, rühr dich nicht.»

Am Vorabend der Untersuchung gegen Oppenheimer sagte der Senator McCarthy in einem Fernsehinterview:

«Wenn es keine Kommunisten in unserer Regierung gibt, warum verzögern wir dann unsere Erforschung der Wasserstoffbombe um 18 Monate, während unsere Abwehrdienste Tag für Tag melden, daß die Russen die Entwicklung einer H-Bombe fieberhaft vorantreiben? Und wenn ich heute abend Amerika sage, daß unsere Nation sehr wohl untergehen kann, dann wird sie wegen dieser Verzögerung von 18 Monaten untergehen. Und ich frage euch, wer ist daran schuld? Waren es loyale Amerikaner? Waren es loyale Amerikaner, oder waren es Verräter, die in unserer Regierung saßen? ...»

Die wesentliche neue Beschuldigung, die von der Atomenergiekommission gegen Oppenheimer erhoben wurde, war tatsächlich: «Es wurde ferner berichtet, daß Sie im Herbst 1949 scharf gegen die Entwicklung der Wasserstoffbombe waren: 1. aus moralischen Gründen, 2. mit Berufung darauf, daß sie nicht durchführbar sei, 3. mit Berufung darauf, daß keine ausreichenden Anlagen und nicht genügend wissenschaftliches Personal vorhanden sei, 4. weil diese Entwicklung politisch nicht wünschenswert sei.» Seine Opposition gegen die Wasserstoffbombe, hieß es, seine fehlende Begeisterung für das Programm, als es vom Präsidenten angeordnet worden war, hätten die H-Bombe möglicherweise um Jahre verzögert.

Es ist zutreffend, daß der Wissenschaftsrat unter dem Vorsitz Oppenheimers der amerikanischen Regierung in bestimmter Weise davon abgeraten hatte, die Initiative für ein Wasserstoffbombenprogramm zu ergreifen, ohne den Versuch unternommen zu haben, mit der Gegenseite ein Übereinkommen zu treffen, daß niemand Wasserstoffbomben herstellen dürfe. Die Gründe waren, daß eine Waffe, für deren Stärke es keine natürliche Grenze gibt, geeignet ist, unsere Zivilisation zu zerstören, daß eine solche Waffe für Amerika strategisch nachteilig wäre, da Rußland nur zwei geeignete Ziele, Moskau und Leningrad, die Vereinigten Staaten aber wenigstens fünfzig derartige Ziele böten, daß eine amerikanische Initiative ein halsbrecherisches Wettrüsten auf diesem Gebiet auslösen müsse und daß dies die Hoffnungen auf eine atomare Abrüstung definitiv begraben würde.

Diese Befürchtungen waren eingetreten. Durch geniale technische Beiträge von Edward Teller, einem der aktivsten Verfechter der Super, hatten die Amerikaner ihre erste Wasserstoffbombe im Oktober 1952 testen können. Ihr Nachteil war, daß sie in dieser ersten Form nicht mit Bombern oder Trägerwaffen ins Ziel gebracht werden konnte. Neun Monate später ergab die Spurenanalyse amerikanischer Beobachtungsflugzeuge, daß die Russen ihrerseits eine thermonukleare Bombe in Sowjet-Asien gezündet hatten, und Ministerpräsident Malenkow verkündete, daß die Vereinigten Staaten fernerhin kein Wasserstoffbombenmonopol hätten. Bei dem russischen Bombentyp handelte es sich um eine sogenannte trockene Bombe, die eine noch größere Explosionskraft hatte und kleiner war. Sie konnte von Bombenflugzeugen und Trägerwaffen ins Ziel gebracht werden. Diesen Nachteil konnte das amerikanische Waffenprogramm bald ausgleichen. Die beiden großen Atommächte, mit Wasserstoffbomben ausgerüstet, saßen sich, nach Oppenheimers Worten, gegenüber wie Skorpione in einer Flasche. Das Wettrüsten nahm ungeahnte Formen an, und ein mit H-Bomben geführter Krieg würde vermutlich Sieger und Besiegte nicht mehr kennen, sondern nur hundertprozentig und achtundneunzigprozentig Vernichtete. In dieser Lage, aus der man Konsequenzen zu ziehen nicht willens war, wurden potentiell Schuldige für den Verlust des amerikanischen Atombombenmonopols gesucht. Das war der wirkliche Hintergrund für das Untersuchungsverfahren gegen Oppenheimer. Das Verfahren dauerte drei Wochen, es wurden vierzig Zeugen gehört, das Protokoll umfaßte 3000 Maschinenseiten. Zu den Zeugen Oppenheimers gehörten fünf ehemalige Vorsitzende der Atomenergiekommission und zehn Mitglieder des Wissenschaftsrates. Die wissenschaftliche Welt, die besten Kernphysiker unter ihnen wie Bush, Fermi, Bethe, Rabi, von Neumann, Conant, traten rückhaltlos für Oppenheimers Loyalität und Integrität ein. Von den Zeugen, die gegen Oppenheimer aussagten, hatte ein ähnliches Format nur Edward Teller. Er bezeugte, daß man mit Oppenheimers moralischer Unterstützung eine Wasserstoffbombe bereits im Jahre 1947 oder 1948 hätte haben können, und daß er sich ohne Oppenheimer «persönlich sicherer fühlen» würde.

Es ist bekannt, daß die Mehrheit des Sicherheitsausschusses, vertreten durch Gordon Gray, ehemaliger Heeresminister, und Thomas Morgan, Generaldirektor der Sperry Gyroscope Company (Atomausrüstung), zu der Entscheidung kam, Oppenheimer die Sicherheitsgarantie fernerhin nicht zu erteilen. Das dritte Mitglied des Sicherheitsausschusses, Ward Evans, Professor der Chemie, fand Oppenheimers Verhalten vollkommen loyal. Eine Revisionskommission sprach sich mit vier gegen eine Stimme gegen Oppenheimer aus.

Oppenheimer, der von der Kriegsarbeit fernerhin ausgeschlossen blieb, behielt seinen Posten als Direktor des Institute for Advanced Studies in Princeton. Der Kommentar seines Kollegen Einstein: «Wenn ich noch einmal zu wählen hätte, dann würde ich Klempner oder Hausierer werden, um wenigstens ein bescheidenes Maß an Unabhängigkeit genießen zu können.»

In die Zeit des Verfahrens gegen Oppenheimer fiel dessen 50. Geburtstag. Wenige Monate vor seinem 60. Geburtstag, am 2. Dezember 1963, wurde J. Robert Oppenheimer der Enrico Fermi-Preis für seine Verdienste um das Atomenergieprogramm während kritischer Jahre von Präsident Johnson überreicht. Den Vorschlag zur Verleihung machte der vorjährige Preisträger Edward Teller.

Der Artikel erschien in der «Frankfurter Allgemeinen Zeitung» vom 22. April 1964, am 60. Geburtstag J. Robert Oppenheimers. Am selben Tag erschien in der «Süddeutschen Zeitung» eine Szene aus dem «Oppenheimer»-Fernsehspiel mit einer Vorbemerkung Kipphardts.

b) Kleine Zeittafel zum Fall Oppenheimer

1904 J. Robert Oppenheimer wird am 22. April in New York als Sohn eines deutschen Einwanderers und einer amerikanischen Mutter geboren.

1905 Albert Einstein veröffentlicht die Spezielle Relativitätstheorie, zu deren Folgerungen die Masse-Energie-Äquivalenz gehört.

1919 Erste künstliche Kernumwandlung durch Ernest Rutherford.

1925 Oppenheimer schließt sein Physikstudium an der Harvard University ab.

1927 Nach weiteren Studien in Cambridge und Göttingen Promotion bei Max Born in Göttingen.

1929 Nach Studienaufenthalten in Leiden und Zürich Rückkehr in die USA. Beginn einer langjährigen Lehr- und Forschungstätigkeit an der University of California (Berkeley) und am Institute of Technology (Pasadena).

1932 James Chadwick entdeckt das Neutron.

1934 Das Forscherehepaar Joliot-Curie produziert künstliche Radioaktivität durch Beschuß von Elementen mit alpha-Teilchen. Enrico Fermi beschießt Urankerne mit Neutronen.

1938 Spaltung des Urankerns durch die Chemiker Otto Hahn und Fritz Straßmann. Physikalische Deutung des Experiments durch Hahns ehemalige Mitarbeiterin Lise Meitner und Otto Robert Frisch.

1939 Am 1. September: Deutscher Überfall auf Polen, Beginn des Zweiten Weltkrieges.

Oktober: Leo Szilard läßt dem US-Präsidenten Roosevelt einen von Albert Einstein unterzeichneten Brief überreichen mit der Empfehlung, Uran-Projekte voranzutreiben, um gegen eine deutsche Atomwaffe gerüstet zu sein.

1941 Beginn des amerikanischen Atomwaffenprogramms.

1942 Staatlicher Auftrag an Oppenheimer, die wissenschaftlichen Entwicklungsarbeiten zu koordinieren.

Im August: Beginn des «Manhattan Project» zur Atomwaffen-Entwicklung unter strenger militärischer Geheimhaltung.

Im Dezember: Fermi gelingt in Chicago die erste sich selbst erhaltende nukleare Kettenreaktion.

1943 Oppenheimer wird zum Direktor der neu erbauten Laboratorien von Los Alamos ernannt.
1945 Szilard richtet im Frühjahr, mit einem von Einstein unterzeichneten Begleitbrief, ein Memorandum an Roosevelt, in dem er sich gegen die Verwendung der Atombombe einsetzt, da Deutschland nicht über atomare Waffen verfüge.
11. Juni: Franck-Report, ein Bericht an den Kriegsminister, in dem sieben Wissenschaftler aus Chicago zum Verzicht auf den Einsatz der A-Bombe raten.
16. Juli: Testexplosion der ersten A-Bombe in der Wüste von Alamogordo.
6. August: Abwurf der A-Bombe auf Hiroshima.
9. August: Abwurf der A-Bombe auf Nagasaki.
Oktober: Oppenheimer tritt als Direktor der Laboratorien in Los Alamos zurück.
1946 Oppenheimer ist Mitverfasser des Acheson-Lilienthal-Reports, in dem eine internationale Kontrolle der Nuklearwaffen gefordert wird.
1947 Oppenheimer übernimmt den Vorsitz des «General Advisory Committee» (GAC), des wissenschaftlichen Berater-Gremiums der staatlichen Atomenergiekommission (AEC).
Er wird Direktor des Institute for Advanced Study in Princeton (New Jersey).
1949 Testexplosion der ersten russischen A-Bombe.
Das GAC unter Oppenheimers Vorsitz empfiehlt Präsident Truman, auf die Herstellung einer Wasserstoffbombe zu verzichten.
1950 Klaus Fuchs wird verhaftet wegen des Verrats von Atomgeheimnissen an die Sowjetunion.
Truman ordnet die Fortsetzung der Atomwaffen-Projekte an.
1952 Testexplosion der unter Leitung von Edward Teller gebauten ersten Wasserstoffbombe.
1953 August: Testexplosion der ersten Wasserstoffbombe der UdSSR.
November: Edgar Hoover (FBI) reicht belastendes Material über Oppenheimer an Präsident Eisenhower weiter, worauf dieser verfügt, Oppenheimer nicht mehr über Geheimsachen zu informieren.
21./22. Dezember: Von Lewis Strauss, dem Chef der AEC, vor die Alternative gestellt, sofort als Regierungsberater zu-

rückzutreten oder ein Sicherheitsverfahren auf sich zu nehmen, entscheidet sich Oppenheimer für das Sicherheitsverfahren.

23. Dezember: Die AEC stellt Oppenheimer einen Brief mit vierundzwanzig Anklagepunkten zu.

1954 4. März: Oppenheimer schreibt eine Erwiderung auf die Anklagen der AEC.

12. April: Beginn des Hearings vor dem Ausschuß der AEC. Das Verfahren endet mit dem Entzug der Sicherheitsgarantie.

15. Juni: Veröffentlichung des Hearing-Protokolls.

Oktober: Oppenheimer wird als Direktor des Instituts in Princeton wiedergewählt.

1963 Präsident Johnson verleiht Oppenheimer den Enrico Fermi-Preis.

1965 Aus gesundheitlichen Gründen tritt Oppenheimer als Direktor in Princeton zurück.

1967 Oppenheimer stirbt am 18. Februar in Princeton.

Zusammengestellt vom Herausgeber, wesentlich nach Robert Jungk, «Heller als tausend Sonnen», und Peter Goodchild, «J. Robert Oppenheimer».

C. Das Tatsächliche in der Literatur.
Zum sogenannten Dokumentarischen Drama

a) Arbeitsnotate Kipphardts

[Über Stil]

Ich denke, daß man den Stil für eine Sache gefunden hat, wenn er – der Stil – unbemerkbar geworden ist.

Aus Kipphardts Notatheften, Nachlaß in Angelsbruck. Datiert: 16. April 1964. Der Titel stammt vom Herausgeber.

[Die neue Dramaturgie]

Die neuere Physik kennt den Begriff des «objektiven Zufalls» und den der Unbestimmtheitsrelation. Darunter wird verstanden: Wenn die Geschwindigkeit eines sehr kleinen Teilchens gemessen werden soll, so braucht man ein Mikroskop. Um etwas beobachten zu können, braucht man ein Lichtquantum entsprechender Stärke. Ein Lichtquant jedoch verändert unvermeidlich die Geschwindigkeit oder den Ortskoordinaten, so daß die Geschwindigkeit nicht beliebig genau bestimmt werden kann. Man kann berechnen, wie wahrscheinlich Elektronen sich an bestimmten Orten eines komplizierten Moleküls aufhalten, jedoch nicht, wo und wann sie sich jeweils befinden. Das führt zum Begriff des «objektiven Zufalls», der als ein Wesenszug der Wirklichkeit angesehen wird.

Die neueren Stücke, sofern sie die Wirklichkeit in ihrer Veränderung überhaupt zu beschreiben versuchen, haben, auch wenn sie dialektisch geschrieben sind, etwas unbefriedigend Starres, Determiniertes, Rechenbuchhaftes, und ich frage mich, ob in sie nicht so etwas einzuführen wäre wie eine ästhetische Unsicherheitsrelation, ob da nicht Mittel zu finden wären, den «objektiven Zufall» in die neue Dramaturgie einzuführen. Die Stücke würden lebendiger, und sie kämen der Wahrheit näher.

Die Beschreibung der großen Widersprüche ist mit den bekannten Mitteln der offenen, dialektisch vorgehenden Dramaturgie durchaus möglich, sofern jedoch in die Einzelheiten gegangen wird, wo sich die Widersprüche bündeln, muß die Unsicherheitsrelation als ein Zug der Wirklichkeit auch in den neuen Stücken erscheinen.

Das entspricht etwa dem Wirkungsbereich der klassischen Physik im Makrokosmos und ihrer notwendigen Ergänzung durch die Quanten- und Relativitätstheorie im Bereich der kleinen Teilchen.

Aus Kipphardts Notatheften, Nachlaß in Angelsbruck. Datiert: 15. Dezember 1964. Der Titel stammt vom Herausgeber.

b) Die Draperie des Dokuments.
Aus dem Briefwechsel
Heinar Kipphardt – Peter Hacks (1963–65)

Lieber Peter,   24. April 1963
der Grund, daß ich nicht schreibe, ist, daß ich seit sechs Monaten Stücke und Fernsehfilme zeuge, mechanisch wie ein Ziegenbock. Dann Taktik, dann die Liebe, dann die tief in meinem Stammhirn geborgene Erkenntnis der Eitelkeit gedanklichen Bemühens, sofern ein gutes Messer nicht zur Hand ist, Gedanken zu verwirklichen. Ich denke weniger an Messer als an Fliegenklatschen, seit ich die neueren Dokumente zu Kunstfragen studiert habe, die unsere Lehre in den Stand setzt, nunmehr auch in den geschlossenen Abteilungen meines Fachs verbreitet zu werden. Vergleichend bemerke ich, daß Shdanow ein Philosoph und Kunstfreund war, frühvollendet gestorben, die Früchte seiner Schüler nicht mehr genießen könnend.

Da klettert nun Wölfchen auch flink von Deiner Sprosse weg, wenn dich dein Gehirn ärgert, so reiß es heraus, der frohen Botschaft gemäß, die ich kürzlich an einer Kirchentür las im welschen Südtirol: CHRISTEN SIND OSTERMENSCHEN. IHR LIED IST DAS HALLELUJA. Ich habe keinen Fetzen Mitleid, denn er stinkt bis hierhin und wird nicht auferstehen.

Was mich betrifft, so ist Oppenheimer seit langem in einer überbordenden Fernsehfassung fertig, ein Fleischklumpen, den ich jetzt in Steaks schneide für das Frankfurter Fernsehen. Glücklicherweise sind zwei große Sender auch begierig, Hörspiele an je zwei Abenden daraus zu machen, was Geld bringt und wenig Arbeit macht. Ich habe dann den Rohstoff Oppenheimer liegen lassen und einen Fernsehfilm von der Joel Brand-Geschichte gemacht für die Bavaria, mit der ich ja in einem Autorenvertrag bin. Jetzt mache ich OPPENHEIMER als Stück, was mich noch drei Monate kostet, weil ich mich davon überzeugt habe, daß ich das Hearing, woraus das Fernsehspiel besteht, nur für den dritten Akt brauchen kann. Ich kann Dir sagen, daß Fakten für die Poesie eine verdrießliche Sache sind. Die schlaueren Dichter sind vor ihnen immer davon gelaufen, und das mache ich in den nächsten Stücken auch.

Michel hat mir von Euch erzählt, Euch rühmend, und es wäre eine große Lust, Euch zu sehen. Vielleicht Pfingsten.

Deine Hoffnung teile ich nicht, sie hat ein bißchen was mit Warten auf Godot zu tun. Interessant ist die Erklärung von Togliatti gegen die Reglementierung der Kunst, die das Neue Deutschland nicht gerade zieren wird. Italien ist ein sympathisches Land, und es ist gut möglich, daß ich im Herbst auf eine längere Zeit nach Rom gehe, zu sehen, ob es an mir liegt, daß ich nur noch Friseurlarven, Schweineschnauzen und Papageien sehe. Dabei sind die vielen nonkonformistischen Papageien freundlich und lieb, aber sie langweilen ungeheuer, und alle haben ihre Köpfe in Präservativen stecken. Am langweiligsten ist das Theater. Ich warne Dich vor FRIEDEN im Werkraumtheater, das Stück ist dort nicht zu machen, und da die Kritiker dämlich sind, werden sie die Schuld nicht der Aufführung oder dem Aristophanes, sondern Dir geben, und das kannst Du nicht gebrauchen.

Grüß die Anna schön und sei fleißig.

Dein Heinar

Brief-Durchschlag im Nachlaß Kipphardts, Angelsbruck. Dieser und die folgenden Briefe sind Teil einer umfangreichen Korrespondenz, die Hacks und Kipphardt von der Mitte der fünfziger Jahre an führten. – Im März 1963 war mit einer Rede Walter Ulbrichts eine erneute Verhärtung der DDR-Kulturpolitik offenkundig geworden. Andrei Shdanow (1896–1948) hatte maßgeblich die stalinistische Kulturpolitik geprägt. Palmiro Togliatti war seit 1947 der Generalsekretär der Kommunistischen Partei Italiens. Peter Hacks' Stück «Der Frieden» (nach Aristophanes) war 1962 in der DDR uraufgeführt worden.

Lieber Peter,   12. Mai 1963
das ist Zeug über Dich, großenteils dummes, das ich vor längerer Zeit mal für Dich aufgehoben habe, vielleicht machst Du Schiffchen daraus, wenn Du diese Kunst beherrschst.

Ich bin heute guter Dinge, weil ich unvermutet ein Stück angefangen habe, ein ganz anderes, und mir gefällt, was ich da gemacht habe. Ich konnte einfach diesen Haferbrei nicht mehr schlucken, durch den ich mich fressen muß die nächsten drei Monate, nämlich Reparaturen an verkaufter Fernseh- und Funkscheiße von Oppenheimer und Joel Brand.

Es ist verwunderlich, daß ich mit Dir über Privatsachen reden möchte, obwohl wir diesen Vergnügungen nie gehuldigt haben. Ich finde Leute zum Speien, die ihre Probleme nicht lösen, aber die meinigen sind wirklich kompliziert, und sie haben mit der Arbeit zu tun, insofern aus meinem Kopfe die Perspektiven durchaus verschwunden sind, die sich in Genüsse nicht verwandeln lassen. Ich habe die Entwürfe überprüft und die ungenießbaren in den Müllkasten geschmissen oder, sofern ihr Hintern gar zu süß war, künftige Realisierung bedenkend, im Archiv abgelegt. Was unsere Lehre braucht, scheint mir, ist eine Inventur, von den stupiden Pragmatisten durchgeführt, den verachtenswerten Dummköpfen, den zukunftsblinden. Was man in die Gegenwart nicht hineinreißen kann, wenigstens spurenweise, ist gar nicht. Wir sind ja keine Schildkröten, die tausend Jahre leben, und keine Fliegen, die in den Maßen von 1000 Generationen denken, also gar nicht. Die Zellen, alternd, selbst die differenziertesten des Hirns, langsamer alternd, liefern unsere Zeitmaße, und ihre möglichen Mutationen erreichen uns nicht mehr.

Nachdem ich mich eine Zeit in meine Verzweiflung geflätzt habe wie ein Barsch in seine Gulle, bringe ich den Kopf heraus und fange an, was zu dichten und hoff die autistische Jauche bald ganz hinter mir zu lassen, bis auf ein Parfüm, das uns fröhlichen Kindern dieses Jahrhunderts imprägniert ist.

Im Drama beschäftigt mich zur Zeit die Frage, wie man davon wegkommt, seine Geschichten zu erzählen wie der liebe Gott oder der heilige Newton mit seinem eigenen Bezugssystem. Ich spreche nicht von den Dummheiten der subjektiven Erzählweise, sondern von den Schwierigkeiten, eine Geschichte objektiver, in der komplizierteren Dialektik verschiedener Bezugssysteme zu erzählen. Wie macht man das im Drama auf eine verständliche und genießbare Weise?

Es ist halb eins, und ich habe gerade probiert, Euch am Telefon zu erreichen. Es meldet sich aber da niemand, woraus ich schließe, daß Ihr entweder Ausschweifungen huldigt oder, jenseits aller vegetativ-dystonischen Störungen, sehr tief schlaft.

Die Ruth ist augenblicklich in Berlin, sie wird Euch dieser Tage besuchen. Ich werde in den nächsten Wochen was mit Piscator zu tun haben, wegen HUND und anderer Pläne, aber sehen kann ich Euch absurderweise nicht.

Was L. betrifft, so macht mich meine Prophezeiung nicht froh. Grüß die Anna von mir,

herzlichst
Dein Heinar

Kannst Du mir schicken: Grundlagen des Marxismus-Leninismus und Grundlagen der marxistischen Philosophie?

Brief im Besitz von Peter Hacks, Berlin/DDR. – Geschrieben in der Zeit der Lösung Kipphardts von seiner ersten Frau Lore, nachdem er 1962 Pia Pavel kennengelernt hatte, die seine neue Lebensgefährtin wurde. Mit «Ruth» ist die Schauspielerin Ruth Drexel gemeint.

Berlin, 24. Mai 1963

Lieber Heinar, Dank für die Zeitungen. Die Süddeutsche ist blöd, weil der René Bayer ein Idiot. Aber unter den anderen waren herzerquickende Dinge.

Warum willst Du eine naturalistische Dramaturgie erfinden, also eine solche, wo der Autor kein Zutrauen zu seiner eigenen Meinung hat? Was hast Du gegen den lieben Gott? Natürlich kann man nicht sagen, dass der liebe Gott in allen Punkten die Wahrheit gewusst hätte, aber er hat ein sehr gutes Buch geschrieben.

Wenn die Dialektik überhaupt einen Sinn hat, so gilt: Jede Meinung ist ein Blödsinn, aber jede Meinung hat, konsequent vertreten, ihren Witz. Die einzigen Meinungen, die keinen Witz haben, sind solche, die von vornherein die Möglichkeit ihrer eigenen Blödsinnigkeit in Betracht ziehen.

Du kannst Deine dichtende Seele doch nicht aus Deinen Stücken herauskriegen. Du urteilst, indem Du schreibst. Wenn Du, wie es die dramatische Objektivität erfordert, jeder Deiner Personen das Recht gibst, das sie hat, wird man sicher Dein Bezugssystem herausfinden, und wenn Du ihnen viel Recht gibst, wird es sehr hochstehend sein, wie Shakespeares. Wenn Du aber eine Relativitätstheorie aufmachst und jedem prinzipiell und unbedingt Recht gibst, dann wird man doch auf Dich schliessen und sagen: der arme Junge, ihm ist so mies.

Die bestellten Bücher werde ich Dir schicken, aber Du könntest Dir eine appetitlichere Form der Perversität ausdenken.

Endlich höre ich auch Genaueres über Dein Liebesleben. Warum schreibst Du mir nicht, dass Du Onkelchen Hörner aufgesetzt hast? Ich habe übrigens gar nicht so wenig Verständnis für die Schwierigkeit schwieriger Situationen. Es ist ja wahr, dass harmlose Leute von komplizierten Lagen mehr aufgerieben werden als komplizierte Leute, aber was ein anständiger Konflikt ist, der bringt auch den Benervtesten zur Strecke. In solchen Fällen kann man es nur halten wie der Pöbel auch: man lässt Zeit vergehen und sich mit möglichst würdevoller Miene schieben.

Schönen Dank für Anruf. Wann sieht man sich? Die Anna übersetzt und ist ganz lustig. Grüss die Lore. Und verachte mir die Newtons nicht. Herzlichst, Dein

Peter

Brief im Nachlaß Kipphardts, Angelsbruck.

Lieber Peter, München, 29. Januar 1964
ich probier immerzu, Dich anzurufen, und ich bitt Dich jetzt, mir Deine laufenden Adressen in der ČSR aufzuschreiben und wann Du wo zu erreichen bist. Ich tät Euch gerne dort treffen, und ich kann auch hier fort, glaube ich, obwohl ich mit der Stückfassung OPPENHEIMER noch zu Gange bin.

Angefangene Briefe an Dich liegen herum, und ich mach da jetzt wieder Ordnung in unseren kulturellen Beziehungen. Du fehlst mir ganz verflucht, und ich freu mich tälsch, Dich und die Anna zu sehen.

Dein
Heinar

Brief im Besitz von Peter Hacks, Berlin/DDR.

Berlin, 27. März 1964
Lieber Heinar, der Übersetzer Jiri Stach hat sehr geweint, weil er Dich nicht getroffen hat. Jetzt möchte er einen Oppenheimer geschickt kriegen, und wenn Du keinen festen Übersetzer da hast, solltest Du es tun; er ist ein versierter Bursche. Die Adresse ist: Mjr. Schramma 10, Praha 6. Autorisiert werden möchte er auch, aber ich autorisiere keinen Übersetzer in der Welt, der nicht Willi Shakespeare heisst.

Hier nichts Neues, ausser, es wird Frühling. Grüss Deine Gattinnen und zier Dich nicht so lang, uns zu besuchen. Herzlichst,

Peter

Brief im Nachlaß Kipphardts, Angelsbruck.

Lieber Peter, München 9. April 1964
weil die Schreibmaschine kaputt ist, male ich Dir einen Brief.

Oppenheimer ist fertig, und es beginnt die eigentliche Kunst des Märkteeroberns. Um das Recht der ersten Nacht kämpfen der Everding und der Piscator, und die Jungfrau möchte die beiden dazu bringen, daß sie es zusammen machen, was ihnen aber nicht so liegt, wie sie beteuern. Sie sollen sich das aber angewöhnen, finde ich, weil das für alle sichtbar einen Genußwert der Dame dokumentiert.

Die Marktpläne des Verlages, Nachfrage nutzend, klingen angenehm.

Das weiße Papier, das mich nach einer kurzen Reise blöde anglotzt, in seinem Verlangen voll gemacht zu werden, wird bald Ali Härtl über sich ergehen lassen müssen. Ich seh dann nach dem 1. Teil (es sind dreie im Plan), ob sich Onkel Joe von hier aus behandeln läßt, d. h. ich habe es ja im Gegensatz zu Dir nur mit den Fakten zu tun, die dokumentiert sind, und kann in den Analysen Spekulatives zulassen. Sie – die Analysen – finden ohnehin in der Nervenklinik statt, wo Härtl mit der Hilfe eines Psychiaters oder mehrerer sein Leben herausschafft zum Zwecke der Gesundung von seiner Trunksucht und sonstiger Insuffizienz.

Ich denke, ich muß nicht nach Arbeiten über die Zeit des Verfalls unserer Lehre fragen, es gibt sie wohl nicht, oder? Gibt es wenigstens eine Sammlung der Parteidokumente von 1930–1956, sagen wir? Ich will das in Berlin eruieren, wenn ich im Mai zu Besuch komme. Meine Nachfragen haben ergeben, daß es möglich ist, mir eine Aufenthaltsgenehmigung zu erteilen. Das B.E. wird mir eine Einladung schicken und eine Aufenthaltsgenehmigung beantragen. Wenn ich die bekomme, würde ich den ganzen Monat Mai in Berlin-West sein, ich nehme dann nämlich für vier Wochen den Auftrag an, anderen Leuten das Stückeschreiben zu erklären, was die Firma Ford gern von mir will und bezahlt.

Ich habe den Verlag gebeten, Jiri Stach die Stückfassung O. zu schicken. Autorisieren soll ich ihn nicht, der Verlag hat in anderen Fällen Ärger damit gehabt.

Was sind Deine Pläne für Mai?

Arbeite schön und grüße die Anna.

Herzlichst
Dein Heinar

Brief im Besitz von Peter Hacks, Berlin/DDR. – Alfred Härtl war die Hauptfigur in einem von Kipphardt geplanten Fernsehfilm über die Geschichte eines

deutschen Kommunisten. Mit «Onkel Joe» ist offenbar Josef Stalin gemeint.
«B.E.» bedeutet Berliner Ensemble.

Berlin, den 14. Juni 1964
Lieber Heinar, es ist merkwürdig, dass Du immer Stücke nach Dokumenten machst. Die einzig informativen Dokumente aus früheren Zeiten sind – wenn ich überhaupt lesen kann – Stücke.

Übrigens hast Du Deinen Ruf als harter Tatsachenmensch durch Deinen Gang zum berliner Ensemble schon ganz ruiniert. Of All The People! Der Weg zum Minotaurus ist ein gerader Weg, verglichen mit dem übers B.E.

Ich gratuliere zum Oppenheimer-Erfolg, und ich prophezeie, es wird einer. Und es wird einer auf Grund eines Irrtums. Nämlich bin ich sicher, dass sich die Publikume der Welt mit I.R.O. identifizieren werden als mit einem, der das Gute will, wie sie, und der nichts dafür tut, wie sie, und der so schrecklich hart damit bestraft wird, dass man ihm, gleich ihnen, nicht gestattet, Amerika zu regieren.

Das ist nicht boshaft, jedenfalls nicht gegen Dich. Alle grossen Erfolge beruhen auf Missverständnissen. «Sorgen» war ein grosser Erfolg, weil das Publikum annahm, es sei ein Stück gegen Ulbricht.

Uns geht es wirklich angenehm. Die Anna schreibt den Affenkönig und ich die Margarete, und im Juli fahren wir zum Schwielowsee, und die Nächte sind warm. Grüss Deinen Harem. Und wenn Du das nächstemal herzukommen versprichst, lass es keine Prahlerei sein.

Herzlichst, Dein

Peter

Brief im Nachlaß Kipphardts, Angelsbruck. – Hacks' Stück «Die Sorgen und die Macht» war 1960 uraufgeführt worden. «Margarete in Aix» beendete er 1966.

Lieber Peter, Tolon bei Nafplion, 5. Juli 1964
wenn ich zum Minotaurus doch will, werde ich den Weg über labyrinth-erfahrene Leute nehmen oder konkurrierende Ungeheuer. Bei meinem unterentwickelten Opfersinn kann ich in minotaurische Gefilde nicht ohne Faden reisen, und wenn man mir eine Aufenthaltsgenehmigung nicht erteilt, werde ich nicht kommen. Die schönen Jünglinge der Jahresopfer mag Athen aus eigenem Aufkommen bestreiten. Die Eigentümlichkeit des Landes besteht doch darin, daß ein schlechtes Visum nicht dazu führt abgeschoben, sondern

dabehalten zu werden. Ich komme im September, wenn ich ein Visum bekomme, aber ich benutze nicht den kleinen Grenzverkehr.

Was die Dokumente angeht, so haben gediegene Leute ihren Falsifikaten zu allen Zeiten den Charakter des Dokuments gegeben. Ich weiß, wie unbrauchbar die echten für Kunst sind. Dieses verschissene Zeitalter, das wissenschaftlich nur in seinen Draperien ist, verlangt die Draperie des Dokuments, wenn es 5 Gramm Wahrheit in Zentnern von türkischem Honig fressen soll. Diese fünf Gramm enthält Oppenheimer, dessen Wirkung Du vollständig richtig analysiert hast. Ich halte mir zugute, daß verständige Leute den Schwachsinnsweg der Identifikation nicht gehen müssen, und daß auch die Identifizierer unbequeme Sachen denken müssen. Es gibt etwa zwanzig Theater, die O. spielen wollen, und zehn haben schon Verträge gemacht, ohne daß man weiß, wie die Sache in München und Berlin ausgehen wird. Es ist nicht so leicht, eine Theatervorstellung herzustellen in diesen Theatern hier. Ich werde den ganzen September über nichts anderes tun können, als mich um die Vorstellungen in Berlin und München zu kümmern.

Bis dahin werde ich den ersten Teil des Fernsehspiels fertig haben und damit weiteres Rohmaterial für den Roman. Ich mache die dreiteilige Fernsehgeschichte ja nur, weil sie mir den Roman herausschafft, der das beste ist, was ich bisher geschrieben habe, denke ich. Ich bin noch bis zum 14.7. hier in Griechenland, es war eine angenehme und erholsame Zeit, und es gibt kaum Fremde hier, wegen der Cypernkrise vielleicht. Wirst Du zu Frieden kommen können? Ponnelle ist so ein Schaufenster-Fritze, glaube ich, und Du solltest Dich kümmern. Annas Affenkönig, was ist das für eine Geschichte? Grüß sie schön und laß Dich bei den Ultras sehen.

Dein
Heinar

Brief im Besitz von Peter Hacks, Berlin/DDR. – Hacks' Stück «Der Frieden» wurde im September 1964 in der Regie von Jean-Pierre Ponnelle an den Münchner Kammerspielen aufgeführt.

Lieber Peter, München, 20. August 1964
ich fahr jetzt am 25. wieder zu den westberliner Ultras, um die Proben bei Piscator auf den Topf zu setzen. Es scheint, daß es auch fernerhin die Möglichkeit eines Visums für mich nicht gibt, und so werde ich Dich und die Anna nicht besuchen können. Was ist mit Deinen Friedensbesuchen, es reisen alle möglichen Leute herum, deren Loyalität weniger hart geprüft ist als Deine. Ich bleibe bis zum 5. September etwa in Berlin, und ich werd den Müller-Stahl als Agenten benutzen. Vielleicht kannst Du Dir in Westberlin eine Theatervorstellung ansehen, wie andere Leute auch.

Oppenheimer scheint sich nach Deiner Prophezeiung als ein gut gehendes Geschäft zu erweisen. Ich freue mich, daß das Piccolo Teatro und in Paris Vilar das Stück machen wollen. In Mailand gibt es die Möglichkeit zu einer optimalen Auffführung, die in hiesigem Lande derzeit nicht herstellbar ist. Schreib mir, falls Du doch nach München kommst, und grüß die Anna. Herzlichst

Dein
Heinar

Brief im Besitz von Peter Hacks, Berlin / DDR.

Berlin, 18. Oktober 1964
Lieber Heinar, nach allem, was man liest und hört, bistu jetzt ein Mann des Tages. Dazu beglückwünsche und dafür lobe ich Dich sehr. Ein Hit alle zehn Jahre macht die Dichter fett und fleissig. Grüsse Deine lieben Weiber, und sei gegrüsst von der Anna und mir, und vielleicht sehen wir uns das nächste Mal hierorts, zur Oppenheimer-Premiere. Herzlichst, der

Peter

Brief im Nachlaß Kipphardts, Angelsbruck. – Am 11. Oktober war das «Oppenheimer»-Stück in Berlin und München uraufgeführt worden. «Der Mann des Tages» heißt eine 1960 geschriebene Erzählung Kipphardts über einen (unfreiwilligen) Helden im Zweiten Weltkrieg.

München [Ende Oktober, Anfang November 1964]
Lieber Peter,
der OPPENHEIMER macht mich nicht fett und nicht fleißig, er macht Geld, und in meinem Hirn krabbelt es herum wie in einem blöden Ameisenhaufen. Die kleinen Gedankenstücke, die ich herstelle, werden von den Ameisen sofort zersägt und in alle vier Winde getragen. Wenn ich von den Vertretersitzungen zurückkomme, liegen ein paar stinkende Knochenreste herum, und ich schwöre, daß mich kein Vertreter mehr zu sehen kriegt, und ich fahre dann doch nach Frankfurt und laß mir ein Fliegerdenkmal oder sonst was Spitziges als Fernsehpreis in die Hand drücken und labere und fahre nach Paris und ärgere mich mit dem Vilar herum, der von Kunst redet und seine Prozente meint und denke an die Ameisen, die schon gar nichts mehr zum Zersägen haben. Natürlich hätte ich ein verflucht kritisches Stück über Oppenheimer schreiben müssen, der weinerliche Humanist, der in den entscheidenden Phasen immer umfällt und dann wieder weint und nie begreift, um was es wirklich geht und seiner Zerstörung noch zustimmt wie die Kleist'schen Helden, allerdings traurig verstimmt. Wer hätte das verstanden, welche Wirkung hätte ein solches Stück gehabt, bei wem? Die Leute, für die wir schreiben, die gibt es nicht, das lehrt mich die Betrachtung dieser zum Himmel stinkenden Welt täglich. Die Inscenierungen benutzen ja das kritische Material nicht einmal, das ich ihnen anbiete, oder nur ganz dosiert, wenn man mit dem Knüppel dahinter steht. Ich hoffe auf Strehler, der die modellhaften und die epischen Züge des Stückes herausarbeiten will, höre ich. Wann bist Du in Wien? Wie sind die Chancen, sich zu sehen? Grüß die Anna und schreib, was Du machst. Ich mach ein Stück über Adolf Hitler, ein historisches Drama im großen Stil.

Herzlich
Dein Heinar

Brief im Besitz von Peter Hacks, Berlin/DDR.

Berlin, 15. November 1964
Liebster Heinar, ich höre Dich da, traurig verstimmt, Deiner Zerstörung zustimmen. Du hast hierzu natürlich überhaupt kein Recht. Es ist, wie man es immer ansieht, schlimm, einen Stoff behandelt zu haben und zu wissen, dass man Wesentliches nicht gesagt hat. Das Publikum, das aus Schweinen besteht, ist keine Entschul-

digung. Schweine haben an sich, dass sie nicht nur Schweinefutter fressen; sie fressen bekanntlich auch Perlen.

Andererseits solltest Du es Tellheim überlassen, in so grämlichem Ton von Geld zu reden, das man Dir gibt. Geld ist Freiheit, und Freiheit ist sehr amusant zu haben, wenn man was will. Die Schweine haben Dich reichlich bevorschusst in der Hoffnung, auf lange Zeit hinaus von Dir mit Trebern beliefert zu werden. Dieses Abkommen, das Du nicht unterschrieben hast, solltest Du nicht halten.

Ein Stück über Hitler, das ist so simpel, dass es schon frech ist. Jeder sieht, dass das gut gehen muss, aber ich habe keine Ahnung, wie man es macht. Die furchtbare Konkurrenz des Ui kann man eigentlich nur umgehen, wenn man, statt einer Historie, ein richtiges Drama schreibt, resultierend aus einem einzigen Widerspruch. Und ich finde keinen Widerspruch an oder in diesem Hitler. Er war ein Schurke, und er hatte das Pech zu verlieren.

Schreib mir mal Näheres, wenn Du Näheres weisst. Ich bin immer noch an der Margarete und also am Thema Kunst und Politik. Aber ich werde mit dem elenden Stück nie fertig, weil ich immerfort von alten Stücken definitive Fassungen machen muss, für Aufführungen (Polly und Tassow) und für Buchausgaben (Müller von S.). So wird es nicht sehr bald Neues geben.

In Wien sind wir vom 1. bis 5. Dezember. Wir würden Dich schrecklich gern sehen und wagen aber nicht, Dich hinzubestellen; es kommen mit Sicherheit Pavels und möglicherweise Adamis und Ponnelles, und es kann sein, Du triffst statt unser wieder die ganze Clique. Andererseits lohnt allein dem Benno sein Frieden eine Reise. Du musst herausfinden, was Du magst.

Schönstens, Dein

Peter

Dies ist ein Postscriptenzettel.

Der Joel Brandt, dieses Scheiss-Stück, war spannend, reinlich gemacht und nervenerschütternd. Aber alle Deine Theorien sind ganz blöde. Deine Berichte berichten nichts, und das Publikum kann sich auch nichts dabei denken. Nämlich:

Zu einer Beurteilung von Handlungen braucht man Urteile über Sachverhalte. Um ein Urteil über Sachverhalte zu fällen, muss man lange Zeit studieren. Das hast Du getan, aber Du verrätst nicht, was Du herausgefunden hast. Zur Beurteilung des Herrn Brandt, des Herrn Kastner, des Herrn Eichmann, des Herrn Becher und der Alliierten müsste man (neben vielem anderen) folgendes wissen:

Hätten die Autos, Judenleben rettend, Soldatenleben gekostet? War die Ignorierung des Herrn Brandt blosse Bürokratie oder, im Wesentlichen, Unlust, Juden zu importieren, und, im letztern Falle, warum? Hatte die Idee eines bewaffneten Judenaufstands eine reale Chance? War die SS-Offerte ernstgemeint, wenn ja, warum? (Nach dem, was ich höre, spielte da die Überführung gewisser jüdischer Konzerne in SS-Eigentum eine Rolle). Etcetera. Niemand kann diese interessanten Fragen beantworten bloss aus den 80 Minuten nichtssagender Dokumente, die Du mitteilst. Niemand kann also urteilen. Übrig bleibt die Vermutung, dass die Welt traurig und verworren ist.

Es gibt einen dramaturgischen Punkt, auf den Du, falls Du die Sache weiterverkaufen willst, achten solltest. Da in jedem Stück die Sympathie demjenigen gehört, der konsequent Pläne verfolgt und weiss, was er will, gehört, in der jetzigen Fassung, die Sympathie am Ende dem Eichmann. Man müsste, vor dem Schluss, eine Szene machen, die zeigt, dass der Judenrat, angesichts seiner hoffnungslosen Lage, das vage Verhandeln und dümmliche Hinauszögern als bewusste Taktik verfolgt. Man würde erkennen: sie sind beschissen dran, aber auch sie handeln konsequent und planvoll.

An den Oppenheimer-Protesten ist, neben allerlei Quatsch, ein sehr ärgerlicher Punkt. Wenn er sagt, die Affaire sei keine Tragödie gewesen, sondern eine Farce, so heisst das, falls es stimmt: dass er nie ein Gegner der amerikanischen Regierung oder der amerikanischen Militairs war. Es heisst, der Krach war ein Krach unter Brüdern; es kann nichts anderes heissen. Die Lehre hieraus wäre, dass man sich hüten soll, die «Riesenarbeit der Idealisierung» an lebenden Personen zu leisten. Wenn man einen anpöbelt, und der protestiert, das ist lustig; wenn man einen lobt, und der protestiert, das hat entschieden was Peinliches.

Ich hoffe, die Sache kostet Dich kein Geld. Schönen Dank für den Anruf, aber Telephonate von München nach hier sind zur Zeit fast undurchführbar.

P.

Brief im Nachlaß Kipphardts, Angelsbruck. – Kipphardts Fernsehspiel «Die Geschichte von Joel Brand» war am 15. November 1964 vom Westdeutschen Rundfunk gesendet worden. Die erwähnten Stücke von Peter Hacks sind «Polly oder die Bataille am Bluewater Creek» (nach John Gay), «Moritz Tassow» und «Der Müller von Sanssouci». Im Dezember 1964 gastierte das Deutsche Theater Berlin mit Benno Bessons Inszenierung von «Der Frieden» in Wien. Anlaß für die Tellheim-Anspielung war «die gemeinsame Erinnerung an Wolfgang Langhoffs epochemachende Minna-Inszenierung am Deutschen Theater» (Mitteilung P. Hacks an den Herausgeber).

Lieber Peter, 5. Dezember 1964
mit Deinen Bemerkungen zu JOEL BRAND hast Du natürlich
Unrecht. Die Sorte von Urteilen, die Du von mir zu verkaufen verlangst, sind unverkäuflich, denn sie sind langweilig wie die Resultate von Rechenaufgaben. Sogar ein Rechenkünstler interessiert nur
Trotteln. Das Interessante an einem Resultat sind die Rechenverfahren, die zu ihm geführt haben, denn die sind benutzbar für andere
Rechenaufgaben. Ein Resultat, das man selber herausgefunden hat,
ist was ganz anderes als ein vorgekautes, das die Verfahrensweise
nicht liefert. Sogar mit Rechenfehlern ist es für den Rechner nützlicher, weniger nützlich natürlich als ohne Fehler. Ich bin auch nicht
dagegen, daß man das Resultat erwähnt, beiläufig. Wenn ich bessere
Rechner haben will, muß ich ihnen eine Lust an den Rechenverfahren machen, und sie müssen das Gefühl haben, daß sie mit mir was
herausfinden, und daß ich sie nicht bescheiße. Wenn ich ein Bündel
von Widersprüchen oder auch bloß einen Komplex nicht auflösen
kann, so benenne ich die Teile, die ich herausgefunden habe, und
mache ihnen ein Interesse, über eine Lösung nachzudenken. Anders
gesagt, ich bevorzuge die offene Information, die den Schluß vorsichtig handhabt, die ihn aus der Information hervorgehen läßt. Natürlich ist das eine Methode, die List enthält, aber nicht nur List. Sie
ist effektiver als die Methode, das Einmaleins in süße Musik zu setzen, oder allerlei sensualistischen Schnickschnack zu treiben, nachdem da gesagt ist, daß 2 mal 2 vier ist und der Frieden angenehm, Du
konterrevolutionärer Ästhet.

Die Sache mit dem Weiss-Konzern ist eine andere Geschichte. Da
flog die Familie Weiss mit 50 Angehörigen nach Portugal für die
Aktienmehrheit, die sie der SS übergeben hatte. Sie hat mit der
Brand-Geschichte nichts zu tun.

Mit Eichmann das ist ein weites Feld, ästhetisch, ich bin zu faul,
meine Meinung aufzuschreiben, und ich möchte mit Dir über die
Ursachen reden, warum Schurken gemeinhin faszinieren und
warum das gar nichts macht. Für den Hinweis Judenrat bedanke ich
mich. Da ist überhaupt viel wässrige Verlegenheit in diesem rohen
Vorfabrikat Fernsehspiel.

Was Oppie betrifft, so bringt sein saudummes Gewäsch Geld,
bisher in 18 Ländern. Die Sache wurde als Manöver von Vilar gestartet, dem Verbrecher, mit dem ich mich nur zähneknirschend arrangiert habe, gestern. Findest Du das so unkomisch, daß jemand in
der Zeitung dementiert, dem Massenmord abhold zu sein? Obwohl
er es per Dokument wirklich war.

Ich konnte nicht nach Wien, weil ich in Mailand sein mußte. Strehler hat sehr konsequent und sehr erfolgreich ein ziemlich abstraktes Denkspiel insceniert, ein Diskurs eher als ein Stück, zu seiner Galilei-Aufführung auch dekorativ in Beziehung gesetzt. Ich fands nicht richtig. Herzlichst, Dein

Heinar

Brief-Durchschlag im Nachlaß Kipphardts, Angelsbruck.

Berlin, 14. Dezember 1964

Liebster Heinar, ich bin sehr kaputt und mag nicht viel schreiben, dafür schreib ich gleich. Du hast mit grossem Fleiss widerlegt, was ich nicht gesagt habe. Natürlich soll das Publikum urteilen; eben deswegen verlange ich, dass Du ihm die nötigen Daten lieferst. Dein Publikum kann nicht urteilen, es muss raten. Meine eigene Methode hingegen beschreibst Du sehr gut mit der Formel 2 mal 2 gleich 4 plus Zuckerguss. 2 mal 2 gleich 4 ist die einzige Moral, die ich seit zweitausend Jahren nicht mehr vorgebracht gefunden habe, und der Zuckerguss ist, weils Kunst ist. Ich glaube, es gibt für Literatur nur zwei mögliche Inhalte, «mir is mies», und «mir is nich mies»; ich halte aber den letztern für mehr kühn und überaus neuartig.

Ich hoffe, liebster Heinar, dass Du, gleich vielen ältern Autoritäten, die schrecklichen Dinge, die Du lehrst, nicht auf Dein Privatleben ausdehnst, und wünsche sehr vergnügte Weihnachten. Das Stück vom Friedensfreund Oppi, höre ich, soll jetzt doch hier gemacht werden.

Herzlichst,
Peter

Brief im Nachlaß Kipphardts, Angelsbruck. – «Mir is mies» ist eine Anspielung auf ein Zitat von Hanns Eisler.

Lieber Peter, München [undatiert, Frühjahr 1965]
ich hör, das Berliner Ensemble will in der neuen Woche mit Proben zu OPPENHEIMER anfangen. Du wirst Dich also nicht wundern, wenn ich bald an der Haustüre klingle. Deine Mutter sagt, Ihr seid zu Hause.

Ich war 14 Tage in der Tatra und in Prag. In der Tatra habe ich Peter Karvac getroffen, wir haben Dir eine Karte geschrieben, für die ich aber keine Marke gefunden habe, weil immer alles zu war.

Ich habe es dort überhaupt als eines der Wunder des Sozialismus begriffen, daß die Leute leben, obwohl immer alles zu ist und niemand arbeitet.

Hier war kürzlich mal der Biermann, und ein paar Lieder von ihm sind wirklich schön.

Grüß die Anna und streng Dich mit dem Optimismusse nicht so an. Es nimmt den Kreislauf so mit.

Herzlich
Dein
Heinar

Brief im Besitz von Peter Hacks, Berlin/DDR.

Berlin, 16. April 1965

Lieber Heinar, wir hatten am Dienstag mit euch gerechnet, es war dumm, dass das nicht geklappt hat. Aber ihr habt so laut geblödelt beim Heym, dass er das Telephon nicht gehört hat, als wir zweimal anriefen. Pech also.

Kannst Du den Leuten nicht den unsagbar kitschigen Schluss mit der halbgebildeten Masse-Energie-Formel ausreden? Die Aufführung ist doch sonst wirklich anständig. Es hat sich als weise herausgestellt, dass Du auf Ekke bestandest.

Anbei also das Manifest der neuesten dramatischen Richtung. Du siehst, ich habe die Pöbeleien eröffnet, und Dein Gewissen kann ruhig sein. Freilich pöbelt es sich mit besserem Gewissen, wenn man recht hat.

Da ruft eben die Gertrude Heym an und vermutet, dass Pia einen von ihren Handschuhen mitgenommen hat. Sie will den wiederhaben und ist aber erbötig, Pias Handschuh, den sie jetzt hat, zurückzuschicken.

Tausend Grüsse. Hastu eine schöne Rede gehalten?

Peter

Brief im Nachlaß Kipphardts, Angelsbruck. – Am 12. April 1965 hatte die Premiere der «Oppenheimer»-Inszenierung des Berliner Ensembles stattgefunden, in Anwesenheit von Heinar Kipphardt und Pia Pavel. Die Titelrolle spielte Ekkehard («Ekke») Schall. Peter Hacks' Aufsatz «Über Langes ‹Marski›», veröffentlicht im April 1965 in der Zeitschrift «Theater heute», enthielt eine Polemik gegen die Dokumentaristen unter den Schriftstellern, die Hacks als «Spielart des Neonaturalismus» kritisierte.

Liebster Peter, München, 26. April 1965
ich bin zu wetterdumm und unruhig, um Deinen langen Marski-Aufsatz mit dem Samen meiner Kritik zu besprenkeln, ich finde aber, daß Du mit vielen neuen Wörteln Deine alten irrigen Standpunkte vom Stückeschreiben verteidigst, und der Riese, den Du für sozialistische Dramen eines nicht sozialistischen Landes annektierst, hat zu tun, fürchte ich, mit überschwenglicher Misere. Dort wachsen auch die Geniekulte wie die Schwammkolonien im Regenwald, und ich verstehe, daß Du die Analogie zu dem Olympier der miesen, der klassischen Zeit suchst, wie Lukacz das beschrieben hat, bis zum Irrtum vereinfacht. Die historischen Wiederholungen finden nach meinen Beobachtungen nicht statt, und Du solltest Dich von der liebgewordenen Gewohnheit trennen, die so sein sollende Welt darzustellen. Der theoretische Fortschritt gegenüber den Anmerkungen zu Columbus besteht in diesem Aufsatze nur darin, daß Du so sein sollende Widersprüche großer Art auf ästhetisch prachtvolle Weise darzustellen vorschlägst, und das Stadium der Erkundung ausläßt, das in der Literatur unserer Zeit eine neue Rolle spielt, in Übereinstimmung übrigens mit allen anderen geistigen Tätigkeiten der Zeit. Ich finde viel Idealismus in Deinem Aufsatze, und ich würde lange mit Dir darüber reden wollen. Auch von den Übereinstimmungen natürlich, die ich hier unterschlage, und die Du unterschlägst. Ich hoffe zuversichtlich, Du machst keine Stücke nach Deinen Theorien, wie das ja die Eigentümlichkeit der meisten Dichter ist.

Ich hätte Dich gerne lange und allein genossen, und ich nehme mir vor, das beim nächsten Besuche gemächlich nachzuholen. Wegen Deiner Telefonanordnung konnte ich Dich am Mittwoch früh nicht erwischen, und ich fuhr unverabschiedet nach Prag, wie sich das nicht gehört. Wie gehen die Proben zu TASSO, und sieht man Dich mal bei den Ultras hier? Schick mir die POLLY, wenn Du hast.

Die herzlichsten Grüße Dir und der Anna,

Dein
Heinar

Brief im Besitz von Peter Hacks, Berlin/DDR.

c) Das Theater und die Wirklichkeit.
Ein Gespräch (1966)

Hellmuth Karasek: Herr Kipphardt, man hat das heutige Theater oft mit einem Warenhaus verglichen, nicht nur, weil man Stile aller Epochen spielt, sondern auch, weil die heutigen Dramatiker die verschiedensten Theaterformen pflegen. Schlagworte sind da schnell gefunden, es gibt das poetische Theater, es gibt das absurde Theater, es gibt das Theater der Grausamkeit, und in jüngster Zeit das dokumentarische Theater. Läßt sich an diesen verschiedenen Gruppen schon erkennen, ob sie verschiedene Funktionen erfüllen oder nicht?

Heinar Kipphardt: Ich denke ja. Das absurde Theater beschreibt, soweit ich sehe, die Entfremdung des Menschen als eine metaphysische Realität, als eine nicht änderbare. Die Geschichte kommt in diesen Stücken nicht vor, es gibt keinen Sinn, keine Ursachen, keine Folgen. Das Leiden, die Qual ist ewig, schicksalshaft. Es ist ein neuer Typus des religiösen Theaters, die Welt ist unerkennbar, die öde Wiederkehr des Gleichen, Schrecklichen, muß hingenommen werden. Menschliche Anstrengungen, die eigene Wirklichkeit zu durchschauen und auf sie einzuwirken, sind sinnlos und lächerlich. Es ist ein Typus des apologetischen Theaters, jede Institution und jedermann ist existentiell entschuldigt. Das nimmt der gebildete Zuschauer erleichtert zur Kenntnis. Alles wird immer beim alten bleiben. Das ist den Mächtigen in dieser Welt ganz recht. Ein südamerikanischer Landarbeiter wird da anders denken, ein vietnamesischer Bauer in einem amerikanischen Wehrdorf-KZ wohl auch, und einige Bergarbeiter an der Ruhr, wenn sie Theaterbesucher wären, hätten da vielleicht Fragen.

Meinen Sie, daß in dem sogenannten poetischen Theater auch bestimmte apologetische Züge stecken?

Ich weiß nicht, was ich darunter verstehen soll, unter Poesie. Die gescheiten Leute haben sich immer gehütet, Poesie zu definieren. Sie kommt in Stücken sehr verschiedenen Typus vor, und was wir poetisch nennen, das wandelt sich mit unseren Empfindungsweisen. Immerhin ich glaube, die meisten Leute verstehen unter poetischem Theater eine gewisse Weltflüchtigkeit, eine Idealisierung ewiger Werte, ein Feiern des Konstanten, des Bleibenden. Ich glaube, es liegt da eine Sehnsucht vor, daß das Theater die Wirklichkeiten dieser scheußlichen Welt doch hinter sich lassen möge und die idealeren Gefilde der Kunst betrete.

Mein Freund Peter Hacks, der einige spezielle Schwierigkeiten erfahren hat, die Wirklichkeit auf dem Theater zu behandeln, hat kürzlich dargelegt, warum ihm die sich ändernde Wirklichkeit der eigenen Zeit nicht mehr recht würdig vorkomme, auf dem Theater beschrieben zu werden. Er meinte, das offenkundig Neue sperrt sich gegen eine poetische Behandlung, denn «das Neue muß reflektiert werden, bleibt eine Sache des Kopfes». Der Kapitalismus sei eine prosaische Sache, die in Prosa zu beschreiben sei, wie das Balzac etwa getan habe, der Sozialismus sei eine poetische Sache, der eine Poetisierung der Welt entspreche. Die Poesie sei auf das Alte, Unveränderliche, Bleibende gerichtet, und es sei an der Zeit, «das Selbstbewußtsein einer Klasse in einem poetischen und pomphaften Theater darzustellen».

Ich halte das für eine unfruchtbare, nichtsnutzige Theorie, denn sie propagiert ein Theater der Idealisierung, der Dramatiker wäre ein Mann, der alte Hüte in neuen Zierat verwandelt. Hacks läßt die Lokomotive oder den Ofen oder die Kanone aus Altersgründen als poetisch gelten, die Rakete, die Fernheizung, die Atombombe dagegen nicht. Es könnte also nichts beschrieben werden, das nicht wenigstens hundert Jahre alt ist, und ich weiß keinen wichtigen Stoff, dem mit dieser Sorte von Poesie beizukommen wäre. Ich halte einen Poesiebegriff, den die Tatsachen unserer Zeit ruinieren, für unbrauchbar. Der Poesiebegriff wandelt sich in der historischen Veränderung der Welt und unserem Weltverständnis. Eine Theaterkunst, die sich vornähme, das Unveränderbare, das Konstante in der Welt zu poetisieren, zu feiern, zu veredeln, würde zu einer höheren Zuckerbäckerei. Die poetische Qualität eines Stückes, wenn der Begriff unvermeidbar ist, sehe ich darin, die sich in Widersprüchen ändernde Wirklichkeit charakteristisch und anschaulich zu beschreiben. Die Poesie des Dramas liegt in dem Reichtum seiner Handlung, seiner lebendig bewegten Welthaltigkeit.

Sie würden an die ahistorischen, gleichbleibenden Bedingungen, die sich das Theater immer setzt, nicht glauben: daß sich Theater immer gleich geblieben sei im Grunde, sich nur für bestimmte Stoffe und Themen eigne, für die immer gleiche Liebe, die immer gleiche Eifersucht, Haß, Machtgier – würden Sie an diese Voraussetzungen glauben oder eher nicht?

Unter der Voraussetzung wäre das Theater kein ernstes Geschäft. Es würde nicht gebraucht. Eine bizarre Vorstellung, das Theater wäre eine gleichbleibende Sonderwelt, die geringe Variationen des Gleichen abhandelt. Die in Veränderung begriffene Wirklichkeit und das menschliche Verständnis von ihr ist natürlich das Material, von der Kunst, also auch dieses späte Produkt Drama, ausgehen muß. Theater ist wie die Welt ein historisches Phänomen, und die Kunst des Theaters und die Kunst des Dramas wandeln sich historisch. Jede Generation von Dramatikern muß prüfen, ob sie mit den landläufigen Techniken, die sie natürlich beherrschen muß, auskommt und ob man neue dazu braucht. Die Frage ist, wie können auf dem Theater anschauliche, kunstfähige Abbildungen der Wirklichkeit, mit welchen Mitteln immer, hergestellt werden.

Herr Kipphardt, Sie gelten als einer der Väter der Dokumentationstechnik. Sie verwenden natürlich einen bestimmten Übersetzungsgrad für eine bestimmte historische Wirklichkeit, und ich frage, warum Sie diese Technik bei Ihren Stücken oder den Stücken von Weiss und Hochhuth für besonders geeignet halten?

Ich kann nur für mich sprechen. Es gibt, denke ich, sehr verschiedene Typen von Stücken, die von faktischem Material, von dokumentiertem historischen Material ausgehen. Gemeinsam ist diesen verschiedenen Stückarten das Gefühl der Autoren, in unserer Zeit der Schlagworte und Ideologisierungen, wo alles zur schnellen These, zum Vorurteil gerät, sollte man genau sein, sollte man überprüfbar belegen können, was man in seinen Stücken darlegt. Interessanterweise haben die Autoren des sogenannten dokumentarischen Dramas große politische Stoffe behandelt, die mit anderen Techniken auf dem Theater bislang nicht erzählt werden konnten. Sie haben die großen Stoffe, die wichtige politische Schlüsselfragen der späten Bürgerwelt behandeln, auf dem Theater in der ganzen Welt eingeführt und eine Bewegung in Gang gebracht, die prüft, wie das Theater in den Stand zu setzen wäre, auf bedrückende Wirklichkeiten mit anschaulichen Abbildungen zu reagieren, Wirklichkeit durchschaubar zu machen. Ich sage nicht, daß diese Techniken etwa die einzigen wären, große politische Stoffe zu behandeln, aber es gibt wohl Stoffe, die kaum anders als mit der Haltung des Belegs zu schreiben sind. Es gibt Stoffe, über die man keine Intuition haben kann, die man nicht poetisieren und nicht stilisieren kann, da muß man von der Faktizität ausgehen, um zu dem Charakteristischen zu kommen.

Darf ich dazu gleich noch etwas fragen. Sie sagen, bestimmte Vorgänge kann man nicht poetisieren, man kann sie nicht stilisieren. Hat Brecht nicht in der Parabel eine anwendbare «poetische Form» gefunden, diese Vorgänge von den Dokumenten zu lösen?

Ja, ich bestreite der Parabel nicht, daß sie viele Stoffe befriedigend beschreiben kann. Die Parabel historisiert die Wirklichkeit, wie das auf andere Weise das Dokumentardrama oder das historische Drama tut. Ich glaube nur nicht, daß sich der Parabeltypus für alle Stoffe eignet. Ich weiß nicht, ob Sie eine schlüssige Parabel über die neuen Kolonialkriege, den Vietnamkrieg etwa, machen können, ob Sie über Auschwitz eine schlüssige Parabel machen können, oder über Hiroshima. Ich fand, daß die Fragen des Widerspruchs zwischen der grandiosen Entwicklung der neuen Naturwissenschaften und der rückständigen Entwicklung unseres Wissens von der Gesellschaft nicht parabelhaft, sondern nur mit der Haltung des Belegs darzustellen wären.

Ich möchte Ihren Zweifel verstärken, Herr Kipphardt, ich glaube, daß es Brecht nicht einmal schlüssig gelungen ist, eine Parabel über den Zweiten Weltkrieg zu schreiben, wie der «Schweyk» zeigt. Ich möchte andererseits fragen, ob Ihr Dokumentarstück «Oppenheimer» nicht so etwas wie eine schlüssige Parabel für die Rolle des Wissenschaftlers in unserer Zeit geworden ist?

Ich würde nicht sagen Parabel, aber ich wollte natürlich in dem extremen Fall Oppenheimers die Widersprüche und Konflikte des Wissenschaftlers in unserer Zeit darstellen. Und er sollte übertragungsfähig für andere Tätigkeitsbereiche sein.

Die Faktenfülle ist die Materialgrundlage, der der Dramatiker das für seinen Stoff Charakteristische entreißt, und er muß einiges tun, um schließlich ein selbständiges Kunstgebilde herzustellen. Sie kommen niemals mit einer noch so guten, noch so reinen Faktenmontage aus, da würden nur mindere Stücke entstehen, eine Faktenansammlung, der die Essenz und Bedeutung fehlt.

Ja, selbst in der «Ermittlung» steckt ja noch so etwas wie ein Vergleich, das heißt, was damals in Auschwitz passierte und was Weiss wirklich nur aus Prozeß-Akten montiert hat, soll doch auch für andere stehen und anwendbar sein. Ich denke da an die Passagen, wie sich eine Welt in Auschwitz bildet und ihre eigenen Gesetze entfaltet, wie man treten muß, um nicht getreten zu werden; und ich denke an die andere Anwendbarkeit, wie das System einen als Opfer oder als Nichtopfer irgendwo hinstellen kann.

Es wäre trist, wenn ein Stück in bloßer Faktizität versinkt. Da wären die Fakten, wo ist das Stück? Natürlich ist das Stück so gut und so schlecht wie das Gehirn und das Talent des Autors.

Ist es nicht vielleicht deshalb zu dem Schlagwort dokumentarisches Theater gekommen, das viele Leute ja mit einem abschätzigen Sinn verbinden, weil immer noch eine idealistische Überschätzung der Intuition vorliegt? Wenn man z. B. Shakespeare-Stücke untersucht, so sind sie in einem gewissen Sinne auch dokumentarisches Theater, weil sie historische Dokumente sehr genau verwendet und bearbeitet haben. Büchner-Stücke sind dokumentarisches Theater, und ich glaube, zu diesem abschätzigen Schlagwort ist es einfach aus der Bequemlichkeit gekommen, was Sie eingangs sagten, daß man poetische Überhöhung will und alles, was sich an faktischer Wirklichkeit kontrolliert, als bloße Dokumentarverarbeitung abtun möchte. Ist das richtig?

Eine gewisse Abneigung der Kritik in Deutschland kommt aus einer ziemlich überständigen bürgerlichen Ästhetik, die das heilige Theater nicht mit Wirklichkeit befleckt sehen möchte. Die Zuschauer, und einige Theaterleute gottlob, denken anders, und so haben sich einige Stücke dieses neuen Typs in der Welt durchsetzen können und eine Nachfolge angeregt.

Ihr Hinweis auf Shakespeares Historien und Büchners «Danton» ist überlegenswert, und ich halte das dokumentarische Drama tatsächlich für einen besonderen Typus des historischen Dramas, der den Empfindungs- und Wahrnehmungsweisen unserer Zeit entspricht. Es käme aber darauf an, die neuen Züge in diesen Stücken zu beschreiben. Das historische Drama alter Art machte sich die historischen Fakten viel lässlicher passend, als ich das bei bestimmten Stoffen getan habe. Die Stücke sind in der Haltung des Belegs geschrieben, und alle wesentlichen Tatsachen sind wirklich überprüfbar. Ich muß eine zusätzliche Anstrengung machen, der widerstrebenden Tatsachenfülle das mir wichtig und bedeutend Erscheinende zu entreißen, ihm die Prägkraft eines Dramas zu geben, ohne die Tatsachen zu manipulieren. Aber auch ein dokumentarisches Drama muß ein in aller Stofffülle einheitliches Kunstgebilde werden. Da setzt

Spracharbeit ein; szenische Dialektik; Bemühungen, die wichtigsten Fabelpunkte szenisch groß und exemplarisch zu machen. Ich habe den Widerstand ganz gern, den Fakten machen. Sie zwingen mich, Widersprüchen nachzugehen, und ich finde Stücke immer langweilig, die an der Schnur von ein paar Thesen gehen. Bei der Arbeit an Tatsächlichkeiten, da geht nicht alles so auf, da kommt man auf immer neue Züge der Figur, die muß man verarbeiten.

Wie bei Ihren Beschäftigungen mit Eichmann auf einmal nicht ein Schreckgespenst herauskam, sondern eine Figur, die uns verwandter ist als uns lieb ist, vielleicht?

Sie ist uns sehr verwandt, und ich begegne in der Welt dauernd Eichmannschem Verhalten. Eichmanns Haltung war in der Nazizeit das Landläufige, nämlich das Zurückziehen auf Fachmannhaltung, aber nicht nur in der Judenvernichtung, sondern bei Professoren, bei Militärs, bei Schriftstellern, bei Bankleuten, bei Industrieleuten. Wenn ich mich heute umsehe, finde ich Eichmannsche Haltungen, nämlich die Eigenverantwortlichkeit erst in der Legislative beginnen zu lassen, nicht in der Exekutive, z. B. durchaus bei heutigen Geschwaderkommandanten in Vietnam, bei General Wheeler, bei all den Fachleuten, die in den Apparaten arbeiten, die den dreckigsten Kolonialkrieg unserer neueren Geschichte, den in Vietnam nämlich, ermöglichen. Und zwar wie Eichmann ohne jedes Unrechtsbewußtsein. Wenn ein Dramatiker die Deformierung der Nazizeit heute beschreibt, so zielt er natürlich auf Analogien, auf spezielle Deformierungsmöglichkeiten in der späten Bürgerwelt überhaupt. Faschismus gibt es in vielen Formen, es sind auch komfortable denkbar.

Sie würden also Eichmann nicht als gestrige Figur behandeln, sondern durchaus als stellvertretende oder parabolische Figur für eine heute vorhandene spätbürgerliche Verhaltensweise?

Ein Schriftsteller dokumentiert seine Zeit, er kann nichts anderes tun. Bei Stoffen aus der Nazizeit muß man die Analogie wahrscheinlich besonders deutlich machen. Der deutsche Zuschauer hat die Tendenz, diese Stoffe nur historisch zu nehmen, weil die Vergangenheit ihm noch immer unter der Haut sitzt. Ich mache mir also Gedanken, wie ich das verhindern kann, wie ich den Bezug zur eigenen Zeit herstelle, zum Beispiel also: wie kann ich nur den Schauer des Interessanten vermeiden, auf den die Leute spekulieren, wenn sie SS oder so etwas hören, wie kann ich überwinden, daß das nur ein Illustriertenbericht für die Zuschauer wird. In dem Eichmann-Stück werde ich wahrscheinlich folgende Theaterkonstruktion anwenden. Das Stück wird «Der Kongreß» heißen, und es begibt sich der Streit von Philosophen, Soziologen, Anthropologen, Juristen, Psychiatern über die Eichmannfigur. Jeder vertritt Thesen zu Eichmann, und jeder belegt seine These zur Figur mit faktischem Material aus den Eichmann-Polizeiverhören, den Sassen-Talks, den Memoiren, psychiatrischen Gutachten und vielen anderen Quellen. Eichmann hat sich so reichlich wie kaum ein anderer erklärt. In diesem Streit der Philosophen werden Bezüge, Analogien zu Eichmann-Haltungen in unserer Zeit hergestellt. Wobei ich in allen verwendeten Materialien genau bin, auch in den heutigen. Das unterbreitete Material ist überprüfbar, die Organisationsform des Materials ist eine Theaterkonstruktion. Der Zweck ist, die Fakten licht und durchschaubar zu machen, ein anschauliches Modell zu erreichen.

Sehen Sie in Ihren Theaterbemühungen eine Fortsetzung des politischen Theaters der 20er Jahre?

Natürlich sind von dem politischen Theater Erwin Piscators große Anregungen ausgegangen. Die Beziehungen zwischen Theater und Wirklichkeit wurden einer kritischen Prüfung unterzogen. Was die Stücke betrifft, so sehe ich kaum Gemeinsamkeiten.

Wo liegen die Unterschiede?

Die damaligen Stücke waren, soweit ich sehe, ziemlich thesenhaft agitatorisch. Sie arbeiteten mit Mitteln des Einfühlungstheaters und der Entscheidungsdramaturgie. Ich würde dem Zuschauer gern die Haltung des Prüfens, des Urteilens, des Verwerfens lassen, die Freiheit eines Partners.

Während ihn die 20er Jahre zu Aktionen überreden wollten.

Das politische Theater der 20er Jahre war von der Wunschvorstellung genährt, das Theater könne direkte Aktionen auslösen.

Überspitzt ausgedrückt, hat Piscator von seinen Zuschauern erwartet, daß sie kurz darauf mit der roten Fahne das Haus verlassen.

Daß sie bereiter sind, eine Revolution zu machen.

Während Sie was wollen?

Der Zuschauer soll die schwierigen Fragen der eigenen Zeit, die wir alle gerne verdrängen, im schwierigen Für und Wider in einer sinnlich genießbaren Geschichte zur Kenntnis nehmen. Er soll sich mit ihr beschäftigen, sie prüfen, darüber nachdenken. In der Beschäftigung mit ihr, im Denktraining, im Empfindungstraining eines Theaterabends wird er bestimmte Erfahrungen machen, die ihn vielleicht urteilsfähiger, vielleicht handlungsfähiger machen.

...oder befähigen, Muster zu durchschauen, die sich ähnlich vollziehen?

Ja.

Also beispielsweise, daß er ein bestimmtes Verhalten, was Sie ihm vorgeführt haben, auch in einem neuen Kolonialkrieg, in Vietnam z. B., zu bemerken in der Lage ist?

Ja. In seinem eigenen Erfahrungskreis natürlich eher.

Würden Sie keinen gangbaren Weg für sich sehen, den Vietnamkrieg, um bei diesem Beispiel zu bleiben, direkt dramatisch zu zeigen?

Ich würde es nicht können, weil ich nur Dinge beschreiben kann, die ich sehr gut kenne, oder sehr gründlich studiert habe, wenigstens. Unsere Informationen sind zu dürftig, ich kenne weder die alte noch die neue Geschichte dieses Landes gut genug. Wie soll ich Leute beschreiben, deren Verhaltensweisen ich nicht kenne? Es scheint mir nicht möglich, auf dem Wege des Studiums genügend Kenntnisse zu erwerben. Wir sind so erbärmlich informiert.

Können Sie sich vorstellen, daß es bestimmte gegenwärtige Wirklichkeiten bei uns gibt, über die wir informiert genug sind, daß wir über sie ein Stück von Ihnen erwarten können?

Ich habe gerade eine Komödie gemacht, um die jahrelange Materialarbeit zu unterbrechen. Sie heißt «Die Nacht, in der der Chef geschlachtet wurde». Sie beschäftigt sich mit entfremdeten Kleinbürgern, ihrer Waren- und Konsumwelt, was in dem Schutt von Vorurteilen, Emotionen, Frustrierungen, Enttäuschungen an rekrutierbaren, aggressiven Möglichkeiten lagert...

Was am Tag X, an irgendeinem 30. Januar abrufbar ist?

Ja. Die kleinbürgerlichen Massen waren von Hitler erstaunlich leicht zu rekrutieren. Die Übergänge von der parlamentarischen Demokratie Weimars zu der faschistischen Diktatur Hitlers und dann zu einer neuen parlamentarischen Demokratie gingen ihnen leicht von der Hand.

Meinen Sie, daß ein neuer Übergang wiederum leicht fiele?

Ja. Es können ja auch mal nettere Formen von aggressivem Nationalismus geschichtsträchtig werden, gemütliche. Die Funktion der SA, Bedrohung und Einschüchterung, die könnte von Groschenblättern übernommen werden. Es gibt Ansätze, Rassismus kann sich gegen ausländische Arbeiter richten etc.

... die Kaufhäuser sind auch geblieben und die Überfremdungsängste. Ich möchte Sie zum Schluß fragen, Herr Kipphardt, ob Sie glauben, daß unser Theater gegenwärtig die Funktionen erfüllt, die es erfüllen könnte?

Ohne Absicht, ohne Programm erfüllt die Überzahl der Theater hier *eine* Funktion nahezu vollkommen: daß alles beim alten gelassen wird nämlich. Das Theater macht keine nennenswerte Anstrengung, die wichtigen Fragen unserer Zeit zu behandeln, es liefert so gut wie keine anschaulichen Abbildungen der Wirklichkeit, es macht Wirklichkeiten nicht durchschaubar und liefert folglich so gut wie kein Material, das Lust zum Verändern der abscheulichen Wirklichkeiten der Welt macht, in der wir gegenwärtig leben. Es produziert gedankenlos, was irgendwo erfolgreich für die Abendkasse produziert wurde, es weiß nicht, was es mitzuteilen wünscht, und es entwickelt keine Methoden, den gespielten Stücken ein Optimum an Mitteilungen kunstfähig zu entreißen. Dabei gibt es fähige Dramatiker, dabei gibt es einige Regisseure, die auf eigene Faust den Stadttheatertrott und die Routine zu durchbrechen suchen. Das ganze Unternehmen gleicht einem Glücksspielautomaten, und da kommt ja beim 100. Groschen auch mal ein Treffer heraus, wenn nämlich ein gutes Stück, ein guter Regisseur und die guten Arbeitsbedingungen, die ein heutiges Theater braucht, zusammentreffen. Die Funktion des Glücksspielautomaten ist, die Leute in der Kneipe zu halten, den Bierkonsum zu erhöhen und einen mäßigen Schnitt zu erzielen. Der Schnitt für die Institutionen, die den Theatern Zuschüsse geben, ist, daß die gegenwärtige Wirklichkeit nicht in Frage gestellt wird, daß der Konsument diese Wirklichkeit für eine nicht änderbare nehmen möge. Diese Funktion wird ebenso aussichtslos, ebenso programmlos, ebenso gedankenarm von der Mehrzahl der Theaterkritiker unterstützt. Sie wenden viel Überredungskunst und viel gestrige Ästhetik auf, damit unsere Theater die Oasen der Unwirklichkeit und die Parfümerieläden bleiben, die sie gegenwärtig sind. Sie raten ihnen von Stücken ab, die Wirklichkeiten zu behandeln suchen, da das dem Theater nicht zukäme, sie rühmen Stücke, wo ewige Menschheitsprobleme als ewig unlösbar vorgeführt werden, und sie delektieren sich an kostbaren Flugversuchen in die idealen Gefilde der Kunst.

Warum ist das so, was glauben Sie?

Mir scheint, die Kritiker wissen so wenig wie die meisten Theaterleute, was kunstfähig mitgeteilt werden soll. Sie stellen die Welt, in der sie sich arrangiert haben, nicht in Frage, und man kann keine Kunst machen, ohne den gegenwärtigen Zustand der Welt in Frage zu stellen, für veränderungsbedürftig zu halten. Unser Theater erfüllt die Funktion, die ihm die sogenannte formierte Gesellschaft, die sanfte Lüge von der Klassenharmonie, zudenkt, ziemlich gut, und die Theaterkunst, die dabei herauskommt, ist in der Regel so unscharf, so mittelmäßig, so einschläfernd wie die Gedanken der Leute, die diese Kunst machen. Der Lichtstreif ist, daß eine sich mehrende Zahl von Theaterleuten von diesem Zustande bedrückt sind, daß sie ihn zu ändern wünschen.

Das Gespräch führte Hellmuth Karasek im Herbst 1966; es war zur Veröffentlichung vorgesehen für die «bald auf den Plan tretende Wochenzeitschrift HEUTE, eine Augstein-Gründung» (Kipphardt an Peter Hacks, 11. November 1966). Die Zeitschrift erschien jedoch nicht. Hier gedruckt nach einem von Kipphardt handschriftlich redigierten Typoskript im Nachlaß, Angelsbruck. – Das Eichmann-Stück wurde unter dem Titel «Bruder Eichmann» erst 1982 fertiggestellt. Bei den von Kipphardt erwähnten «Sassen-Talks» handelt es sich um Gespräche Adolf Eichmanns mit einem Journalisten.

D. Über wichtige Aufführungen

a) Die Uraufführungen in Berlin und München 1964

Besetzungsliste
Münchner Kammerspiele (Schauspielhaus)

Inszenierung: Paul Verhoeven
Bühnenbild: Jürgen Rose

Der Sicherheitsausschuß:
GORDON GRAY, Vorsitzender — Alexander Hegarth

WARD V. EVANS, Ausschußmitglied — Karl Georg Saebisch
THOMAS A. MORGAN, Ausschußmitglied — Herbert Hübner

J. ROBERT OPPENHEIMER — Peter Lühr

Die Anwälte:
ROGER ROBB, Anwalt der Atomenergiekommission — Horst Tappert
C. A. ROLANDER, Mitarbeiter Robbs, Sicherheitsfachmann — Herbert Bötticher
LLOYD K. GARRISON, Anwalt Oppenheimers — Alexander von Rosen
HERBERT S. MARKS, Anwalt Oppenheimers — Siegfried Lowitz

Die Zeugen:
BORIS T. PASH, Geheimdienstoffizier — Benno Sterzenbach
JOHN LANSDALE, Anwalt, ehemals Geheimdienstoffizier — E. O. Fuhrmann
EDWARD TELLER, Physiker — Gerd Brüdern
HANS BETHE, Physiker — Peter Paul
DAVID TRESSEL GRIGGS, Chefwissenschaftler der Air Force, Geophysiker — Karl Lieffen
ISADORE ISAAC RABI, Physiker — Hans Schweikart

Regieassistenz: Brigitte Liphardt, Karl H. Kunst
Premiere: 11. Oktober 1964

Besetzungsliste
Freie Volksbühne, Berlin

Inszenierung: Erwin Piscator
Bühnenbild: Hans Ulrich Schmückle

Der Sicherheitsausschuß:
GORDON GRAY, Vorsitzender	Peter Capell
WARD V. EVANS, Ausschußmitglied	P. Walter Jacob
THOMAS A. MORGAN, Ausschußmitglied	Elmar Schulte
J. ROBERT OPPENHEIMER, Physiker	Dieter Borsche

Die Anwälte:
ROGER ROBB, Anwalt der Atomenergiekommission	Gerhard Schinschke
C. A. ROLANDER, Mitarbeiter Robbs, Sicherheitsfachmann	Günther Tabor
LLOYD K. GARRISON, Anwalt Oppenheimers	Erich Fiedler
HERBERT S. MARKS, Anwalt Oppenheimers	Wolfrid Lier

Die Zeugen:
BORIS T. PASH, Geheimdienstoffizier	Hans Putz
JOHN LANSDALE, Anwalt, ehemals Geheimdienstoffizier	Robert Dietl
EDWARD TELLER, Physiker	Rolf Kutschera
HANS BETHE, Physiker	Hans Albert Martens
DAVID TRESSEL GRIGGS, Chefwissenschaftler der Air Force, Geophysiker	O. A. Buck
ISADORE ISAAC RABI, Physiker	Wolfgang Neuss
MILITÄRPOLIZIST	Horst Jüssen
STENOGRAPHEN	Willy Linke
	Joachim Schallok

Regie-Assistenz: Hermann Kleinselbeck, Constance Zoff,
Fred Haltiner
Premiere: 11. Oktober 1964

Urs Jenny:

In der Sache Oppenheimer
Uraufführung von Heinar Kipphardts Stück in Berlin
und München

Das Stück
Für die Freunde des Edlen und Schönen liegt der Fall klar: Ein gutgemachtes Stück, gewiß, aber das hat doch nichts mit Kunst zu tun! Da mag sich Kipphardt noch so auf seinen Hegel berufen – ihnen sind Materialismus und Ästhetik unvereinbare Gegensätze, «In der Sache J. Robert Oppenheimer» bekommt das Etikett «Gebrauchsstück» (gewissermaßen zur Unterscheidung von einem «Kunst-Stück»), man läßt es gelten als Journalismus mit anderen Mitteln. Ganz falsch ist die Formel nicht: Daß Kipphardt kaum über eine eigene Sprache verfügt, verrät seine angestrengte, holprige Prosa («Die Ganovenfresse»), zu seinen Vorzügen als Dramatiker gehört aber, daß er aus diesem Mangel das Beste zu machen weiß.

Der neutrale, zur Abstraktion neigende Ton und der ungeglättete, manchmal sperrige Satzbau geben diesem Stück genau, was es braucht. Selbst kleine Amerikanismen – etwa die Verwendung von «geben» nach Art von «to give» – fügen sich unauffällig ein. (Ein Vergleich des Fernsehtextes mit der Bühnenfassung zeigt, wie Kipphardt mit Selbstverleugnung auch die letzten, eine Stilisierung anstrebenden und oft stark nach Brecht schmeckenden Partizipialkonstruktionen getilgt hat.) «In der Sache J. Robert Oppenheimer» sei also ein Gebrauchsstück. Gebrauchsgegenstände sind Dinge, mit denen man etwas anfangen kann; wenn Künstler sie durch Veredelung über ihre Funktion hinausheben wollen, spricht man von Kunstgewerbe. Dieser Versuchung ist Kipphardt nicht erlegen. «Kunst» gibt es genug, und das meiste, was als solche von unseren Bühnen uraufgeführt wird, verblaßt schnell neben Kipphardts Ernst, Solidität und Kraft.

«Kunst-Stücke» gerade zum Thema Atombombe sind keine Mangelware. In der Frage, ob jene Physiker, die in den Dienst der Macht traten und die Atombombe bauten, ein Verbrechen begingen, witterten schon etliche Dramatiker nicht nur zündende Aktualität, sondern auch einen Gewissenskonflikt zwischen Pflicht und Überzeugung von geradezu klassischem Zuschnitt. Dennoch blieben ihre Stücke merkwürdig blaß: Die Frage war irreal, die Antwort stand im vornherein fest.

Kipphardt hat begriffen, daß die persönliche Ansicht eines Schriftstellers zu dieser Frage kaum allgemeines Interesse beanspruchen kann, daß es zu leicht und zu sinnlos ist, sich als Richter über diese Männer aufzuspielen (nur sie selbst können sich schuldig sprechen, viele haben es getan), und daß einem solchen Problem nicht mit Fiktionen, nicht mit Modellen beizukommen ist. (Im übrigen ist der Zusammenhang zwischen Krieg und technischem Fortschritt ja keineswegs neu; nur eine quantitative Moral kann das Maschinengewehr gutheißen und die Atombombe verdammen. Nicht nur sie, sondern auch Elektronik, Kunststoffchemie und Zivilluftfahrt wären in ihrem heutigen Zustand ohne den Zweiten Weltkrieg undenkbar.)

Kipphardt ist allen Good-Will-Dramatikern voraus, weil er nicht moralisiert, nicht Patentrezepte empfiehlt, sondern die Unlösbarkeit dieses Konfliktes selbst zum Gegenstand seines Stückes macht und ihm durch direkte Umkehrung echte Dramatik abgewinnt: Er ersetzt die unergiebige Frage nach Verantwortung und Schuld durch die absurd klingende Gegenfrage: Verhält sich ein Physiker unkorrekt und verantwortungslos, wenn er sich dagegen sträubt, neue, noch schrecklichere Vernichtungswaffen zu konstruieren? Ein Prozeß, im Interesse des Staates geführt, der von dieser Fragestellung ausgeht, muß den Angeklagten verurteilen – und heroisiert ihn durch dieses unmoralische Verdikt in den Augen der Rechtdenkenden. Der Angeklagte vollendet diese Heroisierung, indem er sich nicht verteidigt, sondern ebenfalls verurteilt, und zwar – in Gegensatz zum Tribunal – wegen seiner früheren Willfährigkeit gegenüber den Forderungen des Staates.

Diese etwas grobe Abstraktion macht deutlich, wie sehr das im Frühjahr 1954 von der amerikanischen Atomenergiekommission geführte Untersuchungsverfahren gegen J. Robert Oppenheimer den elementaren Wirkungsgesetzen des Dramas entspricht. Eine plausiblere Fabel hätte Kipphardt nicht erfinden können. Er hat sie gefunden, dieses Talent soll man nicht unterschätzen, und auch nicht den Kunstverstand, mit dem er aus 3000 Protokollseiten sein Stück destilliert hat: Zuspitzung und Entspannung sind genau kalkuliert, schlagende Formulierungen und ein erlösendes Lachen weckende Pointen unaufdringlich, aber sicher gesetzt; neben drei großen Rollen gibt es mindestens ein halbes Dutzend erstklassiger Chargen.

Das Stück wurde ursprünglich fürs Fernsehen geschrieben, hatte in Gerhard Klingenbergs nüchterner, intensiver Inszenierung großen Erfolg, wurde als Hörspiel gesendet und kam nun – gleichzeitig in den Münchner Kammerspielen und in der Berliner Volksbühne – zur «szenischen Uraufführung». Dieser Weg ist einigermaßen neu, und es gab genug Skeptiker, die bezweifelten, daß dieses spröde, aktionsarme, ganz untheatralische Argumentationsstück die Verpflanzung auf eine Bühne unbeschädigt überstehen könnte. Der Transport gelang, die Bühnenaufführungen – beide respektabel, beide nicht ganz unproblematisch – bewiesen: Stoff und Problem sind so gewichtig, so interessant, so exemplarisch, Konstruktion und Dialogführung so gescheit, daß das Stück sich mühelos vor einem großen Publikum behaupten kann. Zu den Skeptikern scheint Kipphardt selbst gehört zu haben: Er bereicherte den Fernsehtext nicht nur um einige Monologe, sondern empfahl zu seiner Theatralisierung Foto- und Filmprojektionen. Merkwürdigerweise wurden beide Aufführungen ganz mühelos mit dem ursprünglichen Dialog fertig, beide aber nicht mit diesen Theater-Zutaten.

Die Projektionen
Paul Verhoeven in München inszenierte vollkommen texttreu, mit geringen Strichen, und befolgte alle Regieanweisungen genau. Wenn Oppenheimer Kyoto erwähnt, zeigt die Leinwand hinter der Bühne eine japanische Tempelfassade, wenn er den Namen Fermi nennt, das Foto eines freundlichen älteren Herrn. Daß diese rein pleonastische, kaum eine zusätzliche Information gebende Verwendung von Bilddokumenten nichts einträgt, ist damit bewiesen. Erwin Piscator, der den Text kritischer durchging, mehr strich (nicht immer geschickt) und einiges änderte, hat auf diese Illustrationen verzichtet. In München projiziert man vor dem zweiten Teil auch Originalfotos von Oppenheimer: das verführt lediglich zu physiognomischen Vergleichen mit dem Darsteller und wirkt unkonsequent, weil zuvor auch dieser als Oppenheimer auf der Leinwand erschien.

Die Einleitungsfilme (eine Folge von Countdowns, Atompilzen usw.) verwenden zum Teil das gleiche Material: in München zu einem form- und belanglosen Vorspann zusammengeklebt (einen beliebigen Flugzeugschwarm kann man im Zeitalter des Fernsehens dem Publikum kaum noch als strategisches Bomberkommando präsentieren), in Berlin sorgfältig zu einem Kurzfilm montiert (mit elektronischer Musik von Aleida Montijn), der das Publikum wirklich auf das Stück einstimmt. Die meisten Schwierigkeiten macht offenbar das Tonbandverhör aus dem Jahre 1943. Beide Aufführungen folgten Kipphardts Vorschlag, es durch einen Film, ein fiktives Dokument also, zu ergänzen. In München besteht er aus verschiedenen Einstellungen: man muß also glauben, die Szene sei mit mehreren versteckten Kameras aufgenommen worden. Piscator bezieht seinen Film (mit einer Kamera gedreht) ins Spiel ein: die Akteure setzen sich an die Rampe, den Rücken zum Publikum, um ihn sich anzusehen. Auch diese Lösung ist (abgesehen von der Unwahrscheinlichkeit des Vorgangs) nicht ganz plausibel, weil die Leinwand im Himmel über dem realistisch gebauten Verhandlungsraum schwebt, und weil die übrigen Filmprojektionen nur für das Publikum bestimmt sind.

Die Monologe
Piscator überträgt die in München projizierten Zwischentitel einer Lautsprecherstimme, gibt aber seiner geliebten Leinwand eine andere Zusatzfunktion: In Großaufnahmen zeigt er dort die Monologe, die Verhoeven, auch darin Kipphardt treu, als Ansprachen ans Publikum von der Rampe aus sprechen ließ. An Intensität gewinnen die Texte durch diese Monumentalisierung kaum: eine porenscharf fotografierte Stirn macht noch keinen Denkvorgang anschaulich. Kipphardt hat diese Ansprachen offenbar in die Bühnenfassung eingebaut, damit auch jene Figuren, die den strengen Regeln des Verhörs gemäß nur als Funktionsträger, nicht als Persönlichkeiten in Erscheinung treten (Richter, Ankläger, Verteidiger), ihre Einstellung zu dem Verfahren kundtun können. Diese Auftritte sind, im Gegensatz zu der großen Selbstrechtfertigung Edward Tellers, die neu eingefügt wurde, nicht sehr ergiebig (da der Prozeß nicht nach der Meinung dieser Leute fragt, interessieren sie auch den Zuschauer nur wenig), was sie an Standpunkten enthalten, ließe sich in den Dialog einarbeiten, ohne die Verhörform zu zerstören.

Eine weitere Frage erhebt sich: Wenn Nebenpersonen dem Publikum ihr Herz öffnen dürfen – warum darf es dann nicht auch Oppenheimer? Vielleicht, um den Effekt seiner Schlußworte nicht zu beeinträchtigen? Hat aber dann Kipphardt nicht doch ein bißchen Wahrheit einer Wirkung geopfert? Offenbar behagte ihm diese Lösung selbst nicht ganz: so läßt er zwar nicht Oppenheimer, aber doch dessen Darsteller zweimal an die Rampe treten und (im Imperfekt, in der dritten Person) ein paar kommentierende Sätze sprechen. Diese Wechsel zwischen verfremdet und unverfremdet, zwischen Gegenwarts- und Vergangenheitsform (auch in den Zwischentiteln) verraten, daß Kipphardt mit dieser Komponente des Stückes noch nicht ganz ins reine gekommen ist.

Die Funktionäre
Zu den unzweifelhaften Qualitäten von Kipphardts Text gehört, daß er zwölf Nebenrollen profiliert, mit Individualität ausstattet; nur der Vorsitzende bleibt ganz neutral (Peter Capell in Berlin und Alexander Hegarth in München spielen ihn mit gleicher Ruhe und Distinktion). Der Vergleich der beiden Aufführungen zeigt aber auch, wie sehr doch das Gewicht jeder Figur von der Substanz des Darstellers abhängt. Der Münchner Finanzhai Morgan (Herbert Hübner) hat entschieden mehr Mark in den Knochen als der nur durch Perücke und Schnurrbart imposant scheinende Elmar Schulte in Berlin. Aus dem Professor Evans wiederum, der bei Karl Georg Saebisch (München) nur ein begriffsstutziger alter Herr ist, macht P. Walter Jacob (Berlin) mit ganz sparsamen Mitteln einen enervierend umständlichen, aber sehr hellhörigen Gelehrten. Beiden fehlt, was auch zur Rolle gehörte: Abgeklärtheit und Güte.

Wie verschieden auch eine genau konturierte Gestalt ausgefüllt werden kann, zeigen die Darsteller des Anklägers Robb: Horst Tappert in München ist wendig, elegant, nicht ohne Humor, Gerhard Schinschke in Berlin bullig, aggressiv, stur – der eine mit dem Florett, der andere mit schwerem Säbel fechtend. Günther Tabor (Berlin) und Herbert Bötticher (München) in der Rolle des unangenehmen Assistenten Rolander sind überraschend ähnlich: insistent, respektlos, unerschütterlich – aber das alles ganz leise. Der Berliner Oppenheimer hat einen blassen Verteidiger: Wolfried Liers Plädoyer, ziemlich scharf, heiser, mit agitierendem Ton, besitzt kaum etwas von der Präzision und routinierten Rhetorik, mit der Siegfried Lowitz in München sich für seinen Mandanten einsetzt. Neben ihm wirkt sein Mitarbeiter (Alexander von Rosen) wie ein bläßlicher Referendar, während in Berlin Erich Fiedler aus der gleichen Rolle einen vollwertigen Partner macht, gelegentlich durch Gelassenheit und Eleganz sogar Lier überlegen.

Die Zeugen
Zu den geheimen Schwächen des (keineswegs unparteiischen) Stückes gehört, daß es zwei der drei Zeugen gegen Oppenheimer frühzeitig als eifernde Ignoranten bloßstellt und dem Gelächter preis-

gibt. (Ganz raffinierte Dramatiker pflegen den moralischen Verlierern die besseren Trümpfe in die Hand zu geben: dadurch wirkt ihre Niederlage eklatanter.) Ein Typ wir Griggs ist nur schwer vor der Karikatur zu retten: Karl Lieffen (München) paradiert genüßlich als eitler, aufgeblasener Pinsel, O. A. Buck (Berlin) hält sich an das Stichwort «Paranoiker» und zeichnet sorgfältig einen Kümmerling, gereizt, zappelig, unsicher. Als Chefwissenschaftler der Air Force sind beide nicht glaubhaft: man sollte bedenken, daß Dummköpfe nur in solche Positionen aufsteigen, wenn sie besonders klug, seriös und distinguiert zu wirken wissen. Auch der Geheimdienstler Pash ist ziemlich primitiv gebaut; Hans Putz in Berlin, mit russisch rauher Zunge (ein Schauspieler, der jeden Text seinem eigenen Sprechduktus anverwandelt), mimt mit plumper Jovialität einen gehobenen Revierpolizisten; Benno Sterzenbach in München charakterisiert sorgsam einen auf seine Art schlauen, von sich selbst eingenommenen und humorlosen Spezialisten; dem populären Klischee zuliebe hat man ihn trotz des sommerlichen Wetters in einen Regenmantel gesteckt. Edward Teller, Oppenheimers stärkster Gegenspieler, ist in München ein robuster, von seinen Überzeugungen besessener, aber letztlich naiver Kerl (Gerd Brüdern); Rolf Kutschera in Berlin läßt ihn weit gefährlicher erscheinen: ein berechnender und arroganter Zyniker, ein fanatischer Amerikaner mit entlarvend ungarischem Akzent. Am Schluß seines Auftritts geschieht etwas Überraschendes: Er bleibt vor Oppenheimer stehen, reicht ihm die Hand und sagt: «Es tut mir leid.» Dieser Satz ist vielleicht authentisch (Piscator hat ihn wohl aus der «Life»-Story über Teller und Oppenheimer von Robert Coughlan), läßt sich aber unmöglich mit Kipphardts weniger authentischer Darstellung des Verhältnisses Teller – Oppenheimer vereinbaren. (Piscator hat noch einige Textstellen im Sinne der Dokumente «berichtigt».)

Lansdale, den ersten Zeugen für Oppenheimer, spielt in München E. O. Fuhrmann mit sehr überlegener, kühler Intellektualität; Robert Dietl in Berlin ist bedächtiger, schwerblütiger, sein Protest gegen das Verfahren wirkt weniger schneidend, seine Bedenken gewinnen dadurch an Gewicht. Dem alten Hans Bethe gibt Hans Albert Martens (Berlin) deutsch-steife, sonore Noblesse; Peter Paul in München zeichnet mit reicher Nuancierung das Miniaturporträt eines agilen kleinen Professors, der trotz seiner spürbaren Betroffenheit sehr entschlossen reagiert. Glück und Unglück der beiden Inszenierungen kumulieren in der Figur des I.I. Rabi: Hans Schweikart in München macht seinen Auftritt durch Diskretion und ganz gelassene, unangestrengte Präsenz zu einem stillen Glanzpunkt des Abends: Wolfgang Neuss legt eine Bombencharge hin, urkomisch, aber ganz gewiß kein Physiker. Der Preis für seine immense Beliebtheit ist, daß man ihm, zumindest in Berlin, unmöglich eine ernste Rolle glaubt. Er kann nichts dafür, aber das Publikum lacht sogar, wenn er sagt: «Ich lehre Physik an der Columbia-Universität.»

Insgesamt: Piscators Regiekonzeption ist durchdachter, Verhoevens Inszenierung wirkt durch die Geschlossenheit des Ensembles stärker.

Oppenheimer
Die Rolle bietet eine Schwierigkeit: der Text enthält nahezu keine Anhaltspunkte, um die Wandlung, die Oppenheimer im Laufe des Verfahrens durchmacht, allmählich zu zeigen. (Einziger Hinweis: Zu Beginn spricht er selbst von «moralischen Skrupeln», später will er das Wort «moralisch» nicht mehr gelten lassen.) Die Wandlung wird nur im Schlußwort behauptet; sichtbar machen ließe sie sich am leichtesten durch eine zunehmende Verlangsamung des Ablaufs – doch das gefährdet den Spannungsbogen. Weder die Münchner noch die Berliner Inszenierung setzt sich mit dieser Schwierigkeit auseinander; doch der Berliner Oppenheimer ist von Anfang bis Ende schneller, aktiver als der Münchner: kein Grübler, sondern ein Mann, der sich entschieden zur Wehr setzt. Dieter Borsche, sehr ernst, sehr asketisch, antwortet im Verhör schnell und entschieden (oft zu schnell: man erkennt nicht mehr, wie vorsichtig, bedächtig, ja listig manche Formulierungen ausgedacht sind), auf Anschuldigungen reagiert er heftig, fast ausfällig und schneidend, seine Entschlossenheit scheint gründliche Vorbereitung auf das Verfahren anzudeuten. Borsche ist sehr präsent, gliedert den Text sorgfältig, gestikuliert aber oft zu glatt, zu schwungvoll, und läßt sich in einigen Momenten zu peinlicher Theatralik hinreißen, zum Beispiel wenn er, aufspringend, jene Verse von den tausend Sonnen und dem Tod rezitiert.

Peter Lühr ist an dieser Stelle viel eindringlicher: im Stuhl zusammengesunken, in sich hineinhorchend, der Erinnerung nachspürend, spricht er ganz leise, mehr zu sich selbst als zum Ankläger hin. Die Intensität von Lührs Verkörperung kommt aus dieser Bedächtigkeit: er befragt wirklich sich selbst, denkt nach, spricht zögernd und zeigt gelegentlich Spaß an einer pointierten Wendung, sichtlich erleichtert, eine klare Formulierung für einen verworrenen Sachverhalt gefunden zu haben. Der beleidigte Ton, den Borsche mitunter anschlägt, fehlt bei Lühr ganz: er ist resigniert, gesammelt, von Anfang an mehr mit sich selbst, mit seinem Gewissen als mit seiner Verteidigung beschäftigt. Nicht die Wirkung der Figur, aber doch ihre Bewegung wird dadurch beeinträchtigt. Zu Beginn müßte Oppenheimer ein elastischer, selbstsicherer Mann sein, der sich offen der Anklage stellt. Lühr aber betritt die Bühne leicht gebeugt, unsicher, mit verkrampft hochgezogenen Schultern, die Füße nachschleifend: schon zermürbt, schon verurteilt.

Szene und Hintergrund
Ein Tribunal auf der Bühne scheint wenig Probleme zu stellen: An den Seiten, einander frontal gegenüber, Ankläger und Verteidiger; an der Rückwand, etwas erhöht, das Gericht, davor der Zeugenstuhl. Piscator wählte diese plausible Anordnung; sie hat nur einen Nachteil: die Zeugen wenden dem Vorsitzenden den Rücken zu und müssen auf jede Frage über die Schulter weg nach hinten antworten. Verhoeven plazierte Anklage und Verteidigung, dem Ausschuß gegenüber, auf der einen Seite nebeneinander: dadurch verliert das Gegenspiel an optischer Sinnfälligkeit, die Positionen sind nicht mehr klar, die Aktion verlagert sich stark zur einen Bühnenseite hin (was im Haus der Kammerspiele eine Zuschauergruppe stark benachteiligt). Den Hang zur Abstraktion, der das Stück doch gelegentlich gefährdet, unterstreicht das Münchner Bühnenbild: graue Stellwände, Rohrmöbel, ein kahler, durch nichts lokalisierter Raum (Jürgen Rose). Piscator hat sich von Hans Ulrich Schmückle eine niedere, schäbig möblierte Bretterbaracke bauen lassen, hinter deren Fenstern von Zeit zu Zeit ein weißbehelmter Militärpolizist patrouilliert. Damit ist wenigstens die konkrete Situation angedeutet, in der dieses Verfahren stattfindet. Was wichtiger wäre, nämlich die überhitzte politische Atmosphäre, die auf ihm lastet und es beeinflußt, zeigen beide Aufführungen nicht.

Es war bisher nur von den szenischen Problemen der Monologe und Projektionen die Rede. Sie verfolgen natürlich noch ein anderes Ziel; Kipphardt deutet mit ihnen, wenn auch ratlos und unentschlossen, eine mögliche Gegenhandlung an. Nicht zufällig beginnt das Stück mit einer Hetzrede McCarthys, nicht zufällig will der Vorsitzende das Verfahren von der Öffentlichkeit fernhalten: die Kommunistenjagd ist längst im Gang. Der Verteidiger Marks ringt sich in seinem Monolog zum Entschluß durch, die Dokumente zu publizieren – in der Hoffnung, damit Sympathien für Oppenheimer zu gewinnen – und entfesselt dadurch eine gewaltige Pressekampagne, die über das ganze Untersuchungsverfahren hinwegwalzt (die Schlagzeilen zu Beginn des zweiten Teils).

Aus diesen Hinweisen müßte ein Regisseur, zum Beispiel mit Hilfe von Projektionen, einen eindringlichen Zeit-Hintergrund schaffen, dann erst würde das Exemplarische des Falles Oppenheimer sichtbar. Er war nicht möglich ohne eine Fülle von allgemeinen Ressentiments – Antiintellektualismus, Antibolschewismus, Antisemitismus –, nicht möglich ohne die starken nationalistischen oder isolationistischen Tendenzen jener Zeit, kurz: nicht möglich ohne jenen latenten Faschismus, der in den letzten Monaten neu und gefährlich am Aufblühen ist. Solange dem Stück dieser Hintergrund fehlt, bleibt «In der Sache J. Robert Oppenheimer» eine brennend interessante, aber das Publikum nicht betreffende Privattragödie. Erst eine Inszenierung, die Oppenheimers «Schizophrenie» mit der Schizophrenie seiner Zeit und seiner Gesellschaft konfrontiert, wird die eigentlichen Bühnenmöglichkeiten und die ganze Aktualität dieses Stückes ausschöpfen.

Aus: «Theater heute», Heft 11/1964, S. 22–25.

b) Berliner Ensemble 1965

Besetzungsliste
Berliner Ensemble

Regie: Manfred Wekwerth, Joachim Tenschert
Bühnenbild: Pieter Hein
Filmmontagen: Renate Wekwerth

J. ROBERT OPPENHEIMER, Physiker	Ekkehard Schall
Der Sicherheitsausschuß	
GORDON GRAY, Vorsitzender	Siegfried Weiß
WARD V. EVANS	Peter Kalisch
THOMAS A. MORGAN	Willi Schwabe
Die Anwälte der Atomenergiekommission	
ROGER ROBB, Anwalt	Dieter Knaup
C. A. ROLANDER, Sicherheitsfachmann	Franz Viehmann
Die Anwälte Oppenheimers	
LLOYD K. GARRISON	Wolfgang Lohse
HERBERT S. MARKS	Günter Naumann
Die Zeugen	
BORIS T. PASH, Geheimdienstoffizier	Siegfried Kilian
JOHN LANSDALE, Anwalt, ehemals Geheimdienstoffizier	Raimund Schelcher
EDWARD TELLER, Physiker	Horst Schulze
HANS BETHE, Physiker	Hermann Hiesgen
DAVID TRESSEL GRIGGS, Geophysiker, Chefwissenschaftler der Air Force	Bruno Carstens
ISADORE ISAAC RABI, Physiker	Martin Flörchinger
Sprecher	Werner Dissel

Premiere am 12. April 1965

Manfred Wekwerth:

Notate.

Zur Arbeit an der Inszenierung des Berliner Ensembles

Wie kann Oppenheimer vom Einzelfall zum gesellschaftlichen Modellfall werden?

Das Hearing wird bei uns in die Grunddekorationsteile des *Galilei* hineingesetzt, wenn auch auf einem abgeschlossenen, mit den Dekorationsteilen des *Galilei* (Kupferwände) nicht korrespondierenden, fahrbaren Podest. Wir wollen damit anzeigen, daß die scheinbar sehr individuelle Verhandlung eine Geschichte hat. Sie ist nicht nur als Einzelfall erklärbar. Der Fall Oppenheimer ist die Folge anderer Fälle. Die Kette geht zurück bis zu dem Sündenfall der Physik, als diese sich nämlich vom sozialen Fortschritt lossagte und sich den Herrschenden unterwarf, die der Physik wiederum das Studierstüblein zuwiesen, in dem man zwar Physik erforschen, aber nicht anwenden konnte. Die Erfindungen wurden den Erfindern weggenommen, womit die Erfinder sozial entmündigt wurden. Die Wissenschaft, die am meisten den Menschen dienen kann, die also der Gesellschaft am meisten bedarf (auch was ihre Kontrolle betrifft), wurde mehr und mehr zum Spezialwissen, dessen Fortschritt ein Fortschreiten von der Menschheit weg wurde. Die Gralshüter der *Discorsi* in Gestalt von Mönchen und die militärischen Sicherheitsvorrichtungen der Atomstädte sind wahlverwandt. Mindestens haben die Geheimdienste – die Inquisition und das FBI – mehr von dem gesellschaftlichen Aspekt der Physik verstanden als die Physiker. Und tatsächlich sind die Widersprüche, die den Physiker Oppenheimer in zwei Hälften zerschneiden, von diesem selber nicht mehr erklärbar, ja nicht einmal ertragbar. Immanenter Bestandteil dieser Physiker – oder vielleicht dieser Physik heute überhaupt – ist ja ihr Geblendetsein gegenüber der Geschichte. Und das Wissen auf der einen Seite erzeugt das Unwissen auf der anderen. Der Ankläger Robb hat Recht, wenn er zwischen den schüchternen Bemühungen des Oppenheimer um kommunistisches Wissen – geboren aus gesellschaftlichem Unbehagen – und seiner hilflosen Revolte gegen die Wasserstoffbombe Zusammenhänge sieht. Nur könnte sich Robb insofern auf Oppenheimer verlassen, als er diese Zusammenhänge nicht zu fürchten braucht, denn das mangelnde soziale Wissen ist von einem einzelnen Physiker nicht mehr nachzuholen, da das Versäumnis einige Jahrhunderte währt. Das gesellschaftliche Unwissen einzelner Physiker heute ist verläßlich für das FBI. Es ist heute – glaube ich – nur noch nachzuholen mit einer anderen Sorte Physik. Diese Sorte Physik aber kann nicht mehr ohne die Gesellschaft selbst betrieben werden, wie sie ja eigentlich nie ohne die Gesellschaft betrieben werden konnte. Man denke nur an die Unzahl Techniker, die ihre Resultate erst lebensgefährlich werden ließen, indem sie sie industriell verwirklichten. Ich meine nicht, daß jedes einzelne Mitglied der Gesellschaft ein Spezialwissen in Physik erwerben muß (obwohl das in Zukunft einen großen Teil des bewußten Lebensgenusses ausmachen wird). Ich meine aber, daß für jedes Mitglied der Gesellschaft ein Wissen um die *Physiker* unerläßlich sein wird. Mindestens in dem Punkt, daß der einzelne Physiker die Resultate seiner Forschung nicht mehr allein abwägen noch verantworten kann, da diese Resultate unmittelbar die ganze Menschheit betreffen.

Kurz: um den Fall Oppenheimer aus seiner – vom Stück etwas geförderten – Einmaligkeit zu nehmen und ihn in seine historische Entwicklung einzubauen, machten wir die zitierte Fusion mit dem Fall Galilei, dem Beginn des Sündenfalls. Wir werden also, bevor das eigentliche Stück *In der Sache J. Robert Oppenheimer* beginnt, auf der offenen, vorhanglosen Bühne die Welt unseres (Bühnen-) Galilei aufbauen. Das Publikum sieht die bekannten Kupferwände der italienischen Renaissance, das Modell der kopernikanischen Welt und, aufgemalt auf eine Fahne, den Schluß der großen Rede des Galilei über die Zukunft der Physik, endend mit der Prophezeiung: «die Kluft zwischen euch und der Menschheit kann eines Tages so groß werden, daß euer Jubelschrei über irgendeine neue Errungenschaft von einem universalen Entsetzensschrei beantwortet werden könnte.»

Dieses Zusammentreffen von Jubel und Entsetzen ist der Beginn des Falles Oppenheimer. Der Film muß dies konkret machen. Er führt Galilei und Oppenheimer zusammen: es ist die Explosion der ersten Atombombe über Hiroshima. Der Gestus des Filmteils müßte von dem Widerspruch Jubel – Entsetzen bestimmt sein. Zum Beispiel könnte die ganze Vorbereitung des Abwurfs mit wissenschaftlicher Akribie gezeigt werden: Beladen der B-29 – Segnung durch einen Priester – Start – Durchgabe von Positionsmeldungen – die Vorausflugzeuge – Uhrenvergleiche – das Abwurfkommando – das Ausklinken – die Explosion – das Inferno. Dazu werden wir noch einmal den Schluß des *Galilei* sprechen lassen, so daß bei dem Wort «Entsetzensschrei» die Explosion erfolgt. Beginnen sollte der

Film mit einer Gesamtansicht eines Flugplatzes auf den Philippinen (eventuell mit sehr leisen technischen Geräuschen eines Flugplatzes), über die folgender Text kopiert ist:

Am Morgen des 6. August 1945 zwei Uhr fünfundvierzig startet von einem Flugplatz auf den Philippinen ein Flugzeug vom Typ B-29 in Richtung auf die Japanischen Inseln. Es führt eine neuartige Waffe an Bord: die Atombombe.

Wenn sich das Flugzeug in der Luft befindet, beginnt der Galilei-Text. Er dauert so lange wie der Flug der *Enola Gay* nach Hiroshima. Die Bilder nach der Explosion sind stumm.

Wandelt sich Oppenheimer?

Ausgehend von unseren Überlegungen der Verdeutlichung der Fabel noch eine andere Überlegung:

Man kann doch von dem Oppenheimer nicht sagen, daß er sich «wandelt». Er trägt die Widersprüche, die er am Ende nennt, von Anfang an in sich, und darüber hinaus trägt die Physik sie seit langem in sich. Trotzdem hat die Figur eine Geschichte, eine Story im Stück. Das Verhör wirkt wie eine Art Katalysator, durch den eben jene Widersprüche mehr und mehr an das Tageslicht treten, wodurch sie Oppenheimer bewußt und gegen Ende des Prozesses beinahe unerträglich werden. Aus Oppenheimers Sicht könnte man den Widerspruch so formulieren:

1. Er will sich Amerika gegenüber loyal verhalten. Das bedeutet: die Menschheit für Amerika aufs Spiel zu setzen.

2. Er will sich der Menschheit gegenüber loyal verhalten. Das bedeutet: die Existenz Amerikas aufs Spiel zu setzen. (Denn man muß ja davon ausgehen, was in den Köpfen dieser Leute ist, und da ist die ständige Gefahr des Weltkommunismus, der auch Amerika schlucken will.)

Von diesen beiden Polen her gewinnt die Figur ihre Geschichte, wodurch sie historisch gesehen zur Farce werden muß, wie es etwa eine Farce ist, wenn jemand in ein leeres Schwimmbecken vom Zehn-Meter-Turm springt und über den Bademeister empört ist, daß er nicht schwimmt. In den ersten Verhören «spielt» Oppenheimer seinen Gegnern diese Farce vor, indem er das ganze Verhör nicht zur Kenntnis nimmt oder zumindest nicht ernst nimmt. Die Frage, daß er zwar die Atombombe gebaut, aber sie nicht abgeworfen hat, ist für ihn noch keine Frage. Die Geschichte der Figur ist es nun, wie sich diese Frage erst zur Frage emanzipiert und von da aus zum unerträglichen, nicht mehr lösbaren Widerspruch, der schließlich wie ein Feuer seinen eigenen Träger zerstört. Man müßte also von der ersten Frage ausgehen.

FRAGE: Sie haben die A-Bombe gebaut, getestet, die Ziele ausgesucht, die Zündhöhe bestimmt?

OPPENHEIMER: Ja.

FRAGE: Und sie dann über Hiroshima abgeworfen?

OPPENHEIMER: Nein. Das war eine militärische Entscheidung, nicht meine.

Man müßte zeigen, wie sich fast in jeder Szene immer wieder der Kreis schließt und Oppenheimer wie mit einem Paukenschlag immer wieder mit der Nase in seinen eigenen Kehricht getunkt wird. Seine anfängliche schnelle Bereitschaft, Antworten auszuteilen wie Ohrfeigen, weicht mehr und mehr einem ermüdenden Automatismus. Sind es anfangs einige explosive Proteste (wie in der Frage Jean Tatlock), die den Prozeß als ganzes in Frage stellen, so weichen die Proteste mehr und mehr einer Ergebenheit, die sich in den Automatismus des Prozesses fügt und quälend wird. Dabei ist die Haltung Oppenheimers sehr wertvoll, daß er immer wieder den Versuch durchkreuzt, den Prozeß auszuweiten auf neue Gebiete, z.B. auf die Wasserstoffbombe. Er zerrt ihn später gereizt immer wieder auf den Boden des ersten Widerspruchs «Haben Sie die Atombombe geworfen?» – «Nein!». Das ist aber seine einzige Abwehr, glaube ich. Indem er sich sonst in das Getriebe des Prozesses fügt, gibt er sich auch dem immer deutlicher zutage tretenden Widerspruch hin, seinem eigentlichen Gegner. Und es gibt Stellen, wo selbst der Ankläger Robb verzweifelt an diesem Widerspruch, den er, Robb, längst als unlösbar erkannt hat, weswegen er, Robb, eine Entscheidung für die eine oder andere Seite verlangt. Der Eiertanz nun, sich zu entscheiden und nicht zu entscheiden, eine Farce mitzumachen und gleichzeitig die Gefahr zu fürchten, loyal zu sein und nicht loyal zu sein, Menschlichkeit zu beanspruchen, um gleichzeitig die Menschheit preiszugeben, ist die Fabel der Figur, wenn nicht des ganzen Prozesses. Wir haben deutlich zu machen, daß die Lösung nicht von einem einzelnen, nicht von einem Verhör und nicht von einem einzelnen Staat erfolgen kann. Aus diesem Grunde ist es wohl gut, das Schlußwort des Oppenheimer keinesfalls dem *Galilei*-Schlußwort anzugleichen. Galilei ist trotz seiner Verbrechen im Vollbesitz seines Gehirns. Er macht eine weise, wenn auch selbstmörderische Analyse. Oppenheimers Denkkategorien hingegen sind zerstört worden. Die physikalische Frage wurde mehr und mehr für ihn eine psychologische. Die Klarheit seines Gehirns reicht gerade noch, um Verwirrung und Verworrenheit klar zum Ausdruck zu bringen. Beim Publikum muß der Eindruck bleiben: auf diesen Mann ist nicht mehr zu setzen, auch wenn er jetzt, 5 Minuten nach 12, sich friedlicher Arbeit widmen will.

Haltung des Oppenheimer

Naivität auf höchstem Niveau
Selbstverständlichkeit, die von Wissen kommt und die zum *Unverständnis wird, wenn sie auf Unwissen stößt.*

Laxe Selbstverständlichkeit der physikalischen Laboratorien, die aber sofort kollidiert, wenn sie auf eine Umgebung stößt, die unwissende, aber menschlich bedeutsame Fragen stellt, zum Beispiel ob das *Errechnen der Fallhöhe zum Mord* gehört.

Aufbrechen des Labor-Jargons im Laufe des Verhörs heißt Auftauchen der Widersprüche innerhalb der Figur, die zwar immer da waren, aber nicht in der Schärfe gewußt wurden.

Der geübte Logiker spricht nicht logisch, sondern Logik ist seine Verhaltensweise. Er fühlt sich darin besonders zu Hause und ist da am privatesten, wo er logisch wird. Die Logik der Sätze kann also nur aus privaten Haltungen kommen: er wundert sich, er korrigiert, er hat Spaß am Nachdenken, er lacht über Absurdes usw. Wichtig ist, daß der gefundene Gestus die ganze Passage bestimmt, auch da, wo er scheinbar dem Inhalt widerspricht.

Brief an den Darsteller des Oppenheimer, Ekkehard Schall

Lieber Ekke,
ich möchte noch einmal eine Überlegung machen zur Figur. Ich finde, Du hast sie, besonders auf der heutigen Probe, sprachlich so im Griff, daß eben nicht mehr Schall spricht, sondern daß Schall mit viel Klugheit und Artistik einen großen Wissenschaftler vorführt, der im Gegensatz zu einem Schauspieler nicht gewohnt ist, in der Öffentlichkeit zu reden und zu wirken. So ignoriert er die Öffentlichkeit und benimmt sich «wie zu Hause», nur hin und wieder seine Arroganz und seine Hochmütigkeit hervorkehrend, wenn er meint, daß von irgendeinem die Form verletzt wurde. Daher also das viele Private, das Heranholen der Gedanken, im ganzen eben: der geübte Logiker, der es nicht mehr nötig hat, logisch zu denken – er ist es einfach. Diese Seite des Oppenheimer, die ihn schon durch seinen

Beruf angenehmer macht als einen Sicherheitsfachmann, ist etabliert.

Ich würde mich nun ein wenig mit der anderen Seite befassen: das ist die Frage, warum unterwirft er sich denn eigentlich diesem Verhör, das von ihm Unterwerfung fordert! Was ist denn das überhaupt für eine Loyalität, die er da zugesprochen zu bekommen wünscht? Es ist doch letztlich die Loyalität, bei Hiroshima unbedingt dabeigewesen zu sein. Der Volker Braun schrieb mir dazu in einem Notat: «Das wahre historische Verhältnis ist doch: der Prozeß war letztlich eine Farce (wenn auch den einzelnen Prozessierenden nicht bewußt). Ein großer Wissenschaftler, der einem Brauch seiner Zunft, sich zu verkaufen, zum Opfer fiel, kämpft (und schon nicht mehr aus verständlichen materiellen Erwägungen) um das Recht, sich als verkauft betrachten zu dürfen.» Die Loyalität, um die er kämpft (und das merkt er im Schlußwort), ist eigentlich der Verrat, den er begangen haben will. Hier steckt natürlich eine ganze Portion historischer Komik drin, und wir sollten sie in Sicht kommen lassen, ohne etwa den tragischen Aspekt zu verlieren (denn er ist ja nicht allein schuld an der Lage der Physik).

Und hier einige konkrete Vorschläge:

Ich würde im 1. Verhör mit ziemlichem Stolz erwähnen, daß die Tempelstadt Kyoto auf *seinen* Vorschlag hin gestrichen wurde. Ich würde auch dieses erste «Nein» auf die Frage, ob er die Bombe über Hiroshima geworfen hat, als ein weit von sich weisendes sprechen. Ich würde mich hier also als Menschenfreund establieren mit derselben Nachdrücklichkeit, mit der er später sagt «Ich habe meiner Regierung immer die Treue gegeben». Es wäre gut, würde sich der Zuschauer später daran erinnern.

Ich würde den Satz «Es war eine andere Zeit» auch in der Haltung eines Mannes sagen, der etwas weit von sich weist. Wenn in den nächsten Verhören die Sprache kommt auf die Loyalität, würde ich mehr und mehr empfindlich reagieren, eventuell sogar nervös, z. B. im Falle seines Bruders, «Ich habe dargelegt, daß es einen solchen Loyalitäts-Konflikt nicht gab». Mit fortschreitendem Prozeß also beansprucht er etwas immer nachdrücklicher, das er noch zu Anfang von sich weist: nämlich seine direkte Beteiligung an Hiroshima. Das Beanspruchen der Loyalität könnte sogar einmal weggewendet von Robb und hilfesuchend, fast flehentlich an den Ausschuß gerichtet werden.

Die zweite Möglichkeit, den aufgerissenen Widerspruch zu zeigen, ist, glaube ich, die zunehmende Verwirrung, in die Oppenheimer kommt während der Kreuzverhöre. Schon beim ersten (wenn ihm die geschlossene kommunistische Versammlung nachgewiesen wird) versteht er überhaupt nicht mehr, was mit ihm vorgeht. Ich würde beinahe mit einem Knacks eine Haltungsänderung vornehmen und hilfesuchend hin und her blicken und dabei aber trotzdem Frechheit produzieren in der Haltung: was passiert hier. Grob gesagt also: abstreiten. Schon beim 2. Kreuzverhör, also in der Frage seines Bruders, müßte er die Technik kennen und sofort darauf anspringen und die Haltung schon einnehmen, wenn auch nur zwei Wörter in der Kreuzverhörtechnik fallen. Danach wäre es gut, die Phase der Erschöpfung größer zu spielen. Also überhaupt Phasen als Brüche markieren.

Noch einmal erinnern möchte ich Dich auch, daß Du nach der Pause die Fragen des Robb so genau kennst, daß Dich die bloße Erscheinung dieses Mannes auf einen gereizten Ton bringt.

Zum Schlußwort: Schön wiederum die Stille, das Private, das Studierstubenmäßige. Wo können wir hier noch einmal den erwähnten Widerspruch hineinnehmen? Ich glaube, wir müssen uns davor hüten, daß die Stille als Tragik genommen wird. Sein erstes Zögern, mit der Rede zu beginnen, da er nichts zu sagen weiß, kann sogar mit einem Lächeln verbunden sein: merkwürdig, ich weiß nichts mehr. Das macht ihn unheldisch; zeigt, er wird auch in Zukunft kaum zu größeren politischen Entscheidungen geneigt sein. Er ist eben einer, der zwei Dinge will, die sich gegenseitig ausschließen.

Vielleicht sollten wir das morgen vormittag probieren.

Versuch einer neuen Sicht auf das Stück.
Ein Notat nach der fünfzigsten Aufführung

1

Das Berliner Ensemble entschloß sich zur Aufnahme des Stücks *In der Sache J. Robert Oppenheimer* in seinen Spielplan Anfang des Jahres 1965. Zu dieser Zeit wurde das Stück in fast allen Hauptstädten Europas, sozialistischen wie kapitalistischen, gespielt. Einer Idee des befreundeten italienischen Regisseurs Strehler folgend, überprüften wir die Möglichkeit und Notwendigkeit, dieses Stück an unserem Theater zu spielen. Das machten wir davon abhängig, ob es uns gelingen würde, ein neues Licht auf das Stück und auf den Fall Oppenheimer zu werfen. Kurz: ob es uns gelingen würde, eine in Brechts Sinne kritische Interpretation zu liefern, die beim Zuschauer eine kritische Haltung auslöst. Der Standpunkt dieser Kritik hatte derselbe zu sein wie bei allen unseren Inszenierungen: der gesellschaftlich produktive.

2

Das Stück zeigt den unlösbaren Widerspruch, in dem sich der Wissenschaftler (und Intellektuelle) im modernen bürgerlichen Staat befindet. Im subjektiven Bestreben, «sich der Menschheit gegenüber» loyal zu verhalten, wird er objektiv dazu gezwungen, sich nur dem bürgerlichen Staat gegenüber loyal zu verhalten. Auch wo er sich dessen nicht bewußt ist (wäre er sich dessen bewußt, wäre er eben kein bürgerlicher Wissenschaftler mehr). Das Stück nun handelt diesen Widerspruch an einer Figur ab, die auf Grund von alten Sympathien zum Kommunismus imstande ist, diesen Widerspruch, wenn nicht zu erkennen, so doch so stark zu fühlen, daß sie daran zugrunde geht.

3

Das Stück zeigt diesen Fall als einen Einzelfall. Und alle Aufführungen (auch die bei uns) bringen die Sympathien zwangsläufig auf die Seite des subjektiv sympathischen Oppenheimer, der natürlich gegenüber den FBI-Leuten oder gegenüber einem echten Kriegsbejaher wie Teller abstechen *muß*. Die Haltung des Oppenheimer erscheint in diesen Aufführungen als ein möglicher Ausweg aus dem Dilemma des bürgerlichen Wissenschaftlers: man quittiert den Dienst. Tests, die wir bei Zuschauern fast aller *Oppenheimer*-Inszenierungen machten, bestätigten diesen Eindruck. Und hier liegt nach unserer Ansicht die Schwäche des Stücks, die Begleiterscheinung seiner Stärke ist. Die Stärke des Stücks: es wurde nichts Wesentliches hinzugedichtet, es wurde nichts Wesentliches ausgelassen. Wir erleben, wie in bestimmten Zeiten Gegenstände der Kunst (und der Politik) so groß, so gefährlich für den Menschen werden, daß sie selbst sprechen müssen von der Bühne. Das ist der Fall mit Weissens Stück *Die Ermittlung*. Das ist so mit dem *Fall Oppenheimer*. Hätte ein Schriftsteller die Dialoge nur *erfunden*, wäre alles halb so schlimm. Daß sie tatsächlich so gesagt wurden, macht die Sache erschreckend. Die Schockwirkung des Dokuments setzt hier ein (wie bei der *Ermittlung*) und setzt sich beim Zuschauer in produktives Erschrecken und Entsetzen um. («Die Leute reden beim Verhör über die H-Bombe wie über ein Experiment mit weißen Mäusen!») Sicher hätte Kipphardt mehr Stellung beziehen können als nur durch eine – wenn auch erstaunliche – Auswahl, er hätte dadurch aber den Wert des Dokuments eingeschränkt, wenn nicht zerstört. Sicher wird man einmal auch solche Fälle in Dichtung umsetzen, aber wie schwer das ist, beweisen Brechts Versuche, ein Einstein-Stück zu schreiben.

4
Trotzdem hätten wir das Stück nicht aufgeführt, träte die Wirkung ein: die Lösung (also das Quittieren des Dienstes) in diesem Einzelfall ist eine gesellschaftliche Lösung. Denn: als Oppenheimer den Dienst quittierte, hatte er die mörderische Waffe bereits den amerikanischen Militärs übergeben. Und: die Stelle, die er frei machte, wurde mit einem Mann namens Teller besetzt. Die scheinbare Lösung erweist sich als eine Verschlimmerung des Konflikts.

5
Aus solchen Erwägungen heraus entwarf das Berliner Ensemble eine Gegeninszenierung: wir nahmen uns die Figur des Oppenheimer selbst als Gegenstand der Kritik vor. Wir prüften, wo ihm unsere Sympathien gehören können und wo sein humanistisch-schöngeistiges Verhalten die Schärfe des Konflikts eher verdunkelt.

6
Diese kritische Inszenierung allerdings war nur möglich, weil wir eine Aufführung von Brechts *Leben des Galilei* hatten. Und die Schlußrede des Galilei wirkt wie eine Regiekonzeption: die bürgerlichen Wissenschaftler werden sich eines Tages mit ihren Spezialforschungen so weit vom sozialen Fortschritt entfernen, daß ihr Jubelschrei über eine neue Erfindung von einem universalen Entsetzensschrei beantwortet werden könnte. Wir setzten also den Fall Oppenheimer als Einzelfall in die Reihe historischer Prozesse, begonnen mit dem Sündenfall Galilei. Und wenn – im Film dem Stück vorangestellt – mit wissenschaftlicher Akribie die Atombombenmaschine, für Hiroshima beladen, gestartet wird, wenn wir das Wunder der technischen Apparate funktionieren sehen, wenn die mitfliegenden Wissenschaftler ganze Arbeit leisten, wenn schließlich Menschen sich in Asche auflösen, spricht Ernst Busch eben jene Galilei-Schlußrede. Danach *kann* der Fall Oppenheimer nur noch das Endprodukt einer Wissenschaft sein, die sich so sehr in die Studierstuben, auch von Los Alamos, zurückzog, daß ihr Ohr taub wurde für den Fortschritt der Gesellschaft, ja, die sich bedenkenlos gegenüber der Gesellschaft verhält, weil ihr die Herrschenden die

Kenntnis gesellschaftlicher Zusammenhänge abgekauft haben. Und das ist auch Oppenheimer, persönlich sympathisch oder nicht: er gehört zu jenem «Geschlecht der erfinderischen Zwerge», die zu allem bereit sind, wenn man sie nur erfinden läßt.

7
Den Hauptanteil der Kritik an Oppenheimer – also die Aufdeckung des in ihm selbst existierenden Widerspruchs – liefert der Schauspieler Ekkehard Schall. Ich kenne keine *Oppenheimer*-Aufführung, in der sich der Schauspieler die Möglichkeit versagte, mit diesem friedlich-rauchenden, klug redenden, feinsinnigen Menschen bedenkenlos sich die Herzen der Zuschauer zu erobern (um eine kritische Haltung gegenüber der Figur zu verlieren). Ja, die Besetzung mit einem verhältnismäßig jungen Schauspieler, der keine Porträt-Ähnlichkeit besitzt, schien uns eine Möglichkeit der kritischen Interpretation des Dokuments, ohne das Dokument zu beschädigen. Das Schlußwort, im Stück dem Tribunal ins Gesicht gesagt, verlegten wir auf die Vorbühne und ließen es in resignierendem Ton sprechen: dieser Mensch hat keinen Ausweg gefunden, er zerbricht an diesem Widerspruch.

8
Fast alle Diskussionen, die wir mit Zuschauern – vor allem Studenten – durchführten, zeigten, daß diese die objektive Ausweglosigkeit des Oppenheimer verstanden haben (ohne ihn persönlich zu verdammen, er ist die beste aller möglichen Hyänen). Durch diese starke Auseinandernahme der Figur des Oppenheimer durch den historischen Bezug auf den Fall Galilei, durch einen Abschlußfilm, der zeigt, daß auch ohne Oppenheimer emsig weitergeforscht wird nach überdimensionalen Zerstörungsmitteln – auch um sie anzuwenden – kommt der einzig mögliche Ausweg in Sicht: es ist dies die Änderung der gesellschaftlichen Lebensverhältnisse, die die Lage des Physikers verändern kann.

9
Es war immer unser Bestreben, Stücken, die individuellen Protest zum Gegenstand haben, die fehlende soziale Komponente hinzuzufügen, aber *ohne* die Substanz der Stücke zu zerstören. Eine echte Schädigung der Substanz wäre bei dem Stück *Oppenheimer* der Beschädigung des Dokuments in wesentlichen Punkten, etwa durch Streichung von Stellen, die nicht unserer Meinung entsprechen.

Aber wieso soll denn Oppenheimer nur Dinge sagen, die unserer Meinung entsprechen, wo doch gerade von uns an ihn der Vorwurf ergeht, er habe unsere Meinung (oder besser: den Marxismus) nicht genügend studiert?

Aus: Manfred Wekwerth, «Notate. Über die Arbeit des Berliner Ensembles 1956 bis 1966», Suhrkamp Verlag, Frankfurt 1967 (=edition suhrkamp Bd. 219). Abdruck mit freundlicher Genehmigung des Suhrkamp Verlages, © Suhrkamp Verlag Frankfurt am Main 1967.

c) Die amerikanische Erstaufführung in Los Angeles 1968

Aus Briefen (1964–69)

Helene Ritzerfeld an Heinar Kipphardt   Frankfurt, 28. Juli 1964

Sehr geehrter Herr Dr. Kipphardt,
[...] In England taucht bezüglich des OPPENHEIMER-Textes die Frage nach legalen Schwierigkeiten auf, weil es sich um ein Stück über lebende Personen handelt.

Frau Dr. Czech schrieb uns dazu jetzt wie folgt:

«Nun höre ich zu meiner Freude und Beruhigung, daß der Rechtsberater der BBC einwandfrei bestätigt hat, daß es keine Schwierigkeiten gibt, sofern das Stück sich tatsächlich an das offizielle dokumentarische Material aus Amerika hält, und nichts ‹hinzugedichtet› ist. Dies halte ich für eine Tatsache, hätte aber zur Beruhigung gern Ihre diesbezügliche ausdrückliche Bestätigung!»

Bitte, schreiben Sie uns doch noch, ob wir Frau Dr. Czech in dieser Hinsicht beruhigen dürfen. [...]

Mit freundlichen Grüßen

Helene Ritzerfeld
SUHRKAMP VERLAG

Brief-Durchschlag im Archiv des Suhrkamp Verlages, Frankfurt. Abdruck mit freundlicher Genehmigung des Suhrkamp Verlages, © Suhrkamp Verlag Frankfurt am Main 1987. – Suzanne Czech war mit der Vertretung der englischsprachigen Rechte von Stücken des Suhrkamp Verlages betraut.

Heinar Kipphardt an Helene Ritzerfeld
                                      München, 11. August 1964

Sehr geehrte Frau Ritzerfeld,
besten Dank für Ihren freundlichen Brief und den Vertrag. Die Sorgen hinsichtlich der Persönlichkeitsrechte, die sich bei BBC und neuerlich, wie ich höre, auch in Paris erhoben haben, kann ich guten Gewissens zerstreuen. Ich halte mich in allen Tatsachen ausdrücklich an das dokumentarische Material, und alle wesentlichen Tatsa-

chen sind aus diesem Material zu belegen. Ich gehe mit diesem Material natürlich insofern frei um, als ich ein Theaterstück herzustellen habe, und die riesigen Materialien sind von sich aus nun einmal kein Theaterstück. Die Vorstellung, daß von jeder historischen Figur eine Einverständniserklärung vorgelegt werden solle, – Frl. Bothe sagte mir, daß Paris diesen Wunsch geäußert habe – ist absurd. Man schlage jede beliebige Zeitung, jedes beliebige Nachrichtenmagazin auf, und man sieht, daß Deutungen auf der Faktengrundlage rechtlich immer zulässig sind. Die Geschichte der alten und neueren Kunst kennt hunderte von Beispielen für das Auftreten lebender Personen der Zeitgeschichte. Schließlich war die Fernsehsendung, die ja ein viel größeres Publikum erreicht und etwaige Reaktionen in stärkerem Maße herausfordert, ein guter Test. Sie können diesbezügliche Fragen dahingehend beantworten, daß ich für die Richtigkeit der wesentlichen Fakten einstehe.

Wenn Sie das wünschen, kann ich das in Form einer Erklärung tun. [...] Ich bin mit den besten Grüßen

Ihr
Kipphardt

Brief im Archiv des Suhrkamp Verlages, Frankfurt. – Frl. Bothe war eine Mitarbeiterin des Suhrkamp Verlages.

Heinar Kipphardt an John Roberts   20. November 1964

Lieber Herr Roberts,
schönen Dank für Ihren Brief vom 14. November 1964 und die freundlichen Worte, die Sie zum Stück und zur Aufführung sagen.

Es ist sicher nützlich, die englische Übersetzung mit den Original-Dokumenten vergleichen zu können, und so schicke ich Ihnen mit eingeschriebener Post das Transcript of Hearing. Sie wollen dabei bitte bedenken, daß es noch eine Fülle von anderen Dokumenten zur Sache gibt, die ich berücksichtigt habe, und ich lege großen Wert darauf, daß mein Stück möglichst gut ins Englische übertragen wird. Wenn ich vom Original abgewichen bin, dann hatte ich wohlerwogene Gründe das zu tun, und ein Vergleich meines Stückes mit dem Original-Hearing darf nicht etwa dazu führen, das Stück in eine Art von Reportage zurückfallen zu lassen. Ich habe mich zwar auch sprachlich an dem Duktus des Hearing orientiert, aber meine Absicht, ein Theaterstück herzustellen, das eine einheitliche Sprache hat, muß auch in der englischen Übersetzung wiedergegeben werden. Ich glaube, daß wir in der Sache ganz übereinstimmen, und ich schreibe es eigentlich nur, weil wir in der jüngeren Zeit so schlechte Erfahrungen mit Vilar in Paris gemacht haben. [...] ich bin mit den besten Grüßen

Ihr
Heinar Kipphardt

Brief-Durchschlag im Nachlaß Kipphardts, Angelsbruck. – John Roberts, Direktor der Perdita Productions Ltd. in London, war als literarischer Agent mit der Vertretung der englischsprachigen Rechte am «Oppenheimer»-Stück beauftragt.

Heinar Kipphardt an Karlheinz Braun
München, 23. November 1965

Lieber Herr Braun,
[...] Wir besprachen schon telefonisch, daß ich mit dem Vorgehen von Roberts in Amerika einverstanden bin, daß man ihn aber unbedingt darauf aufmerksam machen muß, daß die Voraufführung in der Universitätsstadt nur mit einem erstklassigen Regisseur und einer ersten Besetzung unternommen werden darf, daß er ferner darauf achten möge, daß die amerikanische Fassung aus Oppenheimer nicht etwa einen reinen Helden macht, wie der Anwalt in einer Bemerkung nahezulegen scheint. Wenn die Figur keine Widersprüche hat und keine Punkte des Versagens, so ist das Stück sinnlos. [...]

Ich bin mit den besten Grüßen
Ihr
Kipphardt

Brief-Durchschlag im Nachlaß Kipphardts, Angelsbruck. – Auf Vorschlag von John Roberts wurde für das «Oppenheimer»-Stück zunächst eine Try-out-Vorstellung außerhalb New Yorks vereinbart, um mögliche juristische Reaktionen zu testen. Dafür wurde der Regisseur Gordon Davidson von der Center Theatre Group in Los Angeles gewonnen.

Suzanne Czech an Helene Ritzerfeld   London, 10. Juni 1966

Liebe Helen,
[...] Ich weiß, daß der bewußte «Oppenheimer Brief» vom Dezember 65 uns alle höchst optimistisch gemacht hat – auch in New York war damals die Reaktion sehr positiv; hinterdrein allerdings kamen

den Herren, und im besonderen Mr. Merrick, der nach wie vor Interesse hat, die rechtlichen Bedenken zurück. Ich gebe Ihnen nun hier eine Liste der führenden New Yorker ‹Producer›-Impresarios, die von Mr. Roberts angegangen und prinzipiell interessiert worden waren, und die abgeblasen hatten nach Beratung mit ihren Anwälten:

David Merrick
Roger Stevens
Alex Cohen
David Suskind
Robert Whitehead
Don Seawell
Lincoln Center
David Balding.

Dazu kommt nun aber noch eine Mitteilung, die wir bisher zurückgehalten hatten, da wir Sie alle nicht deprimieren wollten; Mr. Roberts hält nun aber den Zeitpunkt für gekommen, sie bekanntzumachen: Da Mr. Roberts seinerzeit ja persönlich in Princeton bei Oppenheimer vorgesprochen hatte und mit ihm in Korrespondenz war, entschloß er sich kürzlich – im Hinblick auf die Fehlschläge mit den New Yorker Managern, – einen frontalen Angriff zu machen, indem er an Oppenheimer (mit Bezugnahme auf dessen Brief an Dr. Kipphardt) schrieb und ihm mitteilte, daß er eine Produktion des Werkes aufziehen werde. Es kam eine prompte Kabelantwort mit folgendem Wortlaut: «STRONGLY OBJECT TO ANY PRODUCTION».

Desungeachtet versucht Mr. Roberts immer noch, eine Club-Aufführung in London zu ermöglichen – und damit «das gegnerische Feuer» herauszufordern! [...]

Mit besten Grüßen
Ihre
Suzanne Czech
The International Copyright Bureau Ltd.

Brief-Kopie im Nachlaß Kipphardts, Angelsbruck. – Der erwähnte «Oppenheimer-Brief» an Heinar Kipphardt ist auf S. 177 dieses Bandes abgedruckt. Die englischsprachige Erstaufführung des Stückes fand am 17. Oktober 1966 im Hampstead Theatre Club in London statt. Durch J. Robert Oppenheimers Tod am 18. Februar 1967 änderte sich die Lage, da der besondere Schutz des amerikanischen Persönlichkeitsrechts lebenden Personen gilt.

Joan Daves an Heinar Kipphardt   New York, 22. Maerz 1968

Lieber Heinar,
[...] Nun haben sich in den letzten Tagen wieder neue Entwicklungen ergeben: Anscheinend hat Rabi nunmehr Stellung zu dem Stueck genommen und behauptet, dass er nicht richtig charakterisiert sei und dass er gegen alles im Stueck, das nicht mit seiner eigentlichen Zeugenaussage uebereinstimmt, Einspruch erheben wird. Dasselbe kam von Griggs, ebenso von Robb, der sich einen kalifornischen Rechtsanwalt hinzugezogen hat. Zu all dem ist Garrison nicht sehr positiv zu dem Stueck per se gestimmt.

Gordon Davidson flog nach New York, um selbst mit Rabi zu sprechen. Danach kam er gestern hier zu einer Zusammenkunft mit Lucy Kroll, die Whitehead und Roberts vertritt, Arthur Wang, der die Buchausgabe bringt, und mir als Interessenvertreter fuer Sie und Suhrkamp Verlag. Das Wichtigste, was in dem Gespraech entwickelt wurde war, dass in Ihrem Stueck Rabi mit Bemerkungen zitiert wird, die er, wie er sagt, nie gemacht hat bzw. nie haette machen koennen, da sie «out of character» waeren. Er gab Davidson einige Beispiele, die, wie Davidson sagte, tatsaechlich nicht in dem 800-Seiten Report enthalten waren.

Ich weiss nicht, ob Sie dazu Stellung nehmen wollen. Ich denke, der Titel «Frei nach den Dokumenten» ist bereits bezeichnend, dass Sie Gedanken, Worte und Charakterisierungen hinzufuegen muessen, um ein gerundetes Stueck zu schaffen.

Die hinzugezogenen Rechtsanwaelte sagen aber, dass, wenn die Zeugenaussage eines Zeugen *vor Gericht* zitiert wird, das Zitat wortgetreu sein muss, um gerichtliche Schwierigkeiten zu vermeiden. Aus diesem Grund will Gordon Davidson versuchen, wenigstens Rabi's Zeugnis so wortgetreu wie moeglich im Verhaeltnis zum Report zu geben. Er wird Ihnen diesbezueglich direkt schreiben.

Darueberhinaus haben nun die Rechtsanwaelte geraten, dass die Namen von Garrison, Griggs und Rabi geaendert werden. Ich will Ihnen mit diesem Brief nur schnell andeuten, dass eben jetzt anscheinend die Beschwerden eingehen und dass sich Leute, die sich nicht gegen die deutsche oder franzoesische Auffuehrung auflehnten, die Sache jetzt anders ansehen, wenn es sie hier im eigenen Lande betrifft. Davidson ist nicht aengstlich und will auch nur das tun, was noetig ist, um Klage oder gerichtliches Verbot zu vermeiden. Seine politische Einstellung und Sympathien gehen hundert Prozent parallel mit den Ihren. [...]

Ich schreibe heute auch kurz diesbezueglich an Suhrkamp Verlag, doch wollte ich Ihnen direkt Nachricht geben, damit Sie gleich wissen, dass die nicht unerwarteten Schwierigkeiten jetzt doch auftauchen. Davidson denkt auch heute noch, dass er mit dem Proben, wie geplant, am 9. April anfangen wird.

Mit herzlichen Gruessen,
Joan

Brief im Nachlaß Kipphardts, Angelsbruck. – Joan Daves arbeitete als New Yorker Agentin für den Suhrkamp Verlag.

Heinar Kipphardt an Joan Daves München, 2. April 1968

Liebe Joan,
ich bedanke mich sehr herzlich für Ihre Information, und ich schlage vor, den Einwänden lebender Personen auf folgende Weise zu begegnen: Man muß ihnen klar machen, daß ein Stück etwas anderes ist als eine historische Rekonstruktion, daß es für einen Stückeschreiber kein möglicher Weg ist, wörtliche Zitate zu montieren. Allein die Konzentration des Stoffes auf einen Theaterabend bedingt Änderungen. Die Geschichte ist leider keine Dramaturgin. Auch wenn ein Autor die wesentlichen historischen Tatsachen zu respektieren wünscht, muß er sich im Stoff frei bewegen, sonst kann kein Stück, kein genießbares Literaturprodukt entstehen, das auf den Sinn der historischen Begebenheit für unsere Zeit zielt. Die historischen Details sind dem Protokoll zu entnehmen, ein Stück muß mehr sein als ein nur abgekürztes Protokoll. Ich muß bei der Gelegenheit sagen, daß mein Stück in den Tatsachen nicht nur auf dem Protokoll, sondern auf einer großen Zahl anderer Materialien zur Sache basiert und daß es auch die gesamte Literatur zu dem Komplex herangezogen hat. Wenn etwas nicht im Protokoll steht, kann es sehr wohl faktisch sein, d. h. aus anderen Materialien hervorgehen. Ich glaube, daß alle wesentlichen Tatsachen belegt sind, und wenn ich mein Gedächtnis und meine Unterlagen strapaziere, werde ich in der Regel auch heute noch herausfinden, wo sich der Beleg findet. Die Crux ist, daß lebende Personen weder die Historie noch den Sinn des Stückes im Auge haben, und daß Ihnen infolgedessen auch andere Dinge wesentlich sind, auch Belanglosigkeiten, und das besonders dann, wenn man an die ganze Geschichte nicht erinnert werden will und

Wege sucht, sie in Amerika zu torpedieren, wie das vielleicht bei Robb und Griggs ist.

Um die Interessen der lebenden Personen zu schützen, habe ich einen Aufsatz geschrieben, der das Verhältnis des Stückes zu den Dokumenten darlegt und einige Abweichungen beschreibt. Dieser Aufsatz könnte ergänzt werden. Falls stichhaltige Einwendungen gemacht werden, kann in den Anmerkungen beschrieben werden, daß das Stück in der betreffenden Einzelheit von der Historie abweicht. Danach kann kein Theaterbesucher oder Leser zu falschen Schlüssen kommen.

Erst wenn eine lebende Person mit diesem Vorschlag nicht zu befriedigen ist, sollte überlegt werden, ob uns die Änderung des Namens weiterbringt. Dabei müssen wir bedenken, daß das Stück in mehr als dreißig Ländern gespielt worden ist, einen Haufen Buchausgaben hat, der Name also jederzeit aus anderen Ausgaben rekonstruiert werden könnte, übrigens auch aus dem Protokoll, und wir müssen überlegen, ob die Verschlüsselung des Namens ein wirklicher Ausweg ist.

Von unwesentlichen Einzelheiten abgesehen, schlage ich erst bei Versagen dieses Ausweges vor, Änderungen des Stückes zu erwägen, und die Änderungen müßten genau mir mir abgesprochen werden.

Was Rabi angeht, so finden sich in seiner Aussage im Stücke einige substantielle Bemerkungen, die in der Wirklichkeit von Bush gemacht wurden. Ich habe im Stück ja nicht vierzig, sondern sechs Zeugen, und ich fühlte mich ermächtigt, die beiden Zeugenaussagen zusammen zu fassen, weil sie ziemlich in eine Richtung gingen. Das könnte man in die Anmerkungen aufnehmen. Oppenheimer sagte mir einmal, daß Rabi ein Satz störe «O. war mit seinen Vornamen vorsichtiger», den er absurderweise für eine antisemitische Bemerkung hielt. Auf eine derartige Einzelheit kann man natürlich verzichten. Mir scheint, mir wäre im äußersten Falle eine Namensänderung sympathischer als eine wortgetreue Wiedergabe seiner Zeugenaussage, denn die Scenen sind ja gegeneinander komponiert, so steht die Rabi-Szene in einem Kontext zu den Szenen Griggs und Teller. Rabi kann ja unmöglich der Ansicht sein, daß meine Darstellung sein Ansehen gefährde, in allen meinen Stücken gibt es nur wenige Personen, die so offensichtlich die Sympathie des Autors haben.

Robb und Griggs, das ist ein anderes Paar Schuhe. Ich glaube, daß die Substanz seiner Szene auch in dem realen Zeugenverhör zu finden ist (Griggs), und das ist unangenehm genug. Teller sagte mir, als einzige Kritik am Stück übrigens, daß ich den Typus des realen

Griggs nicht richtig getroffen habe, er sei ein ehrlicher Kampfflieger, der schrecklich darunter gelitten habe, daß ihn alle Leute, auch Finletter, gegen Oppenheimer im Stich gelassen hätten, und der noch heute an die Richtigkeit seiner Auffassung glaube. Ich fand das nicht so positiv wie Teller, und es schien mir in mein Bild von Griggs zu passen. Aber das bringt uns nicht weiter. Ich würde mit Robb oder Griggs gerne vor jedes europäische Gericht gehen, aber ich sehe ein, daß man für die amerikanische Aufführung einen Ausweg suchen muß. Wenn der sich nur in einer Namensänderung findet, bin ich einverstanden. Man soll dann einsilbige Namen wählen, eventuell mir Vorschläge machen. Bei Griggs geht es übrigens leichter als bei Robb, den ja jeder sofort entschlüsseln kann. Sie werden bei den Überlegungen sicher bedenken, daß hinter diesen Personen andere Interessen verborgen sein könnten, und daß die Personen selbst wohl nicht besonders an einer gerichtlichen Würdigung ihrer damaligen Rolle interessiert sein dürften. Ich habe übrigens, was Robb betrifft, einiges getan, ihn intelligenter und sympathischer zu charakterisieren, denn mir lag aus dramaturgischen Gründen daran, die jeweiligen Gegenpositionen gewichtig zu bekommen. Das muß auch die Besetzung bedenken. Jede Figur soll das volle Gewicht ihrer Argumente und Ansichten bekommen.

Liebe Joan, ich bin sehr zufrieden, daß Sie sich um die Sache kümmern, ich freue mich, daß Davidson die Sache so vernünftig und gelassen betreibt, und ich freue mich, ihn bald kennen zu lernen. Ich halte mir meine Zeit vom 10. Mai ab frei, und mein Rat steht Gordon Davidson jederzeit zur Verfügung.

Die herzlichsten Grüße an Lucy Kroll und Whitehead.

Ich bin mit allen guten Wünschen,

Ihr
Heinar

ps Sie können mit dem Brief verfahren, wie Sie es für richtig halten. Einige Bemerkungen, zu Griggs und Robb etwa, sollten natürlich nicht unter die Leute kommen.

Brief-Durchschlag im Nachlaß Kipphardts, Angelsbruck.

«Eine Zeitlang war kein Geld mit einem Stück zu gewinnen...

…wenn Dichter und Schauspieler sich nicht darin mit ihren Gegnern herumzausten», sagt Rosenkranz im *Hamlet*.

Daran hat sich im Prinzip nichts geändert. Das Theater lebt von Konflikten, sonst wäre es langweilig. Und für ein langweiliges Stück zahlt niemand Eintritt. Konflikt hin, Konflikt her – finanziell gesehen ist jedes Stück ein Risiko. Viele Theaterbesucher gehen deshalb auch zur Bank.

Pfandbrief und Kommunalobligation

Meistgekaufte deutsche Wertpapiere - hoher Zinsertrag - bei allen Banken und Sparkassen

Verbriefte Sicherheit

Heinar Kipphardt an Gordon Davidson

München, 24. April 1968

Lieber Herr Davidson,
schönsten Dank für Ihren freundlichen Brief und alle guten Wünsche für Ihre Arbeit an OPPENHEIMER.

Ich schrieb schon an Joan Daves, wie man nach meiner Ansicht vorgehen soll, um Einsprüche lebender Personen zu vermeiden. Der einfachste Weg wäre die Beschreibung der beanstandeten Abweichungen in den Anmerkungen. Es kann ja keinen Streit darüber geben, daß ein Stück nicht aus montierten Zitaten herzustellen ist. Die im Programmheft veröffentlichten Anmerkungen würden die Personen vor etwaigen Mißverständnissen schützen. Wenn dieser Weg in dem einen oder anderen Fall nicht zu beschreiten ist, bin ich für die Namensänderung dieser Personen im Stück, wenn das in der Praxis des amerikanischen Persönlichkeitsrechtes hilft. Mir scheint der Weg insofern kurios, als jeder Interessierte natürlich leicht die wirkliche Person herausfinden kann, denn es gibt ja Buchausgaben in vielen Sprachen, und es kann sein, daß sich die Kritik besonders mit den Personen beschäftigen wird, deren Namen geändert sind. Kritiker lassen sich ja nicht gerne entgehen, ihren Lesern zu zeigen, daß sie mehr als andere wissen, und sie brauchen für diesen Nachweis nur die englische Buchausgabe heranzuziehen. Ich mache diesen Einwand, lasse Ihnen bei den Namensänderungen, die Sie in dem Brief anregen, aber freie Hand, denn ich verstehe nichts vom amerikanischen Persönlichkeitsrecht. Ich nehme nicht an, daß irgend jemand ernstlich daran interessiert ist, den wirklichen Fall Oppenheimer vor den Gerichten neu aufzurollen, denn das ist für einige Personen wahrscheinlich eine peinliche Sache. Ich glaube, es ist dem Stück leicht zu entnehmen, daß es mir nicht um das Versagen von Personen geht, und wenn Robb zum Beispiel das Stück unvoreingenommen liest, wird er bemerken, daß ich seinen Charakter stark veredelt habe. Es liest aber natürlich niemand voreingenommen, sondern interessegebunden, und wir sollten deshalb ebenso kühl und interessegebunden vorgehen.

Am wenigsten verstehe ich die Haltung von Rabi. Im Stück liegt seinem Verhör die reale Einvernahme Rabis und die Zeugenaussage von Bush zugrunde. Sie wissen, im wirklichen Hearing gab es vierzig Zeugen, die sich ohne jede Konzentration auf Sachpunkte zu allen und jedem äußerten. Ich wollte im Stück mit sechs Zeugen auskommen, und das heißt natürlich, daß sich in der einen oder anderen

Zeugenaussage Gesichtspunkte anderer Zeugen finden. Ich machte das natürlich nur, wenn die Aussagen in ähnlicher Richtung lagen und in der jeweiligen Personalität möglich schienen. Bei Rabi und Bush schienen mir in der Grundhaltung genügend Übereinstimmungen, um dieses Verfahren zu legitimieren. Ein Zurückgehen auf eine wörtliche Wiedergabe des Rabi'schen Verhörs scheint mir eine ernstliche Schwächung des Stückes, und ich würde auch in diesem Fall vorziehen, den Namen der Person im Stück zu ändern. Man kann Rabi schließlich fragen, welche Wendung im Stück ihn besonders stört, und diese Stellen streichen oder ersetzen. Ganz unsinnig scheint es mir, den Namen Rabis für das Stück zu ändern und dennoch die Scene im Stück so zu ändern, daß sie den wörtlichen Aussagen Rabis entspricht. Oder habe ich das in Ihrem Brief mißverstanden?

Ich will diesen Punkt der Änderungen verlassen, und ich bin überzeugt, daß Sie sich nicht nervös machen lassen und nur die wirklich unumgänglichen Änderungen veranlassen. Ich bin auch überzeugt, daß Sie keine Änderungen zulassen, die dem Stück die Zähne ziehen, und ich hoffe, die Anwälte verderben Ihnen nicht den Spaß an der Arbeit.

Es ist schwierig, ohne nähere Bekanntschaft, Ratschläge zu erteilen. Ich will dennoch zwei Dinge sagen: Einmal sollte die Inscenierung jede der auftretenden Personen und deren Gesichtspunkte so ernst wie möglich nehmen. Sie sollte keine der auftretenden Personen durch Besetzung oder Spielweise abwerten. Der Zuschauer soll die guten Gründe auch von Gegenpositionen zu Oppenheimer erfahren und sich sein Urteil aus eigener Denkarbeit und nicht aus emotionalen Bewertungen der Inscenierung machen. Zweitens sollte die Inscenierung Oppenheimer nicht nur als Opfer sehen. Auch Oppenheimer hat seine Punkte des Versagens, und man sollte die Widersprüche in seiner Brust und in seinem Kopf durch ein möglichst verschiedenartiges Verhalten während des Verhörs zeigen. Der Konflikt Oppenheimers oder besser das Bündel von Konflikten und Widersprüchen ist auf andere Personen übertragbar, nicht nur auf dem Gebiet der Wissenschaften und nicht nur in dieser Zeit. Ich empfehle also eine Spielweise, die Verhaltensweisen vorführt und dem Zuschauer Kritik an den Verhaltensweisen ermöglicht. Ich zögere schon, in meinen Bemerkungen fortzufahren, weil wir uns fremd sind, also keine gemeinsame Terminologie für das Theater haben, und es ist vielleicht besser, wenn ich meine Ratschläge Auge in Auge gebe. Ich überlege nämlich, ob es nicht richtiger wäre, zu den letzten 10 Proben nach Los Angeles zu kommen, als zu der vorgesehenen Broadway-Aufführung. Joan Daves wollte das mit Robert Whitehead klären, ich halte mir jedenfalls diese Zeit frei. Was die Besetzung Oppenheimers mit Joseph Wiseman betrifft, so habe ich von allen Beteiligten zu hören bekommen, daß das eine sehr gute Wahl wäre, und ich vertraue Ihrem Urteil vollkommen. Ich selbst kenne das amerikanische Theater zu wenig, um eigene Ratschläge geben zu können. Es ist für die Produktion nur wichtig, insgesamt einen hohen Standard zu haben, denn das Stück stellt an den Zuschauer gewisse Ansprüche und bietet ihm nichts, was seine Schaulust befriedigt. Was die Wirkung des Stückes betrifft, so möchte ich Sie als Regisseur dennoch beruhigen, denn ich habe mittlerweile mit der Wirkung des Stückes Erfahrung in vielen Ländern. Kurioser Weise hat sich das Stück als sehr robust erwiesen.

Ich würde mich freuen, wenn Sie mich über den Gang der Proben etwas auf dem Laufenden halten würden, ich wünsche Ihnen und allen Beteiligten viel Glück. Ich bin mit herzlichen Grüßen

Ihr
Heinar Kipphardt

P.S.
Ich sehe gerade, daß Sie Kopien des Briefes an Lucy Kroll, Joan Daves, John Roberts und Robert Whitehead geschickt haben, es wird sich vielleicht dann empfehlen, daß sie meine Antwort kennenlernen. Können Sie veranlassen, daß den Beteiligten Kopien meines Briefes geschickt werden?

Brief-Durchschlag im Nachlaß Kipphardts, Angelsbruck. – Für die Aufführung in Los Angeles (Premiere: 24. Mai 1968) wurden schließlich folgende Namen geändert:
  Roger Robb, in: Curtis Moffat Jr.
  C. A. Rolander, in: H. Thomas Spalding
  Lloyd K. Garrison, in: Aaron Stein
  Herbert S. Marks, in: Franklin S. Hardiman
  Boris T. Pash, in: Major Nicholas Radzi
  David Tressel Griggs, in: Walker Leroy Adams
  Isadore Isaac Rabi, in: Jacob Lehmann.

Heinar Kipphardt an Joan Daves   München, 22. November 1968

Liebe Joan,
schönsten Dank für Ihre Information. Von Gordon Davidson habe ich noch keine Nachricht. Es wäre schade, ihn vor den Proben nicht

zu sehen, denn ich hätte ganz gerne mit ihm über ein paar Interpretationsfragen geredet, auch über ein paar neue Gedanken zur Aufführung des Stückes. Ich habe zu der Arbeit einigen Abstand und einige Aufführungserfahrungen. Was die Textfassung für Los Angeles angeht, so ist Davidson über unsere Abmachung hinausgegangen, ohne mich zu fragen, und das gefällt mir nicht. Die Abmachung war, daß ich einigen Namensänderungen zustimme, und daß ich ihm natürlich die übliche Freiheit des Regisseurs einräume, das Stück für den Zweck seiner Aufführung durch Striche sinnvoll zu kürzen. Ich möchte ihm auch die Freiheit einräumen, die Übersetzung dort zu ändern, wo sie ihm zu englisch scheint. Das darf aber den Sinn nicht ändern, und es ist kein Freibrief für die Unsitte vieler Schauspieler, sich den Text mundgerecht zu machen und auf diese Weise die Prägnanz und Strenge des Textes zu zerstören. Er soll von diesen Änderungen also einen sparsamen Gebrauch machen. Überschritten hat Davidson unsere Abmachung dadurch, daß er an einigen Stellen eigenen Text hinzugefügt hat, der den Sinn entstellt, ohne mir jemals zu erklären, warum er diese Stellen ändern will. Diese manchmal durchaus gravierenden Änderungen, die meiner Ansicht widersprechen, müssen für die New Yorker Aufführung wieder dem Originaltext weichen. Ich bin aber natürlich bereit, die Gründe von Davidson für die eine oder andere Änderung zu hören, und dann zu entscheiden, ob ich den Text an dieser Stelle ändern will oder nicht. Wenn mich seine Gründe überzeugen, werde ich die Änderung selbst formulieren, natürlich deutsch, aber ich muß leider darauf bestehen, daß alle Änderungen meiner Zustimmung bedürfen. Es handelt sich ja um ein ziemlich gut getestetes Stück. [...]

Ich bitte Sie, liebe Joan, Gordon Davidson ausdrücklich zu versichern, daß meine Bemerkungen nur darauf zielen, der New Yorker Produktion zu nützen, und ich weiß sehr wohl seine Energie zu schätzen, mit der er die Schwierigkeiten gemeistert hat, die sich bei der Los Angeles Produktion ergaben. Ich bin zu jeder Art von Zusammenarbeit bereit, aber es ist an ihm, die Voraussetzungen dafür zu schaffen.

Wann sollen die Proben beginnen? Ich freue mich sehr, Sie bald wiederzusehen.

Herzlichst
Ihr
Heinar

Brief-Durchschlag im Nachlaß Kipphardts, Angelsbruck.

Heinar Kipphardt an Gordon Davidson

München, 9. Februar 1969

Lieber Herr Davidson,
anliegend die besprochene Szene für den wahrscheinlichen Fall, daß Sie die Plädoyers weglassen. Sie sollten aber wenigstens einmal probiert haben, die Plädoyers zu machen. Der leichtere Weg ist nicht immer der bessere. Wir haben lange genug darüber gesprochen, und ich sagte schon, daß Sie in diesem Punkt freie Hand haben. In der beigelegten Szene findet sich auch eine Aktion Oppenheimers, die Sie angeregt haben. Er geht hinaus, weil er anderenfalls die Fassung verlieren würde. Ich glaube, die Reaktion sitzt an der richtigen Stelle, aber Sie können Sie auch an einen früheren Punkt legen, wenn Ihnen das richtig scheint.

Die ganze Szene wird nach Rabis Satz «Das finde ich demütigend, das ist eine schlechte Show» eingefügt. Nach der Einfügung wird die Szene mit Rolanders «Ist es zutreffend, Sir, daß Sie Geld in einen Verteidigungsfonds...» fortgesetzt.

Ich hoffe, die Szene gefällt Ihnen, und es ist für die Schauspieler nicht zu strapaziös, neuen Text zu lernen.

Ich bedanke mich bei der Gelegenheit für alle Freundlichkeiten, die Sie mir in New York erwiesen haben, ich glaube, unser Gespräch war nützlich, und Sie werden meine sachlichen Einwände als die Bemühung verstanden haben, der Produktion zu dienen.

Wie gehen die Proben? Wenn Sie Zeit zu einigen Informationen darüber finden, würde ich mich freuen.

Schönste Grüße an Wiseman. Ich bin mit den besten Wünschen für die Arbeit

Ihr
Heinar Kipphardt

Brief-Durchschlag im Nachlaß Kipphardts, Angelsbruck. – Die erwähnte Szene ist im vorliegenden Band abgedruckt («Physik und Metaphysik»). Die New Yorker Inszenierung Davidsons hatte am 6. März 1969 im Vivian Beaumont Theater Premiere.

Besetzungsliste
Center Theatre Group, Mark Taper Forum
(Los Angeles Music Center)

Übersetzung: Ruth Speirs
Inszenierung: Gordon Davidson
Bühnenbild: Peter Wexler

J. ROBERT OPPENHEIMER, Physiker	Joseph Wiseman
Der Sicherheitsausschuß:	
GORDON GRAY, Vorsitzender	Harry Townes
WARD V. EVANS, Mitglied	Eduard Franz
THOMAS A. MORGAN, Mitglied	Oliver McGowan
Anwälte:	
CURTIS MOFFAT JR., Anwalt der Atomenergiekommission	Jeff Corey
H. THOMAS SPALDING, Mitarbeiter Moffats, Sicherheitsexperte	Lawrence Linville
AARON STEIN, Anwalt Oppenheimers	Bert Freed
FRANKLIN S. HARDIMAN, Anwalt Oppenheimers	Edmon Ryan
Zeugen:	
MAJOR NICHOLAS RADZI, Sicherheitsoffizier	Herbert Voland
JOHN LANSDALE, Anwalt, ehemals Sicherheitsoffizier	John Randolph
EDWARD TELLER, Physiker	Karl Swenson
HANS BETHE, Physiker	Jacques Aubuchon
WALKER LEROY ADAMS, Technischer Berater der Air Force	Joseph Ruskin
JACOB LEHMANN, Physiker	Abraham Sofaer
Stenographen	Jim Burleson
	Ron Brogan
Sicherheitsbeamte	William Lucking, Raymond Lynch, John Hancock
Aufseher	Joseph Reale, Robert Guidi, G. Alan Freeman, Wallace Chappel

Premiere: 24. Mai 1968

[Physik und Metaphysik. Eine Szenen-Variante]

(Einfügung nach RABI «Das finde ich demütigend, das ist eine schlechte Show.» [7. Szene])

ROBB Um etwas klar zu stellen, Doktor Rabi, niemand hier, ich glaube, bezweifelt Doktor Oppenheimers frühere Verdienste und den Rang seiner Persönlichkeit.
RABI Wirklich?
ROBB Gerade weil ich seine extremen Fähigkeiten bewundere, fällt es mir so schwer, eine befriedigende Erklärung für sein offensichtliches Versagen in der Frage der Super zu finden. Was mich beunruhigt ist, daß Dr. Oppenheimer wunderbar gearbeitet hat, solange es gegen die Nazis ging, und daß sich seine Skrupel und seine Fehlleistungen häuften, als Sowjetrußland unser potentieller Kriegsgegner wurde.
RABI Sie meinen, wenn ein Mann ein Programm anders einschätzt, dann muß er ein Verräter sein? Dann bestand der ganze Wissenschaftsrat aus Verrätern.
ROBB Ich möchte Ihnen eine psychologische Frage stellen, Dr. Rabi: Ist es für Sie denkbar, daß ein integerer Mann nach seinem besten Wissen den Interessen der Vereinigten Staaten nützen will und daß er sich von den utopischen Idealen einer internationalen klassenlosen Gesellschaft dennoch niemals ganz gelöst hat? Daß er ihnen unbewußt oder unterbewußt die Treue hält, und daß diese unbewußte Loyalität zu bestimmten Fehlleistungen führt, obwohl er subjektiv ehrlich den besten Interessen seines Landes zu dienen wünscht?
RABI Sie sprechen von Dr. Oppenheimer?
ROBB Ich frage allgemein. Ich will sagen, ein solcher Mann wäre damit natürlich kein Verräter der uns bekannten Kategorien, aber es läge tragischerweise dennoch eine Form des Verrats vor, die unsere Gesetzbücher nicht kennen, der Gedankenverrat, der aus den tiefen Schichten einer Persönlichkeit kommt und die Handlungen eines Mannes gegen dessen Willen unaufrichtig macht. Halten Sie das für psychologisch denkbar?
RABI Da ich ein einfacher Physiker bin, Mr. Robb, kann ich die Frage nicht beantworten. Ich glaube, das ist eine Frage, die Sie besser einem Metaphysiker stellen.
MARKS Darf ich eine Zwischenfrage stellen, Herr Vorsitzender?
GRAY An den Zeugen?

MARKS An Mr. Robb?
GRAY Mr. Robb?
ROBB Mit Vergnügen.
MARKS Da Mr. Robb dazu übergegangen ist, philosophische Gesprächspartner zu suchen –
ROBB Eher zur Psychologie des Verrats, Herr Kollege, wenn Sie das für Philosophie halten –?
MARKS Ich halte es für gar nichts. Ich möchte Mr. Robb fragen, ob er sich darüber im klaren ist, daß sein bescheidener Vorschlag, die Kategorie des Gedankenverrats hier einzuführen, die Grundlagen unserer Demokratie zerstören würde?
ROBB Ich spreche von den Grundlagen unserer Sicherheit, die von den Kommunisten bedroht ist, nicht von mir. Die Demokratie hat ihren Preis, und wir können niemandem darauf einen Rabatt geben.
(Oppenheimer steht auf)
GRAY Dr. Oppenheimer?
OPPENHEIMER Ich möchte ein paar Minuten hinausgehen. –
(Fragende Geste Grays)
Ich glaube, es ist besser, daß ich jetzt hinausgehe.
(Er verläßt den Raum.)
MARKS Die Demokratie hat ihren Preis, da stimme ich mit Mr. Robb überein, ihr Preis ist die Freiheit der Meinung und die Freiheit der politischen Betätigung.
ROBB Sie sind in Fragen unserer Sicherheit sehr großzügig, Mr. Marks.
RABI Und Sie in Fragen unserer Zivilisation.
GRAY Meine Herren! – Ich glaube, wir sollten die sehr allgemeinen Fragen verlassen und auf Dr. Rabis Zeit Rücksicht nehmen. – Wenn es noch sachliche Fragen an Dr. Rabi gibt –?
(Rolander meldet sich)
Mr. Rolander.
ROBB Danke, Dr. Rabi.
ROLANDER Darf ich Sie fragen, Sir, ob Sie sich in Dr. Oppenheimers Sache als einen unbefangenen Zeugen betrachten?
RABI Was meinen Sie?
ROLANDER Ist es zutreffend, Sir, daß Sie Geld...

Typoskript im Nachlaß Kipphardts, Angelsbruck. Überschrieben: «Für die New Yorker Aufführung an Stelle der Plädoyers». Entstanden ca. Anfang 1969.

Kipphardts «Oppenheimer» siegt in New York

Heinar Kipphardts Dokumentarspiel «In der Sache J. Robert Oppenheimer» wurde in der New Yorker Aufführung zu einem bemerkenswerten Publikums- und Presseerfolg. Die Kritik sprach von dem besten Stück und der besten Broadwayproduktion des Jahres.

Das Stück hatte seine Premiere am 6. März 1969 in The Repertory Theater of Lincoln Center unter der Direktion von Jules Irving. Der Regisseur war Gordon Davidson, den Oppenheimer spielte Joseph Wiseman.

Als Try-out-Aufführung war das Stück von Gordon Davidson schon im Vorjahr im Mark-Taper-Forum in Los Angeles erfolgreich aufgeführt worden.

Eine Broadwayaufführung des Stückes war bereits seit mehreren Jahren am Broadway geplant gewesen, aber wegen der Einspruchsmöglichkeiten lebender Personen, die das amerikanische Persönlichkeitsrecht gewährt, immer wieder verschoben worden. Für die amerikanische Aufführung wurden die Namen einiger lebender Personen aus rechtlichen Erwägungen geändert. Auf diese Änderungen legten die Anwälte beider Seiten Wert, überdies zwei weitere Mitwirkende. Der Text blieb unangetastet, und die amerikanische Buchausgabe, die bei Hill & Wang erschien, verwendet die wirklichen Namen aller handelnden Personen.

Das Publikum reagierte mit häufigem Szenenapplaus auf das Stück, das man als politisch brisant empfand. Clive Barnes hob in der *New York Times* die intellektuelle, stimulierende Qualität dieses Theaterabends hervor; Richard Watts jr. bescheinigte in der *New York Post* den Mitwirkenden des Lincoln Center, sie dürften auf sich selber stolz sein.

Aus: »Süddeutsche Zeitung«, 11. März 1969.

d) Neuinszenierungen in Hamburg 1977 und München 1981

Heinar Kipphardt:
Unordentliche Gedanken zu einer neuen Aufführung von «Oppenheimer» (Herbst 1977)

Sich tief in die Figuren einlassen. Die Qualität des Lebendigen auf dem Theater hat auch mit unaufgelösten Widersprüchen zu tun, Trübheiten, blinden Stellen, Bündeln von Widersprüchen. Die Szenen rauher bekommen, unordentlicher, unübersichtlicher auch die Personen.

Oppenheimers Versagenspunkte suchen, auch Posen, auch Widrigkeiten, die leicht untergehen, weil Oppenheimer das Opfer ist. Aber nicht immer war. Es kommt auf den Blick an. Teller z. B. rühmte mir gegenüber den kritischen Blick, den das Stück auf Oppenheimer werfe, und fand Griggs nicht genügend verständnisvoll behandelt, obwohl er die Tatsachen nicht bestritt. Alle hätten Griggs im Stich gelassen, auch Finletter. Es kommt auf den Blick an. Das Stück ermöglicht Blickwechsel.

Gibt es genug Material für dieses doppelte Hearing: Oppenheimers Vita wird auf dunkle Stellen in seiner Loyalität zum Staat durchforscht – Oppenheimer selbst untersucht die Glanzpunkte seiner Karriere, was an ihm gerühmt wird, ob das so rühmenswert sei?

Nicht alles über die Figur wissen, nicht mit ihr fertig sein. Das heißt für den Schriftsteller auch, in dem und dem Punkt nicht mit sich fertig zu sein. Meine Bemühung der letzten Jahre, eine neue Unbefangenheit zu bekommen. Wiederlesend interessiert mich am Stück das autobiografische Moment im faktisch Objektiven, der ich damals war, meine Fragen.

Die an den Zuschauer gerichteten Monologe befriedigen mich technisch nicht. Möchte ihnen die Funktion von inneren Monologen geben, fürchte dann aber, das Stück zu hermetisch zu machen. Entwickle aus dem Monologmaterial kleine Zwischenszenen, die reflektive Haltungen ermöglichen. Ändere auch die Eingangsszenen zum ersten und zweiten Teil.

Beziehungsreichtum zu uns, der während der Proben beunruhigend wächst. Überbordender McCarthy-Aspekt.

Traum im September
In eisiger Höhe die Flucht
streifend die Eisenbahnzüge
Zäune aus Panzerglas.
An Gletschern im Eishauch bersten
die Lokomotiven.
Mit kolossalen Kanonen schießen Soldaten
in Pulvertürme.
Zurücktreten
ruft ein Stationsvorsteher
und pfeift.
Auf dem Perron im Dunkeln stehe ich.

Im Atomstaat steckt der Überwachungsstaat.

Golo Mann, der schweizer Historiker, schlägt im Fernsehen vor, Häftlinge aus terroristischen Vereinigungen unter Kriegsrecht zu stellen. Am Morgen darauf werden drei von ihnen in Stammheim tot aufgefunden. Parlament, Justiz und Presse haben keine Fragen. XY-Fahndung im nationalen Maßstab. Kopf ab, zerhacken, in die Klärgrube. Ruckediguh – ruckediguh – Blut ist im Schuh. Ein schweizer Journalist gibt zu bedenken, man ist mit dem Terrorismus überall dort fertig geworden, wo die Folter konsequent angewendet wurde. Der Sumpf muß endlich ausgetrocknet werden, erschnüffelt der Ludergeruch kritischer Aufmüpfigkeit. Einheitsmeinungsbrei, Lumpenjournalismus, Sympathisantenjagd. Die Revolution wird im Weltmaßstab verboten, die Geschichte abgeschafft. Es werden Unterwerfungsrituale gefordert. Professoren durchforsten ihre Werke auf verborgenes Sympathisantentum, melden der Presse und Filbinger: alles hasenrein, keine besonderen Vorkommnisse. Das Land ist nicht mehr das gleiche.

Kernenergie. Unter unseren zurückgebliebenen Formen des menschlichen Zusammenlebens ist ein auf Atomspaltung basierendes Kernkraftwerk eine potentielle Atombombe. Die Ausschaltung aller Folgegefahren ist sehr teuer, beeinträchtigt also die Kapitalverwertung. Die möglich scheinende Entwicklung der Kernverschmelzung zur Energiegewinnung wird mutmaßlich weniger gefährlich sein, aber auch hier widersprechen die Interessen der Kapitalverwertung dem allgemeinen Nutzen. In der Hand der Energiewirtschaft der Industriemetropolen kann sie zu einem neuen politischen und wirtschaftlichen Herrschaftsinstrument über die armen Länder werden, der Versuch, den Geschäftskolonialismus zu verewigen.

Neutronenbombe. Eine wirklich konsequente Waffenentwicklung. Sie drückt sehr gut aus, was in der Zielvorstellung der Kriegsführenden wichtig ist und was nicht.

Typoskript im Nachlaß Kipphardts, Angelsbruck. – Der Text wurde leicht verändert und gekürzt abgedruckt im «Oppenheimer»-Programmheft des Deutschen Schauspielhauses Hamburg, 1977.

Besetzungsliste
Deutsches Schauspielhaus in Hamburg

J. ROBERT OPPENHEIMER, Physiker	Hans-Michael Rehberg
Der Sicherheitsausschuß:	
GORDON GRAY, Vorsitzender	Wolfram Schaerf
WARD V. EVANS	Sigfrit Steiner
THOMAS A. MORGAN	Günter König
Die Anwälte:	
ROGER ROBB, Anwalt der Atomenergiekommission	Herbert Mensching
C. A. ROLANDER, Mitarbeiter Robbs, Sicherheitsfachmann	Wolf-Dietrich Berg
LLOYD K. GARRISON, Anwalt Oppenheimers	Timo Wüllner
HERBERT S. MARKS, Anwalt Oppenheimers	Christoph Quest
Die Zeugen:	
BORIS T. PASH, Geheimdienstoffizier	Peter Kuiper
JOHN LANSDALE, Anwalt, ehemals Geheimdienstoffizier	E. O. Fuhrmann
EDWARD TELLER, Physiker	Kurt Beck
HANS BETHE, Physiker	Heinz Gerhard Lück
DAVID TRESSEL GRIGGS, Chefwissenschaftler der Air Force	Dietrich Mattausch
ISADORE ISAAC RABI, Physiker	Klaus Steiger

Regie: Dieter Giesing
Bühne: Hans Kleber
Kostüme: Frieda Parmeggiani
Dramaturgie: Urs Jenny
Regieassistent: Wend Kässens
Premiere am 19. November 1977

Zur Geschichte und Aktualität des Oppenheimer-Stücks

Gespräche mit Heinar Kipphardt (1979 und 1981)

Stephan Lohr: Herr Kipphardt, Ihr Stück «Oppenheimer» zeichnet sich durch ein besonderes Verhältnis von Faktizität und Fiktionalität, von Literatur und Geschichte aus. Zusammen etwa mit der «Ermittlung» von Peter Weiss steht Ihr Stück für das Dokumentartheater nach 1945. Akzeptieren Sie die Bezeichnung «Dokumentartheater» für den «Oppenheimer»?

Kipphardt: Ich würde sagen, es gibt überhaupt keine Literatur ohne die Ebene des Tatsächlichen. Das Tatsächliche hat drei Ebenen:

Erstens: die biografische. Ein Schriftsteller ist natürlich außerordentlich angewiesen auf seine Erlebnisebene, auf seine Art der Sozialisation und seine Art des Werdens, der Entwicklung und daß er, in seiner Zeit lebend, auf die Fragen der Zeit stößt.

Die zweite Ebene ist das, was er von anderen hört, was er beobachtet, was er liest. Auch das ist ein Gestrüpp der Aneignung von Faktischem.

Die dritte Ebene bezeichnet eine von Schriftstellern neuerdings stärker benutzte Arbeitsweise – der schriftstellerischen Arbeit eine Phase quasi wissenschaftlicher Informationsarbeit vorzuschalten. Natürlich ist der Zweck, meine Anschauung zu bereichern, und das Ziel ist nicht Wissenschaft, sondern Literatur, ein Drama etwa, etwas von Sinnlichkeit durchtränktes. Voll informiert bewege ich mich frei im Stoff. Auf der höheren Wissensebene schreibe ich mein Stück. Meine Subjektivität ist in dem Produkt, ich hoffe unverwechselbar, zu erkennen!

Können Sie Ihren persönlichen Aneigungsprozeß gegenüber dem dokumentarischen Material mal benennen?

Das 3000 Seiten umfassende Protokoll der Verhandlung mit Oppenheimer läßt eine Menge von Zeugen quer durch den Garten zu allen Fragen reden... Die Eigentümlichkeiten der Personen stellen sich dabei nur auf sehr unsichere Weise dar, die Vorgänge erscheinen nicht komplexweise, die Gedanken nicht ausformuliert. Das Stück hat natürlich meine Sprache, meine dialogischen Formen, und es hat auch Personen, die irgendwo in mir stecken. Die Personen und ihre

Aussagen sind auch in der Realität vorhanden; aber der Oppenheimer, den ich beschreibe, ist ein Oppenheimer, zu dem ich Beziehungen habe: Seine Art zu denken, zu empfinden und abzuweisen, seine Sorte von Hochmut und Eitelkeit, sein feiner Verrat, diese schillernde Hochmutsfigur, die zwar Opfer ist, gleichzeitig aber auch sich und andere opfert, starke Versagungspunkte hat, diese faszinierende Person hat etwas mit mir zu tun. Oder: die Art von Antikommunismus der McCarthy-Zeit hatte vieles mit dem Antikommunismus der späteren Adenauer-Zeit in Deutschland zu tun und mit unserem neuen Antikommunismus, der jede tiefergehende Kritik zu verteufeln sucht. Oppenheimer hatte mit seiner, ich mit meiner McCarthy-Zeit zu tun.

Wie kamen Sie zu der Form Ihres Stückes?

Ursprünglich wollte ich das in Form der Shakespeareschen Historien schreiben. Als ich solche Szenen schrieb, fand ich es dem Stoff unangemessen, private Situationen, Personen, Vorgänge privater Art zu erfinden, und ich entschloß mich, ganz nahe und belegbar an den Fakten zu bleiben und benutzte die vom Leben vorgeprägte Form des Theaters, das Verhör, die Prozeßform. Sie können jede Figur in ihren Widersprüchen kraß zeigen, sie können die Beziehungen zu anderen leicht herstellen, die Perspektiven wechseln und dabei die Geschichte der sehr facettenreichen Sache erzählen. Der Prozeß ist eine Naturform der Episierung des Dramas.

Es bleibt natürlich nicht aus, daß der Zuschauer des Fernsehspiels oder der Theateraufführung auch einen biografisch-persönlichen Eindruck der dargestellten Personen bekommt. Mir ist es beispielsweise so ergangen: gerade auch durch das ausführliche Schlußwort, das Sie ihm einräumen, gerät Oppenheimer bei aller Widersprüchlichkeit zu einer großen Sympathiefigur. Einen ganz anderen Eindruck hat bei mir dann die Lektüre der Oppenheimer-Biografie in dem Band von Robert Jungk «Heller als 1000 Sonnen» hinterlassen: dort ist er als ein kälterer, karrierebewußterer Mann geschildert.

Ich habe mich immer gewundert, daß die meisten deutschen Bühnen, die in Amerika und England übrigens auch, die Oppenheimer-Figur als reine Opferfigur mit hohem Identifikationsgehalt gesehen haben. Die kritischen Seiten, die Widersprüche der Figur, die im

Stück vorkommen, wurden in der Regel vernachlässigt, sie störten fast. Einige Aufführungen, etwa die in Hamburg 1977/78 (Regie: Dieter Giesing, Oppenheimer: Hans-Michael Rehberg, Robb: Herbert Mensching), legten Wert auf die große Widersprüchlichkeit der Oppenheimer-Figur und ihre Versagenspunkte; etwa sein Verhalten gegenüber Chevalier, seine Selbstüberschätzung, sein Taktieren etwa als Berater der amerikanischen Regierung und vieles andere.

Ihr Stück versucht ja auch herauszuarbeiten, wie naiv sich Oppenheimer verhalten hat, als er den Versuch unternahm, sich seiner Überwachung mit Falschaussagen, Finten und Räuberpistolen zu entziehen.

Sie müssen auch berücksichtigen, Oppenheimer stand bei seinen Vernehmungen 1954 unter dem Eindruck der McCarthy-Zeit – die hat in Amerika mit ihren Gesinnungsverfolgungen tiefe Verwundungen hinterlassen –, also Oppenheimer mußte die McCarthy-Zeit in seiner Verteidigung berücksichtigen, er taktierte, wog ab, das ist nicht alles reiner Wein, der da ausgeschenkt wird. Von den Physikern, die ich kenne, ist Oppenheimer derjenige, der sich am tiefsten in ökonomische und politische Fragen eingelassen hat, der mehr als andere vom kranken Zustand dieser Welt wußte. Aber das verschweigt er in dieser Lage natürlich großenteils. Um solche Vorgänge herauszuarbeiten, hat die Methode des Beleges ihre Tücken. Wenn Sie den Text aber genau lesen, können Sie die Widersprüche der Figur, ich denke auch ihre Versagenspunkte, finden!

Sie haben vorhin erzählt, daß Sie keine der im Stück auftauchenden Personen persönlich gekannt haben, als Sie am Stück arbeiteten. Danach haben Sie einige kennengelernt oder Kontakt mit ihnen gehabt.

Oppenheimer selbst habe ich bedauerlicherweise nie getroffen. Er hat ein direktes Gespräch nicht gewollt, er wollte vermeiden, in die Sache quasi als Mitarbeiter gezogen zu werden. Ich kann übrigens Oppenheimers ablehnende erste Reaktion zu dem Stück verstehen. Da kommt ein Kamel, das frißt das Gras ab, das endlich über die Sache wächst. Wer kann sich als historische Figur sehen? Oppenheimer, «unser Oppie», war 1945 der Held der Nation und stürzte dann mit dem Stigma des Verräters behaftet in die Tiefen der Unperson. Ich weiß von Freunden Oppenheimers, von dem Physiker

Weisskopf, daß ihn bestimmte Fragen bis zu seinem Tode gequält haben. Hintergrund von Oppenheimers ärgerlicher Reaktion war auch, daß er gerade mit dem Fermi-Preis rehabilitiert werden sollte. Im Stück gibt es das als kleine Pointe. Als er in der Zeitung ein Statement zum Stück gab, schrieb ich ihm und bat, er möge mir doch die Punkte nennen, wo er der Ansicht wäre, daß sie so nicht stimmten. Er tat das dann auch brieflich. Zu meiner Verwunderung waren das ganz nebensächliche Punkte. Ich erinnere mich, er meinte, das Verhalten von Niels Bohr, dieses dänischen Physikers, der nach Amerika gebracht wurde, um da zu arbeiten, wäre anders gewesen. Ich hatte aber eigentlich diese Schilderung Bohrs einem Bericht Oppenheimers entnommen. Es gab drei oder vier andere Kleinigkeiten, in der Hauptsache hob er aber auf die Tatsache ab, daß er kein Schlußwort gehalten habe, was zutreffend ist. Ich habe das versucht, aus Materialien zu nehmen, die Oppenheimer an anderen Orten, Rundfunkinterviews usw. gegeben hatte. Aber da war ich sicher auch über Haltungen von ihm hinausgegangen, und merkwürdigerweise, er hatte halt die McCarthy-Zeit noch im Nakken, war ihm mein Schlußwort politisch zu brisant. Obwohl es doch über eine liberale Position nicht hinausgeht.

Ist der Briefwechsel zwischen Ihnen und Oppenheimer publiziert?

Nein, die Briefe sind nicht publiziert; es gibt lediglich eine Pressemitteilung Oppenheimers (in der «Welt» vom 10.11.64) und eine antwortende Erklärung von mir dazu («Welt» 11.11.64). Wir einigten uns schließlich, daß die von Oppenheimer monierten Punkte im Anhang des Stückes und in den jeweiligen Programmheften klargelegt werden sollten. So ist es geschehen. Es ist nie versucht worden, das Stück oder seine Aufführung zu verhindern; es hat auch kein prozessuales Gerangel gegeben. Das hängt wahrscheinlich damit zusammen, daß das Stück von den Fakten her gedeckt ist. Ganz unerwartet erhielt ich etwa ein halbes Jahr vor dem Tode Oppenheimers einen Brief von ihm, in dem er seinen früheren Ärger und seine barsche Reaktion bedauert.

Andere Reaktionen. Haben Sie was von Teller gehört? Oder von Chevalier oder Rabi?

Von Chevalier nicht persönlich. Der Regisseur der französischen Aufführung, Vilar, hat sich ein bißchen mit ihm eingelassen. Chevalier hat sein Verhältnis zu Oppenheimer, seine Enttäuschung in einem Buch beschrieben. Rabi traf ich in den USA, als ich mal am MIT (Massachusetts Institute of Technology) gearbeitet habe, dort arbeitete Rabi. Er hatte eine große Abneigung gegen seine Darstellung im Stück. Es ist tatsächlich eine andere Figur vom Habitus her, die Theaterfigur enthält viele Züge des Wissenschaftlers Bush. In meiner Rabi-Figur steckt Rabi und Bush. Merkwürdigerweise empfand Rabi einen kleinen Joke als antisemitisch. Ich lasse ihn da im Stück sagen: «Sie werden alle nach Hause wollen, mein voller Name ist Isadore Isaac Rabi. Oppenheimer war mit seinen Vornamen vorsichtiger.» So etwas, ließ er mich wissen, würde er nie sagen. Von Bethe weiß ich, daß er ganz einverstanden ist mit seiner Figur im Stück. Drohgebärden gab es mal von der Seite Robb, die bezogen sich aber wohl mehr auf Verfilmungsabsichten – es blieb bei Drohgebärden.

Die für mich ausführlichste und interessanteste Begegnung hatte ich mit Edward Teller. Der ließ mir bei einem Aufenthalt in München mitteilen, er würde mich gerne treffen und mit mir über das Stück sprechen, das er in Amerika gesehen habe. Ich dachte mir, der kommt jetzt gleich mit seinen Anwälten. Er kam aber mit seiner Frau. Er war den ganzen Nachmittag bei uns, abends und bis spät in die Nacht. Es war für mich interessant und anziehend, eine Person, die man sich ausgedacht hat, deren Gedanken, Gefühle, Emotionen man sich gedacht hat, vor sich zu sehen. Auch wenn man nicht die Absicht hat, historische Portraits herzustellen. Es machte mir Spaß, sein entwickeltes, gut arbeitendes, naturwissenschaftliches Gehirn arbeiten zu sehen, auch wenn wir kontroverse Ansichten hatten. Er nahm mir die Sorgen mit etwaigen Anwälten und sagte mir gleich eingangs, daß ihm das Stück gefiele, daß er glaube, daß dieses Stück die Problematik der Sache wirklich enthalte. Er hätte nicht geglaubt, daß man das im Theater darstellen könne. Er lobte mich also sehr und fügte zu meinem Erstaunen gleich an, was seine eigene Person beträfe, so fände er sich vollkommen richtig dargestellt. Alles, auch was er im realen Hearing nicht gesagt habe und was er im Stück sage, das hätte er eigentlich so sagen sollen. Interessant war, daß er aus seiner Perspektive die Oppenheimer-Figur des Stückes ganz anders las. Teller war im Unterschied zu den meisten deutschen Theaterregisseuren in der Lage, die kritischen Punkte der Oppenheimer-Figur überdeutlich zu sehen. Er sagte, «im Stück», was in dieser Form ja nicht richtig ist, «haben Sie ganz wunderbar diese weiche, nicht faßliche, wolkige Figur von Oppenheimer erfaßt...»

Er bemängelte nur eine Figur, die ich nach seiner Meinung überhaupt nicht getroffen hätte, die Griggs-Figur. Das ist dieser merkwürdige Geophysiker der Air Force, und Teller meinte: «der Griggs ist ein ganz ernster Wissenschaftler und ein sehr ehrlicher Mann, und bei Ihnen ist seine Position ziemlich hysterisch und lächerlich.» Ich war bei der Griggs-Figur über die im Protokoll belegten Tatsachen nicht hinausgegangen. Er ist auch im protokollierten Hearing unseriös.

Das ist doch ein wichtiger Beleg, daß Teller, der eine unangenehme Schlüsselposition in dem Zusammenhang hat, so eine Bestätigung des Dokumentarischen gibt.

Sie sehen in der neueren Zeit, daß Teller die von mir beschriebene Haltung der reinen Reduzierung auf Fachmannschaft beibehalten hat. Das ist für mich an den ganz unqualifizierten Darlegungen zur Nutzung der Kernenergie zu sehen.

Im Stück entwirft Oppenheimer so einen Traum von den zivilen Nutzungsmöglichkeiten in der Atomenergie. Sie wird bei jüngeren Aufführungen reduziert und weggelassen.

In der Hamburger Fassung ist da auch ein bißchen gestrichen und umgestellt worden. Oppenheimer hat im ganzen recht, und es gibt niemanden, der nicht vernünftigerweise Kernenergie wollte, wenn sie ungefährlich wäre. Das ist sie aber im Moment ganz offenbar nicht, und ihren augenblicklichen technologischen Zustand, den muß man zur Kenntnis nehmen. Deswegen muß man sie im Moment bekämpfen, weil sie keinen Reifezustand hat, der Leute nicht gefährdet, und man kann nicht kommenden Generationen Fürchterliches aufbürden. Oppenheimer spricht aber von zukünftigen Möglichkeiten, nicht von ungelösten Technologien.

Hier können wir über die unterschiedliche Aufnahme des Stückes zur Zeit seiner Uraufführung in den frühen 60er Jahren und heute sprechen. Es wird ja in zunehmendem Maße wieder gespielt. Ist meine Vermutung richtig, daß der Akzent in den 60er Jahren mehr bestimmt war durch das Hiroshima-Ereignis und die Globalauseinandersetzung mit der Atombombe und der unfaßbaren Fürchterlichkeit dieses Geschehens, während heute mehr die Zwischentöne aus Ihrem Stück wahrgenommen werden: Abhören, Überwachen, autoritärer staatlicher Umgang mit Wissenschaftlern, Schnüffelei nach Umgang mit Kommunisten...?

Sicherlich, jedes Stück enthält verschiedene Interpretationsmöglichkeiten und unterschiedliche Stoffmassen, die Anwendungsmöglichkeiten für die eigene Zeit haben. Auf der Bühne erzählt man natürlich ein Stück immer für die eigene Zeitgenossenschaft mit den jüngsten Erfahrungen, mit den jüngsten Fragen, mit den jüngsten Beunruhigungen, die man hat. Es beunruhigt mich, daß uns heute in der Bundesrepublik so stark der tendenzielle Überwachungsstaat interessieren muß, mit seinen Polizeiperversionen, der Polizeiutopie des Dr. Herold etwa – da kann man in der Tiefe seines Herzens erschrecken, wenn man hört, was da realisiert ist und was sein Amt zu realisieren noch vorschlägt.

Unter dem Vorwand der Terrorismusbekämpfung – die Kriminalität von Terrorismus ist ja geringer als die Wochenkriminalität am Frankfurter Hauptbahnhof etwa – unter dem Vorwand der Terrorismusbekämpfung wird das Instrumentarium für einen Überwachungsstaat bereitgestellt, und dieses Instrumentarium, das auch jetzt schon Mißbrauch erfährt, harrt des Mißbrauchers, der dieses Instrumentarium dann bis an die Grenze seiner Möglichkeiten strapaziert. Dann würde dieses Land unbewohnbar.

Das Gespräch führte Stephan Lohr am 27. September 1979; es wurde zuerst publiziert in «Praxis Deutsch», Heft 39, Januar 1980. Hier gedruckt nach der Manuskript-Fassung im Nachlaß.

Sabine Dultz: *Wie aktuell ist der «Oppenheimer» heute?*

Kipphardt: Leider hat das Stück seine Aktualität bewahrt, möglicherweise verstärkt. Das ehrt einen Autor vielleicht, aber nicht so sehr die Wirklichkeit. Diese Aktualität ist keine so angenehme.

Die Analogie zur McCarthy-Zeit ist ein schlimmer Aspekt unseres Lebens: die geringe Toleranz gegenüber der Abweichung, dem anders Denkenden und dessen existentielle Vernichtung – die Tendenz zum Überwachungsstaat.

Ein anderer bedrohlicher Aspekt ist geblieben: die denkbare Vernichtung unserer Zivilisation. Die Ursachen liegen in dem Mißverhältnis zwischen den weit entwickelten Naturwissenschaften und ihrer Technologie und der Rückständigkeit in den Formen des menschlichen Zusammenlebens, die bisher entwickelt sind, im privaten und im gesellschaftlichen Leben.

Die tödliche Gefahr wird von den Menschen weitgehend verdrängt, weil sie das Gefühl haben, sie haben keinen Einfluß darauf. Aber bei jeder neu auftretenden politischen Misere bemerkt jeder mit Erschrecken seine Ohnmacht.

Ich meine, da nimmt dieses Land eine besondere Stellung ein. Es scheint mir offenkundig, daß ein Atomkrieg zunächst einmal begrenzt auf dem Territorium dieses Landes ausgetragen würde. Dieses Land wäre zuerst entvölkert.

Es ist schwer zu verstehen, daß das die Menschen hier so wenig bekümmert. Schließlich sind hier so an 5000 Atomraketen stationiert, und man findet das nicht ausreichend.

Üben Sie als Autor auch Kritik an der Figur des Oppenheimer? Und macht er im Stück eine Entwicklung durch?

Er behauptet das in seinem Schlußwort, daß ihm die Beschäftigung mit seinem Leben einen anderen Blick auf seine Versagenspunkte gebracht hätte und auch eine andere Einschätzung der Punkte seines Erfolges.

Ich hab mich immer ein bißchen gewundert, daß viele Aufführungen Oppenheimer nur als Opfer gesehen haben und die kritischen Punkte, die es im Stück sehr wohl zur Figur gibt, weniger stark berücksichtigen.

Ich glaube, daß sich diese jetzige Aufführung sehr um die komplizierten Widersprüche in der Sache und in den Personen bemühen, auch die kritischen Seiten an der Oppenheimer-Figur herausarbeiten wird. Das tat schon die interessante Hamburger Aufführung von Giesing, die ich für eine der besten halte, die es vom Stück gab.

In Wirklichkeit geht es ja nicht nur um die Verantwortung des Naturwissenschaftlers. Welche Verantwortung trägt in unserer Gesellschaft der Künstler, speziell der Autor?

Im Grunde genommen – halt nur nicht so tödlich – ist die Frage für jeden Fachmann die gleiche: Für wen arbeite ich? Welche Folgen hat meine Arbeit? Ich denke, daß Schriftsteller oder Wissenschaftler schon Überlegungen dazu anstellen, aber manche Folgen sind nicht durch einzelne Entscheidungen schon abwendbar, wie in unserem Fall.

Ist für Sie das Theater eine «moralische Anstalt»?

Ich hab das das nie als eine moralische Anstalt angesehen. Mir gefällt nicht das Wort «Anstalt», und mir gefällt auch nicht das Wort «moralisch». Beides tut so, als ginge es um ewige moralische Fragen. Das rückt mir das Theater zu sehr in die Nähe der Kanzel, während es für mich doch ein Ort des Vergnügens bleibt. Über etwas nachzudenken, an Hand einer sinnlichen Geschichte, das halte ich auch für vergnüglich.

Wenn Sie Ihre Frage so verstehen wollen, ob ich Theater als einen Ort sehe, der Einwirkungen auf seine eigene Zeit nehmen und Veränderungen begünstigen will, dann würde ich das bejahen. Niemand kann ohne einen besseren Entwurf von menschlicher Zukunft arbeiten.

Die großen gesellschaftlichen Themen werden heute im Theater oft ausgespart. Es hat eine Verinnerlichung, ein Rückzug in den privaten Bereich stattgefunden. Wären Sie heute noch Chefdramaturg, nach welchen Gesichtspunkten würden Sie Stücke auswählen?

Ich würde eine große Anstrengung machen, alle die Stücke zu spielen, die Bezug zur Wirklichkeit unserer Zeit und eine Tendenz zur Veränderung in sich haben. Stoff ist auch schon eine ästhetische Qualität, und viele Stücke sind erst mit der Aufführung fertig.

Als wir, also die Gruppe, mit der ich zusammengearbeitet habe, damals in den wenigen Jahren hier Theater gemacht haben, haben wir ja eine sehr große Anzahl von Uraufführungen und Aufführungen neuer Stücke gemacht. Ich finde, daß sich das für ein Theater gehört. Wenn ein Theater darauf verzichtet, die eigene Zeit zu reflektieren, dann wird es bald nur noch besucht werden wie ein Museum.

Ich glaube aber, daß im Augenblick viele Leute merken, daß mit dem Rückzug aus der Wirklichkeit nicht auszukommen ist.

Würden Sie den «Oppenheimer» heute genauso schreiben?

Das ist nicht zu beantworten, weil ich mich nicht mit dem Gedanken trage, «Oppenheimer» zu schreiben. Aber generell gesagt, es wäre merkwürdig, wenn man 15 Jahre später genau dasselbe Stück schreiben würde. Ich ändere mich doch hoffentlich.

Ich habe mich für die Hamburger Aufführung und jetzt erneut

mit dem Stück beschäftigt, habe auch ein paar Sachen an der Ästhetik geändert, an den Zwischenszenen, aber ich mochte das Stück wieder lesen. Ich hatte nicht das abscheuliche Gefühl, das Schriftsteller manchmal beim Lesen einer früheren Arbeit haben.

Zweimal haben Sie ziemlich spektakulär aus politischen Gründen Ihren Posten als Chefdramaturg aufgegeben – in Berlin und an den Münchner Kammerspielen. Sie waren beide Male nicht bereit, Kompromisse zu schließen. Muß man in Ihrem Beruf so unnachgiebig sein, um seine künstlerische Wahrhaftigkeit zu wahren?

Ich halte das für normal. Es hat mit dem Beruf zu tun. Ich kann mir einen ernst zu nehmenden Schriftsteller nicht vorstellen, der nicht auch Herausforderungen annimmt, große Risiken, auch große Nachteile für sich in Kauf nimmt. Das sind Berufsrisiken, Selbstverständlichkeiten. Wer seine persönliche Integrität in Kompromissen verliert, ist leicht auch als Schriftsteller verloren. Es gibt doch viele Leichen in unserem Beruf. Dazu möchte ich nicht gerne gehören.

Aus einem Gespräch mit Sabine Dultz, veröffentlicht in: «Münchner Theaterzeitung», Februar 1981.

Besetzungsliste
Bayerisches Staatsschauspiel, München
(Residenztheater)

J. Robert Oppenheimer, Physiker	Hans-Michael Rehberg
Gordon Gray, Vorsitzender des Sicherheitsausschusses	Hans Quest
Ward V. Evans, Ausschußmitglied	Dieter Borsche
Thomas A. Morgan, Ausschußmitglied	Max Eckard
Roger Robb, Anwalt der Atomenergiekommission	Herbert Mensching
C. A. Rolander, Mitarbeiter Robbs, Sicherheitsfachmann	Dietrich Mattausch
Lloyd K. Garrison, Anwalt Oppenheimers	Heini Göbel
Herbert S. Marks, Anwalt Oppenheimers	Klaus Guth

BORIS T. PASH, Geheimdienstoffizier	Horst Sachtleben
JOHN LANSDALE, Anwalt, ehemals Geheimdienstoffizier	Gerd Anthoff
EDWARD TELLER, Physiker	Michael Degen
HANS BETHE, Physiker	Toni Berger
DAVID TRESSEL GRIGGS, Chefwissenschaftler der Air Force	Karl Lieffen
ISADORE ISAAC RABI, Physiker	Kurt Meisel

Inszenierung: Dieter Giesing
Bühnenbild: Hans Kleber
Kostüme: Frieda Parmeggiani
Dramaturgie: Jörg-Dieter Haas
Regieassistent: Christian Kohlmann

Premiere 14. Februar 1981

Heinar Kipphardt:
*Zu Dieter Giesings Arbeit
an meinem Stück Oppenheimer*

Sich tief in die Figuren einlassen. Die Qualität des Lebendigen auf dem Theater hat auch mit unaufgelösten Widersprüchen zu tun, Trübheiten, blinden Stellen, Bündeln von Widersprüchen. Die Szenen rauher bekommen, unordentlicher, unübersichtlicher, auch die Personen. Moralische Bewertungen vermeiden.

Oppenheimers Versagenspunkte suchen, auch Posen, auch Widrigkeiten, die leicht untergehen, weil O. das Opfer ist. Aber nicht immer war. Es kommt auf den Blick an. Teller z. B. rühmte mir gegenüber den kritischen Blick, den das Stück auf Oppenheimer werfe, und fand Griggs von mir nicht genügend verständnisvoll behandelt, obwohl er die Tatsachen nicht bestritt. Aber alle hätten Griggs im Stich gelassen, auch Finletter. Es kommt auf den Kontext an, aus dem man auf Vorgänge und Personen blickt. Das Stück ermöglicht den Wechsel der Blickrichtung, die Irritation durch konträre Argumentationsketten, die jede für sich einleuchtend scheint, aber nicht ist. Es ist ein unerbittlicher Kampf über viele Wochen, und es geht nur ganz vordergründig um Oppenheimer.

Gibt es genug Material für dieses doppelte Hearing: Oppenheimers Vita wird auf dunkle Stellen in seiner Loyalität zum Staat durchforscht – Oppenheimer selbst untersucht die Glanzpunkte seiner Karriere, was an ihm gerühmt wird, ob das so rühmenswert sei. Das widerwärtige Unternehmen, sein eigenes Leben wie ein fremdes durchgehen zu müssen.

Nicht alles über die Figur wissen, nicht mit ihr fertig sein. Das heißt für den Schriftsteller auch, in dem und dem Punkt nicht mit sich fertig zu sein. Meine Bemühungen der letzten Jahre, eine neue Unbefangenheit zu bekommen.

Das heißt für den Schauspieler vielleicht, seine Mittel in Frage zu stellen, in den Fragen der Figur, des Stückes auf eigene Fragen zu stoßen, das hermetische Rollenbild aufzugeben, an der ganzen Produktion beteiligt zu sein.

Wiederlesend interessiert mich am Stück das autobiografische Moment im faktisch Objektiven, der ich damals war, meine damaligen Fragen.

Michael Degen macht mich nach der Lektüre eines neuen Buches auf eine sachliche Unstimmigkeit im Stück aufmerksam, ich berücksichtige seinen Hinweis durch eine Änderung, die auch eine Verbesserung ist. Ich schildere Degen eine Begegnung mit Edward Teller, soweit sie für die Figur im Stück von Belang ist, und ändere seine Haltung zur Figur, möglicherweise.

Für die von mir sehr geschätzte Hamburger Aufführung entwickelte ich aus den ursprünglich an den Zuschauer gerichteten Zwischenmonologen kleine Zwischenszenen, die reflektive Haltungen ermöglichen. Für die Münchner Aufführung, die eine Weiterentwicklung der Hamburger Aufführung versucht, wurden die Zwischenszenen ungleichmäßiger, unordentlicher, wechselt die Haltung dem Zuschauer gegenüber.

Für die Hamburger Aufführung, die 1977 im Deutschen Herbst stattfand, notierte ich: «Beziehungsreichtum zu uns, der während der Proben beunruhigend wächst. Überbordender McCarthy-Aspekt.

Traum im September
In eisiger Höhe die Flucht
streifend die Eisenbahnzüge
Zäune aus Panzerglas.
An Gletschern im Eishauch
bersten die Lokomotiven.

Mit kolossalen Kanonen
schießen Soldaten in Pulvertürme.
Zurücktreten
ruft ein Stationsvorsteher
und pfeift.
Auf dem Perron im Dunkeln
stehe ich.

Im Atomstaat steckt der Überwachungsstaat. Der Sumpf muß endlich ausgetrocknet werden, ermittelt der Ludergeruch kritischer Aufmüpfigkeit. Einheitsmeinungsbrei, Sympathisantenjagd, Kopfabmentalität. Im Zuge von Mogadischu und Stammheim wird die Revolution im Weltmaßstab verboten, die Geschichte abgeschafft. Es werden Unterwerfungsrituale gefordert. Professoren durchforsten ihre Werke auf verborgenes Sympathisantentum, melden der Presse und der Obrigkeit: Alles hasenrein, keine besonderen Vorkommnisse. Das Land ist nicht mehr das gleiche.»

Der Herbst ist in einen bleichen Winter übergegangen. Da wird einem Ehepaar in Kleve, lese ich, die Adoption eines 15jährigen Mädchens amtlich verweigert, weil der Mann Kommunist ist und somit nicht die Gewähr biete, die 15jährige zur freiheitlich-demokratischen Grundordnung zu erziehen. Aber sind nicht leibliche Kinder gefährlich Andersdenkender der Indoktrination viel stärker ausgesetzt als 15jährige aus ideologiefreien Erziehungsheimen? Ist das gedankenlos hinzunehmen? Ach, die dienstuntauglichen, radikalen Briefträger, Lokomotivführer, gar Friedhofsangestellten sind mir wie Asche im Mund, aber über dem Gedanken, unschuldige Kinder könnten einer kommunistischen Junglehrerin in die Zähne fallen, erhöhen sich Blutdruck und Stimme von Ministern. In den Anhörungskommissionen, die bis heute mehr als 500000 Verfahren eingeleitet haben, ist ein neuer Berufszweig entstanden. Schriftsteller tauchen in den veröffentlichten Berichten der Verfassungsschutzämter als Verfassungsfeinde auf, die offene Zensur in den Medien wird zum Gewohnheitsrecht. Leuchtet es ein, daß der Finanzminister 4 Millionen für die Verbesserung der Psychiatrie einsparen muß, um einen Nachschlag von 1300 Millionen für die neuen Tornados zu ermöglichen? Nachrüstungen auf dem Felde der Atomraketen scheinen ganz unentbehrlich, seitdem ein begrenzter Atomkrieg auf deutschem Territorium denkbar geworden ist.

Ich lese die Reden des amerikanischen Präsidenten Reagan und seines Außenministers Haig und denke, das ganze Pensum, das haben wir doch aber alles schon mal gehabt, und denke, aber es kann das letztemal sein. «Das Recht der Polizei, die öffentliche Ordnung und Sicherheit zu erhalten, schließt die Befugnis ein, sie mitzugestalten.» (Dr. Herold)

Beitrag im «Oppenheimer»-Programmheft des Bayerischen Staatsschauspiels, 1981.

Heinar Kipphardt
Material für ein Gedicht: Zur Poetik der Polizei
Auf dem Thron des BKA

INPOL
Informations- und Auskunftssystem der Polizei
EDV-Fahndungsnetz
EDV-Zentralstelle
1400 Datenendstationen
PIOS-Dateien
10 Millionen erfaßte Personensätze
DISPOL
Digitales Integriertes Breitband-Sondernetz der Polizei für Sprache, Bild, Daten.
INPOL speichert, DISPOL überträgt
PIOS Personen, Institutionen, Objekte, Sachen
Terrorismusbereich 12 Mio Blatt Akten
Zeugen, Sympathisanten, Bekanntschaften mit Merkmalen, Gewohnheiten, Telefonnummern, Bluttests, Haar- und Stimmproben, Fingerabdrücke, Gebißformeln, Verhaltensweisen
BEFA 9 polizeiliche Großlagen (KKW-Demonstrationen)
BEFA 7 + PIOS erfaßte bei Schleyerentführung
alle Mieter von PKWs
alle Hochhausbewohner
alle Käufer von Lufthansatickets
alle Studenten
Archivierung auf langsameren Speichern
Philosophie von INPOL
jede Person jederzeit und überall identifizieren zu können
jederzeit und überall risikospezifisch isolieren zu können

Wohngemeinschaftsdateien
Störerdateien
Sympathisantendateien
Fingerabdruckdatei, 3,4 Mio gespeicherte Fingerprints
Handschriftendatei mit Merkmalsanalyse
automatische Analyse von manuellen Briefadressen durch die Bundespost
Gesuchte Stimme kann aus tausenden laufender Telefongespräche herausgefiltert und geortet werden
BIPOL Bildinformationssystem
DISPOL Kommunikationssondernetz, internationaler Vollverbund
Videoobjektive von Weitwinkel auf Tele umschaltbar
Telebild für alle Polizeidienststellen
Strukturkartei der Kontaktbereichsbeamten
Hausblätter mit Personalien und Besonderheiten
Karten mit Gewerbetreibenden und polizeilich relevanten Objekten
Kinderkarteien gefährdeter Minderjähriger
Datensicherheit gegenüber dem betroffenen Bürger
PKZ Personenkennzeichen
Meldestellen werden Datensammelbehörden
Das Ziel ist, die Einwohnerdatensätze mit dem polizeilichen Datenbestand abzugleichen
Auch die Wirtschaft kann Verfassungsschutz und Polizeidaten erhalten
Informationelle Durchsichtigkeit des Bürgers für den Sicherheitsbereich
Ausdehnung des Verbrecherprivilegs
Das Instrumentarium eines «Friendly Fascism» harrt seines Mißbrauchs

(Nach einer Faktensammlung von W. Steinmüller: Der aufhaltsame Aufstieg des Geheimbereichs; Kursbuch 56/1979)

Veröffentlicht im «Oppenheimer»-Programmheft des Bayerischen Staatsschauspiels, 1981.

Heinar Kipphardt
Traumnotat

Ich besuchte Oppenheimer, der in einem großen vergammelten Schloß wohnte, einem Gutsbetrieb. Die hölzernen Gutstore waren elektronisch gesichert und öffneten sich, sobald man von Sensoren abgetastet worden war.

Ohne jede Anstrengung mähte Oppenheimer eine Wiese mit einer schnell im Handgelenk bewegten hauchdünnen Perlonschnur. Er zeigte mir eine Art Grasmus, das gänzlich geruchlos war und leicht verdaulich wäre. Wir unterhielten uns über deutsche Literatur; ob das Bilderlesen nicht wie in Amerika die Zukunft sei?

Zu seiner Wohnung ging es durch alte, verwinkelte Wirtschaftsgebäude, Ställe, Scheunen und über ausgetretene Holztreppen. Sein Arbeitsraum ging im Geviert über Hunderte von Metern, altmodisch eingerichtet, wie ein Stallgewölbe wirkend und tatsächlich in Ecken mit Tieren ausgestattet, Enten mit gerade geschlüpften Jungen. Es tauchten rosige Leute auf, die mich fragten, was ich hier wolle, aber Kitty Oppenheimer identifizierte mich, hieß mich auch kühl willkommen.

Ich sollte mit Oppenheimer in eine entfernte Stadt fahren. Auf dem Weg zum Zug hatten die Sicherheitsbeamten zur Tarnung blaue Touristenhüte auf. Wir waren spät dran, weil sie uns immer vor die Füße liefen. Der abfahrbereite Zug öffnete noch einmal die Türen, schloß sie aber wieder, ehe Oppenheimer drin war, wohl aber die Sicherheitsbeamten.

Es wurde ein Ausflug improvisiert, zu dem andere Schriftsteller und einige Wissenschaftler kamen. Ich war überrascht und erfreut, Peter Hacks wiederzutreffen. Wir stießen uns heimlich an, was heißen sollte, wir wollen den kürzlichen Bruch unserer alten Freundschaft vergessen. In einem Automatenrestaurant im Wald saßen sich die Leute paarweise an winzigen Tischen gegenüber. Oppenheimer mit Michael Rehberg, den Oppenheimer aber für den Darsteller des Edward Teller hielt und ihm erklärte, daß Teller nur Wasser trinke, nur einfaches Leitungswasser, was Rehberg verdrossen befolgte. Jeder mußte sich das Essen auf einem Tablett selber holen. Als ich es endlich hatte, suchte ich Peter Hacks, denn mir war kein anderer Platz recht, aber ich konnte ihn nirgends finden. Es war überhaupt kein Platz mehr frei, ich kam mir ganz überflüssig vor und machte mich allein auf den Rückweg.

In der Nacht wunderte ich mich, den mir unbekannten Weg zu

finden, es schien aber, ich war nicht allein, stieß manchmal an einen Körper, war aber nicht sicher, ob ich recht hatte. In einer vollen Kneipe schien man mich erwartet zu haben, man machte mir Platz und lud mich zum Würfeln ein. Es waren vier Würfel, und bei jedem Wurf durfte man die beiden besten Würfel stehen lassen. Ich hatte drei gute Zahlen, Sechs, Fünf und Fünf, und warf das dreimal hintereinander, was wie eine Sensation mit immer neuen Lagen Schnaps gefeiert wurde. Die Würfel in der Hand wiegend merkte ich, daß es sich um manipulierte Würfel handelte, und ich versuchte, sie verschwinden zu lassen. Kaum hatte ich aber einen fallen gelassen, da wurde er mir schon wieder überreicht, und ich mußte von neuem würfeln. Der Wirt brachte einen Toast des Sinnes aus, daß es die Dramatiker wären, von denen die Kneipen lebten, aber die Dramatiker lebten auch von den Kneipen. Auf meinem Platz zum Beispiel habe sich Brendan Behan totgesoffen, und alle, die hier mit mir tränken, seien im Grunde Dramatiker. Er reichte mir ein großes Wasserglas mit klarem Schnaps, das ich auf das Wohl der stillen Tragiker leeren solle, der «traumatischen Triebtäter im Doppelkorn», und schlug mir mit dem Handrücken an die Hoden.

Im Taxi hatte der Fahrer nie den Namen Oppenheimer gehört, wollte ihn aber suchen, verfuhr sich in Baugeländen. Als ich aussteigen wollte, stand ich vor dem Holztor, und der Fahrer setzte den blauen Touristenhut auf, begleitete mich durch Remisen und Gutsmagazine.

Oppenheimer begrüßte mich herzlich, erkundigte sich nach der «komplizierten Frau», die mir Avancen gemacht hätte. Ich klärte nicht auf, daß meine Verspätung nichts mit der Frau zu tun hatte.

Im Bett fühlte ich wieder den Körper, dachte, daß ich nicht wirklich wissen müsse, um wen es sich da handele.

Aus Kipphardts Buch «Traumprotokolle», zuerst erschienen 1981 im Verlag AutorenEdition, München/Königstein. Notiert unter dem Datum «5.4.81».

E. Textvarianten

Von Heinar Kipphardts «In der Sache J. Robert Oppenheimer» liegen drei Fassungen gedruckt vor. Zuerst wurde 1964 die Fernsehspiel-Fassung mit dem Untertitel «Ein szenischer Bericht» veröffentlicht: als Band 64 der edition suhrkamp (1.–4. Auflage, bis zum 50. Tausend). Die den Uraufführungen zugrundeliegende Schauspiel-Fassung erschien erstmals im Band «Spectaculum 7», Frankfurt 1964; sie wurde in die Ausgabe der edition suhrkamp ab der 5. Auflage (beginnend mit dem 51. Tausend) übernommen und ersetzte dort das Fernsehspiel. Für eine Aufführung am Deutschen Schauspielhaus Hamburg nahm Kipphardt 1977 eine Reihe von Änderungen vor; diese Neufassung wurde gedruckt in Kipphardts Band «Theaterstücke 1», Verlag Kiepenheuer & Witsch: Köln 1978. Die Ausgabe im Band 64 der edition suhrkamp enthält ab der 18. Auflage (beginnend mit dem 181. Tausend) ebenfalls die Neufassung.

Auch die Werkausgabe druckt im vorliegenden Band die Fassung von 1977. Darüber hinaus wurden zwei Änderungen berücksichtigt, die Kipphardt im Januar 1981 für die Aufführung am Residenztheater München schrieb; die Typoskripte befinden sich in seinem Nachlaß mit genauen Hinweisen, wo sie in die Ausgabe der Stücke einzufügen sind. Es handelt sich um eine Neufassung der 3. Zwischenszene sowie um eine Änderung bei der Vernehmung Tellers (neu: TELLER: Bikini? [bis:] EVANS: Wie haben Sie die Nachricht aufgenommen?).

Da die Abweichungen des Textes von 1977 gegenüber der ersten Schauspiel-Fassung einigen Aufschluß über Veränderungen in der Theaterästhetik Kipphardts und seiner Zeit geben, dokumentieren wir nachstehend die wichtigsten Varianten der Uraufführungs-Version. Dies sind:

a) die Anfänge des Ersten und des Zweiten Teils, die in der 1964er-Fassung noch deutlich von den Mitteln der Piscator-Bühne geprägt waren mit Filmdokumenten und Projektionen;

b) die Reflexionen von Robb, Evans, Marks, Rolander und Morgan, die 1964 als von der Rampe gesprochene Monologe vorgesehen waren, 1977 dann in Zwischenszenen umgeändert wurden;

c) die Vorführung des Gesprächs Pash – Oppenheimer von 1943, die in der frühen Fassung noch mittels Tonband geschehen sollte;

d) eine Textprojektion (Fermi-Preis 1963), die in der Fassung von 1964 nach Oppenheimers Schlußwort gezeigt werden sollte.

Einige Änderungen im Detail, die nicht gesondert dokumentiert werden, betreffen eine kurze Dialog-Passage (aus der 6. Szene) über Malraux, die Kipphardt 1977 strich, sowie Oppenheimers Bericht über die erste Atombomben-Explosion in Alamogordo (7. Szene), den der Autor 1977 etwas erweiterte. In der 7. Szene antwortete Oppenheimer, von Morgan auf Gromykos Genfer Erklärung von 1946 hingewiesen, in der frühen Fassung nur: «Ja, ich war damals sehr deprimiert.» (1977: «Ja, ich gehörte zu den wissenschaftlichen Beratern Achesons...»)

Als kleines Kuriosum übrigens kommt in der Neufassung von 1977 in einigen Regieanweisungen wie selbstverständlich ein «Sofa» vor, auf das sich Oppenheimer zurückzieht; dieses Requisit ist aus der Fassung von 1964 übriggeblieben, in der es Kipphardt bei der einleitenden Beschreibung der Szene erwähnt.

Der Herausgeber

a) Die Anfänge des Ersten und des Zweiten Teils

Erster Teil

Die Bühne ist offen. Sichtbare Tiefstrahler. Die Szene ist zum Zuschauerraum hin von einer weißen Gardine begrenzt, genügend hoch, um die folgenden Filmdokumente wiederzugeben:

Wissenschaftler, die in ihren Kampfanzügen wie Militärs aussehen, zählen in englischer, russischer und französischer Sprache 4–3–2–1–0–, um Testexplosionen auszulösen.

Die Wolkenbildungen verschiedener Atomexplosionen entwickeln sich in großer Schönheit, von Wissenschaftlern durch Schwarzfilter beobachtet.

Die Radiumschatten einiger Opfer der Atomexplosion von Hiroshima auf einer Hauswand.

Die Gardine öffnet sich.

1. Szene
Ein kleines, häßliches Büro aus weißgestrichenen Bretterwänden. Der Raum ist provisorisch für die Zwecke des Verhörs hergerichtet worden.

Auf einem Podest an der Stirnseite des Raumes stehen ein Tisch und drei schwarze Ledersessel für die Mitglieder des Ausschusses. Dahinter an der Wand die Fahne der Vereinigten Staaten. Vor dem Podest, zu ebener Erde, sitzen Stenographen mit ihren Geräten.

Auf der rechten Seite arbeiten die Anwälte der Atomenergiekommission Robb und Rolander in Stößen von Dokumenten. Auf einem Podest ihnen gegenüber stehen Tische und Stühle für Oppenheimers Anwälte. Davor zu ebener Erde ein altes, kleines Ledersofa.

J. Robert Oppenheimer betritt das Zimmer 2022 durch eine Seitentür rechts. Er ist von seinen beiden Anwälten begleitet. Nach seiner Gewohnheit geht er leicht vornübergebeugt, den Kopf schief gehalten. Ein Beamter geleitet ihn quer durch den Raum zu dem Ledersofa. Seine Anwälte breiten ihre Materialien aus. Er legt seine Rauchutensilien ab und geht an die Rampe.

OPPENHEIMER Am 12. April 1954, wenige Minuten vor zehn, betrat J. Robert Oppenheimer, Professor der Physik in Princeton, ehemals Direktor der Atomwaffenlaboratorien von Los Alamos und späterer Regierungsberater in Atomfragen, das Zimmer 2022 im Gebäude T 3 der Atomenergiekommission in Washington, um einem Sicherheitsausschuß Fragen nach seinen Ansichten, seinen Verbindungen, seinen Handlungen zu beantworten, die verdächtigt wurden, illoyal gewesen zu sein.

Am Abend vor der Untersuchung hatte Senator McCarthy in einem Fernsehinterview erklärt:

Auf die weißen Hänger, die die Szene nach hinten begrenzen, wird sehr groß ein Foto des Senators McCarthy projiziert. Der Darsteller des Oppenheimer geht zu dem Ledersofa und stopft sich seine Pfeife. Aus den Lautsprechern kommt eine vor Erregung bebende Stimme.

STIMME MCCARTHYS Wenn in unserer Regierung keine Kommunisten sitzen, warum verzögern wir dann die Wasserstoffbombe um 18 Monate, während unsere Abwehrdienste Tag für Tag melden, daß die Russen die H-Bombe fieberhaft vorantreiben? Jetzt ist sie da! Jetzt ist unser Monopol gebrochen! – Wenn ich heute abend Amerika sage, daß unsere Nation sehr wohl untergehen kann, dann wird sie wegen dieser Verzögerung von 18 Monaten untergehen. Und ich frage euch, wer ist daran schuld? Waren es loyale Amerikaner, oder waren es Verräter, die unsere Regierung absichtlich falsch beraten haben, die sich als Atomhelden feiern ließen und deren Verbrechen endlich untersucht gehören. –

Durch eine kleine Tür in der Stirnseite betreten die Ausschußmitglieder den Raum. Die Anwesenden erheben sich für einen Moment. Danach setzen sich alle.

GRAY Der Ausschuß, der von der Atomenergiekommission der Vereinigten Staaten benannt wurde...

[In der Mitte der 1. Szene finden sich dann zwei – 1977 gestrichene – Regieanweisungen:]

OPPENHEIMER Hiroshima, Kokura, Nigata, Kyoto, – *es werden Teilansichten dieser Städte auf die Hänger des Hintergrundes projiziert* – und wir wurden als Fachleute gefragt, welche Ziele sich für den Abwurf der Atombombe nach unseren Testerfahrungen am besten eignen würden.

ROBB Wer ist «wir», Doktor?

OPPENHEIMER Ein Rat von Atomphysikern, den der Kriegsminister dazu eingesetzt hatte.

ROBB Wer gehörte dazu?

OPPENHEIMER Fermi, Lawrence, Arthur H. Compton und ich. *Es werden die Fotos dieser Wissenschaftler projiziert.*

ROBB Und Sie hatten die Ziele auszusuchen?

Zweiter Teil

Die Bühne ist offen wie bisher. Auf die Gardine werden die folgenden Filmdokumente projiziert, gleichzeitig begleitender Sprechtext.

Projektion:	*Sprechtext:*
31. Oktober 1952	Testexplosion von Mike, der er-
Testexplosion der ersten Wasser-	sten Wasserstoffbombe, im Pa-
stoffbombe im Pazifik	zifik.
Die Insel Elugelab versinkt im	Die Insel Elugelab, Atoll Eni-
Meer	wetok, versinkt im Meer.
Präsident Truman bei einer An-	Präsident Truman verkündet
sprache	das amerikanische Wasser-
Beifall einer großen Menschen-	stoffbomben-Monopol.
menge	Testexplosion der ersten russi-
8. August 1953	schen Wasserstoffbombe in Rus-
Testexplosion der ersten russi-	sisch-Asien.
schen Wasserstoffbombe	Ministerpräsident Malenkow
Ministerpräsident Malenkow	erklärt: »Die Vereinigten Staa-
bei einer Ansprache	ten haben fernerhin kein Was-
Beifall einer großen Menschen-	serstoffbomben-Monopol«.
menge	Im Zustand des atomaren
Eine amerikanische Bomber-	Gleichgewichts halten die
flotte	Oberkommandos der beiden
Eine sowjetische Bomber-	großen Weltmächte strategische
flotte	A- und H-Bomberflotten in der
Die Gardine schließt sich.	Luft.

7. Szene

Die Mitglieder der Kommission und die Anwälte beider Seiten sind auf ihren gewohnten Plätzen, Oppenheimer im Zeugenstand. Der Vorsitzende Gordon Gray tritt an die Rampe.

GRAY Es ist eingetreten, was ich befürchtet habe. «New York Times» hat den Brief der Atomenergiekommission und Oppenheimers Antwort auf die Punkte der Anklage veröffentlicht. Die Briefe wurden von Oppenheimers Anwälten freigegeben, um einer unterschwelligen Kampagne gegen Oppenheimer zu begegnen, die ich nicht gebilligt habe. Der Fall J. Robert Oppenheimer beherrscht nunmehr die Schlagzeilen, die öffentliche Diskussion Amerikas.

Er geht mit einer resignierenden Geste an seinen Platz zurück. Aus einem Lautsprecher kommen die folgenden Schlagzeilen. Dazu werden nacheinander fünf sehr verschiedene Fotos von Oppenheimer, die im Ausdruck jeweils der Schlagzeile entsprechen, auf die Hänger projiziert.
Stimmen aus dem Lautsprecher:

Der Mann, der seine persönlichen Freundschaften über die Staatsloyalität gestellt hat.
Entsprechendes Foto

Der Mann, der aus der Staatsloyalität seine Freunde verraten hat.
Entsprechendes Foto

Der Märtyrer, der aus moralischen Gründen gegen den Bau der Wasserstoffbombe gekämpft hat.
Entsprechendes Foto

Der Gedankenverräter, der Amerikas Atommonopol zerstört hat.
Entsprechendes Foto
Oppenheimer, eine amerikanische Affaire Dreyfus.
Entsprechendes Foto

Danach verschwinden alle Fotos.

Textprojektion:
DAS VERHÖR TRAT IN SEINE ENTSCHEIDENDE PHASE. LOYALITÄT EINER REGIERUNG GEGENÜBER, LOYALITÄT GEGENÜBER DER MENSCHHEIT.

ROBB Ich möchte jetzt auf die thermonuklearen Probleme kommen, Doktor.

b) Die Monologe

[Schluß der 1. Szene:]

GRAY – Der Einspruch von Mr. Robb ist angenommen.
Lichtwechsel. Robb tritt an die Rampe. Die Gardine schließt sich.

ROBB Man mag mich parteiisch finden. Zu Unrecht. Als ich meine Arbeit begann, da war Oppenheimer für mich das wissenschaftliche Idol Amerikas, die Atombombe, Oppy eben.
Dann studierte ich seine Akten. Das Material, vier Fuß hoch, das FBI zu dem Schluß geführt hatte, daß Oppenheimer «wahrscheinlich ein getarnter Sowjet-Agent» sei, das Präsident Eisenhower dazu brachte, «eine undurchlässige Mauer zwischen Oppenheimer und allen Regierungsgeheimnissen» sofort zu verfügen, verwandelte das Idol in eine Sphinx.
Verdienste hin, Verdienste her, wir hatten kürzlich 105 Beamte unseres Außenministeriums wegen geringerer Verbindungen aus ihrem Dienst entfernt und wegen weniger gefährlicher Ansichten, wir hatten den neuen Typus des Verräters aus ideologischen, ethischen und weiß ich was für Motiven, gerade auf unserem lebenswichtigsten Gebiet, der Atomenergie, kennengelernt. Konnte ich das bei Oppenheimer ganz ausschließen? Ich fand keinen Schlüssel zu einer Reihe widerspruchsvoller Tatsachen seines Lebens. Ich fand keinen Schlüssel zu seinem Verhalten in der Frage der Wasserstoffbombe. Aber ich konnte auch nicht sagen, die und die Tatsachen dokumentieren seine Illoyalität. Sie blieben vielmehr deutbar, auf andere ebenso deutbare Tatsachen bezogen. Ich gestehe, daß mir gerade an Oppenheimers Fall klar wurde, wie unzulänglich die Methode der bloßen Beschränkung auf Tatsachen in unseren modernen Sicherheitsverfahren ist. Wie grobschlächtig und unwissenschaftlich wir uns verhalten im Grunde, wenn wir nicht, über die Tatsachen hinaus, auch die Gedanken, die Gefühle, die Motive, die zu den Tatsachen geführt haben, zum Gegenstand unserer Untersuchungen machen. Wenn wir zu einem sicheren Urteil über Oppenheimers Vertrauenswürdigkeit je kommen wollten, so gab es nur diesen Weg.
Sezieren wir das Lächeln einer Sphinx mit Schlachtmessern? Wenn die Sicherheit der freien Welt davon abhängt, müssen wir das tun.
Robb geht in die Szene zurück.

[Schluß der 2. Szene:]

ROBB Die Frage war in keiner unfairen Absicht gestellt, Doktor.
Oppenheimer sieht ihn hochmütig an, seine Pfeife rauchend.
Lichtwechsel. Evans tritt an die Rampe. Die Gardine schließt sich.

EVANS Ich hätte meinen Auftrag zurückgeben sollen vielleicht, wahrscheinlich, ich bin 70 Jahre alt, ich bringe sie mit meiner Vorstellung von Wissenschaft nicht überein diese Verhöre, wen gehen diese privaten Dinge etwas an, diese Demütigungen, was bewirken sie? Ist ein gedemütigter Mann loyaler als ein nicht gedemütigter? Ergebener? Es geht an unseren Universitäten ein Wort um: «Sprich nicht, schreib nicht, rühr dich nicht», wenn das so weitergeht, wie soll das weitergehen? –
Es waren andererseits gerade die Physiker, die diese Entwicklung in Gang gebracht haben, als sie ihr Fach zu einer militärischen Disziplin machten, besonders auch Oppenheimer, Los Alamos war seine Idee.
Nehmen Sie den Abwurf der Bombe, seine Einlassungen hier. Was will man noch? Wird noch mehr Unterwerfung benötigt? Ich weiß nicht, vielleicht sind meine liberalen Vorstellungen überholt, vielleicht ist der Totalitätsanspruch des Staates auch den Wissenschaften gegenüber unabweisbar. Und zwar seit sie so viel Bedeutung haben. Ich beobachte zwei Entwicklungen jedenfalls. Die eine, daß wir die Natur zunehmend beherrschen, unsern Stern, andere Sterne. Die andere, gleichzeitig, daß wir selber zunehmend beherrscht werden durch staatliche Apparate, die unser Verhalten zu normieren wünschen. Die Instrumente, die wir entwickeln, um unsere Augen in unbekannte Sonnensysteme zu schicken, arbeiten bald in unbekannten elektronischen Lochkarteien, die unsere Freundschaften, Gespräche, Gedanken zu Daten verarbeiten. Ob es die richtigen Freundschaften sind, die richtigen Gespräche, die richtigen Gedanken, die normativen. Wie kann aber ein neuer Gedanke ein normativer sein gleichzeitig? Wie unterscheiden wir uns von anderen normativen Diktaturen, wenn wir so fortfahren? Ich übertreibe das vielleicht. Ein, zwei Generationen weiter, da ist es den Wissenschaftlern möglicherweise selbstverständlich, daß sie Funktionäre sind. Es ist mir keine geheure Vorstellung, ich frage mich das alles, während ich hier zuhöre. Ist Oppenheimer nur ein Anfang?
Er geht in die Szene zurück.

[Schluß der 3. Szene:]

ROBB Das leuchtet mir sehr ein.
Lichtwechsel. Marks tritt an die Rampe. Die Gardine schließt sich.

MARKS Eines Tages wird man sehen, ich hoffe, daß hier nicht Oppenheimer vor der Kommission gestanden hat, sondern unser gegenwärtiges Sicherheitssystem. Ich bin mit Oppenheimer befreundet, ich war über Jahre hin der Justitiar der Atomenergiekommission, ich kenne die Problematik. Wenn Oppenheimer hier verurteilt wird, dann hat sich unser gegenwärtiges Sicherheitssystem verurteilt, dann ist die Unterwerfung der Wissenschaft unter die Militärs verkündet, und es wird in ihren Reihen kein Platz sein mehr für Leute, die einen Ochsen einen Ochsen nennen, für unabhängige Geister.
Wenn es nicht um ein politisches Exempel, wenn es nur um Oppenheimer ginge, dann hätte es für die Atomenergiekommission den sehr einfachen Weg gegeben, seinen Vertrag nicht zu erneuern, der in drei Monaten abläuft. Verschwinden die Atomgeheimnisse aus seinem Kopf, wenn man ihm die Sicherheitsgarantie entzieht? Der gleiche Lewis Strauß, dessen erste Amtshandlung es war, dieses Verfahren in Gang zu bringen, als er die Atomenergiekommission übernahm, hat Oppenheimer im Jahre 1947 die Sicherheitsgarantie erteilt. Jetzt kabelt er deren Entzug an die Air Force, Heer und Marine. Ein faires Verfahren? Wir kriegen das geheime Material von FBI nicht zu sehen, das dem Ausschuß unterbreitet wird. Oppenheimer darf seine eigene Korrespondenz, seine eigenen Berichte nicht einsehen, die beschlagnahmt und als geheim erklärt wurden. Ich frage mich, ob die von Oppenheimer gewünschte Linie unserer Verteidigung, die defensive Faktenentkräftung, die richtige ist, da es um Fakten nicht geht, oder erst in zweiter Linie. Warum akzeptieren wir diesen Schlachtplatz hier? Warum tragen wir die Auseinandersetzung nicht in die Gemeinde der Wissenschaftler, nicht in die Öffentlichkeit, die es angeht? Warten wir auch hier auf den Angriff der Gegenseite? Ich bedränge Oppenheimer. Sein Vertrauen in die Macht des Arguments machen ihn zu einem schlechteren Zeugen als die Jungfrau von Orléans, die nicht lesen konnte. *Er geht in die Szene zurück.*

[Schluß der 4. Szene:]

ROBB Das wollte ich wissen, Doktor.
Lichtwechsel. Rolander tritt an die Rampe. Die Gardine schließt sich.

ROLANDER Es wird das Argument gebraucht, daß wir vergangene Tatsachen aus unserer gegenwärtigen Sicht beurteilen. Ja, denn wir untersuchen, ob Dr. Oppenheimer heute ein Sicherheitsrisiko ist, wo unsere Gegner die Kommunisten sind, Rußland, nicht die Nazis wie ehedem. Tatsachen sind etwas sehr Relatives. Wie wir es 1943 etwa nicht für möglich gehalten hätten, einem nazifreundlichen Mann unsere lebenswichtigsten Geheimnisse anzuvertrauen, und wäre er ein Genie gewesen, so halten wir das im Jahre 1954 bei einem kommunistenfreundlichen Mann nicht für möglich. Sicherheitsentscheidungen sind pragmatisch: was gegen wen in welcher Lage zu sichern ist. Sie erheben nicht den Anspruch, absolut gerecht und unantastbar moralisch zu sein. Sie sind praktisch. Deshalb wurmen mich Ideologisierungen hier, die Prinzipienreiterei über die heilige Privatsphäre aus dem vorigen Jahrhundert. Wir haben nüchtern zu untersuchen, wie stark Oppenheimers Sympathien waren, wie anhaltend sie sind, welche Folgen das in der Vergangenheit für uns hatte, und ob wir uns das zukünftig leisten können. Es ist die Geschichte selbst – die Möglichkeit des Unterganges der freien Welt, – die unsere Sicherheitsbestimmungen scharf und vorbehaltlos macht.
Ich komme mir so alt vor unter den älteren Leuten. Wo sie ihre Ideologie haben, ist bei mir ein blinder Fleck.
Er geht in die Szene zurück.

[Schluß der 5. Szene:]

EVANS *lacht:* Von allen bekannten Philosophen, deren Werk nicht gelesen wird, macht er uns den meisten Trouble. Nehmen Sie sich selber.
Oppenheimer lacht. Lichtwechsel. Morgan tritt an die Rampe. Die Gardine schließt sich.

MORGAN Ich habe mich gestern mit Gray unterhalten, der verärgert war, daß sich der Kriegsminister eingemischt hat. Und die Wissenschaftler aufstört, natürlich. Ein Spiel mit dem Feuer. Ich sagte, es sei mir überhaupt ein bißchen viel, ein bißchen zu allgemein von Oppenheimers politischem Hintergrund, von seinen Ansichten die Rede, was vielleicht McCarthy genüge oder einer Sorte von Zeitungen, was aber nicht das Problem sei im Falle dieser komplizierten Highbrows, der Physiker.

Was wir den Wissenschaftlern heute klarmachen müßten, sei nicht, daß wir ihnen die und die Ansichten vorschreiben, privat, daß wir sie wegen der und der Ansichten ausbooten, sondern daß wir von ihnen eine strikte Trennung zwischen ihren subjektiven Ansichten und ihrer objektiven Arbeit fordern müssen, weil eine moderne Atompolitik nur auf der Grundlage einer wertungsfreien Arbeit möglich ist. Wie in jedem Industrie-Unternehmen, so auch in einem modernen Staat.

Deshalb könne sich dieser Ausschuß nicht mit einer Dokumentation von Oppenheimers politischem Hintergrund zufriedengeben, so erstaunlich der sei. Wir müßten vielmehr herausfinden, ob er diesen Hintergrund, diese politischen, philosophischen, moralischen Ansichten unzulässig und zu unserem Schaden in seine Arbeit als Physiker und Regierungsbeamter eingemischt hat, und ob wir das fernerhin befürchten müssen. Nur so werde die Frage nach seiner Sicherheitsgarantie in einer Weise akut, die für die Öffentlichkeit und die Physiker überzeugend sei. Die subjektiven Ansichten eines Physikers, so extrem sie sein mögen, sind seine Privatsache, solange sie in seiner objektiven Arbeit nicht erscheinen. Diese Trennung berührt die Prinzipien unserer Demokratie.

Er geht in die Szene zurück.

c) Das Gespräch Oppenheimer – Pash von 1943

[in der 6. Szene:]

ROBB Erinnern Sie sich Ihres Interviews mit Dr. Oppenheimer?
PASH Ich habe es mir gestern noch einmal angehört. – Wir haben es in Leutnant Johnsons Büro damals aufgenommen. *Er entnimmt seiner Mappe ein Tonband.* Hier ist es.
ROBB Können wir es hier hören?
PASH Es ist vom FBI freigegeben. *Er gibt das Tonband einem Beamten, der es in ein Bandgerät einlegt.*
ROBB *zu dem Beamten:*
Sind wir soweit? – Dann bitte.
Der Beamte setzt das Tonbandgerät in Gang. Es werden Fotos von Oppenheimer 1943, sonnenverbrannt, jugendlich, nur mit Hemd und Hose bekleidet, und von Pash in Sommeruniform auf die Hänger projiziert. Ein anderer Vorschlag, der zu probieren wäre: Die mit einer Schmalfilmkamera aufgenommene Szene des Interviews Pash – Oppenheimer – Johnson wird, dem Tonband leidlich synchron, vorgeführt. Das Interview findet in einem Barackenbüro an einem heißen Augusttag in Los Alamos statt. Oppenheimer in Hemd und Bluejeans, die Offiziere in Sommeruniformen. Johnson steuert von seinem kleinen Schreibtisch aus ein Bandgerät, und Pash sorgt dafür, daß das Mikrofon, in einem Telefonapparat verborgen, in Oppenheimers Nähe ist. Der vorgeführte Film könnte stark verregnet sein, um ihm den Charakter eines Dokuments zu geben.
Es darf keinesfalls der Eindruck eines Tonfilms entstehen.
Tonband:
PASH Es ist mir ein großes Vergnügen, Dr. Oppenheimer...

d) Der Schluß des Schauspiels

[nach Oppenheimers Schlußwort:]

Die Gardine schließt sich.
Textprojektion:

AM 2. DEZEMBER 1963 WURDE J. ROBERT OPPENHEIMER DER ENRICO-FERMI-PREIS FÜR SEINE VERDIENSTE UM DAS ATOMENERGIEPROGRAMM WÄHREND KRITISCHER JAHRE VON PRÄSIDENT JOHNSON ÜBERREICHT.
DEN VORSCHLAG ZUR VERLEIHUNG MACHTE DER VORJÄHRIGE PREISTRÄGER EDWARD TELLER.

Vorhang

Nachwort des Herausgebers

Bertolt Brecht notiert in seinem Arbeitsjournal unterm 8.7.54: «steff schickt mir, auf umwegen, die lange und gründliche verteidigungsschrift oppenheimers. dieser unglückliche mensch hat geholfen, die erste atombombe zu machen, als im hitlerkrieg die amerikanischen physiker hörten, hitler lasse an einer atombombe arbeiten. zu seinem und seiner mitarbeiter schrecken wurde sie dann über japan abgeworfen. gegen die wasserstoffbombe hatte er moralische bedenken, und jetzt wird er in die wüste geschickt. seine schrift liest sich wie die eines mannes, der von einem kannibalenstamm angeklagt wird, er habe sich geweigert, fleisch zu besorgen. und der jetzt, sich zu entschuldigen, vorbringt, er sei während der menschenjagd beim holzsammeln für den kochkessel gewesen! was für eine finsternis!»[1]

Brecht hat bekanntlich sein Stück «Leben des Galilei», das 1938/39 entstand, unter dem Eindruck der Atombomben-Abwürfe auf Hiroshima und Nagasaki neu geschrieben. Galileo Galilei, Begründer der modernen Physik, wird in den späteren Fassungen von Brecht zunehmend kritisch bewertet als Ausgangspunkt des Sündenfalls einer Wissenschaft, die sich in den Elfenbeinturm zwingen ließ. Mit Galilei beginne der Weg der Naturforscher zu einem «Geschlecht erfinderischer Zwerge, die für alles gemietet werden können».[2]

Heinar Kipphardt formulierte 1960 lakonisch, im Fall Oppenheimer zeige sich «die ganze Atomproblematik wie in einem Ei».[3] Grundkonflikte seines Zeitalters fand er in diesem dokumentarisch verbürgten Einzelfall beispielhaft versammelt. Als er an die Niederschrift seines «Oppenheimer»-Schauspiels ging, zu dem die Vorarbeiten bis in die fünfziger Jahre zurückreichen[4], war er offenkundig von «Leben des Galilei» inspiriert; das Schlußwort Oppenheimers etwa ist ohne die Selbstverurteilung Galileis am Ende von Brechts Stück kaum denkbar. Den zentralen Unterschied zur Dramaturgie Brechts aber hat Kipphardt in einem Gespräch festgehalten: Brecht im Galilei-Stück «nimmt jeden Widerspruch ganz auseinander im Sinne von einem Einmaleins oder einer Teilung, er bringt die äußerst vereinfachte Formel, während ich der Meinung bin, daß es bei diesem Stoff richtiger ist, die Widerspruchs-Bündel fast unkommentiert stehen zu lassen und mit den Folgen zu kontrastieren». Brechts

Einführung einer Kommentar-Ebene mit vom Autor gelieferten Erkenntnissen wollte er nicht gern übernehmen, betonte Kipphardt – «man muß nicht so auf Auflösungen bestehen, auf Aufgehen, man kann auch Fragen als ungelöste Fragen stellen».[5]

Dem «Oppenheimer»-Stück liegt eine Ästhetik zugrunde, die den Zuschauer zum eigenen Urteil befähigen will. Bezeichnend ist eine Episode, die Kipphardt von den Vorbereitungen zur Uraufführung berichtet: Erwin Piscator arbeitete auf einer Probe mit dem Darsteller des Edward Teller und wollte dem Schauspieler klarmachen, was für ein verlogener Mensch dieser Physiker sei; Kipphardt intervenierte, Teller sei subjektiv von ungeheurer Ehrlichkeit, «er ist weder ein Lügner noch moralisch zu betrachten, sondern der Fortgang der Handlung zeigt, daß sein Argument und seine Emotion vielleicht folgenschwer und fürchterlich sind; aber behandeln muß man diese Figur – man muß sie eher aufbauen».[6] Piscator setzte die herkömmliche Konstellation von Held und Gegenspieler, Gut und Böse voraus und war auf eine direkte Emotionalisierung des Publikums bedacht. Kipphardts Konzept ist offener und versucht, der komplizierten Dialektik der Wirklichkeit in der Dramenform gerecht zu werden. Seinem Freund Peter Hacks schrieb er 1963: «Im Drama beschäftigt mich zur Zeit die Frage, wie man davon wegkommt, seine Geschichten zu erzählen wie der liebe Gott oder der heilige Newton mit seinem einen Bezugssystem.»[7] Unter seinen Arbeitsnotaten finden sich Reflexionen über die Bedeutung einer «ästhetischen Unsicherheitsrelation» für die moderne Dramaturgie, analog zur Unbestimmtheitsrelation in der neueren Physik; damit wollte er das unbefriedigend Starre, Determinierte, Rechenbuchhafte so vieler Stücke des gegenwärtigen Theaters überwinden.[8]

Der Oppenheimer-Stoff erschien Kipphardt für ein solches Konzept als ein Glücksfall. Die prozeßähnliche Konstellation des Hearings, dem sich der zum nationalen Idol gewordene Physiker aussetzt, liefert ein erstes, die Figuren und Positionen polarisierendes Bezugssystem. Anklage und Verteidigung, Zeugenbefragung, Plädoyers und Urteilsspruch ermöglichen in klassischer Weise den Aufbau eines dramatischen Konflikts. Entgegen dem offenbaren Verlauf und Ergebnis des Hearings, dem Entzug der Sicherheitsgarantie für Oppenheimer, werden jedoch für die Zuschauer die gesellschaftlichen Voraussetzungen der inquisitorischen Veranstaltung fragwürdig. Oppenheimer, der Beschuldigte, erweist sich zunehmend als Opfer einer demütigenden Hexenjagd und geht schließlich, auf der Bühne verurteilt, als der moralische Sieger hervor – dies ist ein zweites Bezugssystem des Stückes. Auf einer dritten Ebene wiederum zeigen sich in Oppenheimers Aussagen und Verhalten deutliche Widersprüche und Versagenspunkte: gegenüber seinem Freund Chevalier etwa, vor allem aber bei seiner ambivalenten Haltung zu den militärischen und politischen Folgen der von ihm verantworteten Atomphysik. Der dadurch provozierte kritische Blick auf die Oppenheimer-Figur gipfelt in deren Schlußwort, das einer Selbstverurteilung gleichkommt – und das in seiner (In-)Konsequenz, der Rückkehr zur reinen Forschung, erneut eine bloße Identifikation des Publikums verbietet.

Das In- und Gegeneinander solch verschiedener Bezugssysteme macht die besondere Qualität des «Oppenheimer»-Stückes aus. Die Vielschichtigkeit Oppenheimers und die mitten durch diese Person hindurchgehenden Widersprüche haben Kipphardt gereizt. Seinen Eltern berichtete er 1958, im Fall dieses Physikers stecke «so etwas wie eine heutige Dr. Faustus-Geschichte», und zwei Jahre später schrieb er einem Fernseh-Redakteur: «Sie müssen bei dem Oppenheimerstoff nicht besorgen, es könnte ein Diskussionsstück werden, es ist die äußerst tragische Geschichte einer heutigen Faustfigur. Der Faust hat ja auch den Mephisto in sich, und der macht sogar mehr Spaß und hat meist die besseren Gedanken. Aber der Stoff ist sehr schwer.»[9]

Das umfängliche Dokumenten-Material bedurfte einer sorgfältigen literarischen Arbeit. Kipphardt vertiefte sich in das voluminöse Protokoll des Hearings, zog etliche Schriften u. a. von Oppenheimer, Teller und Chevalier heran, studierte die vor allem durch Robert Jungk und Margret Boveri dargestellten Hintergründe des Falles. Es war ein mühevoller, langwieriger Prozeß des Schreibens; dem Freund Hacks gestand Kipphardt währenddessen: «Ich krieg zur Zeit Heuschnupfen, wenn ich Dokumente sehe»[10], und in einer später verworfenen Vorbemerkung formulierte er: «Der Chronist [...] bekennt, daß die Wahrheit trocken ist wie Hundekot, und er hofft, daß sie diejenigen unterhält, die sie wissen wollen.»[11]

Heinar Kipphardt hat stets betont, das «Oppenheimer»-Stück sei nicht mit der Schere gemacht, keinesfalls also durch bloße Montage entstanden. Die intensive Material-Arbeit war für ihn eine Durchgangsphase, um dann aus großer Vertrautheit mit dem Stoff heraus ein selbständiges Kunstgebilde formen zu können, in eigener Sprache und Szenenführung. Im Stück ist das Hearing auf wenige Themenkreise konzentriert. Es treten nur sechs (statt vierzig) Zeugen auf, deren Gewichte aus kompositorischen Gründen verschoben sind: während tatsächlich die große Mehrheit der Zeugen das Verhalten Oppenheimers billigte, sprechen bei Kipphardt je drei Zeugen für und gegen die Anschuldigungen der Atomenergiekommission. In die Vernehmung sind Aussagen anderer, im Stück nicht auftretender Zeugen eingearbeitet; Teller spricht auch für Luis Alvarez, Lansdale für John McCloy, Rabi für Vannevar Bush und Lee DuBridge.[12] Kipphardt ging es nicht um fotografische Abbildung realer Personen, sondern um das Modellieren von Figuren, die wesentliche Züge ihrer Zeit repräsentieren.

Eine Profilierung der Charaktere dienen besonders die vom Autor erdachten Monologe am Ende der ersten fünf Szenen. Im vorliegenden Band werden erstmals verschiedene Fassungen dieser Passagen des Stückes dokumentiert: einige frühe Entwürfe (im Abschnitt «Vorarbeiten»), die bei den Uraufführungen gespielte Version der Monologe (siehe «Textvarianten») und die 1977 bzw. 1981 daraus entstandenen Zwischenszenen. Das gibt einigen Aufschluß über den Arbeitsprozeß des Schriftstellers. Für die Entwürfe gilt noch ganz, was Kipphardt 1962 in einem Brief notierte: «die missionarischen Weisheiten möchten den Personen nur so aus allen Löchern quellen, wenn man sie lassen täte.»[13] Er erreichte eine zunehmend lakonische Formulierung der Texte, die Haltung der jeweiligen Figur soll aus wenigen Sätzen deutlich werden.

Gefragt, warum er überhaupt auf Tatsachenmaterial zurückgreife und reale Vorgänge und Personen verwende, hat Kipphardt gern auf Shakespeare verwiesen, dessen historische Dramen niemand mehr mit dem Wortlaut der Quellen zu vergleichen trachte – diese Stücke seien anerkannt als eine höhere, eben künstlerische Sorte von Wahrheit. Besonders aber Georg Büchner war ihm Kronzeuge für eine Ästhetik, bei der die Würde des Authentischen angestrebt wird und doch die Freiheit des Künstlers unbestritten ist. Wie eine programmatische Aussage Kipphardts läßt sich lesen, was Büchner am 28. Juli 1835 seiner Familie schrieb: «Der dramatische Dichter ist in meinen Augen nichts als ein Geschichtschreiber, steht aber *über* letzterem dadurch, daß er uns die Geschichte zum zweiten Mal erschafft und uns gleich unmittelbar, statt eine trockne Erzählung zu geben, in das Leben einer Zeit hinein versetzt, uns statt Charakteristiken Charaktere und statt Beschreibungen Gestalten gibt. Seine höchste Aufgabe ist, der Geschichte, wie sie sich wirklich begeben, so nahe als möglich zu kommen.»[14] Das Dokument ist die Voraussetzung, das Drama ist das Ergebnis.

«Was Oppenheimer betrifft», erläuterte Kipphardt rückblickend, «so schien mir die Methode des dokumentarischen Belegs die richtige zu sein, weil soviel Ideologie, soviel falsches Bewußtsein, so viele Vorurteile, Ängste, Verdrängungen im Spiele sind. Deshalb arbeitete ich mit Materialien, die für den Zuschauer unabweisbar sind. Er konnte das Gefühl haben, der das schreibt, dem darf ich trauen, der lädt mich ein zur Überprüfung, der kann das belegen. Diesen Belegcharakter, diese Würde des Dokuments wollte ich herstellen.»[15] Der Impetus gegen eine auf kollektiver Verdrängung basierende, sich im Bestehenden einrichtende Formierte Gesellschaft verbindet die wichtigsten Vertreter des sogenannten dokumentarischen Dramas der sechziger Jahre: Peter Weiss, Rolf Hochhuth und Heinar Kipphardt. Ihre literarische Kritik wird mit dem Anspruch des Belegs vorgetragen, um Ausflüchte, das Gezeigte sei nur erdichtet, im Keim zu ersticken.

Anders jedoch als bei der «zornigen Agitation» eines Peter Weiss[16], anders auch als der «in hoher Sprache sprachröhrende» Moralist Hochhuth[17] blieb Kipphardt darauf bedacht, hinter den von ihm ausgebreiteten Stoff zurückzutreten und die eigene untersuchende Haltung auch dem Zuschauer zu ermöglichen. Ein Schriftsteller solle sich fast unbemerkbar machen, forderte Kipphardt: «Er wird eine kleine Größe, man darf nicht an ihn denken, indem man das liest. Ich kann die Leute nicht leiden, die sich immerfort die Jacke ausziehen und alle anstoßen und sich so auffällig benehmen. Ich finde, ein guter Stilist ist ein nicht bemerkt werdender Stilist.»[18] Nicht zufällig hat er den Oppenheimer-Stoff zuerst als Fernsehspiel realisiert, in einem Medium also, das die Suggestion authentischer Vorgänge besonders eindringlich erlaubt.[19]

Dennoch ist der Schriftsteller in seinem Werk präsent, schon die Wahl eines Stoffes hat autobiographische Qualitäten – auch beim «Oppenheimer». Der Fall des amerikanischen Physikers zog Kipphardt an, weil es um die Biographie eines nicht angepaßten Intellektuellen geht: um einen Mann, der sich den gängigen, staatlich verordneten Normen zu entziehen versucht. Die Frontbildungen des Kalten Krieges, unter denen Oppenheimer leidet, haben auch Heinar Kipphardt umgetrieben. Der Dramatiker, der 1949 aus politischer Überzeugung in die DDR übergesiedelt war und dort als Dramaturg am Deutschen Theater arbeitete, hatte in den späten fünfziger Jahren unter kulturpolitischer Bevormundung gelitten und war 1960 in die Bundesrepublik zurückgekehrt. Die Kunst als bloße «Dekorierung der Meinung der Mächtigsten»[20] war Kipphardt stets zuwider; in solchem Nonkonformismus gibt es Berührungspunkte mit Oppenheimer. Daß dessen Fall zugleich mit den apokalyptischen Dimensionen der Atomphysik verwoben ist, bewirkt die außerordentliche Brisanz von Kipphardts Schauspiel.

«Natürlich hätte ich ein verflucht kritisches Stück über Oppenheimer schreiben müssen», heißt es in einem Brief Kipphardts an Hacks Ende 1964. Bei mancher Nähe und Sympathie sah er in dem Physiker auch einen «weinerlichen Humanisten, der in den entscheidenden Phasen immer umfällt».[21] Hacks hatte dem Freund schon vor der Uraufführung zum «Oppenheimer»-Erfolg gratuliert: «ich prophezeie, es wird einer. Und es wird einer auf Grund eines Irrtums. Nämlich bin ich sicher, daß sich die Publikume der Welt mit I. R. O. identifizieren werden als mit einem, der das Gute will, wie sie, und der nichts dafür tut, wie sie».[22] Mit dieser boshaft-scharfsinnigen Voraussage sollte Hacks in erstaunlichem Maße recht behalten. Die Kritiken, die Kipphardts Stück seither in seinen zahlreichen Inszenierungen erhielt, berichten immer wieder vom «Beifall für Meinungen» als Reaktion der Zuschauer, und die akklamierende Zustimmung gilt bevorzugt der Titelfigur.[23]

Besonders geglückt fand der Autor darum eine Inszenierung, bei der die kritisch prüfende Distanz zu Oppenheimer zentrales Anliegen war: 1965 am Berliner Ensemble in der DDR. Die an den Theatermitteln Brechts geschulte Aufführung, bei der Manfred Wekwerth und Joachim Tenschert Regie führten, wurde auch von westlichen Kritikern als bis dahin beste Bühnenrealisierung des Stückes beurteilt. Die Titelrolle wurde angelegt auf das Spannungsverhältnis zwischen einem hochkultivierten, brillanten Wissenschaftler und dessen sich auf der Bühne erweisendem Weg eines sozialen Versagers, der dem Mißbrauch seiner Erfindungen nur halbherzig begegnet. Oppenheimer ist kein Mann des entschiedenen Widerstands, sondern ein feinsinniger Gelehrter: ein «Spitzenerzeugnis der bürgerlichen Wissenschaft und Klasse – um so schockierender die Einsicht von der Nutz- und Sinnlosigkeit dieser Spezies Mensch am Ende des Verhörs».[24] So viel an dialektischer Schärfe ist in den nachfolgenden Inszenierungen kaum noch einmal erreicht worden.

Die Uraufführung des Stückes war am 11. Oktober 1964 durch zwei Bühnen gleichzeitig erfolgt. An den Münchner Kammerspielen führte Paul Verhoeven Regie; «ein erfahrener Theatermann der alten Schule, die ich ihm austreiben muß», so der Kommentar Kipphardts.[25] An der Freien Volksbühne in West-Berlin inszenierte Erwin Piscator, den Kipphardt als den großen alten Mann des politischen Theaters in Deutschland verehrte. Piscator hatte 1963 auch

Hochhuths «Der Stellvertreter» als erster aufgeführt, und 1965 folgte unter seiner Regie die Uraufführung von Peter Weiss' Oratorium «Die Ermittlung». Als Piscator 1966 starb, bekannte Kipphardt bei einer Gedächtnisfeier, den verstorbenen Freund anredend: «Wo auf dem Theater heute versucht wird, die Wirklichkeit unserer Welt in ihrer Veränderung zu beschreiben, wo auf dem Theater den Ursachen für ihre beunruhigende Unzulänglichkeit nachgegangen wird, um sie einsehbar zu machen und Korrekturen zu begünstigen, wo ihr Gesicht denunziert wird, ihr blutbeflecktes, ihr pausbäckig lügenhaftes, da finden sich Stränge, die aus Deiner Arbeit des revolutionären politischen Theaters kommen, diesem riesigen Baugelände eines Pioniers.»[26]

Piscator hatte schon in den zwanziger Jahren mit Szenen-Titeln und Projektionen gearbeitet, hatte für Bühnenbau und Licht grundlegende Neuerungen erprobt, hatte erstmals den Film in die Bühnenhandlung eingeführt. Das waren ihm Mittel, um das Theater zu befähigen, «die Wirklichkeit exakter, vollständiger und wahrhaftiger abzubilden, um dem Drama den Rang des unwiderleglichen Dokuments zu geben», bemerkte Heinar Kipphardt.[27] Im «Oppenheimer»-Stück, vor allem wie es 1964 gespielt wurde, sind solche Mittel wiederzufinden. Filmdokumente am Beginn des Ersten wie des Zweiten Teils bezeugen den zeitgeschichtlichen Kontext des Bühnengeschehens. Textprojektionen eröffnen – Überschriften ähnelnd – jede Szene und beschreiben die in ihr verhandelten Fragen. Fotos historischer Personen und Orte werden, dem Text korrespondierend, auf die Bühne projiziert als Indizien für die im Stück behandelten Tatsachen. Die antikommunistische Hysterie, die Voraussetzung des ganzen Hearings war, wird durch das Einblenden eines McCarthy-Interviews vergegenwärtigt. Piscator wie Kipphardt haben solche Techniken als Versuche verstanden, einem Stoff das Private und Zufällige zu nehmen und über das Nur-Individuelle hinaus die Verbindung mit den gesellschaftlich bedeutsamen Kräften zu zeigen.

Wie sehr es Kipphardt gelungen war, mit «In der Sache J. Robert Oppenheimer» wesentliche Fragen seiner Zeit bühnengerecht zu formulieren, bewies der außergewöhnliche Erfolg des Stückes: es ging in den sechziger Jahren buchstäblich um die Welt, wurde in Dutzende von Sprachen übersetzt und gehört seither zu den Klassikern des modernen Theaters. In der Bundesrepublik war es in der Spielzeit 1964/65 das meistgespielte Stück überhaupt. Der Autor wurde für Fernseh- und Schauspielfassung mit einer Reihe von Preisen ausgezeichnet[28]; für ihn persönlich war es der endgültige Durchbruch zu internationaler Anerkennung und Wirkung.

Kritiker, die damals dem Stück Aktualitätswert zugestanden, es aber zugleich als szenischen Journalismus und also nur für den Tag wirksam abtaten, sollten unrecht behalten. Die zentralen Themen des Stückes – die atomare Bedrohung unserer Zivilisation und eine ausufernde Tendenz zum Überwachungsstaat – haben an Bedeutung bis heute nichts verloren, im Gegenteil. Heinar Kipphardt beobachtete Anzeichen dafür wie die Entwicklung der Neutronenbombe und die in der BRD praktizierten Berufsverbote mit Sorge. Ende 1976 schrieb er dem befreundeten Regisseur Dieter Giesing: «ich will Oppenheimer neu auf der Bühne haben in einer exemplarischen Aufführung, willst Du das Stück mal neu von 1976 her lesen?»[29] Aus dieser Anregung entstand eine Inszenierung, für die Kipphardt einige Passagen des Stückes änderte; die Einstudierung am Deutschen Schauspielhaus in Hamburg 1977 leitete eine neue Welle von Aufführungen des «Oppenheimer» an deutschsprachigen Bühnen ein.

In der Hamburger Fassung sind die von der Piscator-Bühne inspirierten Mittel sparsamer verwendet. Auch wurden die Monologe in kleine Zwischenszenen umgewandelt. Kipphardt ging es darum, Personen und Aussagen «rauher, unordentlicher, unübersichtlicher» zu gestalten und dem Zuschauer häufige Wechsel der Blickrichtung zuzumuten; die erzeugte Irritation soll zum eigenen Urteil zwingen.[30] Für eine Inszenierung Giesings am Münchner Residenztheater 1981 änderte der Autor noch einmal zwei Szenen: in der Vernehmung Tellers wurde die Passage über den Bikini-Zwischenfall präzisiert, und in der 3. Zwischenszene ist deutlicher als zuvor Oppenheimers Beharren auf einem defensiven, der Macht des Arguments vertrauenden Verteidigungs-Stil erkennbar.

Gewandelt hat sich bei neueren Aufführungen zumeist auch die äußere Szene. In der frühen Fassung hatte Kipphardt als Bühnenbild ein «kleines, häßliches Büro aus weißgestrichenen Bretterwänden» vorgeschlagen, das «provisorisch für die Zwecke des Verhörs hergerichtet worden» sei mit Tischen, Stühlen und einem alten Ledersofa; er folgte damit genau den überlieferten Fakten.[31] Neuerdings prägen oft Bestandteile des elektronischen Zeitalters den Rahmen für das Stück: in Hamburg 1977 mußten die Zuschauer eine Lichtschranke passieren, der Verhörraum auf der Bühne war von Milchglasscheiben und automatischen Türen begrenzt und mit Stahlrohr- und Kunststoffmöbeln ausgestattet, allgegenwärtige Kameras und Monitore erzeugten das bohrende Gefühl einer perfekten Überwachung. Andere Inszenierungen verzichten weitgehend auf ein sinnfälliges Interieur und konzentrieren das Publikum durch eine schmucklose Bühne auf den Schlagabtausch der Dialoge.

Unbestritten ist durchweg die verblüffende Aktualität des «Oppenheimer»-Stücks. Heinar Kipphardt 1981: «Das ehrt einen Autor vielleicht, aber nicht so sehr die Wirklichkeit.»[32] Die politische Realität bis hin zu Reaktor-Unglücken wirft beständig neue Schlaglichter auf das Schauspiel und erweist die in ihm gestellten Fragen als gültig. Für deren Beantwortung übrigens wurde 1981 von der «Frankfurter Allgemeinen Zeitung» ein für Außenpolitik und Militärisches zuständiger Redakteur herangezogen: Günther Gillessen besprach die Münchner Inszenierung von Dieter Giesing. Die Figuren werden in seinem Artikel mit dem sicherheitspolitischen Vokabular der achtziger Jahre bewertet; der literarische Stoff findet sich auf die Ebene der Zeitgeschichte zurückprojiziert.[33] Es gibt wohl kein besseres Indiz für die Ernsthaftigkeit und Prägnanz des Schauspiels «In der Sache J. Robert Oppenheimer».

Die vorliegende Ausgabe folgt im Text des Stückes der Hamburger Fassung. Zugrunde gelegt wurde eine von Kipphardt für die Ausgabe «Theaterstücke 1» (Verlag Kiepenheuer & Witsch, 1978) durchgesehene Druckvorlage. Die beiden vom Autor 1981 vorgenommenen Änderungen wurden eingefügt.

Für Auskünfte und Materialien, die der Vorbereitung des Bandes nützten, danke ich der Akademie der Künste (West-Berlin) und dem Suhrkamp Verlag (Frankfurt) sowie Jürgen Bansemer (Köln), Christel Benner (Hamburg), Dieter Giesing (Hamburg), Peter Hacks (Berlin, DDR), Klaus Hoffmann (Radebeul), Walter Karbach (Buenos Aires), Heinrich Peters (Hamburg), Adolf Stock (West-Berlin) und Michael Töteberg (Frankfurt). Dank gilt ebenso allen, die durch freundliche Genehmigung zum Abdruck von Briefen, Interviews und Aufsätzen das Erscheinen des Bandes mit ermöglicht haben.

Hamburg, im Mai 1987   *Uwe Naumann*

Anmerkungen

1 Bertolt Brecht, Arbeitsjournal. Zweiter Band 1942 bis 1955. Frankfurt 1974, S. 602.
2 Aus der Selbstanklage Galileis im Stück, zit. nach Jan Knopf, Brecht-Handbuch Theater. Eine Ästhetik der Widersprüche. Stuttgart 1980, S. 173. Bei Knopf findet sich eine präzise Darstellung der Geschichte des «Galilei»-Stücks.
3 Brief an Helmut Pigge, 23. Juli 1960. Abgedruckt in diesem Band.
4 Kipphardt berichtet, er habe seit 1956 an dem Stoff gearbeitet (Interview mit «Kulturni tvorbo», Prag; Typoskript im Nachlaß, Angelsbruck).
5 «Autoren über Autoren». Kipphardt im Gespräch mit Hellmuth Karasek, um 1965. Typoskript in Angelsbruck.
6 Aus dem Beitrag Kipphardts zur Erwin-Piscator-Konferenz der Akademie der Künste (West-Berlin), Oktober 1971.
7 Brief vom 12. Mai 1963. Abgedruckt in diesem Band.
8 Arbeitsnotate, 15. Dezember 1964. Ebenfalls im vorliegenden Band.
9 Briefe an die Eltern, 23. Januar 1958, und an Helmut Pigge, 6. September 1960. Abgedruckt in diesem Band.
10 Brief vom 27. Oktober 1962. Kopie im Nachlaß, Angelsbruck.
11 Typoskript in Angelsbruck.
12 Vgl. Rémy Charbon, Die Naturwissenschaften im modernen deutschen Drama. Zürich – München 1974, S. 205–207.
13 An Pia Pavel, 27. Juli 1962. Abgedruckt in diesem Band.
14 Georg Büchner, Werke und Briefe. München [4] 1969, S. 181.
15 Kipphardt im Gespräch mit Armin Halstenberg, 1977. Abgedruckt in: Kipphardt, Theaterstücke Band 1. Köln 1978, hier S. 340.
16 Wie Anmerkung 6.
17 Kipphardt an Erwin Piscator, 10. Mai 1963. Abgedruckt in diesem Band.
18 Kipphardt in einem Interview, zu hören in einer Sendung von Michael Skasa, «Kulturjournal» des Bayerischen Rundfunks, 8. März 1987.
19 Das Fernsehspiel (Regie: Gerhard Klingenberg, in der Titelrolle: Charles Regnier) wurde erstmals am 23. Januar 1964 gesendet.
20 Kipphardt an Heinrich Kilger, 2. März 1960. Kopie im Nachlaß, Angelsbruck.
21 Kipphardt an Peter Hacks, Ende 1964. Abgedruckt in diesem Band.
22 Hacks an Kipphardt, 14. Juni 1964. Ebenfalls in diesem Band.
23 «Beifall für Meinungen» ist eine Kritik von Mechthild Lange in der Frankfurter Rundschau, 25. November 1977, überschrieben.
24 Joachim Tenschert, Zu «Oppenheimer», 3. 4. 1965. Typoskript im Nachlaß Kipphardts, Angelsbruck.
25 Brief an die Eltern, 20. August 1964. Abgedruckt in diesem Band.
26 In memoriam Piscator, 17. April 1966. Typoskript in Angelsbruck.
27 Ebenda.
28 Fernsehpreis der DAG, 1964; Fernsehpreis der Deutschen Akademie der

Darstellenden Künste, 1964; Kritikerpreis des Internationalen Fernseh-Festivals Prag, 1964; Gerhart-Hauptmann-Preis, 1964.
29 Kipphardt an Dieter Giesing, 7. Dezember 1976. Durchschrift in Angelsbruck.
30 Vgl. Kipphardt, Zu Dieter Giesings Arbeit an meinem Stück Oppenheimer. Abgedruckt in diesem Band.
31 Vgl. Robert Jungk, Heller als tausend Sonnen. Das Schicksal der Atomforscher. Reinbek 1964, S. 298 f. Ausführlich zu Oppenheimer jetzt auch: Peter Goodchild, J. Robert Oppenheimer. Eine Bildbiographie. Basel 1982.
32 Im Gespräch mit Sabine Dultz. Abdruck in diesem Band.
33 Günther Gillessen, Das verstehbare Mißverständnis. Der «Fall Oppenheimer» – heute. In: Frankfurter Allgemeine Zeitung, 8. Mai 1981.

Bibliographie

1. Von Kipphardt benutzte Literatur

United States Atomic Energy Commission (ed.): In the Matter of J. Robert Oppenheimer. Transcript of Hearing before Personnel Security Board, Washington D. C. April 12, 1954, through May 6, 1954. United States Government Printing Office, Washington 1954. 992 Seiten.

Boveri, Margret: Der Verrat im 20. Jahrhundert. Vier Bände. Rowohlt Verlag.
Bd. I: Für und gegen die Nation. Das sichtbare Geschehen. Hamburg 1956 (= rowohlts deutsche enzyklopädie Bd. 23).
Bd. II: Für und gegen die Nation. Das unsichtbare Geschehen. Hamburg 1956 (= rowohlts deutsche enzyklopädie Bd. 24).
Bd. III: Zwischen den Ideologien. Zentrum Europa. Hamburg 1957 (= rowohlts deutsche enzyklopädie Bd. 58).
Bd. IV: Verrat als Epidemie: Amerika. Fazit. Hamburg 1960 (= rowohlts deutsche enzyklopädie Bd. 105 / 106).
Chevalier, Haakon: The Man Who Would Be God. G. P. Putnam's Sons, New York 1959.
Ders.: Mein Fall J. Robert Oppenheimer. Die Geschichte einer Freundschaft. Rütten & Loening Verlag, München 1965.
Dickler, Gerald: Dreizehn Prozesse, die Geschichte machten. Rütten & Loening Verlag, München 1964.
Jaspers, Karl: Die Atombombe und die Zukunft des Menschen. Politisches Bewußtsein in unserer Zeit. Piper Verlag, München 1958.
Jungk, Robert: Heller als tausend Sonnen. Das Schicksal der Atomforscher. Scherz & Goverts Verlag, Stuttgart 1956.
Ders.: Strahlen aus der Asche. Geschichte einer Wiedergeburt. Scherz Verlag, Bern – Stuttgart – Wien 1959.
Masters, Dexter: Der Zwischenfall von Los Alamos. Roman. Aufbau Verlag, Berlin 1959.
Meyerhoff, Hans: Der Fall Oppenheimer. In: Der Monat, Heft 81, Juni 1955, S. 236–247.
Moorehead, Alan: Verratenes Atomgeheimnis. Nunn May – Klaus Fuchs – Pontecorvo. Georg Westermann Verlag, Braunschweig 1953.
Oppenheimer, J. Robert: Wissenschaft und allgemeines Denken. Rowohlt Verlag, Hamburg 1955 (= rowohlts deutsche enzyklopädie Bd. 6).
Ders.: Atomkraft und menschliche Freiheit. Rowohlt Verlag, Hamburg 1957 (= rowohlts deutsche enzyklopädie Bd. 52).
Putik, Jaroslav: Der Fall Oppenheimer. VEB Domowina Verlag, Bautzen 1960.
Teller, Edward, und *Latter, Albert:* Ausblick in das Kernzeitalter. Fischer Bücherei (Bd. 232), Frankfurt – Hamburg 1959.

Außerdem zahlreiche Zeitungsberichte über den Fall Oppenheimer sowie Artikel und Aufsätze von J. Robert Oppenheimer.

2. Über «In der Sache J. Robert Oppenheimer»

Bartelheimer, Lotte, und Nutz, Maximilian (Hg.): Materialien Heinar Kipphardt, «In der Sache J. Robert Oppenheimer». Ernst Klett Verlag, Stuttgart 1984 (= Editionen für den Literaturunterricht, 3572).
Barton, Brian: Das Dokumentartheater. J. B. Metzlersche Verlagsbuchhandlung, Stuttgart 1987 (= Sammlung Metzler, 232).
Blumer, Arnold: Das dokumentarische Theater der sechziger Jahre in der Bundesrepublik Deutschland. Verlag Anton Hain, Meisenheim 1977 (= Hochschulschriften Literaturwissenschaft, 32).
Buddecke, Wolfram, und Fuhrmann, Helmut: Das deutschsprachige Drama seit 1945. Kommentar zu einer Epoche. Winkler Verlag, München 1981.
Carl, Rolf-Peter: Dokumentarisches Theater. In: Manfred Durzak (Hg.), Die deutsche Literatur der Gegenwart – Aspekte und Tendenzen. Reclam Verlag, Stuttgart 1971, S. 99–127.
Charbon, Rémy: Die Naturwissenschaften im modernen deutschen Drama. Artemis Verlag, Zürich – München 1974.
Hilzinger, Klaus Harro: Die Dramaturgie des dokumentarischen Theaters. Max Niemeyer Verlag, Tübingen 1976 (= Untersuchungen zur deutschen Literaturgeschichte, 15).
Ingen, Ferdinand van: Heinar Kipphardt, In der Sache J. Robert Oppenheimer. Verlag Moritz Diesterweg, Frankfurt 1978, ³1985 (= Grundlagen und Gedanken zum Verständnis des Dramas, 6078).
Ismayr, Wolfgang: Das politische Theater in Westdeutschland. Verlag Anton Hain. Meisenheim 1977 (= Hochschulschriften Literaturwissenschaft, 24).
Karbach, Walter: Mit Vernunft zu rasen: Heinar Kipphardt. Studien zu seiner Ästhetik und zu seinem veröffentlichten und nachgelassenen Werk. Verlag Loreley-Galerie, Oberwesel 1989.
Lohr, Stephan: «Literatur, die die Wahrheit nicht beschädigt». Hinweise, Materialien und ein Interview mit dem Autor zu Kipphardts In der Sache J. Robert Oppenheimer. In: Praxis Deutsch, Heft 39, Januar 1980, S. 54–60.
Massberg, Uwe: Der gespaltene Mensch. Vergleichende Interpretation der Physiker-Dramen von Brecht, Dürrenmatt, Zuckmayer und Kipphardt auf der Oberstufe. In: Der Deutschunterricht 17 (1965), S. 56–74.
Miller, Nikolaus: Prolegomena zu einer Poetik der Dokumentarliteratur. Fink Verlag, München 1982.
Neis, Edgar: Erläuterungen zu Heinar Kipphardt, In der Sache J. Robert Oppenheimer. C. Bange Verlag, Hollfeld ⁴1985 (= Königs Erläuterungen und Materialien, 160/161).
Onderdelinden, Sjaak: Fiktion und Dokument. Zum Dokumentarischen Drama. In: Amsterdamer Beiträge zur neueren Germanistik 1 (1972), S. 173–206.

Rühle, Günther: Versuche über ei:.e geschlossene Gesellschaft. Das dokumentarische Drama und die deutsche Gesellschaft. In: Theater heute, H. 10/1966, S. 8–12.

Schumacher, Ernst: Drama und Geschichte. Bertolt Brechts «Leben des Galilei» und andere Stücke. Henschelverlag, Berlin 1968.

Stock, Adolf: Heinar Kipphardt. Rowohlt Taschenbuch Verlag, Reinbek 1987 (= Rowohlts Monographien, 364).

Taëni, Rainer: Drama nach Brecht. Eine Einführung in dramatische Probleme der Gegenwart. Basilius Presse, Basel 1968 (= Theater unserer Zeit, 9).

Thomsen, Christian W.: Die Verantwortung des Naturwissenschaftlers in Mary Shelleys «Frankenstein» und Heinar Kipphardts «In der Sache J. Robert Oppenheimer». Zur literarischen Gestaltung eines Problems. In: Literatur in Wissenschaft und Unterricht, 1971, Heft 1, S. 16–26.

Volckmann, Silvia: Auf ideologischem Schlachtfeld. Heinar Kipphardt: «In der Sache J. Robert Oppenheimer». In: Walter Hinck (Hg.), Geschichte als Schauspiel. Deutsche Geschichtsdramen. Suhrkamp Verlag, Frankfurt 1981 (= suhrkamp taschenbuch 2006), S. 322–339.

Wekwerth, Manfred: «In der Sache J. Robert Oppenheimer» von Heinar Kipphardt. In: Wekwerth, Notate. Über die Arbeit des Berliner Ensembles 1956 bis 1966, Suhrkamp Verlag, Frankfurt 1967 (= es 219), S. 144–167).

3. Über einzelne Aufführungen (chronologisch)

Gregor, Ulrich: Vernunft durch Schrecken? In: Frankfurter Rundschau, 29.1.1964.

Momos [d. i.: Walter Jens]: Gehirn-Anatomie. In: Die Zeit, 31.1.1964.

H. R. [d. i.: Henning Rischbieter]: Heinar Kipphardt, «In der Sache J. Robert Oppenheimer». In: Theater heute, H. 3/1964, S. 55.

Hildebrandt, Dieter: Die Bombe und die Skrupel. Kipphardts Oppenheimer-Schauspiel in der Berliner Volksbühne. In: Frankfurter Allgemeine Zeitung, 13.10.1964.

Kiaulehn, Walter: Kammerspiel-Uraufführung: Der neue Kipphardt. In der Sache J. Robert Oppenheimer. In: Münchner Merkur, 13.10.1964.

Luft, Friedrich: Wahrheit ist nicht konkret. Kipphardts Oppenheimer-Stück beweist: Zeittheater ist möglich. In: Die Welt, 13.10.1964.

Klotz, Volker: Was sind Physiker für Leute? Piscator inszenierte Kipphardts Oppenheimer-Stück in Berlin. In: Frankfurter Rundschau, 15.10.1964.

Jenny, Urs: In der Sache Oppenheimer. Uraufführung von Heinar Kipphardts Stück in Berlin und München. In: Theater heute, H. 11/1964, S. 22–25. [Wiederabdruck im vorliegenden Band.]

Marcel [d. i.: Marcel Reich-Ranicki]: Namen sind nicht Schall und Rauch. In der Sache J. Robert Oppenheimer und Heinar Kipphardt. In: Die Zeit, 20.11.1964.

Vossen, Frantz: Jean Vilar in der Sache J. Robert Oppenheimer. «Le Dossier Oppenheimer…» in Paris. In: Süddeutsche Zeitung, 15.12.1964.

Oppenheimer-Stück. In der Sache J. Vilar. In: Der Spiegel, 16.12.1964, S. 86–87.

Zimmer, Dieter E.: Der Vater der Atombombe und das Theater. Der Fall Oppenheimer auf der Bühne: das Risiko eines szenischen Journalismus. In: Die Zeit, 1.1.1965.

Bondy, François: «Le dossier Oppenheimer». Französische Premiere im Théâtre de l'Athénée (Paris). In: Neue Zürcher Zeitung, 5.1.1965.

Nössig, Manfred: «In der Sache J. Robert Oppenheimer» von Heinar Kipphardt. In: Theater der Zeit, H. 2/1965, S. 28–29.

Kerndl, Rainer: Terror – antiseptisch. «In der Sache J. Robert Oppenheimer» – szenischer Bericht von Heinar Kipphardt im Berliner Ensemble. In: Neues Deutschland, 14.4.1965.

Zimmer, Dieter E.: Ohne antiamerikanische Spitze. Die beste Aufführung fand Kipphardts Oppenheimer-Stück in Ostberlin. In: Die Zeit, 16.4.1965.

Leier, Manfred: Ein neuer Galilei? Im Theater am Schiffbauerdamm: Heinar Kipphardts «Oppenheimer». In: Die Welt, 20.4.1965.

Kusche, Lothar: «Oppenheimer» in Berlin. In: Die Weltbühne, 28.4.1965, S. 538–541.

Wissen um die Physiker. «In der Sache J. Robert Oppenheimer» von Heinar Kipphardt – Notizen zur Regie für die Aufführung am Berliner Ensemble. In: Theater der Zeit, H. 10/1965, S. 21–23.

Nössig, Manfred: Physik und Gesellschaft. «In der Sache J. Robert Oppenheimer» von Heinar Kipphardt im Berliner Ensemble. In: Theater der Zeit, H. 11/1965, S. 9–11.

Barnes, Clive: Theater: Drama of Oppenheimer Case. In: The New York Times, 7.6.1968.

Cooke, Richard P.: The Theater: Oppenheimer on Stage. In: Wall Street Journal, 10.3.1969.

Bentley, Eric: Oppenheimer Mon Amour. In: The New York Times, 16.3.1969.

Steinitz, Hans: Zeitgeschichte, aber immer gültig. In: Aufbau, 21.3.1969.

Rehder, Mathes: Oppenheimers verfluchte Vaterschaft. Kipphardt im Schauspielhaus. In: Hamburger Abendblatt, 21.11.1977.

Lange, Mechthild: Beifall für Meinungen. Nach 13 Jahren wieder: «In der Sache J. Robert Oppenheimer». In: Frankfurter Rundschau, 25.11.1977.

Retzlaff, Randolf: Wohin führt politische Blindheit? Heinar Kipphardts «In der Sache J. Robert Oppenheimer» im Schauspielhaus Hamburg. In: Unsere Zeit, 9.12.1977.

Bock, Hans Bertram: Moral ist ein Risiko. Dieter Giesings Regie zu Kipphardts «In der Sache Oppenheimer» im Residenztheater München. In: Nürnberger Nachrichten, 16.2.1981.

Kaiser, Joachim: Hexenjäger und Atomphysiker. Erfolgreiche Premiere von Kipphardts «Oppenheimer». In: Süddeutsche Zeitung, 16.2.1981.

Gillessen, Günther: Das verstehbare Mißverständnis. Der «Fall Oppenheimer» – heute. In: Frankfurter Allgemeine Zeitung, 8.5.1981.

Heinar Kipphardt
Werkausgabe
Herausgegeben von Uwe Naumann

Die gesammelten Werke Heinar Kipphardts erscheinen, kommentiert und um Nachlaßmaterial ergänzt, in Einzelausgaben als rororo-Taschenbücher

Bruder Eichmann
Schauspiel und Materialien
(5716)

Traumprotokolle
(5818)

März
Roman und Materialien
(5877)

**In der Sache
J. Robert Oppenheimer**
Ein Stück und seine
Geschichte (12111)

Shakespeare dringend gesucht
und andere Theaterstücke
(12193)

Joel Brand
und andere Theaterstücke
(12194)

Schreibt die Wahrheit
Essays, Briefe, Entwürfe
Band 1
1949–1964 (12571)

Ruckediguh, Blut ist im Schuh
Essays, Briefe, Entwürfe
Band 2
1964–1982 (12572)

Die Tugend der Kannibalen
Gesammelte Prosa
(12702)

Umgang mit Paradiesen
Gesammelte Gedichte
(12805 / Oktober 1990)

Außerdem lieferbar:

Angelsbrucker Notizen
Gedichte (5605)

Heinar Kipphardt
mit Selbstzeugnissen und
Bilddokumenten
dargestellt von Adolf Stock
(rowohlts monographien 364)